詳説
Food and Drug Law

米国FDAの規制と実務

森・濱田松本法律事務所
弁護士・ニューヨーク州弁護士
中野進一郎 著

中央経済社

はしがき

　本書は，米国で Food and Drug Law と称される法分野のうち，医薬品，生物製剤（バイオ医薬品），医療機器および食品に対する規制を，なるべく体系的に整理しようと試みたものである。Food and Drug Administration（FDA）が規制する製品は，他にも化粧品，タバコ製品，動物用医薬品等があるが，紙面の都合上，これらは本書の対象から除いた。

　外国の法律である Food and Drug Law が，なぜ日本にとって重要なのか。その理由は，そのまま本書の執筆動機でもあるが，筆者は大きく3つあると考える。

　第1に，ヘルスケア産業において，米国市場は単一市場としては世界最大である。すでに米国市場で活動する日本企業も多く，こうした日本企業は直接 Food and Drug Law の適用を受ける。また米国内に直接拠点を持たない日本企業も，（米国市場に）輸出する製品の製造施設等を有する場合，査察等を通じて Food and Drug Law の遵守を迫られる。こうした企業にとって，Food and Drug Law の理解は不可欠である。また，米国に本社を置く製薬会社や医療機器メーカーが日本法人を有していることも多く，そこで働く方々にとっても，本社に適用される Food and Drug Law の理解は有益であろう。

　第2に，現代日本の薬事・食品規制や関連政策は，米国市場の存在感等を背景に，米国の Food and Drug Law から強い影響を受けている。薬事・食品分野では，新たな規制や政策が検討される際，米国の法令や政策を参照することが多く，現に日本の薬事・食品分野の規制や政策が米国のそれと酷似していることもある。本書は米国法の安易な輸入を推奨するものではないが，現実に米国法が日本の規制・政策に大きな影響を与えている以上，その理解は重要であろう。

　第3に，薬事・食品規制を扱う Food and Drug Law は，米国において，1つの法分野として確立している。複数のロースクールで Food and Drug Law に関する授業が開講され，これを専門とする法学者もおり，法律家が執筆した関連書籍も相当数出版されている。他方日本では，薬事・食品分野の規制法は，未だ単独の法分野としては確立していないが，最近，法律家が執筆した薬機法に関する書籍が複数発行されるなど，法分野として発展途上にあると思われる。筆者は，今後日本の薬事・食品分野の規制法が発展していくにあたり，日本の規制や政策が大きな影響を受けている Food and Drug Law の理解は有用と考える。

　こうした重要性が意識されてか，以前から，Food and Drug Law の規制に関する

技術的・断片的な情報については日本語でも紹介されている。しかし本書は，Food and Drug Law の一部分のみを切り出すことは避け，その全体像を示すべく，なるべく体系的に記述することに重点を置いた。したがって，FDA が発行するガイダンスや関連する連邦規則について，その全文を逐一抜粋することはせず，原則として脚注や括弧書きで示すにとどめた。もちろんこれらは実務上極めて重要であるため，必要に応じて，ぜひ原文で全文を確認いただきたい。他方で，今後の日本の規制や政策を検討する上で参考になると思われる分野や，FDA による査察など日本企業の関心が高いと思われる分野では，実務的な対応を含め詳細を記載している。また，法律家にとって理解の障壁となりがちなライフサイエンスに関する記載も，紙面の許す範囲であえて記載した。

　本書は，ワシントン D.C. を含む海外での留学・研修の成果でもある。海外で Food and Drug Law を学ぶ中で，改めて，多くの政策課題や法的・倫理的な論点を含む薬事・食品規制の分野は，法律家が社会に貢献できる分野であるとの認識を強くした。法律家の多くは，自ら創薬できるわけでも患者を診察できるわけでもない。しかし，薬事・食品分野の規制を扱う法律家は，間接的な形ではあるが，人や社会の健康にいくばくかの貢献ができるのではないかと感じている。

　もちろん，出版という形で浅学を晒すことに躊躇いがないわけではない。執筆にあたっては，医師や製薬会社等に勤務する友人たちの激励はもとより，かの有名な『解体新書』にすら誤訳があるといったエピソードにも勇気づけられ，出版に至ることができた。また，多くの会議を通じて執筆作業に伴走していただいた株式会社中央経済社の石井直人氏にも，厚く御礼申し上げる。

　何より本書は，長い海外生活を支えてくれた妻の全面的な協力なしには，とうてい完成しなかった。したがって本書は，妻の由紀に捧げられる。

Stuttgart のオフィスにて
2024 年 8 月

弁護士・ニューヨーク州弁護士
中野　進一郎

目　　次

序章　Food and Drug Law の基礎　　1

第 1　Food and Drug Law とは ……………………………………… 1
第 2　連邦食品・医薬品・化粧品法（FDCA）………………………… 2
　1　Food and Drug Law と FDCA・2
　2　FDCA の成立・3
　3　FDCA の改正・3
　　(1)　主な改正・3
　　(2)　日本と FDCA の関係・6
　4　条文の検索方法・6
第 3　米国食品医薬品局（FDA）……………………………………… 8
　1　基本情報・8
　　(1)　FDA のミッション・8
　　(2)　FDA の予算および本拠地・8
　2　連邦政府内での位置づけ・10
　3　FDA の内部組織・11
　4　ルールメイキング・12
　　(1)　FDCA に基づくルールメイキング・12
　　(2)　ガイダンスの発行・13
　5　情報公開（FOIA）・14
第 4　司法審査 ……………………………………………………… 16
　1　司法審査の意義・16
　2　審査基準の概要・16
　　(1)　行政手続法の定め・16
　　(2)　シェブロン法理・18

第1章　医薬品（Drug）　　　　　　　　　　　　　　21

第1　定義等 ……………………………………………………………… 21
　1　医薬品（Drug）・21
　　(1)　FDCA 上の定義・21
　　(2)　USP 等との関係および「intended use」・22
　2　新薬（New Drug）・23
　3　食薬区分・25
　4　医療機器（Device）との区別・26
第2　医薬品開発 ………………………………………………………… 29
　1　非臨床試験（Nonclinical Studies）・29
　2　治験・31
　　(1)　IND 申請・31
　　(2)　治験の概要・34
　　(3)　治験に関する FDA とのコミュニケーション・38
　　(4)　治験に関する規制・39
　　(5)　生命倫理・44
　3　新薬承認申請（NDA）・47
　　(1)　NDA の概要・47
　　(2)　NDA の承認基準・52
　　(3)　承認審査・55
　　(4)　医薬品の名称〜販売名の審査〜・59
　　(5)　流通・頒布の制限・60
　4　医薬品開発および承認を迅速化する制度・66
　　(1)　はじめに・66
　　(2)　各制度の概要・67
　　(3)　有事に関する制度・71
　5　患者の権利と治験薬へのアクセス・74
　　(1)　歴史的経緯・74
　　(2)　拡大アクセスプログラム（Expanded Access Program）・76

　　　　(3) Right to Try・81
　　　　(4) 日本での制度設計にあたっての考慮事項・82
　　6　市販後規制・85
　　　　(1) 施設登録および製品のリストアップ・85
　　　　(2) フェーズ4試験・86
　　　　(3) 報告義務・87
　　　　(4) 変更管理・89
　　　　(5) cGMP 規制・94
　　7　独占権（Exclusivity）・101
　　　　(1) 独占権の意義・101
　　　　(2) 希少疾患用医薬品に対する独占権（Orphan Exclusivity）・102
　　　　(3) 小児用臨床研究実施に基づく独占権（Pediatric Exclusivity）・106
　　　　(4) 適格感染症治療製品に認められる独占権（Antibiotic Exclusivity）・109
　　　　(5) 日本における類似制度・109
第3　OTC 医薬品 ………………………………………………………… 111
　　1　はじめに・111
　　2　OTC 医薬品審査（OTC Drug Review）・111
　　　　(1) 開始に至る経緯・111
　　　　(2) OTC 医薬品審査の概要〜OTC モノグラフ〜・112
　　　　(3) OTC 医薬品審査の近代化・113
　　3　処方箋医薬品から OTC 医薬品への切替（Rx-OTC スイッチ）・114
　　　　(1) Rx-OTC スイッチの方法　114
　　　　(2) 緊急避妊薬の Rx-OTC スイッチ・116
第4　ジェネリック医薬品 ………………………………………………… 118
　　1　ハッチ・ワックスマン改正までの経緯・118
　　　　(1) ジェネリック医薬品の承認審査に関する課題・118
　　　　(2) 特許に関する課題・119
　　　　(3) ハッチ・ワックスマン改正・120
　　2　法定 ANDA・120
　　　　(1) オレンジブック・121

(2) 法定 ANDA と適合性請願（Suitability Petition）・124
　　(3) 法定 ANDA の内容・125
　3　505(b)(2)申請（法定ペーパー NDA）・127
　4　特許権の延長（回復）およびボーラー条項・128
　　(1) 特許権の延長（回復）・128
　　(2) ボーラー条項・128
　5　独占権（Exclusivity）・129
　　(1) 新規化合物（NCE）に関する独占権・129
　　(2) 新臨床試験データに関する独占権・130
　　(3) 他の独占権との関係・130
　6　ハッチ・ワックスマン訴訟（ANDA 訴訟）・131
　　(1) ハッチ・ワックスマン訴訟の概要・131
　　(2) ハッチ・ワックスマン訴訟の具体例・132
　　(3) 日本のパテント・リンケージ・134

第5　医薬品のプロモーション（ラベリング・広告等）……………… 137
　1　プロモーションとは・137
　　(1) はじめに・137
　　(2) 概念の整理〜ラベリングと広告〜・137
　　(3) 具体例・139
　2　規制枠組み・139
　　(1) 広告・139
　　(2) ラベリング・142
　3　消費者に対する直接広告（DTC 広告）・143
　　(1) DTC 広告に対する賛否・143
　　(2) 様々な形の広告・144
　4　オフラベルユースに関する情報提供・148
　　(1) オフラベルユースをめぐる問題点・148
　　(2) オフラベルユースに関する情報提供を規制する法律上の建付け・149
　　(3) 例外・151
　　(4) 日本のプロモーション規制への示唆・156
　5　コンプライアンスを確保するための法令・157

(1)　FDCA 上の定め・157
　　　(2)　虚偽請求法（False Claims Act）・157
　　　(3)　反キックバック法・158
　　　(4)　サンシャイン法・159
　　　(5)　海外腐敗行為防止法（FCPA）・160
　　　(6)　医療保険制度等・160
第 6　執行（Enforcement） ……………………………………………… 163
　　1　執行手段および傾向・163
　　2　司法執行・164
　　　(1)　押収（seizure）・164
　　　(2)　差止め（Injunction）・165
　　　(3)　刑事訴追（Criminal Prosecution）・167
　　3　行政執行・169
　　　(1)　査察（Inspection）・169
　　　(2)　警告状等・177
　　　(3)　リコール・179
　　　(4)　公表・181
　　　(5)　輸入拒否・181
第 7　製造物責任訴訟 ……………………………………………………… 184
　　1　はじめに・184
　　2　中間媒介者の法理（Learned Intermediary Doctrine）・184
　　3　専占（Preemption）・185
　　4　著名な裁判例・187
　　　(1)　先発医薬品・187
　　　(2)　ジェネリック医薬品・188
第 8　国際調和（International Harmonization） ………………… 189
　　1　ICH・189
　　　(1)　国際調和の必要性と ICH の誕生・189
　　　(2)　運営体制とプロセス・190
　　2　WHO・191
　　　(1)　組織の概要・191

(2) 事前認証制度（Prequalification）・193

第2章　生物製剤（バイオ医薬品，Biological Product） 195

第1　はじめに ………………………………………………………… 195
　1　生物製剤の歴史・195
　　(1) 生物製剤に対する規制の歴史・195
　　(2) バイオテクノロジーの発展・196
　2　生物製剤の定義・197
　3　生物製剤の管轄・197
第2　CDER が管轄する生物製剤 ……………………………………… 200
　1　抗体医薬品・200
　2　生物製剤に適用される規制・202
　　(1) 承認前に関する規制・202
　　(2) 承認後に関する規制・204
　3　バイオシミラー（バイオ後続品）・205
　　(1) 低分子後発医薬品との違い・205
　　(2) 定義等・205
　　(3) 351(k)申請・206
　4　生物製剤に認められる独占権・208
　　(1) 基準製品の独占権・208
　　(2) 代替可能バイオシミラーの独占権・209
　　(3) パープルブック（Purple Book）・209
　5　特許訴訟・211
　　(1) BPCIA が定める手続～パテントダンス～・211
　　(2) BPCIA が定める手続を遵守しない場合・214
　　(3) Sandoz v. Amgen・215
第3　CBER が管轄する生物製剤 ……………………………………… 217
　1　はじめに・217
　2　ワクチン・217

(1)　ワクチン製造に用いる技術・217
　　　(2)　ワクチンの開発および承認・220
　　　(3)　FDA の審査と CDC の勧告・221
　　　(4)　免責および補償プログラム（VICP）・221
　　3　遺伝子治療～ in vivo と ex vivo ～・222
　　　(1)　遺伝子治療に用いる技術・222
　　　(2)　規制上の考慮事項等・225
　　4　ヒト細胞加工製品等（HCT/P）・226
　　　(1)　再生医療に用いられる技術・226
　　　(2)　規制の概要～三種類の HCT/P ～・228
　　　(3)　幹細胞治療と裁判例・230
　　5　血液製剤・231
　　　(1)　血液製剤の種類・231
　　　(2)　規制上の特徴・232

第3章　医療機器（Device）　235

第1　医療機器規制の基礎知識等　235
　1　はじめに・235
　2　医療機器規制の歴史・235
　3　医療機器の定義・236
　4　クラス分類・237
　　(1)　クラスⅠ～クラスⅢの定義・237
　　(2)　具体例・239
　　(3)　再分類（Reclassification）・240

第2　上市経路等　242
　1　はじめに・242
　　(1)　上市経路の種類・242
　　(2)　医療機器ユーザーフィー法・242
　　(3)　Least Burdensome 要件・243

2　510(k)市販前通知・244
　　　(1)　規制の概要・244
　　　(2)　実質的同等性・245
　　　(3)　審査プロセス・246
　　　(4)　クリアランス・248
　　　(5)　変更時に提出する510(k)市販前通知・248
　　　(6)　その他の510(k)市販前通知・250
　　3　治験・250
　　　(1)　IDE 規制・250
　　　(2)　IDE 申請の内容・251
　　　(3)　IDE 申請の審査プロセス等・252
　　4　市販前承認申請（PMA 申請）・254
　　　(1)　PMA 申請の概要・254
　　　(2)　改正前クラスⅢ医療機器と515プロジェクト・254
　　　(3)　審査プロセス・255
　　　(4)　PMA（NDA 承認との比較）・257
　　　(5)　承認条件の設定・258
　　　(6)　変更管理・258
　　5　人道機器適用免除（HDE）・259
　　6　De Novo 申請・260
　　　(1)　概要・260
　　　(2)　再分類請願との違い・261
　　7　ブレイクスルーデバイス・262
　　8　カスタム医療機器・263
第3　In Vitro Diagnostics（IVD）……………………………… 264
　　1　はじめに・264
　　　(1)　定義等・264
　　　(2)　規制上の特徴・265
　　2　Laboratory Developed Tests（LDTs）・266
　　　(1)　LDTs に対する規制の経緯・266
　　　(2)　日本の関連規制・268

3　コンパニオン診断（CDx）・272
　　　　（1）　CDx とは・272
　　　　（2）　開発の特徴・273
　　　　（3）　ラベリングの特徴・274
　　　　（4）　LDT である CDx・276
　　　4　コンプリメンタリー診断・277
第4　デジタルヘルス ……………………………………………………… 278
　　　1　はじめに・278
　　　　（1）　デジタルヘルスの発展・278
　　　　（2）　規制上の特徴・278
　　　　（3）　規制上の三分類・279
　　　2　定義上医療機器に該当しないもの・280
　　　　（1）　Cures Act の 5 類型・280
　　　　（2）　臨床判断支援（CDS）・283
　　　3　執行裁量の対象となるもの・284
　　　4　医療機器として規制されるもの・285
　　　5　AI 医療機器・286
　　　　（1）　AI 医療機器に対する規制の現状・286
　　　　（2）　Pre-Cert Pilot Program・287
第5　医療機器のプロモーション ………………………………………… 290
　　　1　規制枠組み・290
　　　2　各論・290
　　　　（1）　510(k)市販前通知を提出した医療機器に関する特例・290
　　　　（2）　購入者（Payors）への情報提供・291
　　　　（3）　比較クレーム・292
　　　　（4）　一般クレームと特定クレーム・293
　　　　（5）　施設登録等の表記と不当表示・295
第6　市販後規制・執行関係 ……………………………………………… 296
　　　1　一般管理・296
　　　　（1）　品質不良および不当表示・296
　　　　（2）　施設登録および製品リストアップ・296

(3)　禁止医療機器（Banned Device）・297
　　　(4)　リコール命令・298
　　　(5)　518(a) Notification Order および計画提出命令・298
　　　(6)　有害事象・誤作動に関する報告・300
　　　(7)　改修・除去の報告・302
　　　(8)　追跡・302
　　　(9)　品質システム規則（QSR）・303
　　　(10)　制限医療機器・304
　　2　特別管理・305
　　　(1)　性能基準・305
　　　(2)　市販後調査・306
　　　(3)　その他の特別管理と具体例・307
第7　製造物責任訴訟 ………………………………………………… 309
　　1　明示の専占を定めた条文・309
　　2　著名な裁判例・310
　　　(1)　510(k)市販前通知・310
　　　(2)　PMA・310

第4章　コンビネーション製品（Combination Product）　313

第1　はじめに …………………………………………………………… 313
　　1　定義・313
　　2　具体例・314
　　3　日本のコンビネーション製品との違い・315
第2　管轄 ………………………………………………………………… 317
　　1　リードセンターの決定・317
　　　(1)　主たる作用機序（PMOA）・317
　　　(2)　アルゴリズム・318
　　　(3)　指定要求（RFD）・318
　　　(4)　管轄に関する FDA の決定を争う方法・320

2　上市経路等・320
第3　市販後規制 …………………………………………………………… 322
　　1　報告義務・322
　　　（1）　コンビネーション製品申請者と構成要素申請者・322
　　　（2）　各申請者の報告義務・323
　　2　cGMP・323
　　　（1）　概要　323
　　　（2）　合理化アプローチ（Streamlined Approach）・324
　　3　変更管理・325

第5章　食品（Food）　327

第1　はじめに ……………………………………………………………… 327
　　1　定義等・327
　　　（1）　食品・327
　　　（2）　特殊な食品・328
　　2　管轄・332
　　　（1）　FDAの管轄範囲・332
　　　（2）　培養肉に対する管轄・332
第2　食品表示に関する規制 ……………………………………………… 335
　　1　識別基準（Standard of Identity）に関する規制・335
　　　（1）　識別基準の策定と初期の運用・335
　　　（2）　識別基準運用の変化・337
　　　（3）　識別基準に関する最近の動向・340
　　　（4）　嵩増し等に対する規制・342
　　2　ラベリングに関する規制・343
　　　（1）　必須記載事項・343
　　　（2）　任意記載事項・350
　　　（3）　言論の自由との関係・357
　　3　広告に関する規制・359

第 3　食品衛生に関する規制 ………………………………………………… 361
　　1　有毒・有害物質の混入・361
　　⑴　条文の定め・361
　　⑵　二つの基準・361
　　⑶　執行基準・363
　　2　外観上の品質不良（Aesthetic Adulteration）・364
　　3　病原性微生物に関する規制・365
第 4　食品添加物に関する規制 …………………………………………… 367
　　1　規制枠組み・367
　　⑴　定義等・367
　　⑵　食品添加物請願・367
　　⑶　デラニー条項・368
　　⑷　間接食品添加物・食品接触物質・369
　　2　食品添加物の例外（GRAS）・370
　　⑴　定義等・370
　　⑵　GRASステータスの確立方法・371
　　3　食品添加物の例外（GRAS以外）・373
第 5　食品安全システムの強化 …………………………………………… 375
　　1　食品安全近代化法（FSMA）の概要・375
　　2　食品安全予防策・376
　　⑴　予防管理・376
　　⑵　フード・ディフェンス・378
　　3　食品輸入に対する規制強化・379
　　⑴　輸入業者による安全性確認・379
　　⑵　第三者認証プログラムの確立・380
　　⑶　高リスク食品に対する第三者認証の要求・380
　　⑷　迅速な食品審査を可能とする任意プログラム・381
　　⑸　輸入拒否・382
第 6　執行関係 ………………………………………………………………… 385
　　1　食品に対する執行の枠組み・385
　　2　執行権限の拡大・385

（1）　行政留置（Administrative Detention）・385
　（2）　リコール命令・385
　3　モニタリングの強化・386
　（1）　査察の強化・386
　（2）　記録に対するアクセス権限・386

第6章　ダイエタリーサプリメント（Dietary Supplement）389

第1　定義等 …………………………………………………………… 389
　1　ダイエタリーサプリメント健康・教育法（DSHEA）の成立・389
　2　定義・389
　（1）　成分に関する要件・389
　（2）　表示に関する要件・390
　（3）　医薬品等との関係に関する要件・391

第2　安全性規制 ………………………………………………………… 393
　1　安全性基準・393
　2　新規ダイエタリーサプリメント成分（NDI）・393
　3　cGMP 規制・394
　4　有害事象報告義務・396

コラム目次
　コラム❶　ワシントン D.C. と Food and Drug Law・19
　コラム❷　大麻に関する規制・62
　コラム❸　映画と Food and Drug Law・84
　コラム❹　リアル・ワールド・データ（RWD）とデータ保護規制・93
　コラム❺　偽造医薬品・183
　コラム❻　米国連邦最高裁判所の口頭弁論・216
　コラム❼　生物製剤と倫理・234
　コラム❽　セラノス事件・270
　コラム❾　フランケンフィッシュ？・330
　コラム❿　甘くない製菓会社・341
　コラム⓫　コーデックス規格と紛争解決・383

凡　例

略称	正式名称	（仮）和訳
ACA	Patient Protection and Affordable Care Act	医療保険制度改革法
AFDO	Association of Food and Drug Officials	食品・医薬品担当官協会
ANDA	Abbreviated New Drug Application	簡略型新薬承認申請
APA	Administrative Procedure Act	行政手続法
ASPR	Administration for Strategic Preparedness and Response	戦略的準備・対応管理局
ASR	Analyte Specific Reagent	分析物特異的試薬
BLA	Biologics License Application	生物製剤承認申請
BPCA	Best Pharmaceuticals for Children Act	最適小児医薬品法
BPCIA	Biologics Price Competition and Innovation Act	生物製剤価格競争・イノベーション法
CARES act	Coronavirus Aid, Relief, and Economic Security Act	コロナウイルス支援・救済・経済保障法
CBE	Change Being Effected	事前の通知かつ事後の承認を要する変更申請
CBER	Center for Biologics Evaluation and Research	生物製剤評価研究センター
CBP	Customs and Border Protection	税関・国境取締局
CDC	Centers for Disease Control and Prevention	疾病予防管理センター
CDER	Center for Drug Evaluation and Research	医薬品評価研究センター
CDRH	Center for Devices and Radiological Health	医療機器・放射線保健センター
CDS	Clinical Decision Support	臨床判断支援
CDx	Companion Diagnostics	コンパニオン診断薬
CFR	Code of Federal Regulations	連邦規則集
CFSAN	Center for Food Safety and Applied Nutrition	食品安全・応用栄養センター
CLIA	Clinical Laboratory Improvement Amendments	臨床検査室改善法
CMC	Chemistry, Manufacturing, and Controls	化学・製造・品質管理
CMS	Centers for Medicare & Medicaid Services	メディケア・メディケイドサービスセンター
CRO	Contract Research Organization	医薬品開発業務受託機関
CSA	Controlled Substances Act	規制物質法
CTD	Common Technical Document	コモン・テクニカル・ドキュメント

Cures Act	21st Century Cures Act	21世紀治療法
CVM	Center for Veterinary Medicine	動物医薬品センター
DEA	Drug Enforcement Administration	米国麻薬取締局
DESI	Drug Efficacy Study Implementation	医薬品有効性試験
DHS	Department of Homeland Security	米国国土安全保障省
DOD	Department of Defense	米国国防省
DOJ	Department of Justice	米国司法省
DSHEA	Dietary Supplement Health and Education Act	ダイエタリーサプリメント健康・教育法
EIR	Establishment Inspection Report	施設査察報告書
EMA	European Medicines Agency	欧州医薬品庁
EPA	Environmental Protection Agency	米国環境保護庁
EUA	Emergency Use Authorization	緊急使用許可
FAERS	FDA Adverse Event Reporting System	FDA有害事象報告システム
FCA	False Claims Act	虚偽請求法
FCN	Food Contact Notification	食品接触届
FCPA	Foreign Corrupt Practices Act	海外腐敗行為防止法
FCS	Food Contact Substance	食品接触物質
FDA	Food and Drug Administration	米国食品医薬品局
FDAAA	Food and Drug Administration Amendments Act	FDA改正法
FDAMA	Food and Drug Administration Modernization Act	FDA近代化法
FDASIA	Food and Drug Administration Safety and Innovation Act	FDA安全・イノベーション法
FDCA	Federal Food, Drug, and Cosmetic Act	連邦食品・医薬品・化粧品法
FDORA	Food and Drug Omnibus Reform Act	食品・医薬品総合改革法
FIFRA	Federal Insecticide, Fungicide, and Rodenticide Act	連邦殺虫剤殺菌剤殺鼠剤法
FMIA	Federal Meat Inspection Act	連邦食肉検査法
FOIA	Freedom of Information Act	情報公開法
FSIS	Food Safety Inspection Service	食品安全検査局
FSMA	Food Safety Modernization Act	食品安全近代化法
FTC	Federal Trade Commission	連邦取引委員会
GCP	Good Clinical Practice	適正臨床試験実施基準

GLP	Good Laboratory Practice	適正試験実施基準
GMP	Good Manufacturing Practice	適正製造規範
GRAE	Generally Recognized As Effective	一般的に有効と認識されているもの
GRAS	Generally Recognized As Safe	一般に安全と認識されているもの
HCT/Ps	Human Cells, Tissues, or cellular or tissue-based products	ヒト細胞，組織または細胞・組織由来製品
HDE	Humanitarian Device Exemption	人道機器適用免除
HHS	Health and Human Services	米国保健福祉省
HUD	Humanitarian Use Device	人道的使用機器
ICH	International Council for Harmonisation of Technical Requirements for Pharmaceuticals for Human Use	医薬品規制調和国際会議
IDE	Investigational Device Exemption	治験医療機器免除
IMDRF	International Medical Device Regulators Forum	国際医療機器規制当局フォーラム
IND（申請）	Investigational New Drug (Application)	治験新薬（申請）
INN	International Nonproprietary Name	国際一般名
IRA	Inflation Reduction Act	インフレ抑制法
IRB	Institutional Review Board	治験審査委員会
IUPAC	International Union of Pure and Applied Chemistry	国際純正・応用化学連合
IVD	In Vitro Diagnostics	体外診断用機器
LDT	Laboratory Developed Tests	自家調整検査
MDA	Medical Device Amendments	医療機器改正法
MDUFA	Medical Device User Fee Amendments	医療機器ユーザーフィー改正
NDA	New Drug Application	新薬承認申請
NF	National Formulary	米国国民医薬品集
NIH	National Institutes of Health	国立衛生研究所
NLEA	Nutrition Labeling and Education Act	米国栄養表示教育法
OCC	Office of Chief Counsel	主任弁護士室
OCP	Office of Combination Products	コンビネーション製品担当室
OIG	Office of Inspector General	監察総監室
OOPD	Office of Orphan Products Development	希少疾患用製品開発室

凡　例　XVII

OPDP	Office of Prescription Drug Promotion	処方箋医薬品広告審査室
OTC（医薬品）	Over the Counter (Drug)	非処方箋医薬品，一般用医薬品
PAS	Prior Approval Supplement	事前の通知かつ承認を要する変更申請
PDP	Product Development Protcol	製品開発プロトコル
PDUFA	Prescription Drug User Fee Act	処方箋医薬品ユーザーフィー法
PHSA	Public Health Service Act	公衆衛生サービス法
PIC/S	Pharmaceutical Inspection Co-operation Scheme	医薬品査察協定・医薬品査察共同スキーム
PMA	Premarket Approval	市販前承認
PREA	Pediatric Research Equity Act	小児研究公平法
QIDP	Qualified Infectious Disease Product	適格感染症治療製品
QSR	Quality System Regulation	（医療機器の）品質システム規則
REMS	Risk Evaluation and Mitigation Strategies	リスク評価・リスク緩和戦略
RFD	Request for Designation	指定要求
RLD	Reference Listed Drug	参照リスト医薬品
RTT	Right to Try	（治験薬を）試す権利
RWD	Real World Data	リアル・ワールド・データ
RWE	Real World Evidence	リアル・ワールド・エビデンス
SaMD	Software as a Medical Device	ソフトウェア機能そのものが製品となっている医療機器
SEC	Securities and Exchange Commission	証券取引委員会
sNDA	supplemental New Drug Application	医薬品承認事項変更申請
USAN	United States Adopted Names	米国一般名
USC	United States Code	合衆国法典
USDA	United States Department of Agriculture	米国農務省
USP	United States Pharmacopoeia	米国薬局方
USPTO	United States Patent and Trademark Office	米国特許商標庁
VQIP	Voluntary Qualified Importer Program	自主的認定輸入業者プログラム
WHO	World Health Organization	世界保健機関

| WTO | World Trade Organization | 世界貿易機関 |

参考文献と略称

文　献　名：Peter Barton Hutt, Richard A. Merrill, Lewis A. Grossman, Nathan Cortez, Erika Fisher Lietzan, and Patricia J. Zettler, *Food and Drug Law [Fifth Edition]*, Foundation Press, 2022
略称表記："Food and Drug Law"

　本書に含まれる意見は，筆者個人の見解であり，筆者が過去に所属し，または現在所属する組織の見解ではない。
　本書には，様々な医薬品・医療機器等に関する情報が含まれるが，本書はこれら製品の宣伝・広告を行うものではなく，また医学的アドバイスの提供を目的とするものでもない。

序　章
Food and Drug Law の基礎

第1　Food and Drug Law とは

　Food and Drug Law とは，特定の法律を指す言葉ではなく，米国において医薬品や医療機器，食品等のヘルスケア製品を規制する法分野（法体系）の名称である。薬事規制と食品規制を1つの法分野と整理することは，世界的にみると必ずしも普遍的でないように思われる。しかし，米国では，連邦食品・医薬品・化粧品法（Federal Food, Drug, and Cosmetic Act：FDCA）の制定経緯や，米国食品医薬品局（Food and Drug Administration：FDA）という単一の規制当局の存在もあって，薬事規制と食品規制が1つの法分野として整理されている。

　また，Food and Drug Law は，人や社会の健康を扱う健康法（health law）の一分野でもある。健康法を，(i)社会全体の健康に着目し，その促進を主に公的機関が担うパブリックヘルスに関するものと，(ii)患者や消費者個人の健康に着目し，その促進を主に民間団体が担うヘルスケアに関するものに大別するならば，個々の患者が用いる製品を規制する Food and Drug Law は後者に分類できよう[1]。ただし本書で見るとおり，Food and Drug Law が規制する医薬品やワクチンなどは社会全体の健康にも影響を与えるものであり，パブリックヘルスの観点も重要である。

1　前者の例としては，グローバルヘルス法（後記第1章第8・2(1)参照）が挙げられる。

第2　連邦食品・医薬品・化粧品法（FDCA）

1　Food and Drug Law と FDCA

　Food and Drug Law を構成する法律は様々だが、主要な法律は連邦食品・医薬品・化粧品法（FDCA）である。FDCA は、その名称に含まれる食品、医薬品および化粧品のみならず、医療機器、放射線放出製品、タバコ製品などを規制する連邦法である。関連する日本の法律としては、医薬品、医療機器等の品質、有効性及び安全性の確保等に関する法律（以下「薬機法」という）や食品衛生法・食品表示法等が挙げられるが、例えば薬機法第三章で定められているような薬局に対する規制はFDCA には含まれないなど、完全には対応していない。また、医師や歯科医師、看護師や薬剤師といった医療従事者に対する規制も、原則として FDCA ではなく、各州法が管轄する。

　FDCA は、連邦議会が合衆国憲法から付与された州際通商（interstate commerce）の規制権限等に基づき制定された連邦法である。一方米国では、各州も、州民の健康や安全を保護するための独自の立法権を有しており、理論的には州法と連邦法は同一である必要はない。しかし、Food and Drug Law の分野では、食品医薬品局担当官協会（Association of Food and Drug Officials：AFDO）が定めた統一食品・医薬品・化粧品州法（Uniform State Food, Drug, and Cosmetic Act）がある。これは1938年に成立した FDCA（後記2参照）を基に作成されたものであり[2]、FDCA における改正を自動的に採用する条項を含んでいる[3]。2024年時点で、ニューヨーク州やカリフォルニア州など多くの州が、州法として、FDCA の改正を自動的に州法に反映する条項とともに統一食品・医薬品・化粧品州法を採用している。

　しかし、こうした統一食品・医薬品・化粧品州法の採用状況にもかかわらず、Food and Drug Law に関する各州の法律には未だに著しい差異がある。その原因としては、例えば未だに統一食品・医薬品・化粧品州法を採用していない州があること、採用していても一部分だけしか採用していなかったり、FDCA の改正を自動的に州法に反映する条項を採用していない州があることが挙げられる。また、各州が薬事規制や食品規制に影響を与える独自の立法[4]を行うことがあること、各州で定められる規則の統一を図ることが容易でないこと等も一因である[5]。

2　Food and Drug Law, at 425.
3　FDA Investigations Operations Manual §3.3.3（2024）.

2　FDCA の成立

　FDCA の起源は，1906年に制定された純正食品医薬品法（Pure Food and Drug Act。Wiley Act ともいう）である。この法律は，小説家のアプトン・シンクレア（Upton Sinclair）が『The Jungle』で描いた劣悪な食肉加工処理の実態が波紋を呼んだことを契機として制定された。この法律では，「品質不良（adulteration）」や「不当表示（misbranding）」である食品や医薬品を州際通商に供することを禁じており，当局の押収権限や法令違反者に対する刑事罰も定められていた。他方で，医薬品について FDA による市販前審査・承認の仕組みは採用されておらず，また医薬品の純度や品質に関する法的拘束力のある基準もなく，さらに医薬品に含まれる多くの有毒な物質の使用に対して特段制限が設けられていなかった。食品に関しても，法的基準がなく，倉庫の査察権限がないなど様々な限界が指摘されていた[6]。

　こうした中で，テネシー州の S・E・マッセンギル・カンパニーが，1937年，「エリキシール・スルファニルアミド（Elixir Sulfanilamide）」という医薬品を発売した。この医薬品は，抗生物質であるスルファニルアミドを（現在では不凍液等に用いられる）毒性の強いジエチレングリコールに溶かしたシロップであり，結果的にこれを服用した患者が100名以上死亡する事件に発展した。

　この事件の影響もあり，1938年に FDCA が成立した。FDCA は，1906年の純正食品医薬品法の限界として指摘されていた多くの事項に対応したとともに，上記の悲劇を踏まえ，製薬会社に対して，市販前に新薬の安全性を FDA に示すことを義務づけるものであった[7]。ただしこの時点では，製薬会社は FDA に対して安全性を通知すれば足り，現在のような「市販前承認」を求めるものではなかった。

3　FDCA の改正

(1)　主な改正

　FDCA は1938年の制定以来，300回以上にわたって改正され，その条文の長さは1938年当時の40倍以上にもなっている[8]。主な改正概要は以下のとおりであり，特に

4　例えばカリフォルニア州の The Safe Drinking Water and Toxic Enforcement Act of 1986（1986年安全飲料水及び有害物質施行法。いわゆるプロポジション 65）や 2023 年 10 月に制定された AB-418 The California Food Safety Act（カリフォルニア州食品安全法）などがある。
5　Food and Drug Law, at 425-26.
6　Id, at 10.
7　Id, at 12.
8　Id.

初期の改正は，悲惨な薬害の歴史ともいえる。

なお以下では，1984年のいわゆるハッチ・ワックスマン改正（Hatch-Waxman Amendments）には触れていないが，この改正経緯は後記第1章第4・1を参照されたい。

ア　1951年改正（Durham-Humphrey Amendments）

1951年の改正（Durham-Humphrey Amendments）では，患者が個人で適切に使用することができない医薬品があることを踏まえ，「処方箋医薬品」（Prescription Drug）と「OTC医薬品」（Over the Counter Drug）という分類が登場した[9]。処方箋医薬品は，「注意：処方箋なしでの調剤は連邦法で禁じられる」という説明文（legend）が掲げられていたことから「レジェンド・ドラッグ」とも呼ばれる。

イ　1962年改正（Kefauver Harris Amendments）

1950年代後半になると，サリドマイド（Thalidomide）の健康被害が明らかとなった。

西ドイツ等の欧州各国で販売されていたサリドマイドには，催奇性のある物質が含まれていたこともあり，これを服用した妊婦から多くの奇形児が生まれる悲劇が起きた。このサリドマイドは日本でも発売され，深刻な薬害を発生させた。米国では，FDA審査官であったフランシス・ケルシー（Frances Kelsey）博士がサリドマイドの承認を保留していたこともあり，ヨーロッパほどの被害は生じなかったが，この事件を受けて，1962年にFDCAが改正された（Kefauver-Harris Amendments）。この改正により，従来の市販前通知のシステムから，すべての新薬に対し安全性および有効性の市販前承認を求めるシステムに変更された[10]。この法改正により，1938年から1962年の間に上市された医薬品についても，安全かつ有効であることが求められることとなった。そこでFDAは全米科学アカデミー（National Academy of Sciences）および全米研究評議会（National Research Council）と契約を締結し，医薬品有効性試験（Drug Efficacy Study Implementation：DESI）と呼ばれる審査を開始した[11]。

ウ　1976年改正（Medical Device Amendments）

1962年の法改正では，医療機器に対する市販前承認の仕組みは採用されていなかっ

9　*Id,* at 1210.
10　*Id,* at 13.
11　https://www.fda.gov/drugs/enforcement-activities-fda/drug-efficacy-study-implementation-desi

た。しかし，1970年代半ばに起きたダルコン・シールド（Dalkon Shield）事件を契機に，1976年には医療機器改正法（Medical Device Amendments：MDA）が成立した。これによって，現行法が定めるリスクベースの医療機器の市販前審査制度およびクラス分類の基本的枠組みが定められることとなった（この詳細な経緯は，後記第3章第1・2も参照）。医療機器に関しては，1990年にも，FDAに対し，上市後の製品を監視するための市販後調査，および特定の医療機器に対する製造施設から患者までの追跡等を可能とする法改正（Safe Medical Device Act）[12]もなされている。

エ　1992年改正（PDUFA）

1992年には，処方箋医薬品ユーザーフィー法（Prescription Drug User Fee Act：PDUFA）が制定された。これは，FDAは資金不足によって承認審査に時間がかかりすぎており，法執行を行うスタッフも足りていないという指摘に応じて制定された法律で，新薬承認申請を求める企業からユーザーフィー（使用料）を徴収することを認めるものであった。PDUFAは5年後に改正される旨定められており，実際今日に至るまで5年ごとに改正されている。1992年に成立したものをPDUFA Ⅰと呼び，その後5年ごとに成立した法をPDUFA Ⅱ，PDUFA Ⅲなどと呼び，2024年6月現在はPDUFA IIVが有効である。

PDUFAは，処方箋医薬品（一部の生物製剤を含む）の承認申請に対してのみ適用されるが，その後の立法により，2002年には医療機器の（Medeical Device User Fee and Modenization Act），2012年にはジェネリック医薬品（Generic Drug User Fee Act）およびバイオシミラー（Biosimilar Use Fee Act）のユーザーフィー法もそれぞれ成立している。いずれもPDUFA同様，5年ごとに改正されて現在に至る。

オ　その他の主な改正

その後も，1997年のFDA近代化法（Food and Drug Administration Modernization Act：FDAMA），2007年のFDA改正法（Food and Drug Administration Amendments Act：FDAAA），2012年のFDA安全・イノベーション法（Food and Drug Administration Safety and Innovation Act：FDASIA），2016年の21世紀治療法（21st Century Cures Act：Cures Act），2022年の食品・医薬品総合改革法（Food and Drug Omnibus Reform Act：FDORA）等の立法により，FDAの権限強化や承認審査の迅速化等が図られている。各改正法の具体的な内容は，必要に応じて第1章～第

---

[12] https://www.fda.gov/medical-devices/mandatory-reporting-requirements-manufacturers-importers-and-device-user-facilities/medical-device-reporting-regulation-history

4章で触れる。

また食品との関係では、上記で挙げたもののほか、食品で認められるクレームを拡充した米国栄養表示教育法（Nutrition Labeling and Education Act：NLEA）やダイエタリーサプリメント制度を創設した1994年のダイエタリーサプリメント健康・教育法（Dietary Supplement Health and Education Act：DSHEA）、2011年に成立した食品安全近代化法（Food Safety Modernization Act：FSMA）などが重要である。これらの具体的な内容は、適宜第5章および第6章で触れる。

(2) 日本とFDCAの関係

日本の薬事・食品規制分野はFDCAの強い影響を受けており、法改正や制度新設を行う際に、多くの場合FDCAまたはこれに基づきFDAが策定した規則が参考にされる。

最近の例を挙げれば、例えば医薬品分野では、日本では2016年から、患者の治験薬へのアクセスを拡充させる「人道的見地から実施される治験」（いわゆる拡大治験）の運用が開始されたが、これは、米国で2009年に現在の形となったExpanded UseまたはCompassionate Use制度（後記第1章第2・5参照）を参照したもので、「日本版コンパッショネートユース」と呼ばれている。さらに直近の例を挙げると、令和元年の薬機法改正によって特定用途医薬品指定制度（薬機法77条の2第3項）が定められ、小児用医薬品や薬剤耐性菌用医薬品に対して一定の市場独占権（再審査期間）を与える制度が新設されたが、これらは米国の小児用臨床研究実施に基づく独占権（後記第1章第2・7(3)参照）や適格感染症治療製品に認められる独占権（後記第1章第2・7(4)参照）と類似している。

また食品分野でも、日本で2001年に始まった保健機能食品制度は、ダイエタリーサプリメント制度を創設した1994年のDSHEAを参考としたものである。

4　条文の検索方法

前記のとおり頻繁に改正されるFDCAであるが、その条文番号から条文を確認することは、日本法ほど容易ではない。その理由の1つは、米国では六法全書のような、改正を含めた制定法がまとめられた書籍が入手しづらい点にある。他方で米国には、米国の全分野の現行法律を1つの法典に再編集して、編・章・条・項などを新たに付与した六法全書型の法令集である合衆国法典（United States Code：USC）がある[13]。FDCAの条文に該当するのは、USCのTitle 21のChapter 9（第21編第9章）の部分

13　https://ndlsearch.ndl.go.jp/rnavi/politics/USA

である。USC はインターネット[14]上で容易に閲覧・検索が可能なため，本書では原則として，FDCA の条文番号ではなく USC の条文番号で引用している。また，同様の理由から，FDA が定める規則についても，原則として連邦公報（Federal Register）ではなく，インターネット[15]上で容易に閲覧・検索できる連邦規則集（Code of Federal Regulations：CFR）の条文番号で引用している。ただし，規則が公示される連邦公報では，規則そのものだけではなく，規則の制定・改正に至った経緯や，規則が適用される具体的事例等が掲載されていることがあり，規則を理解する上で有用な資料となりうる。本書でも適宜連邦公報を引用している。

なお，FDA のガイダンスや各種の文献では，USC の条文番号ではなく FDCA の条文番号のみが引用されていることもある。そのような場合，FDCA の条文番号と USC の条文番号の対応関係を自ら調べる必要が生じるが，1つの方法として，基本的対応関係は FDA のウェブサイト[16]で把握できる。このウェブサイトでは，例えば下記のとおり，FDCA の条文番号（左側）と USC の条文番号（右側）との対応関係を把握できる。

FD&C Act Section Number	Title
Sec. 301	Sec. 331 - Prohibited acts
Sec. 302	Sec. 332 - Injunction proceedings
Sec. 303	Sec. 333 - Penalties
	Sec. 333a - Repealed. Pub. L. 101-647, title XIX, §1905, Nov. 29, 1990, 104 Stat. 4853
Sec. 304	Sec. 334 - Seizure
Sec. 305	Sec. 335 - Hearing before report of criminal violation
Sec. 306	Sec. 335a - Debarment, temporary denial of approval and suspension
Sec. 307	Sec. 335b - Civil penalties
Sec. 308	Sec. 355c - Authority to withdraw approval of abbreviated drug applications

---

14 https://uscode.house.gov/browse/prelim@title21&edition=prelim
15 https://www.ecfr.gov/current/title-21
16 https://www.fda.gov/regulatory-information/laws-enforced-fda/federal-food-drug-and-cosmetic-act-fdc-act

第3　米国食品医薬品局（FDA）

1　基本情報

(1)　FDAのミッション

　FDAは，米国におけるパブリックヘルスの保護および促進を目的とする連邦機関である。FDCAでは，FDAのミッションとして，臨床研究を迅速かつ効率的に審査し，製品の販売について適時に適切な措置を講じることによるパブリックヘルスの「促進」が最初に掲げられているが（21USC§393(b)），FDAのウェブサイト[1]では以下のとおり，むしろパブリックヘルスの「保護」が最初に来ている。

● FDAは，人および動物用の医薬品，生物製剤，医療機器の安全性および有効性を確保するとともに，米国の食品供給，化粧品，放射線放出製品の安全性を確保することにより，国民の健康を守る責任を担う。
● FDAはまた，パブリックヘルスを保護し，未成年者のタバコ使用を減らすために，タバコ製品の製造，販売，流通を規制する責任を負う。
● FDAは，医療製品をより効果的で，より安全で，より安価なものにするイノベーションのスピードアップを支援するとともに，国民が健康を維持・増進させる上で，医療製品や食品を使用するのに必要な，科学的根拠に基づいた正確な情報を得られるよう支援することで，パブリックヘルスを向上させる責任を負う。
● FDAは，国家のテロ対策能力においても重要な役割を果たす。FDAは，食品供給の安全性を確保し，パブリックヘルスに対する意図的，または自然発生的な脅威に対応するための医療製品の開発を促進することで，この責任を果たす。

---

(2)　FDAの予算および本拠地

　FDAは，米国内外で製造される3.6兆ドル相当の食品，タバコ製品，および医療製品の安全性を監督しており，FDAが規制する製品は，米国の消費者が支出する1ドルのうち21セントを占める[2]。

1　https://www.fda.gov/about-fda/what-we-do

こうした幅広い規制範囲に対応するべく，2023年度のFDAの予算は，約67億ドルに達している。この予算は，政府の歳出予算（全体の53％に相当する36億ドル）と，一部の規制業界が支払うユーザーフィー（全体の47％に相当する31億ドル）によって構成されている。FDAが規制する製品ごとの2023年度予算およびその内訳は下のグラフのとおりである。

　FDAの本拠地は，メリーランド州モンゴメリー郡シルバースプリングのホワイトオークキャンパス（White Oak Campus）にあり，多くの本部職員はここで勤務しているが，ワシントンD.C.地区にある他の建物で勤務する者もいる。また，FDAは米国全土に拠点を有しており，ヨーロッパ，中国，インドなどにもオフィスを構えている[3]。特にヨーロッパオフィスは，拠点の一部がアムステルダムの欧州医薬品庁

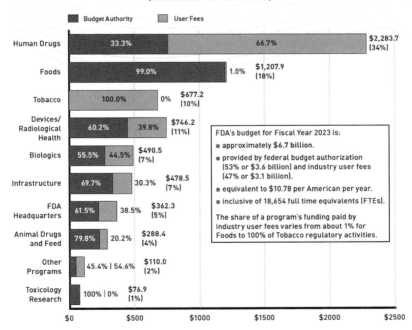

〈出典〉　FDA at a GLANCE From the OFFICE OF THE COMMISSIONER（January 2024）.

2　FDA at a GLANCE From the OFFICE OF THE COMMISSIONER（January 2024）.

(European Medicines Agency：EMA) 内に設置されており，FDA と EMA が共同で行う様々なプログラムを担当している。

2　連邦政府内での位置づけ

FDA は，米国保健福祉省 (Health and Human Services：HHS) 所管の連邦機関である (21USC§393(a))。他の HHS 所管の機関としては，以下のような組織がある[4]。

---

1. 疾病予防管理センター (Centers for Disease Control and Prevention：CDC)
2. メディケア・メディケイドサービスセンター (Centers for Medicare & Medicaid Services：CMS)
3. 国立衛生研究所 (National Institutes of Health：NIH)
4. 戦略的準備・対応管理局 (Administration for Strategic Preparedness and Response：ASPR)

なお，規制物質法 (Controlled Substances Act：CSA) を管轄・執行し，違法な薬物取引等を規制する米国麻薬取締局 (Drug Enforcement Administration：DEA) は，連邦捜査局 (Federal Bureau of Investigation) 等と同様，米国司法省 (Department of Justice：DOJ) に属する。

FDA は連邦取引委員会 (Federal Trade Commission：FTC) や証券取引委員会 (Securities and Exchange Commission：SEC) のような独立性はなく，FDA 長官 (Commissioner) は上院 (Senate) の助言と同意を得て大統領から指名される。

FDA は，FDCA 等に基づく規制にあたり，FTC や米国農務省 (United States Department of Agriculture：USDA) や米国環境保護庁 (Environmental Protection Agency：EPA) といった連邦機関と協業しており，これらの連邦機関と複数の基本合意書 (MOU) を締結している。また，FDA は裁判所において単独で国を代理する法的権限を有していないため，裁判所を通じた法執行を行う場合は，DOJ と共同して行う。

---

[3] https://www.fda.gov/about-fda/jobs-and-training-fda/buildings-and-facilities
[4] https://www.hhs.gov/about/agencies/hhs-agencies-and-offices/index.html

3　FDAの内部組織

　FDA内部には，長官室（Office of the Commissioner）の下に，以下の6つの主要なセンターが設けられている（FDAの組織を記載している21CFR§5.1100も参照）。本書を読み進める上では，1～4のセンターが重要である。

---

1. 医薬品評価研究センター（Center for Drug Evaluation and Research：CDER）
2. 生物製剤評価研究センター（Center for Biologics Evaluation and Research：CBER）
3. 医療機器・放射線保健センター（Center for Devices and Radiological Health：CDRH）
4. 食品安全・応用栄養センター（Center for Food Safety and Applied Nutrition：CFSAN）
5. タバコ製品センター（Center for Tabacco Products：CTP）
6. 動物医薬品センター（Center for Veterinary Medicine：CVM）

　各センターの下にはさらに細かい組織（officeやdivision）がある。

　本書で登場する組織で例を挙げると，例えばCDERの下には，新薬部（Office of New Drug）や医療政策部（Office of Medical Policy）があり，医療政策部の下にはさらに，処方箋医薬品のプロモーションを監督する処方箋医薬品広告審査室（Office of Prescription Drug Promotion Communications：OPDP）がある。

　また長官室（Office of the Commissioner）の下に直接設けられているofficeもあり，これらの下にもさらに細かい組織がある。同様に本書で登場する組織で例示すると，臨床政策プログラム部（Office of Clinical Policy and Programs）の下に，希少疾患用医薬品の指定を担うOffice of Orphan Products Development（OOPD）や，コンビネーション製品を管轄するOffice of Combination Products（OCP）が置かれている。

　FDA内には主任弁護士室（Office of the Chief Counsel：OCC）も置かれている。FDAは規制当局としてルールメイキングや法執行を行うため，法律家は極めて重要な役割を担う。主任弁護士室の法律家は，公式にはHHSに対して直接報告するが，FDA長官にも非公式に報告を行い，長官と密に業務を行う。実務上，彼らはHHSの代理人というより，FDAの一組織として稼働しており，主任弁護士は長官の弁護士として機能する[5]。

また、FDA内部では、主任弁護士室のみならず、各センター内部にも多数の法律家が勤務している。例えば医薬品開発では、希少疾患用医薬品に対する独占権を得られるか否かは重要な問題だが、その結論は規則の解釈次第で変わる場合がある（後記第1章7(2)参照）。この解釈は、最終的に裁判所での司法審査に耐えうるものでなければならないため、そうした解釈を担う者として現場レベルで法律家が必要とされる。

2024年3月時点のFDAの組織図概要は、次のとおりである。

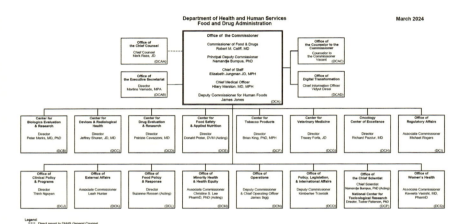

〈出典〉 https://www.fda.gov/about-fda/fda-organization-charts/fda-overview-organization-chart

4　ルールメイキング

(1)　FDCAに基づくルールメイキング

　行政手続法（Administrative Procedure Act：APA）は、通知・コメントを要するルールメイキング（notice-and-comment rulemaking）を2種類定めており、いずれもFDCAに基づくルールメイキングの方法として採用されている。

　1つは、APA§554(5USC§554)に定める証拠審問（evidentiary hearing）を要する手続である（formal rulemakingとも呼ばれる）。FDCA§701(e)（21USC§371(e)）は、FDAに対し、食品中に含まれる汚染物質の許容範囲の設定（21USC§346。後記第5章第3・1(3)参照）の規則制定など一定の手続において、この公式な証拠審問を行うよう求めている。しかし、この手続は非常に負担が重く、時間もかかるため、

5　Food and Drug Law, at 21.

FDAはできるだけこの手続を回避している[6]。

もう1つは、APA§553(5USC§553)に基づく通知・コメント手続である（informal rulemakingと呼ばれる）。FDCA§701(a)（21USC§371(a)）は、21USC§371(e)と異なり、対象となる規則を何ら限定しておらず、FDCAの実行を促進するすべての規制が対象となると考えられ、FDAによる規制の大半は、この手続によって行われる[7]。

具体的な手続は、21USC§371(a)ではなく5USC§553において、以下の3つの手続が定められている。

---

1. 当局は、まず連邦公報（Federal Register）に規則案（proposed rule）を公表しなければならない。これは、Notice of Proposed Rulemaking（NPRM）と呼ばれる。
2. 当局は、当該規則に関心のある者に対して意見を提出するよう求め、そのための合理的な時間を与えなければならない。
3. 当局は、パブリックコメントを検討した後、前文に「根拠および目的に関する簡潔な一般的説明」を記載して、最終規則（final rule）を公表しなければならない。

なお、この5USC§553は最低限必要な手続を定めるものであって、それ以上の手続を行い、その規則案を裏づける証拠を収集・分析することもできる。例えば、パブリックコメントを複数回実施したり、advanced notice of proposed rulemaking（ANPRM）と呼ばれる事前通知を発したりして、より広く世評を問うことも可能である[8]。本書では、主にOTCモノグラフ（後記**第1章第3・2(2)**）の説明にあたってこれらの用語を用いる。

(2) **ガイダンスの発行**

APAは、解釈に関する規則や政策に関する一般的声明には、通知・コメント手続は適用されない旨定める（5USC§553(b)(4)(A)）。これは「ガイダンス（guidance）」と総称されており、本書で示すとおり、FDAは大量のガイダンスを発行している。ガイダンスは、法的拘束力をもつものではなく、FDAの解釈を示したものにすぎないとされているが（21CFR§10.115(b)参照）、実務上は極めて強い影響力を有する。

6　*Id,* at 38.
7　*Id,* at 53.
8　*Id.*

14　序章　Food and Drug Law の基礎

　FDA は1997年，新しいガイダンスを開発する際の手続を定めた Good Guidance Practices（GGP）を発表した。現在では21CFR§10.115に定められている GGP では，ガイダンスを，法令の要件に関する最初の解釈を示したり，軽微とはいえない解釈または政策上の変更を行う「レベル1ガイダンス文書」（21CFR§10.115(c)(1)）と，それ以外の「レベル2ガイダンス文書」（21CFR§10.115(c)(2)）に分類している。レベル1ガイダンス文書はガイダンス案（draft）を連邦公報に掲載し，コメントを募集し，必要に応じて適宜修正し，ヒアリング等も開催することができるのに対し（21CFR§10.115(g)(1)），レベル2ガイダンス文書は公表した後にコメントを募集する（21CFR§10.115(g)(4)）。

　FDA が GGP を公表した後に成立した FDAMA は，GGP を FDCA に採用するとともに，ガイダンスには拘束力がないとしながらも，FDA に対し，適切な理由と監督者の同意なしに，その職員がガイダンスから逸脱しないよう求めている（21USC§371(h)(1)(B)）[9]。

5　情報公開（FOIA）

　情報公開は，民主主義が適切に機能する上で極めて重要であり，それ自体一大法分野である。ここではごく簡潔に触れるにとどめる。

　1967年，情報公開法（Freedom of Information Act：FOIA）が成立した（5USC§552）。FOIA は，9つの例外（5USC§552(b)）に該当する場合を除き，（開示を求める利益の存否にかかわらず）開示請求者に対し，対応する文書を公開するものであった。FDA の情報公開に関する規則は，21CFR Part 20に定められている。FDA は，膨大な情報を産業界から受領し保管しているため，DOJ 等一部の省庁を除けば，どの省庁よりも多くの情報公開請求の対象となっており，少なからぬ予算が情報公開請求への対応に費やされている[10]。

　FOIA の9つの例外の中で，特に頻繁に争いとなるのが営業秘密に関する例外（5USC§552(b)(4)および21CFR§20.61）である。製品の承認申請書類は，申請が承認されるまでは営業秘密とみなしている[11]。また，先発医薬品の安全性および有効性に関するデータは，「特別な状況」がない限り，ジェネリック医薬品が承認された後に公開するとされているが（21CFR§314.430(f)），こうしたデータは依然として競合価値があるため，実務上はジェネリック医薬品が承認された後も公開されない[12]。

9　*Id,* at 77.
10　*Id,* at 94.
11　*Id,* at 105.

FDA に対して寄せられる情報公開請求や，それに対する開示決定状況等は，FOIA のウェブサイト[13]で検索できる。

　1996年には，電子情報公開法（Electronic Freedom of Information Act：EFOIA）が成立し（5USC§552），FDA を含む各省庁に対し，電子閲覧室（Electronic Reading Room）の開設が義務づけられた。FDA の電子閲覧室[14]では，警告状（Warning Letter）やインポートアラート（輸入警告）等の執行に関する文書から内部用の業務マニュアルまで，膨大な文書が公開されている。このほかに FDA は，様々なデータベースを公開しており，本書でも適宜参照する。

12　*Id,* at 107.
13　https://www.foia.gov/
14　https://www.fda.gov/regulatory-information/freedom-information/electronic-reading-room

第4　司法審査

1　司法審査の意義

　薬事・食品規制に対する司法審査は，極めて重要である。医薬品や食品は，人の健康（生命・身体）に直結する製品であり，政府（規制当局）による厳しい規制を免れない。他方で規制を受ける産業界側は，政府による規制が不当な場合でも，立場上必ずしも十分な主張を行えなかったり，主張をしても聞き入れられない場合がある。こうした場合に，裁判所で政府の規制を争う場を確保し，産業界側の主張が中立的な第三者（裁判所）によって十分吟味される機会を確保することは，規制の健全性を保つ上で不可欠である。また，薬事・食品規制は往々にして複雑であり，外部からの理解が困難な密室的な実務・解釈が蔓延するおそれもあるが，司法審査を通じて，そうした実務や解釈が公開の場で議論されることになり，透明性が保たれる。まとめると，規制当局・産業界という二者間の構造に，裁判所という第三者を含めることによって，規制の健全性・透明性を確保できるといえよう。

　FDCA では，新薬承認申請（後記第1章第2・3参照）の不承認に対する司法審査や（21USC§355(h)），食品添加物請願（後記第5章第4・1(2)参照）の不承認に対する司法審査（21USC§348(g)）など，様々な措置を法廷で争えることを明示的に認めている。また，FDCA で明示的に認められておらずとも，行政手続法等により争うことができる場合もある。このような立法上の後ろ盾もあり，実際 FDA の措置はしばしば法廷で争われる。

　FDA の措置に対する司法審査は，Food and Drug Law と行政法との交差領域でもある。FDA の措置を争う事件では，原告適格（standing）の有無，紛争の成熟性（ripeness），ムートネスの法理（mootness doctrine）などが，他の行政事件と同様に問題となり得る。また，行政機関の第一次管轄権に関する primary jurisdiction の法理や，司法審査の前に行政上の救済を尽くすべきであるとする exhaustion の法理が問題となり得る点も，他の行政事件と同様である。これらは，行政法上重要ではあるものの，紙面の都合上詳細な解説は割愛する。以下では，FDA の措置に対する司法審査で適用される審査基準についてごく簡単に紹介するにとどめる。

2　審査基準の概要

(1)　行政手続法の定め

　法律に規制当局の措置に対する審査基準が明記されていない場合，裁判所は行政手

続法（APA）を参照する。APA§706(5USC§706)は，審査裁判所が行うべきこととして，規制当局の不作為がある場合と違法な作為がある場合に分けて，以下のとおり規定している。

---

(1) 違法に保留され，または不当に遅延している規制当局の行為を強制し，そして，
(2) 次の各号に該当すると認められる行政庁の行為，事実認定および結論を違法と判示して取り消さなければならない。
　(A) 専断的（arbitrary）なもの，恣意的（capricious）なもの，裁量権の濫用その他法に従わないもの
　(B) 憲法上の権利，権限，特権または免除に反するもの
　(C) 制定法上の管轄権，権限もしくは制限を越え，または制定法上の権利を欠くもの
　(D) 法が要求する手続に従わないもの
　(E) 5USC§556および§557に服する事件その他制定法の定める規制当局の聴聞記録に基づき審査される事件で，実質的証拠に基づかないもの
　(F) 事実について審査裁判所による覆審的事実審理に服する範囲において，事実によって根拠付けられていないもの

　規制当局の不作為がある場合に関する5USC§706(1)は，FDCAが期間制限付きでFDAに対して特定の措置を取るよう求めている場合などに問題となる。例えば，FDCAが食品添加物の請願に対する回答期限を180日以内と定めていたにもかかわらず，FDAが期間内に回答しなかった事例で，請願に対する最終回答がなされるまで，FDAが当該食品添加物の販売を妨げることが禁じた事例[15]がある。
　また，FDAは，法執行を行う権限はあるものの実際の執行措置は行わないという執行裁量（enforcement discretion）を行使することがあるが，裁判所は通常FDAが執行裁量を行使する自由（執行措置の不作為）を尊重する[16]。
　なお，個人や業界団体，消費者等がFDAに対して，規則の発行・修正その他の措置をとるよう請願する手続である市民請願（citizen petition）では，FDAが受領後180日以内に回答する旨明記されている（21CFR§10.30(e)(2)）。しかし，実際にはこ

15　Southeastern Minerals, Inc. v. Califano, Civ. No. 77-51-THOM（M.D. Ga. Jan. 31, 1978）.
16　*See* Food and Drug Law, at 82.

の期限はほぼ遵守されず，遵守されたとしても，FDA の最初の回答は単に実質的な決定がまだ不可能であると述べるだけであることが多い[17]。

規制当局の作為がある場合に関しては，5USC§706(2)が審査基準を定めているが，(E)項を除き，規制当局のどのような行為にどの審査基準が適用されるかは明示されていない。したがって，裁判所は問題となっている規制当局の作為に対して，どの審査基準が適用されるかをまず決定する必要があるが，この点も詳細は割愛する。

(2) シェブロン法理

裁判所が規制当局の措置を審査する際，規制当局の解釈をどの程度「敬譲（deference）」するか否かが重要なポイントとなる。連邦最高裁が示した規制当局の措置に対する審査基準のうち，最も著名なものの１つが Chevron USA v. Natural Resources Defense Council, Inc., 467 U.S. 837(1984) で示されたシェブロン法理（Chevron doctrine）である。これは，少なくとも判例の文言上は，以下のとおり，２段階の審査基準とされている。

まず第１段階として，裁判所は争点となっている具体的な問題に対し，連邦議会の意図を検討し，その意図が明確であればこの意図を実行することで終わる。しかし，議会の意図が不明確な場合には，第２段階として，連邦裁判所は（単に自らの見解を適用するのではなく）行政機関の解釈が合理的であるかどうかを審査する。解釈が合理的（reasonable。permissible という用語が用いられることもある）である場合は，当該解釈に従う[18]。

このシェブロン法理によれば，行政機関の解釈は不合理なものでない限り，裁判所から「敬譲」されることとなる。しかし，他の連邦最高裁の判例では，必ずしもこのシェブロン法理に準拠しているとは思われない判断も多かった。こうした中で連邦最高裁判所は，2024年６月，シェブロン法理を覆しており[19]，今後の動向が注目される。

17　Food and Drug Law, at 88.
18　*See* Chevron USA v. Natural Resources Defense Council, Inc., 467 U.S. 837, 842-43 (1984).
19　Loper Bright Enterprises v. Raimondo, No. 22-451, 603 U.S. _ (2024).

コラム1

ワシントン D.C. と Food and Drug Law

　米国の製薬会社や医療機器メーカー，食品会社の本拠地は，ニューヨーク，サンフランシスコ，シカゴなど全米各地にある。また近時，がんや中枢神経領域の創薬を担っている新興バイオ医薬品企業（Emerging Biopharma）は，ボストンやシリコンバレーに拠点を置いていることも多い。しかし，規制当局である FDA や Food and Drug Law は，米国の首都ワシントン D.C. との結びつきが非常に強い。

　FDA の本拠地が置かれているホワイトオークキャンパスは，住所上はメリーランド州であるが，ワシントン D.C. の中心部からメトロで数駅の距離にある。また米国の大手法律事務所の多くは，ワシントン D.C. に本拠地・支店を置いており，ワシントン D.C. には Food and Drug Law を専門とする規制法弁護士（いわゆる「FDA Lawyer」）も多い。彼らの多くは FDA での勤務経験を有するが，著名な FDA Lawyer の中にも FDA での勤務経験がない者もいる。さらに，米国研究製薬工業協会（PhRma）等を始めとした一部の業界団体の本拠地もワシントン D.C. にある。こうした事情から，ワシントン D.C. では，Food and Drug Law に関連するイベント等も頻繁に開催されている。なお，多数の日本人が留学・研修している NIH も，ワシントン D.C. からメトロで数駅のメリーランド州ベセスダにある。

　さらに，ワシントン D.C. にあるロースクールでは，政府機関でフルタイムで働きながら，学生として授業に参加している方もおり，例えば Georgetown University Law Center では，FDA の職員や CDC の職員が学生として授業に参加していた。彼らは，日々の業務で関わる Food and Drug Law をロースクールで体系的に学び直し，政府機関へ戻ったり，民間企業や法律事務所へ転職していく。もちろん，ロースクールを卒業した後に FDA 等の規制当局で働くことを希望する学生もいる。このような環境も，Food and Drug Law を学ぶ場としてのワシントン D.C. をより魅力的な場所にしているように思われる。

　なお，2023年9月には，独立行政法人医薬品医療機器総合機構（PMDA）がワシントン D.C. に新たな拠点を開設する予定である旨が公表された。

第1章
医薬品(Drug)

第1　定義等

1　医薬品(Drug)

(1)　FDCA上の定義

医薬品(drug)とは,以下に掲げるものをいう(21USC§321(g)(1))。

> A　米国薬局方(United States Pharmacopoeia:USP),米国ホメオパシー薬局方(Homeopathic Pharmacopeia of the United States:HPUS),米国国民医薬品集(National Formulary:NF)またはこれらの追補に掲載されている物品
> B　人または他の動物の疾患の診断,治療,緩和,処置または予防に用いることを目的とする物品
> C　人または他の動物の身体の構造または機能に影響を及ぼすことを目的とする物品(ただし食品に該当するものを除く)
> D　上記のいずれかの構成要素として用いることを目的とする物品

日本では,医薬品の定義は薬機法2条1項で以下のように定められており,その定義はFDCAの医薬品の定義と共通する部分が多い。

> 1．日本薬局方に収められている物
> 2．人または動物の疾病の診断,治療または予防に使用されることが目的とされている物であつて,機械器具等でないもの
> 3．人または動物の身体の構造または機能に影響を及ぼすことが目的とされている物であつて,機械器具等でないもの

なお,薬機法2条2項には「医薬部外品」という類型が定められているが,FDCA

にはそのような類型はない。

(2) USP等との関係および「intended use」

　日本薬局方は，厚生労働大臣が薬事・食品衛生審議会の意見を聞いて定める行政文書だが（薬機法41条1項），米国薬局方等は，民間団体が出版している。具体的には，米国薬局方と米国国民医薬品集は，現在では United States Pharmacopeial Convention という民間団体が出版する The United States Pharmacopeia and National Formulary（USP-NF）に統合されている。USP-NF には，医薬品原薬，品質，包装などに関する規格が定められている。米国ホメオパシー薬局方は，Homeopathic Pharmacopeia Convention of the United States という民間団体が発行しており，多くの植物性医薬品が収載されている。これらの USP，NF および HPUS は，合わせて「公式コンペンディウム（official compendium）」と定義されている（21USC§321(j)）。

　法令の文言上，これらの薬局方に掲載されていればただちに医薬品に該当するかのように読めるが，裁判所は必ずしもそうは解していない[1]。そうした文言解釈を採用すると，立法機関がその立法機能を民間団体に委任することになるからである。

　前記医薬品の定義B項およびC項のとおり，「疾患の診断，治療，緩和，処置または予防」や「身体の構造または機能に影響を及ぼす」ことを目的とする物品は医薬品に該当する。したがって，医薬品該当性を判断する上では，物品の使用目的（intended use）の認定が重要となる。FDA は「intended uses」に関して，以下のように定義を定めている（21CFR§201.128。ただし改行は筆者による）。

　　使用目的（intended uses）またはこれに類する語は，（中略）物品のラベリングに法的に責任を有する者（またはその代表者）の客観的意図を意味する。
　　この客観的意図は，その者による表現，物品のデザインもしくは構成，または物品の配布を取り巻く状況によって示される可能性がある。この客観的意図は，例えば，ラベリングのクレーム，広告物またはその者もしくはその代表者による口頭もしくは書面による陳述によって示される可能性がある。客観的意図は，そのような者や代表者の認識に基づいて，表示・広告がされていなくとも，当該物品が提供・使用されている状況によって示される可能性もある。ただし，企業は，承認された医薬品の未承認の新しい用途について，その医薬品が当該新しい用途のために医療提供者（health care providers）によって処方または使用されてい

---

[1]　例えば United States v. An Article of Drug…Ova II, 414 F. Supp. 660 (D.N.J. 1975) など。

> ることを認識しているというだけで，当該新しい用途を意図しているとはみなされない。
>
> 　物品の使用目的は，当該物品が製造者によって州際通商に供された後に変更されることがある。例えば，包装業者，流通業者または販売業者が，当該業者に物品を提供した者の使用目的とは異なる使用目的を有する場合，そのような包装業者，流通業者または販売業者は，新しい使用目的に従って適切なラベリングを提供する必要がある。

　この定義では，FDA が使用目的を認定する際に検討する要素が定められている。もっとも，一部の例外[2]を除き，製造業者や流通業者が関連する表記を行っていないにもかかわらず，FDA がこの定義で示されている要素（例えば物品の配布を取り巻く状況）のみによって物品の使用目的を認定し，「医薬品」に該当すると整理することは稀である[3]。

　なお，上記のラベリング（labeling）という用語は，表示（label）とは異なる用語である。表示（label）とは，物品の直接の容器上の文字，印刷または図案による表示をいう（21USC§321(k)）。これに対し，ラベリング（labeling）とは，すべての表示（label）および文字，印刷または図案によるもので(i)物品またはその容器や包装に表示されるもの，もしくは(ii)当該物品に添付されるものをいう（21USC§321(m)）。このようにラベリングの定義は非常に広く，またこの定義は医薬品や医療機器のみならず，食品や化粧品等にも適用される定義であるため，必ずしも添付文書（package insert）と同義ではない。もっとも，プロモーションに関する議論以外では，特に断りのない限り，ラベリングという用語はひとまず添付文書を念頭において理解することで概ね差し支えないと思われる。また，本書では表示（label）と区別する意味もあり，claim はクレームと訳している。広告（advertising や advertisement）とラベリング（labeling）の区別については，後記**第1章第5・1(2)**を参照されたい。

2　新薬（New Drug）

　新薬を上市するためには，新薬承認申請（New Drug Application）や簡略新薬承認申請（Abbreviated New Drug Application）等が必要となる。新薬（new drug）の定義は，以下のとおりである（21USC§321(p)）。なお，新動物用医薬品（new animal drug）およびそれを含む動物用飼料（animal feed）は，新薬の定義から除か

2　National Nutritional Foods Ass'n v. Mathews, 557 F.2d 325 (2d Cir. 1977).
3　Food and Drug Law, at 157.

れる。

> 1．医薬品の安全性および有効性を評価する科学的訓練および経験を有する専門家の間において，当該医薬品が，そのラベリングにおいて規定，推奨または示唆された条件下で使用することが安全かつ有効であると一般に認識されていない組成の医薬品。ただし，1938年6月25日より前のいずれかの時点で，1906年6月30日の純正食品医薬品法（改正後を含む）の適用を受け，その時点でラベリングに使用条件に関する同じ記載が含まれていた場合は，「新薬」とはみなされない。
> 2．ある条件下で使用するための安全性および有効性を決定するための試験の結果，当該使用条件下で安全かつ有効な医薬品として認められたが，当該試験以外では，当該使用条件下で十分に広く長く使用されていないような組成の医薬品。

上記の定義上，新薬から除外されているのは，専門家の間で一般的に安全かつ有効と認められている医薬品（Generally Recognized As Safe/Effective：GRAS/GRAE）に該当しないもの，および1906年の純正食品医薬品法の下で1938年6月25日より前に上市された医薬品（使用条件について当時と同じ記載がある場合に限る）である。後者は，1938年除外条項（the "grandfather" clause）と呼ばれる。これは1938年にFDCAが制定され，新薬に対して安全性の証明を求めるようになった際に定められた除外条項であり，これによってFDCA制定以前に純正食品医薬品法の下で上市されていた医薬品は，安全性の証明要件を免れることとなった。

前者のGRAS/GRAEによって，いわゆるOTC医薬品（非処方箋医薬品，一般用医薬品。後記第3参照）が「新薬」から除外される。もっとも，個別の医薬品が，安全かつ有効であると一般的に認められるためには，新薬承認申請（New Drug Application。後記第2・3参照）と同じ量および質の科学的証拠が必要であると解されている[4]。したがって，個別の医薬品ごとに「GRAS/GRAE」に該当することは困難であるため，医薬品のカテゴリーごとにGRAS/GRAEの判断を行うOTCモノグラフが重要となる（後記第3参照）。

定義に含まれているのは，1938年除外条項のみだが，1962年のKefauver-Harris Amendmentsには，1962年除外条項と呼ばれるもう1つの除外条項が含まれていた。これは，1962年のKefauver-Harris Amendmentsが発効する前日において，米国内

4　Weiberger v. Hynson, Westcott And Dunning, Inc., 412 U.S. 609 (1973).

で商業的に使用または販売されており，当時の FDCA の下で定義される「新薬」ではなく，有効な申請の対象ともなっていなかった医薬品であり，かつその組成およびラベリングが1962年から変更されていない場合には，有効性要件を免除する旨の規定である[5]。この1962年除外条項によって1938年6月25日以後，1962年の Kefauver-Harris Amendments の発効前日までに上市された医薬品は，安全性の証明要件は適用されたものの，有効性の証明要件は免れることとなった。もっとも，こうした安全性要件のみで承認された医薬品の有効性を審査するために，医薬品有効性試験（DESI）と呼ばれるプロセスが進められている（後記第3・2(1)参照）。

3　食薬区分

医薬品の定義を定める21USC§321(g)(1)には，食薬区分に関する以下の定めがある。

1．21USC§343(r)(1)(B)および21USU§343(r)(3)または21USC§343(r)(1)(B)および§343(r)(5)(D)の要件に従ったクレームがなされる食品またはダイエタリーサプリメントは，表示またはラベリングにそのようなクレームが含まれていることのみをもって，医薬品とみなされない。
2．21USC§343(r)(6)に従って真実かつ誤解を招かない記載がなされた食品，ダイエタリーサプリメント成分（dietary ingredients）またはダイエタリーサプリメントは，表示またはラベリングにそのような記載があるという理由のみで，(C)項に定める医薬品とはみなされない。

上記1の規定は，いわゆる健康強調クレーム（health claims）を行う食品やダイエタリーサプリメントを医薬品の定義から除外するものである。健康強調クレームは，疾病予防クレーム（disease prevention claims）とも呼ばれ，例えば「高血圧や高脂血症の発症は，多くの要因に左右される。［本製品は］高血圧や高脂血症のリスクを軽減する可能性のある低ナトリウム・低塩分食の一部となり得る（Development of hypertension or high blood pressure depends on many factors. [This product] can be part of a low sodium, low salt diet that might reduce the risk of hypertension or high blood pressure)」といったクレームが挙げられる（21CFR§101.74(e)(2)）。1990年の NLEA によって，食品やダイエタリーサプリメントはこうした健康強調クレームを掲げることができるようになったが，そのことだけを理由として物品が医薬品と判断されることがないよう，上記1の規定が定められている。健康強調クレームに関

5　Food and Drug Law, at 854.

しては，後記**第5章第2・2(2)イ**を参照されたい。

上記2の規定は，機能・構造強調クレーム（structure/function claims。後記**第5章第2・2(2)ウ参照**）を掲げるダイエタリーサプリメントを医薬品の定義C項から除外するものである。すなわち，医薬品の定義C項によれば，機能・構造強調クレームを有する物品は，食品を除き医薬品に該当することになる。他方で，「食品」への該当性は「常識（common sense）」によって判断されるが（後記**第5章第1・1参照**），ダイエタリーサプリメントは，錠剤，カプセル，粉末，ソフトジェル，ジェルカプセル，液体といった形態で販売され，「常識」的な意味での食品とは判断されないものも多い。そこで上記2の規定が定められ，「常識」的な意味での「食品」に該当しないダイエタリーサプリメントが機能・構造強調クレームを行っても，医薬品の定義C項に該当することはない旨記された。

ただし，ある製品が医薬品および食品の双方に分類されることはありうる。すなわち，食品が医薬品の定義C項に該当することはないが，食品が疾患の予防や治療を謳っている場合は，医薬品の定義B項に従って医薬品としての規制も受けるのであり，裁判所もこのような解釈を支持している[6]。

なお，日本でも食薬区分は重要な論点であり，「無承認無許可医薬品の指導取締りについて」（昭和46年6月1日薬発第476号）等の通知で当局の解釈が示されているが，食品衛生法4条や食品安全基本法2条において，「食品」の定義から医薬品が除外されているため，ある製品が医薬品および食品の双方に分類されることはない。

4　医療機器（Device）との区別

後記**第3章第1・3**のとおり，医療機器の定義は以下のとおり定められている（21USC§321(h)(1)）。

「医療機器」（中略）とは，機器，装置，器具，機械，仕掛け，インプラント，体外診断用試薬またはその他の類似物品もしくは関連物品（その部品や附属品を含む）であって，以下であるものを指す。
　(A)　公式の米国国民医薬品集，米国薬局方またはそれらの追補に定められているもの
　(B)　人や他の動物の疾患や他の状態の診断，治療，緩和，処置または予防への使用を目的とするものまたは，

---

[6]　疾患に対する効能を謳っていたお茶に関する裁判例として，United States v. Hohensee, 243 F.2d 368 (3d Cir. 1957).

> (C) 人や他の動物の身体の構造または機能に影響を及ぼすことを目的としたものであり，かつ
>
> その主要な目的を，人や他の動物の体内・体表での化学作用によって達成するものではなく，また代謝に依存することで達成するものでもないものをいう。ただし，「医療機器」には，21USC§360j(o)に従って除外されるソフトウェア機能は含まれないものとする。

医薬品と医療機器の定義によれば，その双方に該当する物品が存在し得る[7]。

すなわち，医薬品の定義B項によれば，「人または他の動物の疾患の診断，治療，緩和，処置または予防に用いることを目的とする物品」は医薬品であるところ，医療機器の定義には，「機器，装置，器具，機械，仕掛け，インプラント，体外診断用試薬または他の類似物品もしくは関連物品（その部品や附属品を含む）であり，(中略) 人や他の動物の疾患や他の状態の診断，治療，緩和，処置または予防への使用を目的とするもの（中略）であり，その主要な目的を，人や他の動物の体内・体表での化学作用によって達成するものではなく，また代謝に依存することで達成するものでもないものをいう」が含まれる（下線部は筆者による）。つまり，医薬品と医療機器の定義に共通する「人や他の動物の疾患の診断，治療，緩和，処置または予防に用いることを目的とする物品」であって，かつ「機器，装置，器具，機械，仕掛け，インプラント，体外診断用試薬またはその他の類似物品もしくは関連物品（その部品や附属品を含む）」であり「その主要な目的を，人や他の動物の体内・体表での化学作用によって達成するものではなく，また代謝に依存することで達成するものでもないもの」は，医薬品と同時に医療機器の定義をも満たす。

このような物品の例としては，レントゲン検査で使われる硫酸バリウム造影剤（Vanilla SilQ）が挙げられる。かつてFDAは，これを医薬品として規制してきたが，Genus Medical Technologies v. FDA, 994 F.3d 631 (D.C. Cir. 2021) は，ある物品が，医療機器にも医薬品にも該当する場合，当該物品は医療機器として分類されるべきであり，FDAが医薬品として分類する裁量を有するわけではない旨判示した。FDAはこの判決に対して上訴せず，医療機器の定義を満たす可能性があるにもかかわらず医薬品として規制されている製品について検討する旨発表している[8]。

なお，薬剤感受性試験（感染症の治療にどの抗生物質を用いるかをスクリーニング

7　薬機法は「機械器具等」に該当するものを医薬品の定義から除外しているため，日本ではこうした事態は生じない。
8　Fed. Reg. 43553（August 9, 2021）.

するための試験）に用いるディスクが医薬品に該当する旨判示した著名な裁判例として，United States v. An Article of Drug...Bacto-Unidisk, 394 U.S. 784（1969）がある。しかしこの裁判例は，1976年に医療機器改正法が成立する以前の判断であり，この裁判例で問題となった製品は，現在では医療機器に該当すると思われる[9]。この裁判例当時の状況については後記**第3章**を参照されたい。

　物品が何に分類されるか不明確な場合，当該物品の承認申請者は，当該物品の分類等に関して，FDAから正式かつ拘束力のある決定を得るために，指定要求（Request for Designation：RFD）を提出できる（21USC§360bbb-2(a)）。この指定要求は特にコンビネーション製品において重要である。具体的な手続は，後記**第4章第2・1**(3)を参照されたい。

9　Food and Drug Law, at 142.

第2　医薬品開発

　新薬の発見経緯は様々である。先に物質の薬効が判明し後にメカニズムが解明されることもあれば，先に疾患のメカニズムが判明し，これに対処する方法を探す中で発見されることもある。既知の天然化合物に新しい効能が発見されることもあるし，合成化合物に薬効が認められることもある。研究計画の枠内で発見されることもあれば，ペニシリンのように偶然発見されることもある。

　製薬会社は，新薬の候補物の収集・調査・スクリーニングを繰り返しており，その中で有望と思われるものが，非臨床試験を始めとした新薬開発プロセスへと入る。以下では，低分子医薬品の伝統的な開発プロセスを念頭において，医薬品開発に関する規制を概説する。米国での医薬品のライフサイクルの概要については，下図も参照されたい。

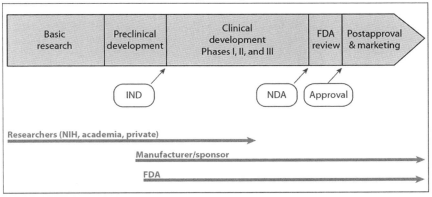

〈出所〉Agata Dabrowska & Susan Thaul "How FDA Approves Drugs and Regulates Their Safety and Effectiveness" (May 8, 2018).

1　非臨床試験（Nonclinical Studies）

　非臨床試験は，研究対象たる化学物質等が人の体内でどのように作用するかを予測し，人を対象とした臨床試験を開始することが合理的に安全といえるか否かを判断す

るために行うインビトロ（in vitro,「試験管内で」の意味）試験・インビボ（in vivo,「生体内で」の意味）試験である（21CFR§58.3(d)参照）。インビトロ試験は試験管などの生体外で行う試験を，インビボ試験とは動物個体を用いて行う動物実験を指す。非臨床試験は，基本的には人を対象とした臨床試験に進むための十分な証拠を得るために実施されるが，一部の非臨床試験は臨床試験と並行して実施されることもある[1]。

非臨床試験の具体例としては，医薬品の薬理学的試験や毒性学的試験，動物を用いた薬物の吸収，分布，代謝および排泄（Absorption, Distribution, Metabolism, and Excretion：ADME）に関する試験などがある。こうした試験結果を踏まえて，人に初めて投与する試験（First In Human：FIH試験）における当該薬剤の投与量や投与速度等を決定する。また，こうした非臨床試験の結果は，後記2(1)のIND申請でFDAに提出され，FDAはこのデータを基に，提案された臨床試験が合理的に安全であるか否かを評価する。非臨床試験の結果は，後記3のNDAの記載事項でもある。

非臨床試験は，開始にあたってFDAへの事前通知は不要だが，適正試験実施基準（Good Laboratory Practice：GLP）と呼ばれる一連の規則（21CFR Part 58）の適用を受けることがある。GLPは試験内容の規制ではなく試験手続に関する最低限の規制であり，例えば以下のような規制が含まれる。

概要	具体例
組織的・人的体制	試験を実施する部門とは分離独立して試験状況を監視する品質保証部門（Quality Assurance unit）の設置 試験を実施する個人に対する十分な訓練
プロトコルの作成	試験目的および試験の全手続を記載した書面によるプロトコルの作成
試験所の設備	所定の大きさと構造を備えた動物飼育施設の保有
試験の記録・報告	試験の結果生じたすべてのデータや関連記録の保管 必要的記載事項を含む最終報告書の作成
FDAによるGLP違反への制裁	GLP違反施設で行われた非臨床試験結果の無視（考慮の拒否） GLP違反施設における非臨床試験実施の禁止

GLPの遵守義務は，直接的には非臨床試験を実施する施設に課せられているが，上記のとおり，GLPに反して行われた非臨床試験結果は，FDAに提出されても考慮

---

[1] 非臨床試験を指す用語としては，「nonclinical」ではなく「preclinical」という用語が用いられることもあるが，FDAの規則で「nonclinical」という用語が使用されていることや，非臨床試験が臨床試験と並行して実施されることもあり，本書では「nonclinical」という用語を用いる。

されない可能性がある。このような制裁は，NDA 申請の中で FDA に非臨床試験結果を提出するスポンサー（sponsor）[2]に対し，施設に GLP を遵守させる強いインセンティブとして機能する。

動物実験に対しては，USDA が所管する動物福祉法（Animal Welfare Act：AWA）を遵守する必要がある（7USC§2131-2160，9CFR Part 1-4）。AWA は生物医学研究で使用される動物の人道的な取扱いに関する基準を定めており，各施設内における動物実験委員会の設置義務を含む各種義務が規定されている。なお，2022年12月29日，ジョー・バイデン大統領が FDA 近代化法2.0（FDAMA2.0）に署名し，治験に進む前に動物実験を行うことは必須ではなくなり，臓器チップやコンピュータモデリング等で代替可能となった。ただし，2024年6月現在，動物実験の検証済代替方法は，未だ多くの医薬品で使用できない現状にある[3]。

2　治験

(1)　IND 申請
ア　法的位置づけおよび要否の判断

治験を開始するためには，通常，製造施設から臨床試験の会場に対し治験薬（新薬）を出荷する必要がある。未承認新薬の州際通商は原則として禁止されているが（21USC§355(a)），一定の要件の下でこの禁止は解除される。その1つが，人を対象とした臨床試験を正当化するのに十分な非臨床試験の報告書の提出である（21USC§355(i)参照）。この報告書の提出は IND 申請（Investigational New Drug Application）と呼ばれる。IND 申請の提出手続等の詳細は21CFR Part 312に定められており，治験開始にはこの IND 申請が有効となることが必要である（21CFR§312.40）。

IND 申請が必要となるのは，製造販売承認を取得するために行う臨床試験（治験）を行う場合だけではない。人を対象とした研究で，以下1～3をすべて満たす研究には，すべて21CFR Part 312が適用され，IND 申請が必要となる[4]。

---

[2]　非臨床試験における「スポンサー」の定義は21CFR§58.3(f)に別途定められており，臨床試験における「スポンサー」とは必ずしも同義ではないことに留意されたい。

[3]　https://www.fda.gov/news-events/rumor-control/facts-about-fda-and-animal-welfare-testing-research#:~:text=The%20FDA%20is%20strongly%20committed,the%20minimum%20number%20of%20animals.

[4]　Guidance for Clinical Investigators, Sponsors, and IRBs: Investigational New Drug Applications（INDs）-Determining Whether Human Research Studies Can be Conducted Without an IND（September 2013），at 2-3.

1. 21USC§321(g)(1)の定義に該当する医薬品に関わる研究であること
2. 当該研究が21CFR§312.3に定義される臨床試験（clinical investigation）であること
3. 当該臨床試験が21CFR Part 312のIND要件から免除されていないこと

　21CFR§312.3では，臨床試験を「1人以上の被験者に対して医薬品を投与・調剤・使用する実験（医療行為における市販薬の使用を除く，医薬品のあらゆる使用を指す）」と定義している。したがって，医師が治療のために，すでに市販されている医薬品を未承認の用途で使用することは，21CFR§312.3に定義される臨床試験に該当せず，IND申請を必要としない。

　また，IND申請を免除される臨床試験は，21CFR§312.2(b)および21CFR§320.31(b)に定められている。免除要件の詳細はガイダンス[5]に記載されているが，例えば，ジェネリック医薬品を開発するために行われる，先発医薬品との生物学的同等性試験またはバイオアベイラビリティに関する試験は，一定の条件を満たす場合，IND申請を必要としない（21CFR§320.31(d)）。

　なお日本では，臨床研究の種類によって適用される法令が異なる。例えば治験に対しては「医薬品の臨床研究の実施の基準に関する省令」（いわゆるGCP省令）が，特定臨床研究に対しては臨床研究法が適用される。またこれらが適用されない臨床研究についても「人を対象とする生命科学・医学系研究に関する倫理指針」に留意する必要がある。

イ　IND申請の内容

　IND申請に含めるべき内容は，治験薬の性質やその開発フェーズによっても異なるが，21CFR§312.23に定める項目に関する情報を含める必要がある。その主な概要は以下のとおりである。

概要	具体例
治験薬に関する情報	治験薬の名称，有効成分，構造式，投与形態，投与経路等に関する情報
	治験薬の製造や管理に関する情報
	当該治験が合理的に安全であると判断した根拠となる薬理学的デー

5　*Id*, at 4-8.

	タおよび毒性学データ
	過去に治験薬を使用して行われた臨床試験に関する情報(海外で行われた臨床試験情報を含む)
臨床試験に関する情報	臨床試験の段階に応じたプロトコル。一般にプロトコルは以下の要素を含む。 ①臨床試験の目的および趣旨 ②治験責任医師の氏名および資格に関する情報 ③患者選択基準,除外基準 ④対照群の被験者など,治験デザインに関する情報 ⑤治験薬の投与量など,治験方法に関する情報 ⑥結果測定に関する情報
	以下の要素を含む,翌年度の治験薬に関する臨床試験の計画書 ①当該臨床試験を計画する根拠 ②対象となる適応症 ③提案するアプローチの概要 ④実施する臨床試験の種類 ⑤臨床試験の対象となる患者数の見積り ⑥毒性データ等から予想される深刻な危険性
その他の情報	治験審査委員会(IRB)の監督の下で臨床試験を実施する旨の誓約 インフォームド・コンセント規制を含め,適用されるすべての規制に従って臨床試験を実施する旨の誓約

ウ IND申請の審査プロセス

　臨床試験に責任を持ち,臨床試験を開始する者をスポンサー(sponsor)という。臨床試験を行うのは,製薬会社に限られず,研究者・医師などの個人や政府機関・学術団体などもスポンサーになり得る(21CFR§312.3)。

　スポンサーは,臨床試験を開始する少なくとも30日前までに,FDAに対し,IND申請を行う必要がある。

　IND審査におけるFDAの主な目的は,被験者の安全性や権利を保証すること,および(第2相試験や第3相試験の場合は)医薬品の有効性および安全性の評価を可能ならしめるような適切な科学的評価を補助することである(21CFR§312.22)。FDAでは,基本的にCDERまたはCBERが医薬品開発を担当しており,IND申請を受けると,当該医薬品の対象疾患に応じて審査部門(review division)に割り振られ,そこで審査チームが組織される。この審査チームには,IND申請に含まれる薬理学的・毒性学的情報の専門家のみならず,治験のデザインやデータを評価する統計解析の専門家や医学の専門家,スポンサーとのやりとりを担当するプロジェクトマネージャー

(Regulatory Project Manager) なども含まれる。この審査チームは，IND 申請のみならず，NDA 申請や NDA 承認後の変更管理まで，当該医薬品を担当する。

　FDA が IND 申請を受領した後30日以内に異議を唱えなければ，IND 申請は自動的に有効となる。FDA は，21CFR§312.42で列挙された理由に基づき，IND 申請で提案された治験の延期や，すでに進行中の治験の中断を命ずるクリニカル・ホールド（clinical hold）を発することができる。このクリニカル・ホールドは電話等の迅速な方法によって行われ，30日以内に文書でその根拠が伝えられる。IND 申請に対して，正式なクリニカル・ホールドが発せられることは多くない。しかし FDA は IND 申請受領後30日以内に，非公式な質問を行うことが多く，通常スポンサーは，こうした質問対応が完了するまで治験の開始を延期する。

　IND 申請が有効となったら，治験薬の出荷を開始でき，後記(4)イ(ウ)の治験審査委員会（IRB）の承認を得れば，治験を開始できる。ただし，治験薬が規制物質法（CSA）における規制物質に該当する場合には，研究者の登録など，CSA 上の要件も満たす必要がある。

(2)　治験の概要
ア　各フェーズの概要

　一般に，治験はフェーズ1〜3（第1相〜第3相試験）に分けて実施される[6]。

　第1相試験は，通常，20〜80人程度の健康な被験者（ボランティア）を対象に行われるが，がん患者への使用が意図されている新薬については，同様のがん患者を対象とした第1相試験が行われる。実施期間は，通常数か月程度である。

　第1相試験は，当該治験薬の人における代謝および薬理学的作用に関する情報を収集するとともに，動物実験のデータに基づき，人の身体がどの程度の薬物に耐えられるか，副作用はどの程度かを調べるために行う。より具体的には，治験薬が人の体内でどのように作用するか，投与量を増加させるとどのような副作用があるのか，どのように投与することが最適か，治験薬はどの程度有効なのかといった論点に関する情報を収集する。これらの情報は，第2相試験をデザインする際に活かされるが，第2相試験まで進む新薬は，全体の約70％程度である。

　なお，第1相試験の初期段階において，臨床試験である「探索的 IND 研究」（Exploratory IND Studies。初期的第1相試験，フェーズ0試験ともいう）が行われることがある。これは，人における薬物動態（ファーマコキネティクス）を調べ，成

---

[6] 以下の記述は，https://www.fda.gov/patients/drug-development-process/step-3-clinical-research に基づく。

功の見込みのないの医薬品候補を，早期にかつ低コストで見極めることなどを目的に，ごく少数の被験者を対象に行われる。FDA は，探索的 IND 研究を計画する際に考慮すべき事項をまとめたガイダンス[7]を発行している。

第2相試験は，対象疾患に罹患した数百人程度の患者を対象に，数か月から2年間程度の年月をかけて行われる。この試験の主な目的は，治験薬の安全性に関するさらなる追加データを得ることと，対象疾患に対する治験薬の有効性の示唆を得て第3相試験のデザインに活かすことである。第3相試験まで進むのは全体の33％程度である。

第2相試験は，前期第2相試験（Phase IIA 試験）および後期第2相試験（Phase IIB 試験）に分けられることがある。これらの法令上の定義は存在しないが，前者は安全性に，後者は有効性に焦点を当てた試験デザインとすることが一般的と思われる。この第2相試験の終了後，（多額の費用がかかる）第3相試験を行う前に，スポンサーは通常 FDA と会議を行い，第3相試験を計画し実施する際に対処すべき規制上の課題や科学的な課題について協議する。

第3相試験は，300名から3,000名程度の患者を対象として，1～4年間の年月をかけて行われる。この試験は「ピボタル試験」と呼ばれることもある。伝統的な試験方法は，プラセボ対照二重盲検ランダム化比較試験（placebo controlled double-blind randomized trial）である。大規模かつ長期間にわたり行われるこの試験によって，これまで生じなかった稀な副作用が明らかになることもあり，次の段階に進める新薬は全体の25～30％程度である。

第3相試験の試験の主な目的は，承認に必要な安全性および有効性に関する基準を満たすべく，必要なデータを収集することである。FDA は新薬承認審査にあたり，有効性に関する「実質的な証拠（substantial evidence）」，すなわち治験薬の有効性を評価するために必要な科学的訓練と経験を有する専門家によって行われた臨床試験等の「適切かつ十分にコントロールされた試験（adequate and well-controlled investigations）」を求めるが（21USC§355(d)。後記3(2)参照），こうした試験は通常第3相試験で行われる。

米国の被験者は，伝統的には白人の中年男性が多かったが，医薬品の有効性・安全性は年齢，性別，民族等によって変わりうる。この点を反映して，例えばスポンサーが FDA に提出する年次報告書では，治験に登録された被験者数を年齢層，性別，人種別に集計する必要がある（21CFR§312.33(a)(2)）。

特に小児に関しては，医薬品が新しい有効成分，適応症，剤形，投与法または投与

---

[7] Guidance for Industry, Investigators, and Reviewers: Exploratory IND Studies (January 2006).

経路を持つ場合，希少疾病用医薬品に指定されている適応症でない限り，2007年9月27日以降に提出する新薬承認申請（NDA）または生物製剤承認申請（BLA）では，これらの申請と一緒に「小児に対する評価」（pediatric assessments）の提出が義務づけられている（21USC§355c(a)(1)(A)および21USC§355c(k)(1)但し免除・猶予規定がある。）（後記7(3)も参照）。また，2020年8月18日以降に提出される新規有効成分のNDAまたはBLAにおいては，申請対象となる医薬品が成人がんの治療を目的としており，かつ当該医薬品が小児がんの増殖または進行に実質的に関連するとFDAが判断した分子標的を対象とする場合，「分子標的小児がん調査」（molecularly targeted pediatric cancer investigation）が必要となる（21USC§355c(a)(1)(B)同様に免除・猶予規定がある。）。このような小児に対する臨床研究を促進するための措置は，2003年に制定された小児研究公平法（Pediatric Research Equity Act：PREA）およびその後の改正により定められたものである。小児用医薬品の開発に関する科学的・倫理的課題に関しては，ガイダンス案[8]が発行されている。

なお，他の亜集団（subpopulation）である高齢者[9]，妊娠中の女性[10]，他人種他民族[11]に関しても，FDAがガイダンスを発行している。

イ　エンドポイント

治験において治験薬の有効性は，エンドポイント（endpoint）と呼ばれる指標によって測定される。エンドポイントには，臨床エンドポイントとサロゲートエンドポイントがある。FDAは臨床エンドポイントを，「患者の感じ方（症状の緩和など），機能（運動能力の向上など）または生存に対する効果といった，薬剤の治療効果を直接測定する特性または変数」と定義している[12]。これに対し，サロゲートエンドポイントとは，臨床効果を予測するものであり，臨床効果そのものを示すものではない。サロゲートエンドポイントは，血液検査やMRIなどで測定できる指標であり，臨床エンドポイントによる測定では治験に長い期間がかかる際などに有用である。例えば

---

[8]　Draft Guidance for Indutry: Pediatric Drug Development Under the Pediatric Research Equity Act and the Best Pharmaceuticals for Children Act: Scientific Considerations（May 2023）.
[9]　例えばGuidance for Industry: Guideline for the Study of Drugs Likely to be Used in the Elderly（November 1989）.
[10]　例えばDraft Guidance for Industry: Pregnant Women: Scientific and Ethical Considerations for Inclusion in Clinical Trials（April 2018）.
[11]　例えばGuidance for Industry and FDA Staff: Collection of Race and Ethnicity Data in Clinical Trials（October 2016）.
[12]　Guidance for Industry: Expedited Programs for Serious Conditions - Drugs and Biologics（May 2014）.

（基底細胞がんなどを除いた）通常のがんは進行すると死亡する疾患であり，真の臨床エンドポイントは「死亡」（全生存期間，overall survival）である。したがって本来であれば，当該医薬品を投与された患者は，そうでない人と比べてどれくらい長く生きるのかを計測することが必要となるが，そのような臨床試験を実施するには非常に長い時間がかかる。そのような場合に，例えば検査によって測定できる腫瘍サイズといったサロゲートエンドポイントを用いることによって，臨床試験の期間を短縮できる。

ウ　プロトコルの修正およびクリニカル・ホールド

治験はIND申請で提出したプロトコルに沿って行われるが，プロトコルは治験の途中でも修正できる。スポンサーは，IND申請に含まれていない臨床試験を実施する場合や，被験者の安全性に重大な影響を与える第1相試験のプロトコルの変更，被験者の安全性，試験の範囲または研究の科学的品質に重大な影響を与える第2相・第3相試験のプロトコルの変更については，治験審査委員会（IRB）の承認を得た上で，修正後のプロトコルをFDAに提出しなければならない（21CFR§312.30(a)(b)）。

治験開始後も，FDAは，クリニカル・ホールドを発することができる。第1相試験については，被験者が不合理かつ重大な疾病・傷害リスクを負っていると判断された場合等に発令されるが，第2相・第3相試験では治験の計画やプロトコルでは明らかに目的を達成できないと判断された場合でも発令される（21CFR§312.42(b)）。クリニカル・ホールドが出された場合，スポンサーはFDAに対し，クリニカル・ホールドを解除するよう文書で要請でき，FDAは30日以内に書面で回答しなければならない（21CFR§312.42(e)）。クリニカル・ホールド以外にも，FDAは治験の継続が被験者の健康に対して迅速かつ深刻な危険を及ぼすと判断した場合には，治験を即時に終了させることができ（21CFR§312.44(d)），そうした危険がない場合でも所定の理由がある時は終了を求めることができる（21CFR§312.44(b)）。

エ　治験デザインの具体例

以下では，治験デザインの具体例として，ガイダンスで触れられている新型コロナウイルス感染症治療薬開発のための治験デザインを簡単に紹介する。

FDAは，米国で新型コロナウイルス感染症のパンデミックが発生してまもない2020年5月に，「Guidance for Industry: COVID-19: Developing Drugs and Biological Products for Treatment or Prevention」（以下「本ガイダンス」という）を発行した。本ガイダンスには，主に新型コロナウイルス感染症の治療薬開発のために行う第2相・第3相試験のデザインに関するアドバイスが簡潔に集約されている。

例えば、新型コロナウイルス感染症の治療薬開発のために行う治験では、すべての治療群で標準治療が維持されるべきであるとされる。また重症入院患者を対象とした治験を行う場合は、アドオン試験たるプラセボ対照優越性試験（標準治療とプラセボ投与を行う被験者集団と、標準治療と治験薬投与を行う被験者集団を比べ、後者のほうが優れているか否かを検証する試験）としてデザインされるべきである。治験中にFDAが別の医薬品について緊急使用許可（後記4(3)イ参照）を出した場合、当該医薬品との比較対照群を作成する必要があるかという論点が生じるが、FDAは緊急使用許可された医薬品に関してはその必要はないと結論づけている。

また、本ガイダンスにおいてFDAは、すべての治験においてデータ監視委員会（Data Monitoring Committees：DMC）の設置を求めている。DMCは臨床試験から得られたデータを定期的に検討する専門家集団であり[13]、患者や医療従事者も知り得ない非盲検データにアクセスして治験薬の有効性を検証し、治験継続の是非についてスポンサーに助言する独立機関である。

さらに本ガイダンスでは、分散型治験（Decentralized Clinical Trials：DCT）・プラットフォーム型治験にも言及している。DCTとは、従来の治験モデルのように患者を医療施設へ来院させて実施するものではなく、遠隔医療や現地の医療従事者を通じて実施される治験である。新型コロナウイルス感染症によるパンデミック初期には、DCTによって、欧州のクリニックで実施された小規模な臨床試験の結果が米国へ集約されていた。

本ガイダンスには、治験デザインに関するもののほか、治験被験者の留意点（法令で求められる小児集団だけではなく、感染すると重症化する可能性が高い高齢者や基礎疾患を持つ者、胎児等への影響が懸念される妊娠・授乳中の者、様々な人種・民族を被験者に含めること）、有効性測定のためのエンドポイントの留意点（ウイルス学的エンドポイントを使用する場合の留意点）および統計分析の留意点（途中で治験から脱落した人も含めて統計分析を行うこと等）等が記載されており、治験のプロセスをより深く理解する資料として有用と思われる。

(3) 治験に関するFDAとのコミュニケーション

医薬品開発を効果的かつ効率的に進めるためには、FDAとの適切なコミュニケーションが不可欠である。FDAのガイダンス[14]によれば、スポンサーは、臨床試験の

---

[13] Guidance for Clinical Trial Sponsors: Establishment and Operation of Clinical Trial Data Monitoring Committees (March 2006), at 1.
[14] Guidance for Industry and Review Staff: Best Practices for Communication Between IND Sponsors and FDA During Drug Development (December 2017).

根拠とするデータの妥当性，臨床試験のデザイン，当該臨床試験から承認要件を満たすデータが得られる可能性といった点に関し，FDAからアドバイスを得られる可能性がある。

例えば，スポンサーが欧州で実施した臨床試験の結果を以て米国における承認取得を目指すにあたり，米国内で行う臨床試験のデザインについてFDAにアドバイスを求める場合は，IND申請前（Pre IND）会議が行われることがある。また第2相試験終了後，大規模な第3相試験に移行する前にも，スポンサーはFDAに対し，臨床試験デザインについて相談するための会議を求めることが多い。スポンサーとFDAとの会議は，停滞しているプログラムの進行や重要な安全上の課題に対処するタイプA会議，Pre IND会議を含むタイプB会議，各フェーズ終了後に行うタイプB（End of Phase：EOP）会議，これら以外のタイプC会議に分類されており，こうした会議の実施方法についてもガイダンス[15]が発行されている。

また，スポンサーは，FDAの担当職員の変更などによって，承認に向けたFDAのアドバイスが変更され混乱することを防ぐため，特別プロトコル査定（Special Protocol Assessment）と呼ばれるプロセスを通じて，臨床試験の規模とデザイン（例えば患者選択基準やエンドポイント等）についてFDAと合意するための正式な会議を要請できる。特別プロトコル査定の手順や方針はガイダンス[16]に詳しい。FDAとの間で合意に達すれば，当該合意は，スポンサーの書面による同意があるか，FDAの審査部長が臨床試験開始後に，治験薬の安全性または有効性を決定するために不可欠な実質的な科学的問題を示した書面による決定を出した場合を除き，変更されない（21USC§355(b)(5)(C)）。

(4) 治験に関する規制
ア　スポンサーの義務

FDAは治験の実施にあたり，スポンサーに対し，以下のような様々な義務を課している（21CFR Part 312, Subpart D）。スポンサーは自らの義務を医薬品開発業務受託機関（Contract Research Organization：CRO）に委託できるが，その場合CROは当該義務に適用される規制を遵守しなければならず，違反した場合はスポンサーと同様の規制措置の対象となる（21CFR§312.52）。

スポンサーは，治験がプロトコルやGood Clinical Practice（GCP）と総称される様々な規則を遵守して行われるよう，適切にモニタリングしなければならない。例え

15　Draft Guidance for Industry: Formal Meetings Between the FDA and Sponsors or Applicants of PDUFA Products (December 2017).
16　Guidance for Industry: Special Protocol Assessment (April 2018).

ば，実際に治験を担当する治験責任医師（Investigator。定義につき21CFR§312.3(b)）は，治験に関する正確な症例報告書を作成する義務を負うが（21CFR§312.62(b)），新薬承認申請の中で症例報告書をFDAに提出するスポンサー自身も，正確な症例報告書を提出する義務を負う。そのため，スポンサーは施設に保存されているカルテ等の原資料の内容と症例報告書の内容を照合するなどのsource date verification（SDV）[17]によって，治験責任医師による正確な症例報告書の作成をモニタリングする。

　他にも治験責任医師は，インフォームド・コンセントの取得（21CFR§312.60）や有害事象の報告（21CFR§312.64(b)）といった義務を負うが，スポンサーは，治験責任医師による法令やプロトコルへの違反を発見した場合，速やかに法令遵守を確保するか，治験薬の出荷を停止しなければならない（21CFR§312.56(b)）。

　また，患者の安全と適切な科学的行為を確保し，治験の進捗状況や安全性に関する重大な事象についてFDAに報告する第一義的な責任も，スポンサーにある。

　例えばスポンサーは，臨床試験またはその他の情報源から，重篤なリスクが生じる可能性がある情報を得た時は，できるだけ早く（ただし遅くともスポンサーが報告の対象であると判断してから15暦日以内に）FDAおよびすべての治験責任医師に報告する必要がある（21CFR§312.32(c)(1)）。またスポンサーは，予期せぬ致命的または生命を脅かすような副作用の疑いについては，できるだけ早く（ただし遅くともスポンサーがその情報を最初に受け取ってから7暦日以内に）FDAに報告する義務がある（21CFR§312.32(c)(2)）。

　さらに，スポンサーは，治験の概要を記載した治験登録情報（clinical trial registration information）を，最初の患者が登録されてから21暦日以内に，公開データベース（ClinicalTrial.gov）に提出する必要がある（42CFR§11.24）。またスポンサーは，原則として治験の終了日から1年以内に，治験結果の概要を記載した治験結果情報（clinical trial results information）を提出しなければならない（42CFR§11.44(a)）。詳細については，42CFR Part 11も参照されたい。

　スポンサーは新薬承認申請や生物製剤承認申請の際に，上記の要件を遵守していることをFDAに示す必要がある。

---

[17] SDVは日本でも行われるが，ここで個人情報保護法が問題となり得る。すなわち，治験依頼者が取得する治験データは通常個人が識別できないデータであるが，SDVによって施設の原資料（カルテ等）にアクセスし，これと照合することで，治験データにおける特定の個人を識別できるようになり，治験データが個人情報に該当する場合がある。この場合，治験依頼者のほうで，治験データをいつまで個人情報として取り扱わなければならないかという問題が生じる。この点に関しては日本製薬工業協会医薬品評価委員会臨床評価部会『医薬品開発及びデータ二次利用における個人情報保護に関する留意点』に関するQ&A』（2023）6～7頁も参照されたい。

なお，治験責任医師に関してはdebarment（資格停止）も重要である。個人のdebarmentとは，医薬品承認を有する者や「医薬品の承認申請」（drug product application）を行う者（企業を含む）に対する役務提供が一切できなくなることを意味する（21USC§335a(a)(2)）。ここでいう「医薬品」は生物製剤を含み，「医薬品の承認申請」には生物製剤の承認申請（BLA）を含む[18]。個人が，医薬品の規制に関連する行為で連邦法上の重罪（felony）の有罪判決を受けた場合などには，FDAは当該個人を永久に資格停止しなければならない（21USC§335a(a)(2)，21USC§335a(c)(2)(A)(ii)）。またFDAは，個人が医薬品の規制に関連する行為で連邦法上の軽罪（misdemeanor）又は州法上の重罪で有罪判決を受けた場合などには，5年以下の期間で資格停止することができる（21USC§335a(b)(2)(B)，21USC§335a(c)(2)(A)(iii)）。なお，資格停止を受けた者はその氏名・資格停止期間等が公表される（21USC§335a(e)）[19]。

医薬品開発では，こうした資格停止を受けた者を関与させないことも重要であり，医薬品の共同開発契約書などでは，資格停止を受けた個人を医薬品開発に関与させない旨の表明保証条項を定めることがある。

イ　被験者保護に関する規制

(ア)　被験者保護規制の歴史の概要

第二次世界大戦中のドイツでは，ナチスに協力する医師らによって，強制収容所等において非人道的な人体実験が行われた。こうした医師らは戦後ニュルンベルク裁判において裁かれたが，この反省を踏まえ，1947年には人を対象とした医学的実験における倫理基準をまとめたニュルンベルク綱領が採択された。これを基に，1964年には世界医師会が「人間を対象とする医学研究の倫理的原則」（ヘルシンキ宣言）を採択した。ヘルシンキ宣言はその後の改正によって精緻化され，2013年10月の改正では，プラセボ対照比較試験に関する条件の明確化等が追加されている。

米国国内では，1932年から1972年にかけて，米国公衆衛生局がアラバマ州タスキーギ郡において，当時人種差別の対象となっており経済的にも貧しかった黒人男性を対象に，必要な情報やペニシリン治療を与えないまま梅毒の観察研究に参加させるという非倫理的な実験（タスキーギ梅毒実験）を行った。この実験の被害者に対しては，1997年にビル・クリントン大統領が正式に謝罪しているが，この実験の反省を踏まえて人を対象とする研究のための倫理原則として，「人格の尊重（respect for

---

18　Food and Drug Law, at 353.
19　https://www.fda.gov/inspections-compliance-enforcement-and-criminal-investigations/fda-debarment-list-drug-product-applications/fda-debarment-list-drug-imports

persons）」、「善行（beneficence）」、「正義（justice）」という三原則を定めたベルモント・レポートが公表された。

「人格の尊重」は、①被験者は自律性のある個人として扱われるべきであること、および②自律性の弱った個人は保護を受ける権利があることという2要素を含む。①からは適切なインフォームド・コンセントが行われるべきであること、②からは子供や囚人等の脆弱な集団への特別な保護が導かれる。「善行」は、被験者を害から守り（リスクの最小化）、被験者への利益を最大化することを意味する。この観点からは、被験者に直接利益が生じる治療なのか、そうではなく社会のために一般化できる知識を得ようとする研究なのかは区別する必要がある。「正義」は、研究の利益と負担を偏りなく公平に分配することを意味する。したがって、特定の集団を研究対象とすることが容易で便利だからという理由のみで、被験者を選定することは許されない。

また、1940年代には、同じく米国公衆衛生局が、中米グアテマラの孤児や精神病患を抱えた者、囚人、セックスワーカーに対して、やはり必要な情報を提供しないまま意図的に梅毒に感染させるという非倫理的な実験を行った。この実験に関しても、2010年にバラク・オバマ大統領がグアテマラに対し謝罪している。

上記のとおり、臨床試験には社会的・経済的に弱い立場にある人々が参加することが多い。被験者の権利保護は、古今東西、極めて重要な問題である。

(イ) インフォームド・コンセント

インフォームド・コンセントに関する規制（21CFR Part 50）の趣旨は、被験者が必要な情報を認識した上で自発的に臨床試験に参加することを保証する点にある。より具体的には、治験責任医師は、例外規定が適用されない限り、被験者に対し、臨床試験に参加するか否かを検討する十分な機会を与え、強制的なまたは不当な影響力が最小限に抑えられた状況で臨床試験への同意を求める必要があり（21CFR§50.20）、その同意は文書化されなければならない（21CFR§50.27）。治験責任医師が被験者に伝えるべき内容は、臨床試験のリスクや利益、代替治療の可能性など、21CFR§50.25で定められている。なお、こうした情報は被験者が理解できる言語で提供されなければならず、被験者としての権利を放棄したり、治験責任医師等の過失責任を免除するような免責文言を含めることは禁止される（21CFR§50.20）。

(ウ) 治験審査委員会（IRB）

IRBは、臨床試験が適切な科学的・医学的基準に準拠していることを保証するとともに、被験者の権利を適切に保護することを任務とする独立した委員会である。IND申請が必要となる臨床試験は、原則として、所定のIRBの審査および承認を受け、その継続的な審査対象とならない限り、開始されない（21CFR§56.103(a)）。IRBは、5名以上の委員から構成されなければならず、科学的専門知識を有する者だけではな

く，施設の責務や規則，適用法といった観点からも臨床試験を審査できるよう，十分に多様なメンバーから構成されなければならない（21CFR§56.107）。

IRBは臨床試験のプロトコルやインフォームド・コンセントのフォーマット，治験責任医師のパンフレット等の関連文書を審査し，以下を含む所定の条件を満たすと判断した場合に，当該臨床試験を承認する（21CFR§56.111）。

1　臨床試験における被験者のリスクが最小化されていること
2　被験者のリスクが，（もしあれば）被験者に期待される利益および臨床試験の結果得られることが期待される知識の重要性との関係で合理的であること
3　被験者の選定が公平であること（IRBはこの評価を行うにあたっては，臨床試験の目的および実施環境を考慮するべきであり，特に子供，囚人，妊婦，障害がある者，精神疾患を抱えた者または経済的・教育的に恵まれない人など弱い立場にある人々が関与する臨床試験における特別な問題を認識すべきである）
4　21CFR§Part 50に定めるところにより，予想される被験者やその代理人からインフォームド・コンセントの取得を目指すこと

IRBは，臨床試験開始後も，プロトコルの修正や同意文書の変更などを含め，継続的に審査を行う（21CFR§56.109(f)）。IRBは，臨床試験がIRBの求める内容に従っていない場合や，被験者に予想外の深刻な危害が生じた場合は，当該臨床試験の承認を停止または終了させる権限を有する（21CFR§56.113）。また，IRBはその活動に関する記録を作成・保持する必要がある（21CFR§56.115）。

こうしたIRBの運営はFDAの監査を受け，適用される規則への違反が判明した場合には，適切な是正措置がとられるまでの間，当該IRBには新しい臨床試験を承認させないといった措置がとられることもある（21CFR§56.120）。

　(エ)　コモン・ルール

前記(イ)・(ウ)の規則はFDAが規制する臨床試験に適用されるが，連邦省庁が実施または資金提供する臨床試験については，別途，被験者保護に関して，17の省庁（FDAは含まれない）が定めるコモン・ルールが適用される。例えばHHSの規制は45CFR Part 46に，USDAの規制は7CFR Part 1cに定められている。

HHSのコモン・ルールである45CFR Part 46では，ベルモント・レポートの内容を踏まえて脆弱な集団に対する保護が図られており，以下の各Subpartのとおり，脆弱な集団ごとに規定されている。

Subpart A	臨床試験に関するHHSの基本方針 （FDAにおけるIRB規則（21CFR Part 56）と概ね同様である）
Subpart B	臨床試験に参加する妊娠中の女性，胎児，新生児への追加的保護措置
Subpart C	生物医学的および行動学的研究に被験者として参加する囚人への追加的保護措置
Subpart D	臨床試験に被験者として参加する子供に対する追加的保護措置

　また，例えばSubpart Dでは，子供が被験者として参加する臨床試験を以下の4つにカテゴライズし，それぞれに異なる承認要件を定めている。ここでもベルモント・レポートの内容が反映されている。

---

1. 最小限のリスクを超えない試験（45CFR§46.404）
2. 最小限のリスクを超えるリスクを伴うが，個々の被験者に直接利益をもたらす可能性のある試験（45CFR§46.405）
3. 最小限のリスクを超えるリスクを伴い，かつ個々の被験者に直接利益をもたらす見込みはないが，被験者が抱える障害や状態について一般化できる知識が得られる可能性のある試験（45CFR§46.406）
4. 子供の健康や福祉に影響を及ぼす深刻な問題を理解，予防，緩和する機会を提供する，他の方法では承認されない試験（45CFR§46.407）

　また，インフォームド・コンセントに関しても，親や保護者による許可や子供本人の同意条件について詳細が定められている（45CFR§46.408）。
　コモン・ルールは2017年1月19日に改訂され，FDAもこれと調和させるべく，関連する範囲で規則を改訂する予定であるが，2024年6月現在，未だ完了していない。混乱を避けるべく，FDAはコモン・ルールおよびFDAが定める規制の遵守に関するガイダンス[20]を発行している。

(5) 生命倫理
ア　プラセボ対照試験の倫理上の課題
　治験の理解を深めるためには，生命倫理（研究倫理）の理解も重要である。以下では，いかなる場合に，患者に対して最善ではない治療法やプラセボ（外観や味は治験

20　Guidance for Sponsors, Investigators, and IRBs: Impact of Certain Provisions of the Revised Common Rule on FDA-Regulated Clinical Investigations (October 2018).

薬と同様だが,有効成分が含まれていない偽薬)の投与が許容され得るのかについて,発展途上国におけるヒト免疫不全ウイルス(HIV)の周産期感染予防法をめぐる議論を紹介する。

　HIVは,後天性免疫不全症候群(エイズ)を引き起こすウイルスであるが,1987年に初の抗HIV薬であるジドブジン(AZT/ZDV)が開発された[21]。1994年には,「Pediatric AIDS Clinical Trials Group Protocol 076」と呼ばれる臨床研究が行われ,ジドブジンを用いて,HIVに感染した妊婦が胎児にHIVを感染させるリスク(周産期感染リスク)を大幅に低下させる治療方法が発見された。この治療方法は,臨床研究の名をとって076レジメンと呼ばれるもので,先進国における周産期感染の有効な予防方法として確立したが,これはジドブジンを豊富に使用できることを前提とした治療方法であった。他方,HIV感染患者の多い発展途上国では,社会的・経済的理由により076レジメンの実現が困難であったため,発展途上国でも有効かつ実現可能な治療法を発見する必要があった。そこで発展途上国では,ジドブジンの投与期間を短縮した治療方法(ショートコース)の臨床試験が実施されたが,この際,介入群(研究中の新規の医薬品等の介入を受けるグループ。ここではジドブジンをショートコースで投与されたグループを指す)の患者と異なり,対照群(研究中の新規の医薬品等の介入を受けないグループ。ここではジドブジンの投与を受けないグループを指す)の患者にはプラセボが投与された。その結果,対照群の患者には,ジドブジンを投与していれば防げた可能性のあるHIVの周産期感染が生じた。これが倫理的に許されるかが問題となった。

　この点,先進国で有効性が確立している治療法を(現地の標準治療になっていないことを理由に)発展途上国において使用しないことは発展途上国の搾取であるとして,有効性が確立している治療法が存在する場合に,これを実施しないことは一切許されない(したがって上記のような臨床試験も許されない)とも考えられる。しかし,こうした見解を採用すると,発展途上国で有効かつ実現可能な治療法の開発に著しい支障をきたす可能性がある。他方で,そのような治療法開発の必要性があるからといって,対照群の被験者に対して(より効果的な治療法が存在するにもかかわらず)あえてプラセボを投与するなどし,重篤な被害や回復不能な損害を生じさせるような事態は,倫理的に許容しがたいであろう。

　こうした観点を踏まえ,ヘルシンキ宣言(2013)第33項では,プラセボの使用に関し,以下のように定められている[22]。

21　ジドブジン(AZT/ZDV)の開発をめぐる経緯は,後記**第4・6(2)**参照。
22　ヘルシンキ宣言(和文)日本医師会訳参照(https://www.med.or.jp/doctor/international/wma/helsinki.html)。

> 　新たな介入の利益，リスク，負担，有効性は，以下のいずれかに該当する場合を除き，最善と証明されている介入の利益，リスク，負担，有効性と比較検証されなければならない。
> - 証明された介入が存在せず，プラセボの使用，または無介入が許容される場合
> - 説得力があり科学的に健全な方法論的理由に基づき，最善と証明されたものより効果が劣る介入，プラセボの使用または介入なしが，その介入の有効性あるいは安全性を決定するために必要な場合であり，かつ，最善と証明されたものより効果が劣る介入，プラセボの使用または介入なしの患者が，最善と証明された治療を受けなかった結果として重篤または回復不能な損害の付加的リスクを被ることがないと予想される場合
>
> この選択肢の乱用を避けるために細心の注意が払われなければならない。

　もっとも，この規定によってプラセボ対照試験を行う際の倫理上の課題がすべて解決するわけではない。どのような損害が「重篤または回復不能な損害（serious or irreversible harm）」と評価されるかに関しては明確な基準がない場合も多く，また「最善と証明されている介入（the best proven intervention）」の存否が不明確な場合もある。判断が悩ましい治験では，IRBでの議論や患者への説明が特に重要となろう。

　この問題に関しては，ICH（医薬品規制調和国際会議。後記**第8・1**参照）のE10ガイドラインのほか，平成28年3月9日プラセボ対照試験に関する専門部会「プラセボ対照試験の現状と考え方」や当該部会での議論も参考となる。

イ　被験者の利益と社会的利益

　治験ではないが，被験者の利益と研究全体の利益（社会的利益）が相反する試験が問題となった例としては，1993年にジョンズ・ホプキンス大学系列のケネディ・クリーガー研究所（Kennedy Krieger Institute：KKI）が行った鉛含有塗料の除去効果調査試験に関する裁判で，Grimes v. Kennedy Krieger 782 A.2d 807（Md. 2001）がある。

　メリーランド州ボルティモア都市部には，鉛含有塗料を用いた住宅が多く存在していたが，鉛を含有する粉塵は人体にとって有害であり，手を舐めたり物を口に入れがちな幼児にとっては，こうした住宅は特に危険であった。もっとも，鉛含有塗料を完全に除去するとなると，その除去費用は，低所得者層が居住していたボルティモア都市部の住宅自体の価値よりも高額になってしまう。そこで，人体への健康被害を相応に抑えることが期待でき，かつ経済的にも合理性のある鉛含有塗料の除去方法を検討

する社会的な必要が生じていた。

　KKI は，鉛含有塗料の除去工事が行われた程度に応じて，住宅を複数のグループにカテゴライズし，これらの住宅に居住する幼児がいる家庭を調査対象として募集した。そして各グループに居住する健康な子供の血液が，どの程度鉛で汚染されたかを測定することによって，それぞれの鉛含有塗料の除去方法の有効性を評価したが，後日，この試験に参加した子供が KKI に対して訴えを起こした。

　この訴えに対し，メリーランド州控訴裁判所（Maryland Court of Appeals。現在のメリーランド州最高裁判所）は，子供を被験者とした上記試験は，HHS のコモン・ルールにおける「最小限のリスク」を超えたものであり，インフォームド・コンセントが不十分であった点において連邦規則（45CFR§46.407）に適合していないと判断した。その上で，こうした連邦規則違反によって，メリーランド州法上，研究者が被験者に対して負う注意義務違反が生じる可能性があるとして，巡回裁判所（circuit court）へ差し戻した。

　この判決では，当該臨床試験がより多くの人の（最終的には被験者たる子供たち自身の）利益になり得るとしても，治療の必要のない子供に故意に健康被害を生じさせたり，その危険に晒す臨床試験に参加させる権利が親にあるのかという点も論じており，示唆に富んでいる。

3　新薬承認申請（NDA）

(1) NDA の概要

ア　内容

　NDA は，米国における新薬の製造販売を行うべく，スポンサーが FDA に対して正式に承認を求めるための申請である。NDA に含めるべき内容は21CFR§314.50に体系化されており，申請書，目次，詳細な概要のほか，技術セクションを含める必要がある。技術セクションに含めるべき各セクションの概要は以下のとおりである。

セクション名	概要
CMC（下記参照）	原薬と医薬品の組成，製造および規格に関する説明
非臨床薬理学および毒性学	医薬品に関する動物実験および in vitro 試験についてグラフや表を用いて説明するもの
人における薬物動態およびバイオアベイラビリティ[23]	人における薬物動態またはバイオアベイラビリティ（投与された薬物が，体内を循環する血液中に到達する割合とその速度）に関するデータもしくはその免除を裏づけるデータ

微生物学	（抗感染症薬の場合のみ）微生物の生理に対する医薬品の作用に関する生化学的根拠の説明等
臨床データ	医薬品の治験結果等に関する説明
統計	医薬品の治験結果の統計結果に関する説明
小児への使用	医薬品の小児集団への投与に関する試験に関する説明

　CMC（Chemistry, Manufacturing, and Controls）とは，原薬や製剤の研究，品質評価等を行う一連のプロセスを指す用語で，治験薬や製品の製造等を担う業務を指す。
　NDAに含めるべき内容に関しては，明確な定義条項が置かれている場合もある。定義は，21CFR§314.3(b)に列挙されているが，例えば以下のような用語が定義されている。

用語	和訳	定義
Drug Substance	原薬	疾患の診断，治療，緩和，処置，予防において薬理学的活性その他の直接的効果をもたらし，または人体の構造・機能に影響を及ぼすことを意図した有効成分をいう。ただし当該成分の合成に使用される中間体は含まれない。
Drug Product	医薬品（最終製品）	錠剤，カプセル，液剤等の完成された剤形であり，一般的には原薬に加えて1つ以上の成分を含むもの。
Dosage Form	投与形態	医薬品の投与量を（体内に）運ぶ，有効成分および不活性成分を含む物理的な形状。
Specification	規格	原薬，最終製品，中間体，原材料，試薬，成分，工程内材料，容器閉鎖システム，および原薬または最終製品の製造に使用される他の材料の品質を確認するために，承認済NDAまたはANDAに記載される品質基準（試験，分析手順および受入基準等）
Strength	含量	最終製品に含まれ，（体内に）運ばれ，または運ばれ得る原薬の量。

　また，NDAには以下も含める必要がある。

23　このbioavailabilityの定義について21CFR§314.3(b)参照。

項　　目	概　　要
サンプルおよび添付文書等	原薬および医薬品のサンプル（FDAからの要求がある場合） 医薬品の表示（label）およびラベリング（labeling）のコピー
症例報告のデータ集および症例報告書のコピー	適切かつ十分にコントロールされた試験における症例報告のデータ集 試験中に死亡したり有害事象のために試験を中止した患者の個々の症例報告書のコピー
特許情報	原薬（有効成分），医薬品（製剤および組成物）および用途に関する特許発明に関する情報
独占権に関する主張	スポンサーが医薬品に適用されると主張する独占権に関する情報（後記第4参照）
財務情報の開示	治験責任医師の財務情報（スポンサーとの資本関係を含む）

　ここで提出される特許情報（21CFR§314.53）は，オレンジブックに収載されることとなる。詳細は，後記第4・2(1)を参照されたい。なお，NDAには医薬品の販売名（proprietary name）も含める必要があり，審査の対象となる（後記(4)参照）。

イ　形式（CTD）

　NDAは，電子データの形で提出しなければならない。2017年5月以降，FDAはスポンサーに対し，ICH（後記第8・1参照）が定めたコモン・テクニカル・ドキュメント（Common Technical Document：CTD）のフォーマットに沿ってNDAを提出することを求めている。CTDは，全5部（行政情報からなる第1部，概要やサマリーからなる第2部，品質情報からなる第3部，非臨床試験報告書からなる第4部および臨床試験報告書からなる第5部）によって構成され，下図のように3段階で整理される。なお，FDAがCMCと呼ぶ情報は第3部に該当することから，CTDの品質情報部分をCMCと呼ぶこともある。

　FDAは，21CFR§314.50に体系化されたNDAの内容を，どのようにCTDの形式に落とし込むかについて，複数のガイダンス[24]を発行している。

24　例えば，Guidance for Industry: Providing Regulatory Submissions in Electronic Form at‒Certain Human Pharmaceutical Product Applications and Related Submissions Using the eCTD Specifications（February 2020）.

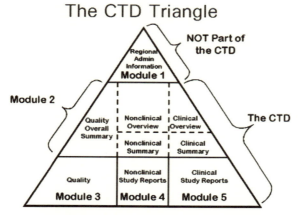

〈出典〉 https://admin.ich.org/sites/default/files/2021-02/CTD_triangle_color_Proofread.pdf

ウ　NDA 規制の例外

　NDA は，すべての医薬品に求められるわけではなく，複数の例外がある。以下では主な例外について概説する。

⑦　調剤医薬品

　医薬品は，製薬会社が最終製品の形で製造することが多い。もっとも，例えば製薬会社が製造した医薬品に含まれる非活性成分にアレルギーがあるといった特定のニーズに応じて，医師が発行した処方箋に基づき，薬局で個別に調剤されることがある。このような調剤は伝統的に州の規制に委ねられていたこともあり，処方箋に基づき個々の患者のために調剤される一定の調剤医薬品は，NDA の対象にはならず，適正製造規範（Good Manufacturing Practice: GMP）やラベルに関する FDA 規則の適用も受けない（21USC§353a）。

　もっとも，次第に商業的に大規模な調剤を行う薬局が現れ始めると，FDA は1992年にコンプライアンス・ポリシーを発し，伝統的な調剤に対してのみ執行裁量を行使する旨表明し[25]，商業規模の調剤と伝統的な調剤との区別を図った。そうした中で，2012年に，不適切な調剤センターで製造されたステロイドの注射によって，全米で真菌性髄膜炎が多発し，複数の死者が出る事件（ニューイングランド調剤センター事件）が発生した。この事件を契機に，Drug Quality and Security Act が成立して

25　Food and Drug Law, at 1013.

FDCAが改正され，FDAのGMP規制等が適用される「外注施設（outsourcing facilities）」という類型が新設され（21USC§353b），伝統的な調剤との区別が成文化された[26]。

　(イ)　補完代替医療（Complementary and alternative medicine）で用いる医薬品

ホメオパシー医療[27]は，1700年代後半に，サミュエル・ハーネマン（Samuel Hahnemann）によって確立された医療体系であり，以下の考えに基づくものである。

---

1. like cures like（類似したものは類似したものを治す）：健康な人にある症状を引き起こす物質を，当該症状を有する患者に投与すると治るという考え方
2. law of infinitesimals：物質を希釈すればするほどその効能が高まるという考え方

このようなホメオパシー医療で用いられる医薬品は，伝統的には，ホメオパシー医療を提供する医師が個々の患者のために調剤しており，その数も極めて少なかった。そのためFDAは，執行裁量を行使し，ホメオパシー医薬品に対して，通常の医薬品のようなNDAを求めておらず，積極的な法執行も行ってこなかった。しかし近時，ホメオパシー医薬品が商業規模で大量に生産されるに至り，一部の製品に安全性上の懸念が生じていることから，FDAはホメオパシー医薬品に対しても，リスクベースの執行アプローチを適用する方針を打ち出している[28]。

　また，中国伝統医学（Traditional Chinese Medicine：TCM）も，ホメオパシー医療と同様，補完代替医療の一種である。中国伝統医学で用いられる医薬品（中国漢方）は，その多くが中国から輸入されて米国で販売されているが，NDAを通じてFDAに承認されているわけではなく，その表示もFDCAに定める規制を遵守していないことが多い。しかし，FDAは従来，こうした中国漢方薬に対し，特定の製品に安全性に関する懸念が生じない限り，執行措置を取っていない。もっとも，FDAは，米国の会社がNDA規制を潜脱するために中国漢方薬である旨の表示をして製品を販売したりする場合などには，通常どおり，執行措置を取っている。

26　*See* Guidance: Pharmacy Compounding of Human Drug Products Under Section 503A of the Federal Food, Drug, and Cosmetic Act（June 2016）．
27　以下の記述は，Food and Drug Law, at 1010-12による。
28　Guidance for FDA Staff and Industry: Homeopathic Drug Products（December 2022），at 4.

このような補完代替医療は米国で存在感を増しており，米国に輸入される関連治療製品の数も増加していることから，FDA はガイダンス[29]において，こうした治療製品に対する法令の適用について整理している。
　(ウ)　個人輸入
　州際通商（interstate commerce）は，2 つの州をまたぐ通商のみならず，米国外と州・準州との通商を含むため（21USC§321(b)(1)），米国外から米国への輸入も州際通商に該当する。したがって未承認医薬品の米国への輸入は，未承認医薬品を州際通商に供したものとみなされる。これは個人使用目的で未承認医薬品を輸入した場合も同様である。
　しかし米国では，すでに外国で承認されているが米国では承認されていない医薬品へのアクセス（後記 5 (2)の拡大アクセスプログラムの代替措置としての輸入）や，米国で承認された医薬品の外国版（米国で承認された医薬品と同じ有効成分，剤形，含量等で，外国の規制当局からも承認された医薬品。通常米国で承認されたものより安価で入手可能である）へのアクセスなど，様々な個人使用目的での輸入のニーズがある。こうしたニーズを背景に，FDA は長年，執行裁量を行使して，個人使用目的での輸入に対して法執行を行ってこなかった。具体的には，一定の条件を満たした場合，未承認医薬品の 3 か月分の輸入が認められる。より詳細な FDA の立場については，FDA のウェブサイト[30]や Regulatory Procedures Manual[31]に記載されている。
　ただし，この執行裁量はあくまで FDA の執行方針の優先度を反映したものにすぎず，未承認医薬品の輸入を禁止するという法律自体を変更するものではない。未承認医薬品の輸入禁止が問題となった事例としては，後記第 6・3 (5)を参照されたい。

(2)　NDA の承認基準
ア　有効性
　21USC§355(d)は，FDA が NDA 承認を拒否すべき基準を定めており，有効性に関しては，一定の条件のもとで，当該医薬品が意図する効果を発揮するという「実質的な証拠（substantial evidence）」がない場合に承認が拒否される旨定めている。
　この有効性に関する「実質的な証拠」とは，「当該医薬品の有効性を評価するための科学的訓練および経験を有する専門家が，提案されたラベリングで規定，推奨また

29　Draft Guidance for Industry: Complementary and Alternative Medicine Products and Their Regulation by the Food and Drug Administration (December 2006).
30　https://www.fda.gov/industry/import-basics/personal-importation
31　Regulatory Procedures Manual, Import Operations And Actions (Chapter 9) (March 2024).

は示唆されている使用条件下において，当該医薬品が有するとされている効果を有すると，公正かつ責任を持って結論づけることができるような，適切かつ十分にコントロールされた試験（臨床試験を含む）からなる証拠」と定義されている（21USC§355(d)）。

「適切かつ十分にコントロールされた試験（adequate and well-controlled investigations）」の特徴は21CFR§314.126に記載されている。典型例は，プラセボ対照二重盲検ランダム化比較試験（placebo controlled double-blind randomized trial）であるが，特定の状況（例えば死亡率が高く，予後が予見可能な疾患等）では，過去に実施された試験成績との対照（ヒストリカルコントロール）でも認められることがある。

この「適切かつ十分にコントロールされた試験」は，「investigations」と複数形で記載されている。また，試験結果の再現性は科学的に重要ということもあり，FDAも他の多くの関係者も，NDA承認のためには，それぞれ説得力のある，二本の「適切かつ十分にコントロールされた試験」の提出が大原則と考えている[32]。

しかし実務上は，極めて柔軟に解釈されている。まずFDAは，当該試験結果のみで医薬品の有効性を立証するのに十分であると判断した場合，一本の試験結果でも足りると解釈しており，この点はFDAMAで成文化された（21USC§355(d)）。医薬品の有効性に関する「実質的な証拠」が，一本の「適切かつ十分にコントロールされた試験」（および確認的証拠）で足りるか否かを検討するにあたっては，スポンサーは臨床的背景（アンメットメディカルニーズや患者集団の規模など）を考慮する必要がある[33]。また，FDAはさらに進んで，対照群のない試験（studies without controls），わずか6～13人の患者を対象とした有効性試験，人での有効性データがない試験に基づいて，医薬品や生物製剤を承認したことがある[34]。

FDAは，原則として，当該医薬品自体の有効性に関する「実質的な証拠」を求めるのであって，既存の医薬品よりも有効であることは求めない。もっとも，深刻な疾患に対する治療薬であれば，パブリックヘルス保護の観点から，当該医薬品が既存医薬品と比べて少なくとも同等の効果を有していることが重要になる場合もある。このような場合，FDAは当該医薬品について，既存医薬品を対照とした非劣性試験の実施を求めることがある[35]。

---

[32] Food and Drug Law, at 939-40.
[33] Draft Guidance for Industry: Demonstrating Substantial Evidence of Effectiveness With One Adequate and Well-Controlled Clinical Investigation and Confirmatory Evidence（September 2023）.
[34] Food and Drug Law, at 941.

イ　安全性

　21USC§355(d)は，FDAがNDA承認を拒否すべき基準を定めており，安全性に関しては，「当該医薬品が，提案されたラベリングに記載された使用条件の下で使用しても安全であるか否かを示すために，合理的に適用可能なすべての方法による十分な試験」を行っていない場合，承認が拒否される旨定める。すなわちここでの安全性とは，あくまでも，添付文書等で定められた「使用条件の下」での安全性であって，この使用条件を遵守しない場合（例えば，「オレンジジュースとともに投与するのは避けること」という注意を無視したり，決められた量を超えて大量に服用したりする（オーバードーズ）場合等）の安全性を保証するものではない。

　また，ここでの安全性は，「使用条件の下」で使用した場合に，一切有害事象が生じないという意味でもない。他方で，法令にはどの程度の有害事象であれば「安全」と評価し得るのかは明記されていない。FDAは，安全性は有効性との比較検討によって，すなわちベネフィット（有効性）がリスク（安全性）を上回っているといえるか否かによって判断している（その意味で食品における「安全性」とは異なる）。

　しかし，この比較検討は定量的に行われるものではない。FDAは，この比較検討をより精緻化する試み[36]も行っているが，いずれにしても安全性と有効性の比較は数学的に行われるものではない。さらに言えば，FDAは特定の状況では，この比較検討の中で，対象となる患者にとっての安全性と有効性のみならず，より広いパブリックヘルス上の考慮を含む可能性がある旨説明している[37]。

　このように，安全性と有効性を比較検討して判断するといっても，その意味するところは必ずしも一義的に明らかではない。

ウ　GMP適合性

　医薬品が安全かつ有効であったとしても，その製造，加工，包装に使用される施設や管理体制，方法によって当該医薬品の同一性，含量，品質，純度を適切に維持できなければ，NDAは承認されない（21USC§355(d)）。当該医薬品の製造方法や製造管理体制は，FDAのGMP規制（21CFR Part 210 & Part 211。なお現行のGMP規制という意味でcGMPとも称する）を遵守する必要があり，FDAはその確認のため，NDA承認前に施設の査察を実施することがある。GMP規制を遵守せずに製造され

35　詳細に関しては，Guidance for Industry: Non-Inferiority Clinical Trials to Establish Effectiveness（November 2016）参照。
36　例えばGuidance for Industry: Benefit-Risk Assessment for New Drug and Biological Products（October 2023）参照。
37　Guidance for Industry: Benefit-Risk Assessment for New Drug and Biological Products（October 2023），at 5.

た医薬品は，品質不良（adulterated）とみなされるため（21USC§351(a)(2)(B)），承認後もGMP適合性は必須である。GMP規制の概要は，後記6(5)を参照されたい。

エ　表示等

前記(1)のとおり，NDA申請には，当該医薬品の表示およびラベリングを含めなければならないが，すべての重要な事実を公正に評価した結果，当該表示等が特定の点において虚偽または誤解を招くものであった場合も，NDAは承認されない（21USC§355(d)）。この表示に関する審査は通常承認プロセスの最終段階で行われ，表示等の文言については，FDAとスポンサーとの間で承認日の直前まで交渉が続くこともある[38]。

(3)　承認審査
ア　処方箋医薬品ユーザーフィー法（PDUFA）に基づく審査目標

医薬品業界は，長年，FDAによるNDA審査の効率化・短縮化を求めていたが，1992年になって，処方箋医薬品ユーザーフィー法（PDUFA）が成立した。この法律により，NDA申請を行う医薬品業界は，FDAに対し，審査を効率化するために必要なユーザーフィー（User Fee）を支払い，他方でFDAは，審査に要する期間の目標を設定して公表することになった。この法律は5年ごとに改正されることになっているが，この5年ごとの改正の際にはしばしば他の立法も行われる。例えば1997年にはFDA近代化法（FDAMA）が，2007年にはFDA改正法（FDAAA）が，2012年にはFDA安全・イノベーション法（FDASIA）が制定されている。

現在公表されているPDUFA VII（第7期更新。2023年度から2027年度まで）におけるユーザーフィー[39]および審査目標[40]は，以下のとおりである。なお，以下のユーザーフィーおよび審査目標は，生物製剤承認申請（Biologics License Application：BLA）にも同様に適用される。

38　Food and Drug Law, at 949.
39　https://www.fda.gov/industry/fda-user-fee-programs/prescription-drug-user-fee-amendments
40　PDUFA REAUTHORIZATION PERFORMANCE GOALS AND PROCEDURES FISCAL YEARS 2023 THROUGH 2027, at 6.

【ユーザーフィー】

	2023年度	2024年度
臨床試験データが必要な申請料	$3,242,026	$4,048,695
臨床試験データが不要な申請料	$1,621,013	$2,024,348
プログラム料金	$393,933	$416,734

【審査目標】

優先審査	申請の90%を6か月以内に審査
通常審査	申請の90%を10か月以内に審査
クラス1再提出	申請の90%を2か月以内に審査
クラス2再提出	申請の90%を6カ月以内に審査

　優先審査と通常審査については後記4(2)エを，クラス1再提出とクラス2再提出については後記エを参照されたい。

イ　審査プロセス

　NDAを審査するFDAのチームは，IND申請が提出された際に組織されたチームメンバーと概ね同様であり，薬理学や毒性学，統計学といった各分野の専門家に加えて，プロジェクトマネージャーが含まれる[41]。

　こうしたFDAのチームによるNDAの審査プロセスは，概ね以下のとおりである[42]。

　NDAがFDAに提出されると，FDAは受領後60日以内に，それを正式な「申請」(file)とみなすことができるか否か，すなわちそれが実質的な審査に耐え得る十分に完全な内容になっているかを審査する（21CFR§314.101(a)）。FDAは，申請書が不完全であったり，所定の様式で提出されていない場合のほか，安全性や有効性，適切な使用条件を評価するための重要なデータが欠落している場合などには，申請拒絶（refuse to file：RTF）を行う。

　なお，当該申請が優先審査（priority review，後記4(2)エ参照）の対象となるか否かもこの間に決定され，優先審査の対象に選ばれた場合は，この60日の間に優先審査指定に関する連絡を受ける。

　FDAは，申請書が実質審査に耐え得ると判断した場合，申請書の受領から74暦日

---

[41] https://www.fda.gov/about-fda/center-drug-evaluation-and-research-cder/review-team-responsibilities
[42] 以下の記述は，Food and Drug Law, at 928-29による。

までに、申請者に対し、Day 74 Letter と呼ばれる通知を発行する。この Day 74 Letter には、初期的な審査によって発見された申請書の問題点や FDA の懸念点、FDA が申請に対する決定を行う予定日（action date）、mid-cycle review meeting の予定日や諮問委員会（advisory committee、後記ウ参照）の開催予定などが記載される。上記の決定予定日は PDUFA で FDA が公表した審査目標に基づく記載だが、前記アのとおり、それが遵守されるのは申請書の90％のみであり、すべての申請書で決定予定日までに FDA が決定を行うわけではない。

FDA の審査チームが、審査の過程で必要な情報を求めたり、申請書の記載の明確化を求める時は、FDA の審査チームは、プロジェクトマネージャーを通じて、申請者に対してメールや電話などで連絡する。これは Information Request（IR）Letter と呼ばれる。また、審査チームの各部門は、申請書における担当箇所の審査が終わった後に、Discipline Review（DR）Letter と呼ばれる通知を行うことがある。この通知には、審査チームの各部門が承認前に改善する必要があると考えているポイントなどが記載される。

FDA 内部での mid-cycle meeting が終わると、FDA は申請者との間で mid-cycle meeting を行う。この会議で申請者は、FDA がその時点までに発見した重要な改善箇所や、late-cycle meeting の日程、諮問委員会に関する予定などを伝えられる。

late-cycle meeting には、通常、より高位の FDA 職員（審査チームのみならず、承認書にサインする者を含む管理職）が出席し、申請者との間で、主要な改善点や諮問委員会で協議される論点、REMS（後記(5)ウ参照）の必要性に関する現状の評価などについて協議する。PDUFA Ⅶでは、通常審査の場合、FDA は決定予定日（action date）の2か月前までに諮問委員会を開催する予定であるが、late-cycle meeting は、諮問委員会開催日の12暦日以上前に開催される[43]。

なお、この間に FDA は、必要に応じて、GLP、GCP、GMP 規制への適合性についても査察を行う。

ウ 諮問委員会（Advisory Committee）

FDA は専門家からなる諮問委員会の助言を求めることもできる。医薬品の諮問委員会だけでも、2024年6月現在、抗がん剤諮問委員会や末梢神経・中枢神経系医薬品諮問委員会など、領域ごとに19の諮問委員会がある[44]。諮問委員会には、21CFR

---

[43] PDUFA REAUTHORIZATION PERFORMANCE GOALS AND PROCEDURES FISCAL YEARS 2023 THROUGH 2027, at 10-11.
[44] https://www.fda.gov/advisory-committees/committees-and-meeting-materials/human-drug-advisory-committees

Part 14のほか，様々な法令やガイダンスが適用され得る[45]。

　諮問委員会は，FDA とは独立した外部委員から構成されており，関連する科学者に加え，患者（消費者）の代表者や製薬業界の代表者などが含まれる。諮問委員会は，承認の可否や，承認のための追加試験の必要性といった事項に関し，FDA に対して勧告を行う。FDA は，NDA に新しい活性部位（active moiety）が含まれる場合等には，原則として承認前に諮問委員会に諮問し，諮問しない場合はその理由の要約を申請者に通知する必要がある（21USC§355(s)参照）。諮問委員会での審議は，承認にあたり極めて重要なステップであり，FDA は通常，諮問委員会からの勧告に従うが，勧告は FDA を法的に拘束するわけではない[46]。

エ　承認決定

　FDA は NDA を承認した場合，承認から30日以内に，NDA 承認のために行ったアクションパッケージを FDA のウェブサイト上に公表する（21USC§355(l)(2)(A)）。このアクションパッケージには，FDA が作成した申請書の審査に関する文書や，申請書の内容等が含まれる（21USC§355(l)(2)(c)）。なお，一般に連邦政府職員の過失によって被害が生じた場合は連邦不法行為請求権法（Federal Tort Claims Act）に基づき米国に対して損害賠償請求を行うことができるが，FDA 職員が過失により医薬品を承認したことを理由とする患者からの損害賠償請求は，同法の例外規定（28USC§2680）に該当するため認められない[47]。

　他方，FDA が NDA を承認しない場合は，申請者に対して審査完了通知書（Complete Response Letter：CRL。非承認通知書と訳されることもある）が送付される。CRL は，審査サイクルが完了したが，現時点では NDA を承認できないことを示す書類であり，承認できない理由や，承認に向けた改善点（追加の臨床試験を含む）などが記載される（21CFR§314.110(a)）。CRL を受け取った申請者は，再提出，取下げ，FDA に対する聴聞機会の要請のいずれかを選択する（21CER§314.110(b)）。NDA の再提出は，その内容によってクラス１およびクラス２に分類され[48]，クラス１再提出については FDA による受領から新たに２か月の，クラス２再提出については FDA による受領から新たに６か月の審査サイクルを始めることに申請者が同意し

45　https://www.fda.gov/advisory-committees/about-advisory-committees/advisory-committee-laws-regulations-and-guidance
46　Food and Drug Law, at 931.
47　例えば Forsyth v. Eli Lilly & Co., 904 F.Supp. 1153（D. Haw. 1995）参照。
48　この分類については，Manual of Policies and Procedures 6020.4 Rev.2：Classifying Resubmissions of Original NDAs, BLAs, and Efficacy Supplements in Response to Complete Response Letters. 参照。

たとみなされる (21CFR§314.110(b)(1))。なお，21USC§355(c)(1)は，FDAに対し，NDAが「申請」された後（つまりRTF審査の後），180日以内またはFDAが申請者と合意した追加期間内に，申請者に対して，承認するか，ヒアリングの機会を通知しなければならない旨定めている。実務上は，NDAの申請後180日以内に承認されないこともあるが，上記のとおり，再提出にあたり追加の審査サイクルを始めることについて「合意」したとみなされる仕組みにより，FDCA違反とはならない。

なお，CRLを受け取った申請者が正式な紛争解決手段に訴える，すなわちFDAの決定を不服として上訴することもある。FDAはこうした場合の手続を説明するガイダンス[49]を発行している。

(4) 医薬品の名称〜販売名の審査〜

前記(1)アのとおり，医薬品の販売名（proprietary name。brand nameともいう）も，NDA承認審査の対象となる。

一般に，1つの医薬品には複数の異なる名前がある。

まず，化学名（chemical name）がある。医薬品の化学名は，通常，国際純正・応用化学連合（International Union of Pure and Applied Chemistry：IUPAC）が定めるIUPAC命名法に基づき命名された，当該医薬品の有効成分（化合物）のIUPAC名となる。

次に，一般名（nonproprietary name。generic nameともいう）がある。この一般名は，米国一般名評議会（United States Adopted Names Council：USAN Council）が割り当てるもので，米国一般名をUSANともいう。FDCA上は，「established name」との表現が用いられており，「established name」が表示（label）に記載されていない限り，医薬品は不当表示となる（21USC§352(e)(1)(A)）。なお一般名については，世界保健機関（WHO）も国際一般名（International Nonproprietary Name：INN）を定めている。WHOは米国一般名評議会のような各国の命名機関と連携しているため，通常INNはUSANと同一となるが，一部の医薬品はINNとUSANが異なる。例えば，解熱鎮痛剤として著名なタイレノール（Tylenol）の有効成分は，USANではアセトアミノフェン（acetaminophen）だが，INNではパラセタモール（paracetamol）である[50]。

これらに対して販売名は，製薬会社が自ら命名するものである[51]。販売名は，

---

49 Guidance for Industry and Review staff: Formal Dispute Resolution: Sponsor Appeals Above the Division Level（November 2017）.
50 Food and Drug Law, at 1091.
51 以下の記述は，Food and Drug Law, at 1092による。

NDA承認審査の際に，安全性の観点および販売促進上の観点から審査される。

安全性の評価は，他の市販薬との混同に起因する投薬過誤の防止に焦点を当てて行われる。具体的には，当該医薬品と他の市販薬の処方者の母集団が同じかどうか，両者の適応症が関連しているかどうかといった製品の特性によって判断される。販売促進上の観点では，販売名が虚偽・誤認ではないか否か，例えば医薬品の有効性を過剰に訴求していないか，根拠のない優越性を訴求していないかといった観点で評価される[52]。

販売名は，商標として米国特許商標庁（United States Patent and Trademark Office：USPTO）にも登録されることもあり，どのタイミングで審査が行われるべきかは争いがある。販売名の審査は，伝統的にはNDA承認に近いタイミングで行われてきたが，FDAは医薬品開発の最中，早ければフェーズⅡ試験の終わりにも販売名の審査を行うとしている[53]。

(5) 流通・頒布の制限

医薬品がNDA承認を受けたとしても，その流通・頒布には厳しい制限がかかることがある。以下では，法律やFDAによって課される医薬品の流通・頒布制限について概説する。

ア　処方箋医薬品

21USC§353(b)(1)は，NDA承認の際，FDAが医師の監督によってのみ投与することを承認条件とすることができる旨定めている。このような医薬品を処方箋医薬品（Rx）という。事実上，新規化合物を含むすべての新薬は，治験で発見されなかった安全性上の問題が生じる場合に備えて，最初は処方箋医薬品として承認される[54]。

なお，ここでいう処方箋には，医師の書面による処方箋のほか，「口頭処方箋（oral prescription）」（医師の口頭の指示を薬剤師が速やかに文書化したもの）や，2022年に日本でも導入されたリフィル処方箋（一定期間内であれば複数回使用できる処方箋）が含まれる。

52　Guidance for Industry: Contents of a Complete Submission for the Evaluation of Proprietary Names (April 2016).
53　*See* Guidance for Industry: Best Practices in Developing Proprietary Names for Human Prescription Drug Products (December 2020).
54　Food and Drug Law, at 1044.

イ　規制物質を含む医薬品

　規制物質法（CSA）は，次頁の表[55]のとおり，規制物質や医薬品を5つに分類している。各スケジュールの正確な定義は，21USC§812に記載されている。CSAの執行はDEAが管轄するが，このスケジュールに関する事項はFDAに相談しなければならず，科学的・医学的事項に関するFDAの勧告は，DEAを法的に拘束するなど（21USC§811(b)），CSAに関してもFDAが果たす役割は大きい。

分類	概説	該当する具体的物質・医薬品
スケジュールⅠ	乱用の可能性が高く，かつ現在認められた医療用途がない	マリファナ（marijuana），ヘロイン，いわゆるエクスタシー等
スケジュールⅡ	乱用の可能性が高く，その場合深刻な心理的・身体的依存のリスクがある	コカイン，メタンフェタミン，オキシコドン（オキシコンチン）
スケジュールⅢ	スケジュールⅠ・Ⅱよりも低い乱用可能性があり，低～中程度の心理的依存または高い身体的依存のリスクがある	アナボリックステロイド，1用量当たり90ミリグラム未満のコデインを含む製品
スケジュールⅣ	スケジュールⅢより低い乱用の可能性と，より低い身体的・心理的依存リスクがある	ザナックス，ダーボン
スケジュールⅤ	スケジュールⅣより低い乱用の可能性と，より低い身体的・心理的依存リスクがある	コデインが100ミリリットル当たり200ミリグラム未満の咳止め（Robitussin AC）

　スケジュールⅠ医薬品は，一定の条件下で医療用の研究は行うことができるが，その製造，頒布，処方が禁じられている。その他のスケジュールの医薬品は，DEAに登録した所定の医師等によってしか処方できない。また，処方箋の内容（例えば口頭処方箋やリフィル処方箋が認められるのか，リフィル処方箋は何回まで認められるのか等）についても，スケジュールに応じて制限がある。

---

[55]　https://www.dea.gov/drug-information/drug-scheduling

コラム2

大麻に関する規制

　大麻に関する規制は，最近のホットトピックの1つである。

　大麻（Cannabis）は大麻科の植物で，丈夫な繊維が取れる茎は衣類などに用いられる。大麻（Cannabis）は様々な成分を含んでいるが，その中で生理活性をもつ物質は総称してカンナビノイド（Cannabinoid）と呼ばれる。著名なカンナビノイドとして，テトラヒドロカンナビノール（THC）とカンナビジオール（CBD）がある。

　連邦法では，前記のとおり，マリファナ（marijuanaまたはmarihuana）はCSAのスケジュールIに分類されている。ここでいうマリファナとは，植物Cannabis sativa L.のすべての部分，その種子，それから抽出された樹脂に加えて，こうした植物，種子および樹脂のあらゆる化合物，製造物，塩，誘導体，混合物または調製物を意味する（21USC§802(16)(A)）。ただし，乾燥重量基準でTHC濃度が0.3%以下であるもの（Hemp。詳細な定義は7USC§1639o(1)）や，成熟した茎や発芽できないよう滅菌された種子等は，マリファナの定義から除外されている（21USC§802(16)(B)）。

　THCも，別途スケジュールIに分類されているが，Hemp Industries Association v. DEA, 333 F.3d 1082 (9th Cir. 2003) において，スケジュールIのTHCは合成THCのみを指すと判示された。また，THCと異なり，中毒や多幸感を引き起こさないCBDは規制物質に分類されていない。

　FDAは，複数の大麻関連製品を医薬品として承認している。例えば，マリノールとシンドロスには，有効成分として，大麻の精神作用成分とされるΔ9THC（デルタ9テトラヒドロカンナビノール）の合成物であるドロナビノール（dronabinol）が含まれる。また，一定のてんかんに伴う発作の治療薬として，CBDを含む医薬品Epidiolex®が承認されている[56]。

　こうした連邦レベルでの規制に対し，州レベルでは，多くの州で医療用・娯楽用のマリファナの使用が認められている。1996年にカリフォルニア州が法改正を行い，大麻の医療用使用を認めて以来，約40の州や地域において，大麻の医療用使用が認められている。マリファナの娯楽用使用も，20以上の州や地域で認められている。こうした州レベルでの規制緩和もあり，DEAは2024年4月に，マリファナをスケジュールIからスケジュールIIIへ再分類することを提案しているが，現時点では実現していない。

ウ　リスク評価・リスク緩和戦略（REMS）
(ｱ)　概説

FDA は，従来より，規則によって医薬品の頒布・使用を制限していたが，2007年のFDAAA によって，リスク評価・リスク緩和戦略（risk evaluation and mitigation strategies：REMS）が明文化された。

具体的には，FDA は医薬品のベネフィットがリスクを上回ることを保証するために，REMS が必要と判断し，その旨 NDA 申請者に対して通知したときは，NDA 申請者は，NDA に REMS を含めなければならない（21USC§355-1(a)(1)）。REMS の内容は申請者と FDA との交渉によって決まり，FDA が NDA を承認する場合，REMS の内容や関連書類も同時に承認する[57]。

REMS は，一般に複数の要素（element）から構成される。

例えば REMS には，メディケーションガイド（Medication Guide）や患者用添付文書（Patient Package Inserts）の配布や，医療従事者に対するコミュニケーション計画，深刻な乱用や過剰摂取のリスクのある医薬品については特定の包装や安全な廃棄方法などが含まれ得る（21USC§355-1(e)）。

また FDA は，医薬品固有の毒性または潜在的有害性を踏まえ，当該医薬品の安全な使用を保証するために必要と判断した場合は，ETASU（elements to assure safe use）と呼ばれる要素を含めるよう，求めることができる（21USC§355-1(f)(1)）。ETASU の例としては以下があり，医薬品の頒布や使用を制限するものである（21USC§355-1(f)(3)）。

---

1. 当該医薬品を処方または調剤する医療従事者は，特別な訓練や経験を積んでいるかまたは特別な資格を有していること
2. 当該医薬品は，病院などの特定の医療環境においてのみ患者に調剤すること
3. 当該医薬品は，患者がそれを安全に使用できる状態であることの証拠や他の文書（臨床検査結果等）を有する患者に対して調剤すること
4. 当該医薬品を使用する患者をモニタリングすること

さらに，すべての REMS には，その評価の提出期限を含める必要がある。具体的には，REMS が承認されてから18か月後，3年後，7年後までの REMS 評価の提出

56　https://www.fda.gov/news-events/public-health-focus/fda-regulation-cannabis-and-cannabis-derived-products-including-cannabidiol-cbd
57　Food and Drug Law, at 1072.

期限を含める必要があるが，最初の3年間の後，当該医薬品の重大なリスクが適切に特定・管理されているとFDAが判断した場合は，REMS評価の提出義務は免除される可能性がある（21USC§355-1(d)）。ただし，当該医薬品について新しい適応症の追加申請を行うなど一定の場合には，必ずREMS評価を提出しなければならない（21USC§355-1(g)(2)）。なお，REMSの修正案はいつでも提出でき，REMS評価と同時に提出する必要はない（21USC§355-1(g)(4)）。

REMSで承認された先発医薬品のジェネリック医薬品は，REMS評価と修正に関する義務を除き，先発医薬品のREMSの要素に従う（21USC§355-1(i)(1)・(2)）。特にETASUは医療機関に一定の負担をかけることにもなるため，先発医薬品とジェネリック医薬品とが単一の共有システムを使用するよう要求される場合がある（21USC§355-1(i)(3)）。

(イ) 具体例

REMSの内容や関連文書は，FDAのREMSウェブサイト[58]で公開されている。ここでは，経口中絶薬ミフェプリストン（mifepristone）を例に，REMSの具体例を説明する。

FDAは，2000年にミフェプレックス（ミフェプリストン）を承認したが，その使用の安全性を確保するためには一定の制限が必要であると結論づけ，REMSが成文化された後の2011年に，そのREMSを承認した。このREMSは，変更されつつ現在に至っている。このREMSに基づく以下の義務は，ミフェプレックスのジェネリック医薬品にも適用される[59]。なお，下記2，3，6で言及されている関連文書（rems material）は，いずれもFDAのREMSウェブサイトで公開されている。

1. ミフェプリストンは，一定の資格を満たし，ミフェプリストンREMSプログラムの認定を受けた医療従事者によって処方されること
2. ミフェプリストンを処方する資格を得るためには，医療従事者は処方者同意書（prescriber agreement form）に記入すること
3. ミフェプリストンの処方前に，患者と医療従事者とで患者同意書（patient agreement form）を確認の上で署名し，患者に対してミフェプリストン治療

58　https://www.accessdata.fda.gov/scripts/cder/rems/index.cfm
59　https://www.fda.gov/drugs/postmarket-drug-safety-information-patients-and-providers/questions-and-answers-mifepristone-medical-termination-pregnancy-through-ten-weeks-gestation#:~:text=The%20goal%20of%20the%20Mifepristone,to%20assess%20whether%20patients%20are

レジメンのリスクについて十分に説明すること
4. 患者には，患者同意書およびメディケーションガイド（FDA が承認した患者向け情報）のコピーを提供すること
5. ミフェプリストンは，認定処方医師自身もしくはその監督下で，または認定処方医師が発行した処方箋に基づき認定薬局によってのみ処方されること
6. ミフェプリストンを処方する認定を受けるには，薬局は薬局同意書（pharmacy agreement form）に記入すること
7. 認定薬局は，追跡（トラッキング）が可能な配送サービスを使ってミフェプリストンを発送できる必要がある
8. 認定薬局は，ミフェプリストンがタイムリーに患者に処方されるようにすること

　ミフェプリストン REMS プログラムには，以前，認定処方者が患者に対して直接ミフェプリストンを処方しなければならないという「対面処方要件」（in-person dispensing requirement）が含まれていた。しかし新型コロナウイルス感染症に伴うパンデミック下において，この要件の執行を差し止める訴訟が提起され，連邦裁判所はこの訴えを認めた[60]。その後2021年4月に，FDA は，この「対面処方要件」について執行裁量を行使する旨公表し（その後12月に正式に対面処方要件を撤廃），患者は郵便によってミフェプリストンを受領できるようになった。
　なお，こうしたミフェプリストンに対する FDA の措置は，中絶反対派が提起する一連の訴訟の標的となっている。連邦最高裁が，2022年6月，中絶する権利は合衆国憲法上保護されている旨判示した過去の判例[61]を覆した[62]後，中絶反対派は，FDA によるミフェプリストンの承認や，上記のような対面処方要件の撤廃を覆すべく，テキサス州で FDA を提訴した。2024年6月13日，連邦最高裁は，ある医薬品を他者が入手しにくくしたいという原告の願望は，原告適格（standing）を確立するものではない旨述べ[63]，中絶反対派による請求を却下した。もっとも，この判決は原告適格という技術的な要件で判断を下したものにすぎず，中絶薬をめぐる法的訴訟は今後も継続する可能性がある。

60　American College of Obstetricians and Gynecologists（ACOG）v. FDA, 472 F.Supp. 3d 183（D. Md. 2020）.
61　Roe v. Wade, 410 U.S. 113（1973）.
62　Dobbs v. Jackson Womens's Health Organization, 597 U.S. 215（2022）.
63　FDA v. Alliance Hippocratic Medicine, 602 U.S. 367（2024）.

4 医薬品開発および承認を迅速化する制度

(1) はじめに

　一般に，医薬品の開発および承認審査には長い時間がかかる。このことは，その医薬品を必要とする患者に医薬品が届くことが遅れることを意味する。そこで法令上，医薬品開発や承認を迅速化するための制度が，複数設けられている。

　最も頻繁に用いられているのは，後記(2)で概説するファスト・トラック指定，ブレイクスルー・セラピー指定，迅速承認および優先審査である。2012年1月から2016年12月までに承認された174の医薬品および生物製剤のうち，60％に該当する105の製品が，これらの制度のいずれかの適用を受けている。また，2010年から2019年までに承認された医薬品を精査した研究では，以下の事実が明らかとなっており[64]，これらの制度が実際頻繁に使用されていることがうかがえる。なお，これらの制度は同時に複数の適用を受けることが可能である。

---

1. 毎年約35％がファスト・トラック指定を受けている
2. ブレイクスルー・セラピー指定を受けた医薬品の数は，同制度がFDCAに追記された2012年以来，35％増加している
3. 全体の約13％が迅速承認を受けている
4. 全体の半数以上が優先審査を受けている

　以下では，これら4つの制度を含め，医薬品の開発および承認審査を迅速化させる個別のプログラムについて概説する。なお，2016年に成立した21世紀治療法（Cures Act）では，他の迅速化プログラムとして，LPAD経路（limited poplulation pathway for antibacterial and antifungal drugs）が定められている（21USC§356(h)(3)）。LPAD経路については，2024年6月現在で適用例が乏しいこともあり，以下の個別の制度解説には含めていないが，FDAのウェブページ[65]において関連ガイダンスとともに紹介されている。

---

[64] Food and Drug Law, at 964.
[65] https://www.fda.gov/drugs/development-resources/limited-population-pathway-antibacterial-and-antifungal-drugs-lpad-pathway#:~:text=What%20is%20the%20purpose%20of,of%20patients%20with%20unmet%20needs.

(2) 各制度の概要
ア　迅速承認（Accelerated Approval）

　迅速承認は，重篤または生命を脅かす疾患・状態に対する医薬品または生物製剤（以下「医薬品等」という）で，臨床上の有益性を合理的に予測し得るエンドポイントに基づき有効性が認められる医薬品等であり（21USC§356(c)(1)），かつ患者に対して既存の治療法より有意義な治療上の効果をもたらす医薬品等に適用される（21CFR§314.500）。関連規則は，医薬品については21CFR§314 Part Hに，生物製剤については21CFR§601 Part Eに定められている。

㋐　重篤性に関する要件

　迅速承認の要件における「重篤（serious）」という用語は，後記5(2)の拡大アクセスプログラムにおける「重篤」の解釈と同義と解されている[66]。具体的には以下のとおりである（21CFR§312.300(b)(1)）。

> 　「重篤な疾患または状態」とは，日常機能に実質的な影響を及ぼす病態（morbidity）を伴う疾患または状態をいう。一時的かつ自然に寛解する病態では通常これに該当しないが，持続性があったり再発性がある場合には，必ずしも当該病態が不可逆的なものである必要はない。ある疾患または状態が「重篤」に該当するか否かは，当該疾患や状態が，①生存，②日常生活機能，③その疾患を放置した場合に，軽度からより重篤な状態へと進行する可能性といった要因に与える影響に基づいて，臨床的に判断される。

　なお，「生命を脅かす（life-threatening）」の解釈については，21CFR§312.81(a)が参考となる。

㋑　エンドポイントに関する要件

　迅速承認の制度では，医薬品等が，疫学や病態生理学等の根拠に基づき，臨床上の有用性を合理的に予測し得るサロゲートエンドポイントや，死亡や不可逆的な病態進行以外の臨床エンドポイント（clinical endpoint）に影響を与えることを証明する「適切かつ十分にコントロールされた臨床試験」を根拠として，当該医薬品等を承認できる（21CFR§314.510）。

　医薬品の有効性を判断する際には，死亡（全生存期間）や不可逆的な病態の進行と

---

[66] Guidance for Industry: Expedited Programs for Serious Conditions-Drugs and Biologics（May 2014), at 2.

いった，医薬品の効果を明確に測定できる臨床エンドポイントを用いるのが原則である。したがって本来であれば，当該医薬品を投与された患者は，そうでない人と比べてどれくらい長く生きるのかといった結果を計測することが必要となる。しかし，そのような臨床試験を実施するには非常に長い時間がかかり，有効な医薬品を患者から奪う結果にもなりかねない。迅速承認の制度は，例えば無憎悪生存期間（Progression Free Survival：PFS。病気が進行せずに安定している期間を指す）といった臨床エンドポイントを使ったり，腫瘍サイズといったサロゲートエンドポイントへの影響があることを証明する臨床試験結果をもって承認する制度である。

ただし，迅速承認された医薬品は，市販後調査によって，サロゲートエンドポイントと臨床上の有益性との関係性や，臨床エンドポイントと最終的な転帰との関係性を検証・説明することが条件とされる（21CFR§314.510）。こうした市販後調査の結果，効果が確認できなかった場合は，FDAはNDA承認を取り消すことができる（21CFR§314.530）。そのため，迅速承認は条件付き承認と呼ばれることもある。

　（ウ）　その他の定め

提出されたデータによって医薬品の有効性は示されたが，安全性を確保するためには医薬品の流通または使用を制限する必要があるとFDAが結論づけた場合には，FDAは医薬品の流通や使用に関する条件を付すことができる（21CFR§314.520）。

また，迅速承認される医薬品は，販売促進用の資料を承認前に当局へ提出することも必要となる（21CFR§314.550）。

　（エ）　具体例

迅速承認された医薬品は，その有効性・安全性が立証されていないとして議論の対象となることがある。

例えば，アルツハイマー病治療薬のアデュカヌマブ（aducanumab）は，2021年に迅速承認された抗体医薬品（生物製剤）である。アデュカヌマブは，脳内におけるアミロイドβの細胞外蓄積（amyloid plaque）という，アルツハイマー病の臨床上の有益性を測るエンドポイントとしては未だ議論のある指標を用いて迅速承認された。

アデュカヌマブの迅速承認をめぐっては，FDAから諮問を受けた末梢神経・中枢神経系医薬品諮問委員会の委員が辞任する事態に至るなど，当初から議論を呼んでいた。迅速承認の条件とされていた市販後試験の結果が注目されていたが，アデュカヌマブの売上が芳しくなかったこともあり，スポンサーは2024年1月，アデュカヌマブの開発・販売を中止する旨公表している。

イ　ファスト・トラック指定

スポンサーは，重篤または生命を脅かす疾患・状態の治療を目的とし，当該疾患・

状態に対するアンメットメディカルニーズ（unmet medical needs）を満たす可能性がある医薬品等について，FDAに対し，当該医薬品等をファスト・トラック（fast track）製品として指定するよう要請できる（21USC§356(b)(1)）。アンメット・メディカルニーズとは，既存の治療法が適切な治療や診断を提供できていないような状態を指す[67]。

ファスト・トラック指定の要請は，IND申請と同時に，またはその後いつでも提出できる（21USC§356(b)(2)）。FDAは，こうした要請を受けてから60日以内に，ファスト・トラック製品として指定するか否かの決定を行う。FDAが当該医薬品等をファスト・トラック製品として指定した場合，FDAは当該医薬品等の開発および審査を迅速に行うべく，適切な措置を講じなければならない（21USC§356(b)(3)）。

ファスト・トラック指定を受けた場合，医薬品等の開発に関し，スポンサーはFDAとの間で，承認のために必要となる非臨床試験および臨床試験のデザインを合意するべく，早期に相談を行うことができる（21CFR§312.82）。またNDA審査においても，「ローリングNDA」と呼ばれる提出の機会が与えられ，スポンサーはNDAのうち完成した部分から順にFDAへ提出し，NDA審査を受けることが可能となる（21USC§356(d)）。

ウ　ブレイクスルー・セラピー指定等

ブレイクスルー・セラピー（breakthrough therapy）指定では，医薬品等が重篤または生命を脅かす疾患・状態の治療を目的としており，臨床的に重要なエンドポイント（clinically significant endpoint）において，当該医薬品等が既存の治療法よりも実質的に優れていることを示す可能性がある予備的な臨床上の根拠がある場合に，スポンサーの要請に応じて，当該医薬品がブレイクスルー・セラピーとして指定される（21USC§356(a)(1)・(2)）。臨床的に重要なエンドポイントとは，不可逆的な病態や死亡，または当該疾患の重大な結果を示す兆候に対する影響を測定するエンドポイントを指す[68]。

FDAは，ブレイクスルー・セラピー指定の要請に対しては，60日以内に決定を行い，指定を行った場合，当該医薬品等の開発および審査を迅速に行うべく適切な措置を講じなければならない（21USC§356(a)(3)(a)）。ブレイクスルー・セラピー指定を受けるためには，上記のとおり予備的な「臨床上の」根拠が必要となるため，その指定要請は通常ファスト・トラック指定よりも後期に行われる。もっともブレイクス

67　*Id.*, at 4.
68　*Id.*, at 12.

ルー・セラピーに指定されると，ファスト・トラック指定と同様ローリングNDAの対象となる[69]ほか，より多くのFDAとの会議やコミュニケーション，より職位が高く経験豊富なFDA職員の関与などが可能になる（21USC§356(a)(3)(B)）。

　また，ブレイクスルー・セラピー指定と類似の制度として，regenerative medicine and advanced therapy（RMAT）指定がある。

　RMAT指定では，医薬品等が再生医療製品（regenerative medicine therapy）であり，重篤または生命を脅かす疾患・状態の治療等を目的とし，当該医薬品等が当該疾患・状態に対するアンメットメディカルニーズを満たすことを示唆する予備的な臨床上の根拠がある場合に，スポンサーの要請に応じて，当該医薬品等をRMATとして指定する（21USC§356(g)(2)）。ここでいう再生医療製品（regenerative medicine therapy）とは，細胞療法，治療用組織工学製品，ヒト細胞・組織製品およびこれらの組み合わせ製品が含まれるが，いわゆる「361HCT/P」は含まれない（21USC§356(g)(8)。なお361HCT/Pを含めたヒト細胞加工製品等については後記**第2章第3・4**参照）。

　このRMAT指定を受けると，21USC§356(a)(3)(B)に基づきブレイクスルー・セラピー指定を受けた医薬品等と同様の開発迅速化措置，すなわちより多くのFDAとの会議やコミュニケーション，より職位が高く経験豊富なFDA職員の関与などが受けられる。これには，迅速承認申請の根拠となるサロゲートエンドポイントや死亡や不可逆的な病態進行以外の臨床エンドポイントに関してFDAと協議するための早期の会議も含まれる（21USC§356(g)(5)）。詳細はガイダンス[70]に詳しい。

エ　優先審査

　PDUFAで設定された審査目標（前記3(1)**イ**参照）との関係上，すべてのNDA・BLAは優先審査（priority review）または通常審査（standard review）の対象となる。

　予備的審査の結果，その医薬品等が重篤または生命を脅かす疾患を治療するものであり，承認された場合，既存の治療法と比較して，こうした疾患の治療，診断，予防の安全性または有効性が著しく改善されることが示された場合には，当該医薬品等は，優先審査（priority review）の対象となる[71]。優先審査対象に指定されると，

---

[69] *Id*, at 14.
[70] Guidance for Industry: Expedited Programs for Regenerative Medicine Therapies for Serious Conditions (February 2019).
[71] CDER Manual of Policies and Procedures 6020.3 Rev.2 Review Designation Policy: Priority (P) and Standard (S), at 2.

PDUFAに基づくFDAの審査目標に従い，通常審査と比べて迅速に審査が行われる。前記3(3)イのとおり，優先審査の対象となるか否かは，NDA提出後60日以内に判断される。

また，法令に基づいて優先審査の対象となることもある。例えば，適格感染症治療製品（qualified infections disease product：QIDP）として指定された医薬品は，優先審査を受ける（21USC§360n-1）。また，希少小児疾患用製品や，結核やマラリアなどの「熱帯病」製品（tropical disease product），深刻な感染症危機に対処するための医薬品（material threat medical countermeasure）のスポンサーに対しては優先審査バウチャーが発行されるが，このバウチャーは第三者へ譲渡することが認められており（希少小児疾患用製品につき21USC§360ff(b)，熱帯病製品につき21USC§360n(b)，危機管理対応医薬製品（medical countermeasure）につき21USC§366BBB-4a(3)），このバウチャーとともに申請された医薬品申請も優先審査の対象となる。

(3) 有事に関する制度

FDCAには，米国がバイオテロによる攻撃を受けた場合や，パンデミックが発生した場合などの有事に備えた医薬品開発・承認の制度もある。以下では，そのうちアニマル・ルールおよび緊急使用許可（Emergency Use Authorization：EUA）を紹介する。

ア　アニマル・ルール

2001年9月，米国のテレビ局や上院議員宛に，炭疽菌が入った手紙が送付され，複数の死者が出るという事件が発生した。この事件を契機に，炭疽菌のような致死的な物質に曝露した者に対する治療薬の開発のように，人を対象とした対照試験で有効性を検証することが非倫理的または実行不可能な試験に関する規則が制定された。この規則は，医薬品に関しては21CFR§314.600～§314.650，生物製剤に関しては21CFR§601.90～601.95に定められており，アニマル・ルール（Animal Rule）と呼ばれている。

アニマル・ルールでは，以下の要件が満たされた場合に，FDAは有効性に関する「実質的な証拠」として，動物を用いた試験結果に依拠できる[72]。ただし，安全性については，新薬の安全性を証明する既存の要件に基づき評価する必要がある。

72　Guidance for Industry: Product Development Under the Animal Rule (October 2015), at 2-3.

1. 物質の毒性に関して，合理的に理解された病態生理学的メカニズムがあり，対象製品によってその毒性が予防されるか，または大幅に軽減されること。
2. 人での反応を予測できる反応を示すと考えられる複数の動物種で，その効果が証明されること。ただし，人での反応を予測するために十分に特性化された，単一動物種のモデル（疾患モデル動物）で効果が実証された場合を除く。
3. 動物試験のエンドポイントが，人において期待される効果（一般的には生存率の向上または重大な病態の予防）と明確に関連していること。
4. 人や動物における，製品の動態および薬力学に関するデータ・情報その他関連データ・情報によって，人における有効用量の選択が可能であること。

アニマル・ルールに関する情報は，FDAのウェブサイト[73]にまとまっている。

イ　緊急使用許可

新型コロナウイルス感染症によるパンデミックなどの緊急事態では，事態にタイムリーに対処するべく，医療製品に対する緊急使用許可（EUA）が行われる。

EUAが発行されるには，概要，以下のステップを踏む必要がある（21USC§360bbb-3(b)(1)・(c)）。

1. 国防省（Department of Defense：DOD），保健福祉省（HHS），国土安全保障省（Department of Homeland Security：DHS）の長官による緊急事態等の宣言
2. HHS長官による，緊急事態での使用を目的とした製品の緊急使用許可を行う正当な状況が存在する旨の宣言（EUA宣言という）
3. FDAが，ASPR，CDCおよびNIHに相談の上，法定の基準を満たしたと判断した場合に，正式な申請に対して製品ごとにEUAを発行

---

[73] https://www.fda.gov/emergency-preparedness-and-response/mcm-regulatory-science/animal-rule-information

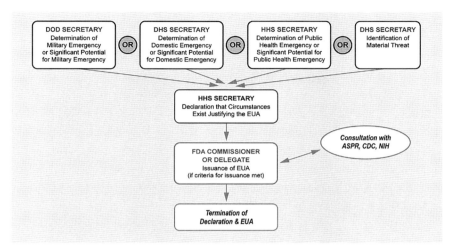

〈出典〉 https://www.fda.gov/emergency-preparedness-and-response/mcm-legal-regulatory-and-policy-framework/summary-process-eua-issuance

EUA の基準は，概要，以下のとおりである（詳細は，21USC§360bbb-3(c)参照）。

1. 重篤または生命を脅かす疾患または状態が引き起こされる可能性があること
2. 当該医薬品等が，対象となる疾患・状態の診断，治療または予防に有効な可能性があると考えられること
3. その目的で当該医薬品等を使用した場合，その利益がリスクよりも大きいと考えられること
4. 当該医薬品等に対する適切かつ承認済みの代替品がないこと

HHS 長官は，新型コロナウイルス感染症によるパンデミックに際して，医薬品等のみならず，医療機器や体外診断用医薬品等に関しても EUA 宣言を行った[74]。HHS 長官が EUA 宣言を終了させた場合，これに基づき発行された EUA は原則として自動的に終了するが，代替品が承認されて利用可能になった場合などにも EUA が取り消される可能性がある（21USC§360bbb-3(g)(2)）。

EUA と関連した免責を定める法律として，Public Readiness and Emergency Preparedness Act（PREP 法。42USC§247d-6d 以下）がある。

---

[74] https://www.fda.gov/emergency-preparedness-and-response/mcm-legal-regulatory-and-policy-framework/faqs-what-happens-euas-when-public-health-emergency-ends

このPREP法は、HHS長官が公衆衛生上の緊急事態宣言[75]を発令した場合に、緊急使用許可の対象となる医薬品・医療機器を含む、対象危機管理対応医薬製品（Covered Countermeasures。定義は42USC§247d-6d(i)(1)）の使用等に起因・関連するあらゆる損害賠償請求から、対象者（Covered Person。定義は42USC§247d-6d(i)(2)）を免責する。州法に基づく責任追及も明示的に排除されている[76]（42USC§247d-6d(b)(8)）。ただし、故意行為（willful misconduct）は免責されない（42USC§247d-6d(d)(1)）。2020年3月17日には、新型コロナウイルス感染症のパンデミックに伴う「公衆衛生上の緊急事態宣言」が発令され、「COVID-19の治療、診断、予防、緩和のための使用されるあらゆる抗ウイルス剤、医薬品、生物製剤、診断薬、医療機器、ワクチン又はこれらの投与を補助するためのあらゆる製品」が対象危機管理対応医薬製品とされ、幅広い免責が認められていた。

PREP法はこうした免責を認める半面、被害賠償制度としてCovered Injury Compensation Program（CICP）も定めている。HHS内の健康資源・サービス局（Health Resources and Services Administration: HRSA）が管理するこのプログラムは、対象危機管理対応医薬製品の使用によって生じた死亡又は重大な身体的被害に関して、無過失補償を認めている。しかし、この補償の適否の判断はHHSが行い、この判断に不服があっても、請求者は裁判所における司法審査を求めることはできない。また、損害を被った者がこの補償を受諾した場合、免責対象から外れている故意行為に基づく責任追及訴訟も提訴できなくなる（42USC§247d-6e(d)(5)）。このようにCICPは、被害者救済という観点では課題があるといえよう。

5　患者の権利と治験薬へのアクセス

(1)　歴史的経緯

前記4では、承認に至るまでのプロセスを迅速化することで患者に早期に医薬品等を届ける制度を概説したが、これとは別に、承認に至る前の治験薬に対する患者のアクセスをある程度認めることで、患者に早期に医薬品等を届ける制度がある。

治験薬は、商業的な頒布や試験販売が禁じられている（21CFR§312.7(b)）。したがって、患者が治験薬を用いるためには、原則として治験への参加が必要となる。しかし、患者が治験への参加を希望しても、治験における患者の組入れ基準や地理的な事情等によって、治験に参加できない場合もある。また、治験に参加できたとしても、治験は一定期間が経過すると終了するため、治療の必要から治験終了後の継続投与を

75　これは前述のFDCAに基づくEUA宣言とは異なるものである。
76　明示の専占につき、後記第7・3参照。

希望しても，それが叶わない場合もある。こういった場合に，患者の治験薬へのアクセスを認めるのが，拡大アクセス（Expanded Acceess。Compassionate Use と呼ばれることもある）プログラムである。

　FDA は早くから，治験薬へのアクセスを求める患者側のニーズを認識し，1997年の FDAMA 等によって拡大アクセスプログラムの拡充が図られてきたが，患者側からはなお不十分であると指摘する意見があった。

　こうした患者側の意見が訴訟に至った一例として，Abigail Alliance v. Von Eschenbach, 495 F.3d 695（D.C. Cir. 2007）がある。

　この訴訟のきっかけは，当時21歳だったアビゲイル・バローズ（Abigail Burroughs）の死であった。アビゲイルは頭頸部がんを患っており，既承認薬では治療選択肢がなくなっていたところ，主治医から当時開発中のセツキシマブ（cetuximab）かゲフィチニブ（gefitinib）で治療できる可能性があることを知らされた。アビゲイルはこれらの医薬品の治験への参加を希望したが，セツキシマブの治験は大腸がん対象であり，ゲフィチニブの治験はすでに予定登録者数に達していたため，いずれも参加が叶わなかった。また，いずれの治験薬のスポンサーも，当時の拡大アクセスプログラムに基づく治験薬の提供を拒否した。結局アビゲイルは，別の医薬品の治験に参加できることになったものの，その直後，2001年に死亡した[77]。

　その後，アビゲイルの父親が患者支援団体（Abigail Alliance）を設立し，FDA に対し，他の治療方法が残されていない末期患者は，第1相臨床試験を終えた治験薬にアクセスできるようにするべきであり，そのような権利は米国憲法修正第5条のデュー・プロセス条項によって憲法上保障されている基本的な権利であると主張した。裁判所は最終的にそのような基本的権利の存在を否定したが，この訴訟が1つの契機となり，FDA は2009年に，拡大アクセスプログラムを現在の形に体系化した（21CFR Part 312, Subpart I）。

　以下では，現行の拡大アクセスプログラムを概説する。なお，実務上このプログラムの利用を申請するためには，患者を治療する医師の協力が重要であるが，治験やこれらのプログラムへの対応経験がない医師にとっては，こうした申請を行うことは困難な場合がある。そこで FDA は，「Project Facilitate」というパイロットプログラムを立ち上げ，拡大アクセスプログラムの申請を補助することにより，プログラムの利用の促進を図っている[78]。

---

[77]　中田はる佳「患者が未承認薬を「試す権利」は保障されるのか - 米国未承認薬利用制度の概要から -」（科学技術社会論18号）（2020年）163頁。
[78]　https://www.fda.gov/about-fda/oncology-center-excellence/project-facilitate

(2) 拡大アクセスプログラム（Expanded Access Program）

　拡大アクセスプログラムの利用にあたっては，各プログラムの個別要件に加えて，FDAが以下の要件を満たしたと判断する必要がある（21CFR§312.305(a)）。この3要件を，以下「一般要件」という。

---

1. 治療対象となる患者が重篤またはただちに生命を脅かす疾患または状態を有しており，当該疾患または状態の診断，モニタリング，治療のために，他の同等または十分な治療法が存在しないこと
2. 潜在的な患者のメリットが，治療を受けることで生じる潜在的なリスクを正当化でき，かつそのような潜在的なリスクは治療される疾患または状態との関係で不合理ではないこと
3. 要請された用途のために治験薬を提供することが，当該用途の承認を裏づける臨床試験の開始，実施または完了を妨げることがなく，または当該用途の潜在的開発を損なうことがないこと

　上記1における「重篤な疾患または状態」の定義は，迅速承認の要件と同義に解釈されている（前記4(2)ア参照）。「ただちに生命を脅かす疾患または状態」とは，数か月以内に死亡する可能性が高いか，早期治療が行われなければ早期に死亡する可能性が高い状態をいう。これらは，以下の各プログラムの個別要件でも同様の意味で用いられる（21CFR§312.300(b)）。

　拡大アクセスプログラムには，2種類の開始方法がある。

　1つは医師等の第三者がINDを提出する方法であり，もう1つはスポンサーが既存のINDに含まれるプロトコル（前記2(1)イ参照）を修正する方法である（21CFR§312.300(d)）。利用件数は，INDの提出による方法が圧倒的に多いが，複数の患者を対象としたプログラムではプロトコルの修正による方法もある程度利用されている。各プログラムの利用件数は，後記ウを参照されたい。

ア　個別患者による使用（Individual Patient IND／Protocol）

　FDAは，古くから，正式な治験の枠外で個別の患者が治験薬にアクセスすることを認めており，議会も1997年のFDAMAにおいて，当時のFDA実務に基づき，重篤な疾患を対象とする治験薬に対する個別患者のアクセスを明示的に認めた（21USC§360bbb(b)）[79]。このように個別患者に治験薬のアクセスを認める制度を，Individual Patient IND（or Protocol）という。

現行制度では，FDA は，上記の一般要件に加え，以下の要件が満たされた場合に，医師が個別患者の治療のために治験薬を使用することを許可する（21CFR§312.310(a)）。

> 1. 医師が，治験薬を用いることで生じ得るリスクが，患者の疾患または状態から生じ得るリスクよりも大きくないと判断したこと
> 2. FDA が，患者が他の IND やプロトコルの下では当該治験薬にアクセスできないと判断したこと

Individual Patient IND による治療開始の典型的なステップは，4段階に分けられる。

第1に，医師は治験のために IND 申請を提出したスポンサーに対し，治験薬の提供を依頼する。スポンサーが同意した場合，医師はスポンサーから，既存の IND の情報を参照するための許可（Letter of Authorization：LOA）を取得する。

第2に，医師は Form 3926と呼ばれる書式を記入し，FDA に提出する。医師が LOA を取得している場合，Form 3926に記載する情報は，既存の IND 申請に含まれていない，個々の患者に固有の情報のみである（21CFR§312.310(b)(3)参照）。Individual Patient IND は，FDA が Form 3926を受領してから30日後または FDA による通知のいずれか早いタイミングで有効となるが，通常 FDA は Form 3926を受領してから数日で審査を完了する。

第3に，治験薬による治療開始前に，IRB の承認を得る必要がある。もっとも IRB の開催頻度との関係では，IRB による承認を待っていては治療に遅れが生じてしまう場合もある。そこで医師は，IRB の承認に代えて，IRB の議長または指定された IRB メンバーから同意を得ることもできる。

第4に，インフォームド・コンセントの取得である。

以上のとおり，Individual Patient IND では Form 3926の提出が求められるが，このような書面の提出をしていては，患者の治療に間に合わないほど緊急な事態もあり得る。そこでそのような緊急事態においては，FDA は書面による提出なしで，電話等によって Expanded Use の開始を許可する場合がある（21CFR§312.310(d)）。こうした緊急使用を Emergency Use IND（or Protocol）という。

この場合，IRB による事前許可は不要だが，5営業日以内に IRB に報告しなけれ

79　Food and Drug Law, at 986.

ばならず（21CFR§56.104(c)），FDA にも15営業日以内に（事後的な）書面による治験薬の使用申請を提出しなければならない（21CFR§312.310(d)）。FDA は，このような例外は１回の緊急時の使用に限られ，その後の使用は IRB の審査および承認が必要と解している[80]。

イ 広範囲での使用（Treatment IND／Protocol）

Treatment IND（or Protocol）は，上記の一般要件に加え，以下の条件を満たすことで，多くの患者に，未承認の治験薬へのアクセスを認める制度である。多くの患者に治験薬へのアクセスを認めるこのプログラムは，米国で HIV による AIDS（エイズ）危機が頂点を迎えた1987年に最初の規則が公布され，1997年には法律でも「expanded access protocol」として定められ（21USC§360bbb(c)），現在の形となった[81]。

このプログラムを使用する場合，上記の一般要件に加えて，以下の要件を満たす必要がある。

---

1. 当該医薬品等が，同じ用途での承認申請を支援するために作成された IND に基づき，コントロールされた臨床試験で調査されているか，またはそのような臨床試験がすべて終了していること（21CFR§312.320(a)(1)）
2. スポンサーが十分な注意（デューディリジェンス）を払って，当該医薬品等の承認取得を積極的に追求していること（21CFR§312.320(a)(2)）
3. (i)当該医薬品等が重篤な疾患または状態の治療を目的としている場合，当該医薬品等の安全性および有効性を示す証拠（通常は第３相試験のデータだが，第２相試験のデータでも受け入れられる場合がある），(ii)当該医薬品等がただちに生命を脅かす疾患または状態の治療を目的としている場合，現在入手可能な科学的証拠が，全体として見た場合，治験薬が有効である可能性があり，かつ，患者を疾病または傷害の不合理かつ重大なリスクにさらすことはないと結論づける合理的な根拠があること（このような根拠は通常，第３相または第２相臨床試験の臨床データからなるが，より予備的な臨床上の根拠であっても受け入れられる場合がある）（21CFR§312.320(a)(3)）

---

80 Guidance for Institutional Review Boards and Clinical Investigators: Emergency Use of an Investigational Drug or Biologic（January 1998）．
81 Food and Drug Law, at 988.

ウ　中間規模患者集団への使用（Intermediate-size Patient Population IND／Protocol）

　個別患者による使用と広範囲での使用の中間に位置するのが，中間規模患者集団への使用である。このプログラムは，Intermediate-size Patient Population IND（or Protocol）と呼ばれる。

　このプログラムは，FDAが複数の個別患者による使用許可要請を受けた場合などに，これを統合し，より効率的に管理監督する見地から作られた制度である。同時に，この制度は患者が治験薬（開発中の医薬品等）にアクセスするための手段としてのみならず，対象とする疾患・状態が非常に希少で，スポンサーが治験のために患者を募集できないなどの理由により，医薬品等が全く開発されていない場合にも使用される（21CFR§312.315(a)(1)）。

　この使用のためには，上記の一般要件に加え，以下の要件を満たす必要がある（21CFR§312.315(b)）。

---

1. 当該医薬品等が，提案された拡大アクセスで使用する用量および期間において安全であることを示す十分な証拠があり，当該医薬品等の投与を受けると予想されるおおよその患者数に対する当該医薬品等の臨床試験を正当化できること
2. 当該医薬品等の有効性に関して少なくとも予備的な臨床上の根拠があるか，または想定される患者集団において，当該医薬品等の使用が合理的な治療選択肢となるような相当の薬理学的効果があること

　2019年から2023年までの各プログラムの受理件数およびFDAによる承認件数は，IND・プロトコルごとに見ると，以下のとおりである。

【INDによる拡大アクセスプログラム開始の件数】

Expanded Access INDs		Individual (Single) Patient Non-Emergency IND		Individual (Single) Patient Emergency IND		Intermediate Size IND		Treatment IND	
		received	allowed to proceed	received	allowed to proceed	received	allowed to proceed	received	allowed to proceed
FY 2023	CDER	1326	1318	634	634	18	16	1	1
	CBER	192	173	136	136	2	0	2	1
FY 2022	CDER	1143	1133	789	789	27	25	7	7
	CBER	181	166	283	265	5	4	1	1
FY 2021	CDER	880	876	1040	1035	6	4	2	2
	CBER	125	125	216	212	5	5	0	0
FY 2020	CDER	1034	1014	1779	1776	6	4	5	2
	CBER	137	126	6292	6285	25	24	14	12
FY 2019	CDER	1110	1080	425	423	20	18	3	2
	CBER	101	100	141	140	3	2	2	2

【プロトコルによる拡大アクセスプログラム開始の件数】

Expanded Access Protocols		Individual (Single) Patient Non-Emergency Protocol		Individual (Single) Patient Emergency Protocol		Intermediate Size Protocol		Treatment Protocol	
		received	allowed to proceed	received	allowed to proceed	received	allowed to proceed	received	allowed to proceed
FY 2023	CDER	12	12	0	0	19	18	12	11
	CBER	19	18	23	23	2	1	0	0
FY 2022	CDER	25	25	8	8	16	16	10	10
	CBER	28	26	29	29	6	4	0	0
FY 2021	CDER	16	16	20	20	17	16	11	11
	CBER	18	18	49	49	3	1	1	1
FY 2020	CDER	10	10	10	10	26	26	19	18
	CBER	23	23	41	40	12	9	1	0
FY 2019	CDER	28	28	21	21	14	13	18	18
	CBER	52	52	33	33	5	4	4	4

〈出典〉 https://www.fda.gov/news-events/expanded-access/expanded-access-compassionate-use-submission-data

エ　費用請求

　患者が拡大アクセスプログラムを使用するためには，当該治験薬を開発しているスポンサーから，当該治験薬の提供について同意を得る必要がある。もっとも，スポンサーには，患者からの要請に応じる法的義務はない。ただし，重篤な疾患または状態の診断，モニタリングまたは治療のための治験薬の製造・販売業者は，拡大アクセスプログラムに基づく要請に対する対応方針を公開する義務があり（21USC§360bbb-0），多くの会社は，その方針を自社のウェブサイト上に掲載している。

　スポンサーが拡大アクセスプログラムを利用する患者に対して治験薬を提供する場合，スポンサーは，患者に対して，当該治験薬に関する費用を請求できるが，事前にFDAの書面による承認が必要である上に，その範囲は，治験薬を提供するための「直接費用（direct cost）」に限定されている。この「直接費用」は，具体的には，医薬品を製造するための単位当たりの費用（例えば，必要な分量の医薬品を製造するために使用される原材料，人件費，再利用不能な消耗品および設備の費用）や当該治験薬の出荷および保管等にかかる費用である（21CFR§312.8(d)(1)(i)）。また，中間規模患者集団への使用（Intermediate-size Patient Population IND or Protocol）や広範囲での使用（Treatment IND or Protocol）の場合には，INDやプロトコルのモニタリング費用（スポンサーによる治療のモニタリング義務については前記2(4)ア参照）など，拡大アクセスに直接関連する管理費用を請求できる（21CFR§312.8(d)(2)）。他方，当該治験薬の研究開発に要してきた費用や人件費等は請求できない（21CFR§312.8(d)(1)(ii)）。

　この費用請求に関するさらなる詳細は，ガイダンス[82]にまとめられている。

(3)　Right to Try

　拡大アクセスプログラムでは，前記(2)のとおり，原則としてFDAが事前に各要件を満たしていることを確認し，使用を許可する。FDAはこうした拡大アクセスプログラムの要請の99％を許可しているが[83]，末期患者に対して，より幅広く治験薬を「試す権利（Right to Try：RTT）」が認められるか否かについては，依然として議論がある。特に2014年2月に，Goldwater Instituteが，すべての州は患者の「試す権利」を実現させる立法を行うべきとする文書を公表して以降，40以上の州で「試す権利」に関する立法が行われた。

　そして2018年，トランプ政権の下で，連邦レベルでのRight to Try法が成立した。

82　Guidance for Industry: Charging for Incestigational Drugs Under an IND Questions and Answers（February 2024）.
83　以下の記述は，Food and Drug Law, at 991-93による。

この連邦 RTT 法は，患者が一定の要件を満たすことで，FDA の許可なしに，一部の治験薬へのアクセスを認めるものである。

具体的には，対象患者は，生命を脅かす疾患または状態があり，既存の治療が尽きており，参加できる臨床試験がないことを一定の条件を満たす医師が保証しており，本人または法定代理人が当該未承認薬の使用について書面で同意している必要がある（21USC§360bbb-0a(a)(1)参照）。また，対象となる医薬品等は，第1相臨床試験を完了している未承認医薬品等であって，承認申請中であるか，承認に向けて有効性を示す主要な根拠（primary basis）を得るための臨床試験中であることなどが求められる（21USC§360bbb-0a(a)(2)参照）。FDA は，治験薬を用いた治療が開始される前に法的役割を担うことはないが，スポンサーは年に一度，この連邦 RTT 法に基づく使用の概要を FDA に提出する義務があり（21USC§360bbb-0a(d)），FDA はこの年次報告に関する規則（21CFR§300.200）を定めている。

もっとも，製薬業界はこの連邦 RTT 法を支持しておらず，多くの製薬企業は連邦 RTT 法による使用よりも個別患者による使用（Individual IND）を好み，連邦 RTT 法に基づく医師からの治験薬提供の要請を拒むことが多いとされている。また，80を超える患者団体が，連邦 RTT 法は治験薬へのアクセス制度に関する混乱を招き，治験薬を使用する患者のリスクを増大させる旨指摘しており，生命倫理学者，医師，法学者も同様の懸念を示している。

(4) 日本での制度設計にあたっての考慮事項

日本でも，患者が通常の治験に参加する以外の方法で，未承認薬にアクセスできる制度として，2016年1月から運用が開始された「人道的見地から実施される治験」（いわゆる拡大治験）や，保険外併用療養費制度の1つである患者申出療養などの制度が用意されている。しかし，2024年1月時点では，拡大治験も患者申出療養制度も実務上十分運用されているとは言いがたく，また前記(2)アのように，緊急で未承認薬の使用を認めるようなプログラムは，未だ日本には存在しない。

患者に対して，治験への参加以外の方法によって治験薬へのアクセスを認めるべきか否か，どのような制度設計が適切かを検討する際には，治験薬へのアクセスが（日本国）憲法上保障されているか否かといった法学上の論点が重要であることはもとより，他にも様々な考慮事情があろう。

例えば，既存治療を尽くし，治験薬以外には治療の見込みがないような患者にとっては，治験薬へのアクセスが拡大することは，一見素晴らしいことのように思える。しかし，治験薬はその有効性および安全性が未だ証明されていない医薬品であり，当該治験薬を得ることによって予後がさらに悪化する可能性も否定できない。もちろん

患者の自己決定権は重要であるが，上記のような状況におかれた末期患者の自己決定にすべてを委ねるのが妥当なのかという問題もある。

　また，製薬会社の視点からすると，特に複数の患者を対象とした拡大アクセスプログラムでは，これに対応するために本来治験に回すことができたはずのリソースを割かざるを得なくなるし，本来であれば治験に組み入れることができたはずの患者が拡大アクセスプログラムの利用に流れてしまう事態も想定される（患者としては治験に参加してプラセボを投与されるリスクを取るよりも，確実に治験薬にアクセスできる拡大アクセスプログラムを選ぶ動機がある場合もある）。こうした事態は，治験の進行を遅らせる結果となり，当該治験薬の早期承認（およびそれに伴い薬価収載されることによる，低コストでの社会への普及）を遅らせることにもなりかねない。また製薬会社としては，拡大アクセスプログラムを利用した患者に深刻な健康被害が生じた場合のレピュテーション・リスクも懸念するであろう。

　このほかにも，当該治験薬へのアクセスには多額の費用が必要な場合が多いことや，こうしたプログラムの利用の可否が担当医師によって左右されかねないことから，患者の経済力や患者が所在する医療機関によって著しい健康格差が生じるのではないかという懸念もある。治験薬へのアクセスを認めるプログラムの設計にあたっては，こうした事情を踏まえた活発な議論が必要であろう。

コラム3

映画とFood and Drug Law

　Food and Drug Lawを学ぶ上では，映画やドラマも有用な教材となり得る。中でも2013年に公開された「Dallas Buyers Club（ダラス・バイヤーズクラブ）」は，患者の治験薬へのアクセスを理解する上で有用である。

　この映画では，テキサス州ダラスに住む主人公がAIDS（エイズ）で余命30日と診断される。当時，エイズを引き起こすHIVは同性愛者のみが感染すると誤解されていたこともあり，主人公は当初この診断を受け入れられなかったが，やがて診断を受け入れエイズの治療薬を探す中で，ジドブジン（AZT）が開発中であるとの情報にたどりつく。主人公は医師に相談するが，そこで主人公は治験薬であるジドブジンにはアクセスできないことを知らされる。諦めきれない主人公は，海外に渡り米国国内では承認されていない未承認医薬品を得て，エイズへの効果を実感する。そこで主人公は，海外から未承認薬を輸入し，米国国内の患者に対して販売するクラブ（ダラス・バイヤーズクラブ）を立ち上げる。しかしFDAは，未承認医薬品を輸入・販売するクラブに対する執行を強めていく。詳細は，映画を視聴されたい。

　Food and Drug Lawに関連する最近の作品としては，オピオイド危機を描いたNetflix「Pain Killer」（2023年）やHulu「Dopesick」（2021年）がある。

　オピオイド（opioid）とは，ケシの実から採取される天然由来の有機化合物やそこから合成される化合物の総称である。従来は，がん性疼痛に用いられることが多かったが，FDAが1995年12月に，パデューファーマ（Purdue Phama）が製造するオキシコンチン徐放錠を承認すると，これを破砕・溶解させて摂取する不正使用や乱用が広まっていった。パデューファーマは，破砕や溶解することが困難な新剤型の開発を進め2010年に新剤型の承認を得たが，その後もオピオイドに関連した死亡は増え続けている。CDCによれば，1999年から2021年の間に，オピオイド（処方薬のみならず，違法オピオイドを含む）関連の過剰摂取により，約64万5,000人が死亡した[84]。こうした事態はオピオイド危機と呼ばれており，米国では深刻な問題となっている。

---

[84] https://www.cdc.gov/overdose-prevention/about/understanding-the-opioid-overdose-epidemic.html

6　市販後規制

(1)　施設登録および製品のリストアップ

　医薬品は，いったん NDA を取得した後も，様々な市販後規制に服することになるが，その1つに施設登録および製品のリストアップ規制（registration and listing）がある（21USC§360および21CFR Part 207）。このリストは，FDAによる施設への査察，リコール，有害事象報告等に活用され，患者の安全性を確保することを目的としている[85]。

　原則として，医薬品の「製造，製剤，増殖，調合，加工」を行う施設を所有・運営する者は，その氏名および事業所，すべての施設，各施設固有の識別子（unique facility identifier：UFI[86]，連絡先メールアドレスを登録しなければならない（21USC§360(b)(1)）。「製造，製剤，増殖，調合，加工」には，再表示（relabeling）・再包装（repacking）・サルベージ（salvaging。不適切な保管条件におかれた最終製品を再出荷するために隔離すること。定義につき21CFR§207.1参照）も含まれるため（21CFR§207.1），幅広い施設が登録義務の対象となる。ただし，薬局や病院などは登録義務を免除される（21USC§360(g)，21CFR§207.13）。

　また，登録義務を負う者は，その者が商取引のために「製造，製剤，増殖，調合，加工」するすべての医薬品のリストを提出しなければならない（21USC§360(j)）。リストに含めるべき情報の詳細は，連邦規則で示されている（21CFR§207.49。ただし，再表示・再包装・サルベージを行う業者については別の定めがある）。

　なお，医薬品に適用される21USC§360および21CFR Part 207に基づく規制は，ワクチンや免疫グロブリン等，一部の生物製剤にも適用される[87]。医療機器には，別途類似の規制がある（後記**第3章第6・1(2)**参照）。

　留意すべき点は，これらの規制は，米国内業者のみならず，外国で「製造，製剤，増殖，調合，加工」を行い米国へ輸出する業者に対しても適用される点である（21CFR§207.9(a)(2)）。この規制の適用を受ける外国業者は，（類似するFDCAにおける他の規制と同様，）米国内に居住するか，米国に事業所を有する代理人を指名しなければならない。外国業者は，この代理人を通じて，FDAとのやりとりや査察の

---

[85]　https://www.fda.gov/drugs/guidance-compliance-regulatory-information/electronic-drug-registration-and-listing-system-edrls

[86]　*See* Guidance for Industry: Specification of the Unique Facility Identifier (UFI) System for Drug Establishment Registration (November 2014).

[87]　https://www.fda.gov/vaccines-blood-biologics/biologics-establishment-registration/important-registration-and-listing-reminder-manufacturers-biological-drug-products-subject-21-cfr

日程調整等を行うこととなる（21CFR§207.69(b)）。

(2) フェーズ4試験

FDAが課す市販後調査は「フェーズ4試験（第4相試験）」とも呼ばれる。

従来，医薬品の市販後調査は，FDAがNDAの申請者に対し，NDA承認の条件として事実上求めることが大半であり，法令に基づき市販後調査を要請することは稀であった[88]。しかし，2007年のFDA改正法（FDAAA）によって追加された21USC§355(o)は，FDAが市販後調査を要請する場合を明確化した。具体的には，FDAは以下のすべての条件が満たされた場合，21USC§355(o)(3)に基づき，NDAの申請者に対して市販後調査を要請する[89]。

---

1. 市販後研究（postmarketing study）または市販後臨床試験（postmarketing clinical trial）を必要とする決定が，FDAが適切と考える科学的データ（当該医薬品と化学的または薬理学的に関連する医薬品に関する情報を含む）に基づいている場合であり，
2. FDAが，
    a. 市販後研究を要求する場合は，21USC§355(k)(1)に定める有害事象報告および21USC§355(k)(3)に基づき設立されるファーマコビジランスシステムでは，下記条件3に記載される目的を満たすことができないと判断した場合，
    b. 市販後臨床試験を要求する場合は，市販後研究では，下記条件3の目的を満たすことができないと判断した場合であって，
3. 市販後研究または市販後臨床試験の目的が以下の1つ以上である場合：
    – 医薬品の使用に関連する既知の重大なリスクの評価
    – 医薬品の使用に関連する重篤なリスクの兆候の評価
    – 入手可能なデータに基づき重篤なリスクの可能性がある場合に，予期せぬ重篤なリスクの特定

ここでいう市販後臨床試験（postmarketing clinical trials）とは「申請者または臨

---

[88] Food and Drug Law, at 1110.
[89] 以下の記述は，Guidance for Industry: Postmarketing Studies and Clinical Trials — Implementation of Section 505(o)(3) of the Federal Food, Drug, and Cosmetic Act (April 2011), at 4-6, 14-15による。

床試験の責任医師が，1人以上の被験者に対し医薬品またはその他の介入を割り当てる方法を決定する前向き試験」をいい，市販後研究（postmarketing studies）とは「臨床試験以外の人を対象とした研究（観察疫学研究），動物実験，実験室における実験その他のすべての研究」を指す。

また，FDA は，市販後試験および市販後臨床試験に関する21USC§355(o)(3)(e)(ii)を執行する権限を与えられており，NDA の申請者が，市販後試験や市販後臨床試験に関して提出が義務づけられている予定表や定期報告書の提出（21USC§355(o)(3)(e)(ii)）を怠ったり，21USC§355に定める他の定めを遵守しなかった場合，申請者が「正当な理由」を証明しない限り，法令違反とみなされる。FDA は何が「正当な理由」に該当するかを決定する権限を有する。

(3) 報告義務
ア　ファーマコビジランス

医薬品の承認前には治験が行われるが，この治験だけで安全性に関するすべての問題を特定できるわけではない。医薬品が承認されると，多くの患者が，様々な環境でその医薬品を使用する。この中で医薬品に関する新たな問題が生じることがあるが，そうした問題を検出し，評価・分析し，場合によっては当該医薬品のラベリングを変更する等の対策を講じることは，パブリックヘルスの保護にとって極めて重要である。

こうした一連の活動を「ファーマコビジランス（Pharmacovigilance：PV）」という。FDCA や FDA が定める規則には厳密な定義はないが，FDA のガイダンス[90]では，「有害事象の検出・評価・理解に関わるすべてのデータ収集活動および科学的活動」を意味する用語として用いられている。ファーマコビジランスに関する FDA の方針については，上記ガイダンスを含め複数の文書[91]で解説されている。

有害事象に関するデータ収集活動としては，後記イの NDA 申請者等による義務的報告に加えて，患者や医療従事者による自発的な報告も重要である。患者や医療従事者は，MedWatch と呼ばれるシステムを用いて医薬品・生物製剤（および医療機器）に関する安全性情報を提供できる。FDA は，こうして寄せられた安全性情報を FDA 有害事象報告システム（FDA Adverse Event Reporting System：FAERS）と呼ばれるデータベースで一般公開している。なお FDA は，2007年の FDAAA に基づき，医薬品等の安全性を監視する電子システム Sentinel も運用しており，ここから有害

---

[90] Guidance for Industry: Good Pharmacovigilance Practice and Pharmacoepidemiologic Assessment（March 2005）.
[91] 例えば Best Practices for FDA Staff in the Postmarketing Safety Surveillance of Human Drug and Biological Products（January 2024）参照。

事象に関する情報を得ることもある。

イ　有害事象報告

NDA 保有者[92]は，医薬品の使用に伴って生じた有害事象（adverse event）について報告義務を負っている。

この報告義務は，生じた有害事象の種類によって異なる。

まず NDA 保有者は，「予期せぬ重篤な有害事象」が生じた場合，FDA に対し，可及的速やかに，かつ遅くとも第一報を受領してから15暦日以内に，alert reports として報告しなければならない（21CFR§314.80(c)(1)(i)）。有害事象が生じた場所は，米国内・海外を問わない。NDA 保有者は，この alert reports の対象となった有害事象を迅速に調査し，新しい情報を得てから15暦日以内に，追加の報告（alert reports-followup）を行う義務がある（21CFR§314.80(c)(1)(ii)）。これらの alert reports の提出義務は，申請者のみならず，表示（label）に製造業者・包装業者・配送業者として記載されている者に対しても課される（21CFR§314.80(c)(1)(iii)）。

「予期せぬ重篤な有害事象」以外の有害事象に関しては，NDA の申請者は，NDA 承認後3年間は四半期に一度，その後は年に一度報告する必要がある（21CFR§314.80(c)(2)(i)）。この報告書には，該当期間に提出された alert reports の分析や前回報告書以降に講じた対応の経緯などを記載する（21CFR§314.80(c)(2)(ii)）。

ウ　他の報告義務等

NDA 保有者は，有害事象報告以外にも，様々な報告義務を負う。

第1に，NDA 保有者は，以下の情報について，受領後3営業日以内に，field alert report として提出する義務を負う（21CFR§314.81(b)(1)）。

---

1. 医薬品やそのラベリングが，他の製品と誤認・誤用された事件に関する情報
2. 頒布された医薬品における細菌汚染，著しい化学的，物理的その他の変化・劣化，バッジが NDA に記載された規格を満たしていないことに関する情報

第2に，NDA 保有者は，年次報告書（annual report）の提出義務を負う。年次報告書には，医薬品の安全性，有効性またはラベリングに影響を及ぼす可能性のある，前年以降のすべての重要な新情報を含める必要がある。また，年次報告書には，医薬

---

[92] 21CFR§314.80および21CFR§314.81では「applicant」という表現が用いられているが，これらの条文は「市販後（postmarketing）」の報告義務を定めているため，ここでは NDA 保有者という訳語を用いる。後記ウも同様。

品の流通に関するデータ，承認されたジェネリック医薬品に関する情報，ラベリング，当該医薬品の成分に関する非臨床試験の結果，臨床試験のデータ，NDAの変更申請（supplemental NDA。後記(4)参照）を必要としない程度の製造や品質管理に関する変更，市販後調査の結果などの情報を含める必要がある（21CFR§314.81(b)(2)）。

以上に加え，NDA保有者は医薬品のプロモーションに用いるラベリングや広告物を最初に用いる際に，その見本をFDAへ提出しなければならない（21CFR§314.81(b)(3)(i)）。また，生命維持に用いられるものなど一定の医薬品の製造業者が，恒久的に当該医薬品の製造を中止したり，医薬品供給に深刻な中断をもたらす可能性がある製造中断を行う際には，FDAへ通知を行う義務も定められている（21CFR§314.81(b)(3)(iii)）。FDAは，「FDA Drug Shortages List[93]」において，製造中止された医薬品のリストや，不足が生じている医薬品のリストを公開している。

(4) 変更管理

ア　三段階の通知

NDA保有者（承認済NDAを保有する申請者のこと。21USC§314.3(b)）は，承認されたNDAに影響するすべての変更についてFDAに通知する必要がある。この変更の通知は，以下の三段階に分類され，それぞれ異なる手続となる[94]。

- ● PAS：事前の通知かつ承認を要する変更申請（prior approval supplement）
- ● CBE：事前の通知かつ事後の承認を要する変更申請（change being effected）
- ● 年次報告書

なお，PASとCBEは法令上，NDA等の「追補（supplement）」の提出が必要と定められていることもあり，supplemental NDA（sNDA）とも呼ばれる。

イ　PAS（Prior Approval Supplement）

PASが必要となるのは，医薬品の重大な変更が生じた場合である。すなわち，医薬品の同一性，含量，品質，純度，効力などその安全性および有効性に関わる要素に悪影響を及ぼす可能性が高い原薬，医薬品（最終製品），製造過程，品質管理，設備，

93　https://www.accessdata.fda.gov/scripts/drugshortages/default.cfm
94　これらの手続については Guidance for Industry: Changes to an Approved NDA or ANDA（April 2004）も参照されたい。

施設の変更である（21CFR§314.70(b)(1)）。

具体的には，不活性成分を含む医薬品の質的・量的剤形の変更や承認済NDAに記載された規格の変更，医薬品の無菌性保証（sterility assurance）に影響を与える可能性のある変更，原薬の不純物プロファイルや物理的・化学的・生物学的特性に影響を与える可能性のある原薬の合成・製造の変更に加え，新たな適応症の追加などのラベリングの変更が含まれる（21CFR§314.70(b)(2)）。

ウ　CBE（Change Being Effected）

CBEが必要となるのは医薬品の中程度の変更であり，具体的には，医薬品の同一性，含量，品質，純度，効力などその安全性および有効性に関わる要素に悪影響を及ぼす可能性が中程度の，原薬，医薬品（最終製品），製造過程，品質管理，設備，施設の変更である（21CFR§314.70(c)(1)）。

CBEはさらにCBE-30とCBE-0に分類される。

CBE-30とは，NDA保有者が変更後の医薬品の流通を開始する前に，変更申請を提出してから30日間待つ必要がある手続である。CBE-30は，医薬品（最終製品）の品質に影響を与えない容器密閉システムの変更や，法令およびFDAの規制に合致する公式コンペンディウムに準拠するための許容基準の緩和または試験の削除の際に使用される（21CFR§314.70(c)(2)(i)・(iii)）。

これに対しCBE-0は，FDAが変更申請を受領した時点で，スポンサーが変更後の医薬品の流通を開始できる手続である（21CFR§314.70(c)(6)）。CBE-0は，医薬品が有するとされる特性をより確実にするための規格の追加または方法・管理の変更等に使用される（21CFR§314.70(c)(6)(i)）。

なお，ファーマコビジランスとの関係では，FDAは，前記(3)アのように収集した情報に基づき，医薬品に関する「新しい安全性情報」（21USC§355(o)(2)(C)）を得，それをラベリング（labeling）に含めるべきと判断した場合，NDA保有者に対し，「安全性ラベリング変更通知（safety labeling change notification）」を送付し，ラベリングの変更を求めることがある。FDAが求める変更をすべて受け入れたラベリングの変更については，CBE-0によって提出できる。しかしそうでない場合は，PASを提出しなければならない[95]。

95　Guidance for Industry: Safety Labeling Changes —Implementation of Section 505(o)(4) of the FD&C Act（July 2013），at 7.

エ　年次報告書への記載

前記(3)ウ記載の年次報告書への記載によっても，医薬品の変更を通知できる場合がある。医薬品の同一性，含量，品質，純度，効力などその安全性および有効性に関わる要素に悪影響を及ぼす可能性が乏しい原薬，医薬品（最終製品），製造過程，品質管理，設備，施設の変更については，年次報告書への記載で足りる（21CFR§314.70(d)(1)）。

こうした変更には，製剤の色のみに影響を及ぼすことを目的とした成分の削除または削減，容器密閉システムの変更を伴わない容器のサイズまたは形状の変更，ラベリングの編集または軽微な変更などが含まれる（21CFR§314.70(d)(2)(ii)・(iv)・(x)）。

オ　リアル・ワールド・データ（RWD）の活用

最近では，リアル・ワールド・データ（real-world data：RWD）を用いた適応拡大や市販後調査も注目されている。

例えば，ある適応との関係ですでに承認されている医薬品について，新たに希少疾患を適応対象に加えるために臨床試験を行おうとしても，患者数が少なすぎて十分な数の被験者を確保できないことがある。そうした場合に，臨床試験という形で新しく患者を集めてデータをとるのではなく，すでに当該医薬品を使用している患者から収集されたデータを活用して，適応拡大等の根拠にできる可能性がある。すなわち，臨床現場（リアル・ワールド）では，その医薬品について承認された適応ではない用途での使用（オフラベルユース）も行われ得るところ（後記**第5・4**参照），当該オフラベルユースに関するデータを収集・活用することによって，当該オフラベルユースに対しても承認を得る（適応を拡大する）ための根拠に使用できる可能性がある。

特に21世紀治療法（Cures Act）で追記された21USC§355gは，FDAに対し，適応拡大や市販後研究をサポートするために，リアル・ワールド・エビデンス（real-world evidence：RWE）の使用可能性を評価するプログラムの樹立を指示している。これ以降，RWDの活用は大きな関心を集めている。RWDおよびRWEは，FDAによって[96]以下のとおり定義されている。

- RWDとは，様々な情報源から日常的に収集される，患者の健康状態や医療提供に関するデータを指す。
- RWEとは，RWDの分析から得られた医薬品の使用法および潜在的な利益またはリスクに関する臨床的エビデンスを指す。

---

[96] "Framework for FDA's Real-World Evidence Program"（December 2018）等。

RWDを用いた適応拡大の例としては，パルボシクリブ（palbociclib）がある。パルボシクリブは，2015年2月の迅速承認以降，閉経後の女性を対象としたホルモン受容体陽性かつHER2陰性の乳がん治療薬として承認されてきたが，2019年4月，男性も適用対象に拡大するsNDAの承認を受けた。この承認にあたり使用されたのが，3つのデータベース（IQVIA Insuranceデータベース，Flatiron Health Breast Cancerデータベースおよび Pfizer グローバル安全性データベース）から抽出された，パルボシクリブの男性患者に対する実際の使用に関するデータであった[97]。

---

[97] https://www.pfizer.com/news/press-release/press-release-detail/u_s_fda_approves_ibrance_palbociclib_for_the_treatment_of_men_with_hr_her2_metastatic_breast_cancer

コラム4

リアル・ワールド・データ（RWD）とデータ保護規制

　RWDを活用するには，各医療機関に散在する患者の医療データをデータベースに集約する必要があるため，医療データ（個人データ）の提供・移転を規制する法律が問題となる。

　米国には，医療保険の携行性と責任に関する法律（Health Insurance Portability and Accountability Act：HIPPA）があり，米国の医療機関は，このPrivacy Ruleと呼ばれる定めの対象となる場合がある。HIPPAのPrivacy Ruleの下では，専門家が加工するか，所定の18項目を削除することで医療データを非識別化（de-identification）でき，非識別化された医療データは患者の同意なく第三者に提供できる（45CFR§164.514(a)・(b)参照）。また，データ提供者は，データを再識別（re-identification）することが認められている（45CFR§164.514(c)参照）。これにより，一度提供したデータに関して患者ごとに情報を追加することも可能となり，これはデータベースを更新する上で有用である。

　日本では，個人データの提供・移転を規制する一般法として，個人情報の保護に関する法律（以下「個人情報保護法」という）がある。同法では，本人の同意のない個人データの第三者提供は原則として禁止されているが（個人情報保護法27条1項），こうした同意によらず，個々の医療機関から患者のデータを集約してデータベースを確立し，RWEとしての活用につなげるべく，次世代医療基盤法が制定されている。

(5) cGMP 規制

ア GMP の歴史

サリドマイド事件を受けて行われた1962年の FDCA 改正（前記序章第2・3(1)参照）により, 21USC§351(a)(2)(B)が追加され, GMP が初めて FDCA に定められた。FDA は翌年, 21CFR の Part 210および Part 211を制定してこの法改正に対応し, 1978年には大幅にこれらを改訂した。その後は大幅な改正はないものの, FDA は製薬業界に現代的・革新的な製造技術の採用を促すべく「Phamaceutial cGMPs for the 21st Century Initiative」を掲げ, 様々なガイダンス[98]を整備している。

なお, こうした過程で FDA の GMP 規制は多くの訴訟で争われてきた。主な裁判例として, 規制内容が曖昧すぎるとしてその合憲性が争われた United States v. An Article of Drug…White Quadrisect, 484 F.2d 748(7th Cir.1973) や, cGMP 規制の解釈をめぐる争いにより FDA による差止め（injunction）の一部が失敗した United States v. Barr Laboratories, Inc., 812 F.Supp. 458(D.N.J 1993) などがある。

イ GMP の法的位置づけ

前記3(2)ウのとおり, NDA が承認されるためには, 医薬品の有効性および安全性に加えて, 当該医薬品の製造, 加工および包装に使用される方法ならびにその設備および管理が, 医薬品の同一性, 含量, 品質および純度を保持するために適切であることを証明しなければならない（21USC§355(d)）。

また, 医薬品が承認された後も, 医薬品の製造, 加工, 包装, 保管に使用された方法または使用された設備, 管理が, 現行の適正製造規範（cGMP）に適合しないか, または適合するように運営, 管理されていない場合, その医薬品は品質不良とみなされる（21USC§351(a)(2)(B)）。

品質不良となった医薬品の州際通商等は禁止されており（21USC§331(a)）, 押収や差止め等の執行措置（後記第6・2参照）の対象となるが, cGMP 遵守にあたり実務上大きな影響力を持つのは査察（inspection）である。この査察は, 日本を含む米国外に所在する施設にとっても極めて重要であり, 後記第6・3(1)で詳細に取り上げる。

ウ cGMP の概要

cGMP は, 製造工程および施設の適切な設計, 監視および管理を保証する一連のシステムを規定しており[99], 具体的な定めは, 主に21CFR Part 210および Part 211に規

---

[98] 例えば Guidance for Industry: Quality Systems Approach to Pharmaceutical CGMP Regulations（September 2006）。

定されている。

　Part 210は、cGMPの位置づけ（status）、適用範囲（applicability）および定義の3つから成っている。

　「位置づけ」の例を挙げると、例えば、HCT/P（後記**第2章第3・4参照**）でもある医薬品は、現行の適正組織規範（current Good Tissue Practice：cGTP）が定める手続（21CFR Part 1271のSubpart CおよびSubpart D）に加えてcGMPも適用される旨定められている（21CFR§210.1(c)）。また、「適用範囲」に関しては、第1相試験における治験薬は、Part 211の適用は免除されること（ただし、当該医薬品が第2相試験または第3相試験に進んだ場合や上市された場合には、そのような免除は適用されない）（21CFR§210.2(c)）などが定められている。

　cGMPのより詳細な内容は、Part 211に定められている。cGMPは、それ自体一大テーマで、関連するガイダンスも大量に発行されている。したがってcGMPのすべてを詳述することはできないため、以下ではPart 211のSubpartごとの概要のみ取り上げる。

総則（General Provisions）

　Subpart Aでは、Part 211の規制には、ヒトおよび動物用医薬品（ただし陽電子放射断層撮影法（PET）医薬品を除く）の最低限の要件が含まれる旨定める（21CFR§211.1(a)）。

　HCT/Pでもある医薬品は、Part 211に加え、21CFR Part 1271の適用も受けるし、ヒト用生物製剤でもある医薬品は、Part 211に加え、Part 600からPart 680（生物製剤に適用される一般的な規制）の適用も受ける。HCT/Pや生物製剤に適用されるこれらの規制は、Part 211を補足するものであって、Part 211に別段の定めがない限り、Part 211に優先しない（21CFR§211.1(b)）。

組織および職員（Organization and Personnel）

　Subpart Bは、各企業に対し、原材料、中間製品、医薬品（最終製品）、包装・表示の承認・不承認の責任と権限を持つ品質管理部門（Quality Control Unit）を設置するよう求めている（21CFR§211.22(a)）。この規制は、品質管理部門の構造について具体的な内容を定めてはいないが、品質管理部門は、企業がcGMPを遵守してい

---

[99] https://www.fda.gov/drugs/pharmaceutical-quality-resources/facts-about-current-good-manufacturing-practice-cgmp#:~:text=CGMP%20provides%20for%20systems%20that,medications%20adequately%20control%20manufacturing%20operations

ることを保証する機能を有し，製品の品質に関連する決定に関して独立性を有していなければならない。

また，医薬品の製造にあたっては，その製造工程の一部を他社の受託製造施設に委託することが一般的であるが，こうした受託製造施設を使用する場合でも，NDA 保有者の品質管理部門は，受託製造施設で製造された医薬品について，最終的な出荷判定を含め，承認・不承認を行う法的責任を負う（21CFR§211.22(a)）。品質管理部門の「責任と手順（responsibilities and procedure）」は文書化することが求められているため（21CFR§211.22(d)），FDA は，NDA 保有者が受託製造施設を使用する場合は，各々の責任や cGMP 関連の役割等について記載した品質契約（quality agreement）を締結するよう推奨している[100]。

Subpart B は，すべての職員が適切な教育，訓練，経験を有することを求めており，企業に対して適切な数の有資格者の確保を求めている（21CFR§211.25）。

建物および施設（Buildings and Facilities）

Subpart C は，施設は「清掃，メンテナンス，適切な運用を容易にするために，適切な大きさ，構造，立地であること」を要求している（21CFR§211.42）。この Subpart では，製造工程全体で汚染や製品の取り違えを防止するために分離すべきエリアやシステムとして，原材料の受入れから始まり，中間製品の保管，医薬品の製造，包装，ラベリング，原材料，中間製品，最終製品の隔離保管に至るまでの各段階が記載されている。なお，21CFR§211.42(d)では，ペニシリン製品は，他の医薬品を製造する施設とは別の施設で製造することを要求しているが，これは一部の患者はペニシリンに対してアレルギーを持つため，他の医薬品にペニシリンが混入することを避けるためである。

また，この Subpart では，照明，換気，配管，下水，洗浄，トイレ設備，衛生，メンテナンスに関する最低要件も定められている（21CFR§211.44〜211.58）。

器具（Equipment）

Subpart D は，その使用目的や清掃・保守に照らして，適切に設計され，適切な大きさを持ち，業務を促進するのに適した位置に設置された器具の使用を義務づけている（21CFR§211.63）。原材料，中間製品または，最終製品と接触する器具の表面が，製品の特性に意図しない影響を及ぼすことや（21CFR§211.65(a)），器具の操作に使

---

[100] Guidance for Industry: Contract Manufacturing Arrangements for Drugs: Quality Agreements (November 2016), at 4.

用される冷却材や潤滑剤などの物質が，原材料，中間製品または，最終製品に接触することは許されない（21CFR§211.65(b)）。

原材料および医薬品の容器および密閉器の管理（Control of Components and Drug Product Containers and Closures）

　Subpart Eは，すべての受入原材料，有効成分，賦形剤（コーティング，結合剤，香料，保存料）の容器および密閉器の受入れ，保管，試験，使用および再検査に関する手順書を作成することを求めている（21CFR§211.80～87）。

製造管理および工程管理（Production and Process Controls）

　Subpart Fは，品質管理部門に対し，「その医薬品が有すると称しまたはそう表記された同一性，含量，品質および純度を実際有することを保証できるように設計された」書面によって，製造および工程管理手順を確立することを求めている（21CFR§211.100(a)参照）。また，この規則は製造工程全体にわたって製造・工程管理手順の遵守を義務づけており，工程の完了は実施時に文書化されなければならず，これらの手順からの逸脱が生じた場合は，記録され，正当化されなければならない（21CFR§211.100(b)）。

　加えて，Subpart Fでは，各バッチの均一性と完全性を確保するために，中間製品および最終製品の試験を義務づける手順を文書化することを求めている。

包装およびラベリングの管理（Packaging and Labeling Control）

　Subpart Gは，医薬品に正しいラベリングおよび包装材料が使用されることを保証するため，手順を文書によって確立することを求めている（21CFR§211.122）。また，各医薬品のラベリングにはロット番号または管理番号も必要であるが，これは取り違えを防止するためのものである。

　また，Subpart Gには，製品の有効期限に関する要件も含まれている。有効期限は安定性試験に基づいて決定される。安定性試験では，時間が経過しても医薬品が安定した状態を保つ（すなわち，劣化したり効力が低下しない）か否かを評価する。製品の有効期限は，医薬品が使用される時に，同一性，含量，品質，純度について適用される基準を満たしていることを保証するものである（21CFR§211.137(a)）。

保管および配送（Holding and Distribution）

　Subpart Hは，品質管理部門による出荷判定前の製品の隔離保管（21CFR§211.142(a)）および適切な温度，湿度，照度条件下での製品の保管（21CFR§211.142(b)）に

ついて手順を文書化することを求めている。

またSubpart Hは，医薬品の配送に関する文書化された手順（最も古い在庫から流通させる）（21CFR§211.150(a)），およびリコールが必要な場合に備えて各ロットの流通を容易に識別できるシステムを有すること（21CFR§211.150(b)）も義務づけている。

試験室管理（Laboratory Controls）

Subpart Iは，「適切な組織部門」，例えば微生物学研究室や分析化学研究室といった部門が，すべての文書化された試験室管理書を起草し，承認のために品質部門に提出することを求めている。このような管理書には，原材料および医薬品の容器および密閉器，中間製品，ラベリングならびに最終製品が，同一性，含量，品質および純度に関する適切な基準に適合することを保証するために設計された「科学的に健全かつ適切な規格，基準，サンプリング計画および試験手順の確立」が含まれる（21CFR§211.160(b)）。

Subpart Iには，流通のための試験と出荷，安定性試験，サンプルの保持，ペニシリン汚染の有無をチェックする試験に関する要件が含まれる。安定性試験に関しては，試験プログラムを文書化しなければならず，安定性試験の結果は保管条件や有効期限の決定に使用しなければならない（21CFR§211.166）。

記録および報告（Records and Reports）

Subpart Jは，cGMP遵守のために重要であり，かつ査察との関係でも重要な記録および報告について定めている。Subpart Jは，cGMP規則を遵守するために必要な製造，管理，流通の記録に関する要求事項を定める。これらの記録には，器具の洗浄および使用の履歴，原材料，密閉器およびラベリングの記録，製造管理のマスター記録，バッチに関する製造管理記録，試験室記録，流通記録ならびに苦情ファイルが含まれる。

品質管理部門は，出荷や流通開始前に，すべての製造記録をレビューする責任がある。具体的には，「包装およびラベリングに関するものを含め，すべての医薬品の製造および管理記録は，バッチが出荷または配布される前に，確立され承認されたすべての文書化された手順への準拠を決定するために，品質管理部門によりレビューされ承認されるものとする」と定めている（21CFR§211.192）。

この21CFR§211.192は，規格外（out of specification：OOS）試験結果が生じた場合の調査義務も定めている。すなわち「説明のつかない不一致（理論収量のパーセンテージが，製造管理のマスター記録で定められた最大または最小のパーセンテージを

超えた場合を含む），またはバッチもしくは原材料が規格のいずれかを満たさない場合は，そのバッチがすでに流通しているか否かにかかわらず，徹底的に調査する。調査は，特定の不具合または不一致に関連する可能性のある医薬品以外の医薬品やバッチにまで及ぶ。調査の記録は文書で作成するものとし，結論とフォローアップを含めるものとする」(21CFR§211.192)。この調査に関しては，「§211.192に基づく調査が実施されない場合，書面による記録には，調査が必要でないと判断された理由と，そのような判断をした責任者の氏名を含めなければならない」とも定められている(21CFR§211.198(b)(3))。これは，調査が必要でないと判断した品質部門内の個人を明らかにし，責任の所在を明らかにさせるためのものである。さらに FDA は，不一致や不具合を調査し，記録するという21CFR§211.192および211.198に基づく要求事項の一部として，調査が実施され，または不要であることが判明した場合，責任者に通知する手順を設けることを要求している (21CFR§211.180(f))。

返品およびサルベージされた医薬品（Returned and Salvaged Drug Products）

Subpart K は，返品された医薬品や，不適切な保管状況にさらされた医薬品の処理について定めている。

例えば，返品された医薬品が，返品前や返送中の保管状況等によって，医薬品の安全性，同一性，含量，品質または純度に疑義を生じさせるような場合には，当該医薬品について安全性，同一性，含量，品質および純度の適切な基準を満たしていることが証明されない限り，破棄されなければならない (21CFR§211.204)。また災害，火災，事故または機器の故障の結果，不適切な保管条件下に置かれた製品も，試験室でのテストやアッセイおよび検査結果による適切な根拠がない限り，当該製品を再度市場に戻す作業（salvaging operation）を行うことは禁じられている (21CFR§211.208)。

エ　PIC/S GMP

医薬品製造・流通が国際化し，ある製造所が製品を複数の国に輸出することになると，当該製造所は複数の規制当局から査察を受けることとなり，製造所・規制当局の双方にとって無駄や負担が大きくなる。こうした無駄や負担を削減するためには，規制当局同士が査察情報を共有して査察資源を最適化し，製造所が様々な規制当局からの重複した査察を避けられることが望ましい。

こうした事情を背景に誕生したGMPに関する国際的な組織として，PIC/Sがある。PIC/S は，医薬品査察協定・医薬品査察協同スキーム（Pharmaceutical Inspection Co-operation Scheme）であり，査察当局間の非公式な協力組織である。

PIC/S の目的は，GMP 分野における共通基準（PIC/S GMP）を策定し，査察官に

研修の機会を提供することで，査察手順を国際的に調和させることにある。また，規制当局や地域・国際機関同士の協力と交流を促進し，相互信頼を高めることも目的としている。こうした目的は，整合化されたGMP基準およびガイダンス文書（PIC/S GMPガイドライン）の開発・推進，規制当局，特に査察官の研修，査察官の評価（および再評価），規制当局および国際機関同士の協力と交流の促進によって達成される[101]。

PIC/Sは，1970年10月にEFTA（欧州自由貿易連合）によって「医薬品の製造に関する検査の相互承認のための条約」という名称で設立されたPIC（医薬品検査条約）の拡張版として1995年に設立された。設立当初は，10か国のみの加盟（オーストリア，デンマーク，フィンランド，アイスランド，リヒテンシュタイン，ノルウェー，ポルトガル，スウェーデン，スイスおよびイギリス）であったが，2024年6月現在，56の参加当局で構成されている[102]。FDAも偽ヘパリン事件（異物が混入しているヘパリン製剤の投与により，米国内で多数の死者が出た事件。後記第6・3(1)カ参照）を契機として2011年に加盟し，日本も2014年に加盟した。

PIC/SGMPガイドラインは，EU GMPガイドラインと類似しており，PartⅠ（製剤の基本的要件を定めるEU GMP guide PartⅠに類似），PartⅡ（原薬の基本的要件を定めるEU GMP guide PartⅡに類似），Annexes（追補）から成る。

Annexesは近時改訂が進んでいるが，概要は下表のとおりである（Annex18は欠番）。

---

[101] https://picscheme.org/en/about-introduction
[102] https://picscheme.org/en/history

Annex 1	無菌医薬品の製造	Annex10	定量噴霧式吸入剤の製造
Annex 2 A	ヒト用先端医薬品の製造	Annex11	コンピュータ化システム
Annex 2 B	ヒト用生物学的医薬品の製造	Annex12	医薬品製造における電離放射線の利用
Annex 3	放射性医薬品の製造	Annex13	治験薬医薬品の製造
Annex 4	動物用医薬品（免疫学的医薬品）の製造	Annex14	ヒト血液およびヒト血漿由来医薬品の製造
Annex 5	動物用免疫学的医薬品の製造	Annex15	クオリフィケーションおよびバリデーション
Annex 6	医療用ガスの製造	Annex16	オーソライズドパーソンによる認証およびバッヂ出荷判定
Annex 7	植物性医薬品の製造	Annex17	リアルタイムリリース試験およびパラメトリックリリース
Annex 8	原料および包材のサンプリング	Annex19	参考品および保存サンプル
Annex 9	液剤, クリーム剤および軟膏剤の製造	Annex20	品質リスクマネジメント

7　独占権（Exclusivity）

(1) 独占権の意義

　米国では，特許に加えて，医薬品に適用される様々な独占権が存在する。

　一般に，医薬品のライフサイクルにおいて，物質特許は比較的に初期に取得されることが多いが，新薬開発には長い期間がかかり，当該新薬が上市される時には特許による保護期間がほとんど残っていない事態も考えられる。特許による保護期間が経過するとすぐに安価なジェネリック医薬品が参入してきて先発医薬品は市場のシェアを奪われるため，先発医薬品が特許によって十分保護されなければ，医薬品開発に投じた費用を回収できるだけの十分な売上を得ることができず，まして次の新薬を開発するための投資を行うこともできない。これでは新薬が生み出されなくなり，社会にとっても損失である。このような事態を防ぐべく，新薬に対しては，多くの独占権が定められている。

　これに対して，上記のような事態は特許による保護期間の延長で対応できるという考え方もあり得る。しかし，特許を取得しても，後に訴訟で争われて無効と判断され

る可能性もあるため，特許によって常に新薬が保護されるとは言えない。新薬の開発には莫大な費用と長期の時間が必要となるため，このような特許制度の不確実性は新薬開発にとってはリスクである。それに比べて，新薬に適用される独占権は確実性が高いといえる。

そもそも特許と独占権は別々の対象を保護する制度とも評価できる。特許はあくまでアイディアを保護するものだが，特許によって保護される対象であっても，当該アイディアを具現化した医薬品が安全かつ有効であることを示すデータが得られなければ上市されることはない。これに対し独占権は，（安全性・有効性を示して）上市された医薬品自体を保護するものであり，そうした医薬品を上市させた製薬会社に対して開発に投じた資本を回収する機会を与えるものといえる。

以下では，著名な立法によって創設された独占権を取り上げるが，独占権についてはハッチ・ワックスマン改正に伴い創設された独占権も重要である。これらについては，後記第4・5を参照されたい。

(2) 希少疾患用医薬品に対する独占権（Orphan Exclusivity）
ア 独占権の概要

希少疾患の治療を目的とした医薬品は，患者からは強いニーズがあるものの，製薬会社からすれば市場が小さすぎ，医薬品の研究開発費用を回収できる見込みがないため，開発が進められない傾向にある。そこで製薬会社に希少疾患用医薬品開発のインセンティブを与えるため，1983年に希少疾患用医薬品法（Orphan Drug Act）が制定された。

しかしこの法律は，制定当初，実務に対してほとんど影響を及ぼさなかった。その理由の1つは，当初希少疾患用医薬品として指定されるための要件は，その医薬品の売上によっては当該医薬品の開発のために投じた投資を回収することが合理的に期待できないこととされていた点にある。現実には，このように（経済合理性のない医薬品に対して）製薬会社が研究開発のために投資を行うことは期待できない。また，当初の法律にも，希少疾患用医薬品として指定された場合の効果として独占権が定められていたが，それは特許の対象とならない医薬品に対してのみ7年間の独占権を認めるというものであった。しかし，特許の対象にならない医薬品に対し，製薬会社が多額の投資を行って研究開発することも期待できない。

このように当初の法律には，希少疾患用医薬品指定の要件・効果共に実務上問題があった。しかしこれらの問題点は，1984年および1985年の法改正によって修正され，その結果，希少疾病用医薬品指定制度は頻繁に活用されるようになった。

現在では，希少疾患は，①米国において20万人未満が罹患する疾患（有病率基準），

②米国において20万人以上が罹患し，当該疾患に対する薬剤を開発し米国で利用可能にするための費用が当該薬剤の米国における売上から回収されることが合理的に期待できない疾患（経済的基準）と定義されており（21USC§360bb(a)(2)），このための医薬品を希少疾患用医薬品（オーファンドラッグ）という。

希少疾患用医薬品の指定は，希少疾病用製品開発室（Office of Orphan Products Development：OOPD）が行う。実務上，希少疾患用医薬品に指定されるのは，大半が①の有病率基準に基づくものであるが，この基準は21CFR Part316で具体化が図られている。例えば，ワクチン等の予防薬については，当該ワクチン等が年間に投与されると推定される人数を基準とすることとされている（21CFR §316.21(b)(3)）。例えば，ポリオのワクチンは子供が受ける予防接種の一環として米国で広く普及しているが，実際にポリオに罹患する患者数はごく少数である。このようなポリオの予防薬は，実際に罹患する患者数ではなく，それが投与されると推定される年間患者数で計算される結果，ポリオは上記①の基準を満たさず，ポリオの予防薬は希少疾患用医薬品には該当しない。また，有病率基準は希少疾病用医薬品に指定された時点で判断することとされており，その後に当該疾患に罹患する患者数が20万人を超えたとしても，指定は取り消されない（21CFR§316.29(c)）。

スポンサーは，その医薬品が希少疾患用医薬品に該当すると考える場合は，21CFR§316.20に記載された手続に従って，当該医薬品を希少疾患用医薬品に指定するようOOPDに申請する。申請は販売承認前のどの段階でも行うことができ，特許取得済みの医薬品も指定の対象となる。

希少疾患用医薬品として指定されると，一定の臨床試験における税制優遇措置やユーザーフィーの免除の対象となる。また，希少疾患用医薬品として指定を受けた医薬品が承認されると，原則としてFDAは「同じ希少疾患または状態（the same disease or condition）」に対する「同じ医薬品（the same drug）」の承認を7年間行わない（21USC§360cc(a)）。その結果，最初に販売承認を取得した申請者に対しては7年間の市場独占権が与えられる。

イ　独占権の範囲〜法的論点〜

もっとも，独占権の範囲を画す「同じ希少疾患または状態」に対する「同じ医薬品」の範囲は必ずしも明確ではない。

「同じ希少疾患または状態」に関しては，希少疾患用医薬品としての指定範囲とFDAが実際に承認する範囲は一致しないことがある。すなわち「希少疾患用医薬品としての指定範囲」としては，病気全体を広く指定することが多いが，「FDAが実際に承認する範囲」は，対象患者集団が限定されることも多い。例えば，年齢によって

症状が異なるデュシェンヌ型筋ジストロフィー（DMD）という疾患について希少疾患用医薬品の指定を受けたが，FDA が実際に適応症として承認したのは 7 歳以上のデュシェンヌ型筋ジストロフィーだけだったという事態が生じ得る。こうした場合，FDA は実際に承認された範囲でのみ独占権が生じるという立場を採っていた[103]。この立場は，「希少疾病用医薬品の独占権の承認は，指定された医薬品の承認された適応症または用途のみを保護する」という規則にも表れている（21CFR§316.31(b)）。

しかし連邦裁判所は，FDA の立場とは逆の解釈，すなわち独占権は，（FDA が実際に承認したのがより狭い用途や適応症に対してだけであったとしても）当初の「希少疾患用医薬品としての指定範囲」全体に対して及ぶ，との解釈を採用した[104]。この事件では，先行品として，成人を対象とするランバート・イートン筋無力症候群（LEMS）の希少疾患用医薬品が承認されている事例において，裁判所が当該希少疾患用医薬品の独占権の範囲は LEMS 全体に及ぶと解釈した結果，後に開発された，（FDA が上記の立場に基づき先行品の独占権が及ばないことを前提に行った）7 歳〜19 歳を対象とする LEMS の医薬品の承認が妨げられる結果となった（FDA の解釈と連邦裁判所の解釈の差異については，下記の図表も参照されたい）。FDA はこの判決に対して，「小児，特に最も幼い小児亜集団や，通常医薬品開発の後期に試験が行われる他の亜集団に対して悪影響を及ぼす可能性がある」と指摘し，判決自体には従うものの，21CFR§316.31(b)に表れているような従来の解釈を引き続き適用する旨公表している[105]。今後の動向が注目される。

【FDA の解釈】

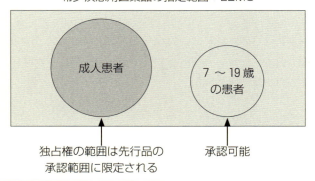

---

103 *See* Sigma–Tau Pharmaceuticals, Inc. v. Schwetz, 288 F.3d 141（4th Cir. 2002）.
104 Catalyst Pharmaceuticals, Inc. v. Becerra 1299, 14 F.4th 1299（11th Cir. 2021）.
105 https://www.fda.gov/industry/medical-products-rare-diseases-and-conditions/fdas-overview-catalyst-pharms-inc-v-becerra

【連邦裁判所の解釈】

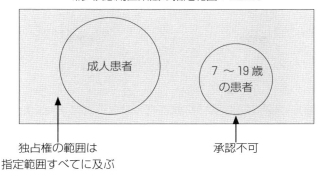

 「同じ医薬品」については，低分子医薬品と高分子医薬品では「同じ医薬品」か否かを判断するための異なる基準が定められている。低分子医薬品については，先に承認された医薬品と同じ活性部位を含むか否かが注目される（21CFR§316.3(b)(14)(i)）。他方で高分子医薬品については，タンパク質医薬品では主たる分子構造を有するか否か（21CFR316.3(b)(14)(ii)(A)），多糖類医薬品では同一の繰り返し単位を有するか否か（21CFR316.3(b)(14)(ii)(B)），ポリヌクレオチド医薬品（核酸医薬品）ではプリン塩基およびプリミジン塩基の配列が同一であるか否か，糖骨格が同一であるか否かが注目される（21CFR§316.3(b)(14)(ii)(C)）。モノクローナル抗体製品[106]や遺伝子治療製品[107]の同一性判断については個別にガイダンスが発行されている。

ウ　独占権の例外

 前記アのとおり，希少疾病用医薬品の指定を受けた医薬品がある時は，（少なくとも）当該医薬品が実際に承認を受けた範囲では，その後7年間，同じ医薬品は承認されない。ただし，独占権を有する者が希少疾患を持つ患者のニーズを満たすのに十分な量の医薬品の入手を確保できなくなった場合または独占権を有する者が他の申請者の製品の承認に対し書面で同意した場合は，この限りではない（21USC§360cc(b)）。また，当該医薬品の希少疾病用医薬品指定が取り消されたり，その製造販売承認が撤回された場合なども同様である（21CFR§316.31(a)）。

---

[106] Guidance for Industry: Interpreting Sameness of Monoclonal Antibody Products Under the Orphan Drug Regulations（April 2014）.

[107] Guidance for Industry: Interpreting Sameness of Gene Therapy Products Under the Orphan Drug Regulations（September 2021）.

さらに，後発の医薬品が，すでに希少疾病用医薬品指定を受けて製造販売承認を取得した先行医薬品と同じ希少疾患を対象としたものであったとしても，当該後発品が先発品よりも「臨床的に優れている」場合は，希少疾病用医薬品指定を受けることができる。「臨床的に優れている」とは，先発品よりも優れた有効性または安全性を示すか，患者のケアに対してより貢献することを指す（21USC§360cc(c)(2), 21CFR §316.3(b)(3)）。

(3) 小児用臨床研究実施に基づく独占権（Pediatric Exclusivity）
ア 小児用医薬品開発の特徴

小児は，心身ともに成長過程にあり，薬物動態も発達段階によって様々であって，医薬品に対する反応が成人とは異なることも少なくない。したがって，小児については成人とは別に有効性・安全性に関するデータが必要となり，そのための臨床試験が必要となる。もっとも，小児は成人と比べて患者数が少ないことや，小児といっても発達期ごとに異なり，それに応じた対応が必要となることなどから，企業としては，必ずしも小児を対象とした臨床研究を行うことに積極的になれない事情もある。そこで1997年にFDA近代化法が制定された際，小児用臨床研究実施に基づく独占権（pediatric exclusivity）が定められ，企業が小児用臨床研究を実施するためのインセンティブが設けられるに至った[108]。その後，2002年の最適小児医薬品法（Best Pharmaceuticals for Children Act：BPCA）や2007年のFDA改正法等により改訂され，現在の独占権の概要は後記イのとおりである。なお，このような任意の制度とは別に，一定の医薬品等については，PREAに基づき小児用評価を行うことが義務づけられている。詳細は，前記2(2)アを参照されたい。

イ 独占権の概要

この独占権は，FDAからの要請に対応した小児用臨床研究を実施した場合，特許や既存の独占権（希少疾病用医薬品に対する独占権等）に追加して6か月間の独占権を認めるものである。

具体的には，FDAが，NDAの承認前に，当該新薬の小児集団における使用に関連する情報が，当該集団において健康上の利益をもたらす可能性があると判断した場合，スポンサーに対して，小児用臨床研究の実施要請書（Written Request：WR）を発行する（21USC§355a(b)(1)）。この要請書には，FDAが求める臨床研究を実施すべき期間やその条件などが記載されている。スポンサーはこの要請書に応じる法的

108　*See* Food and Drug Law, at 1304.

義務はなく，当該臨床研究を行うか否かはあくまでスポンサーの判断に任せられているが，逆に，スポンサー側からFDAに対し，要請書の発行を依頼することもできる[109]。

　スポンサーがFDAからの要請に応じて臨床研究を実施した場合，スポンサーはFDAに対し当該臨床研究の報告書を提出する。

　FDAは，当該報告書を受領してから180日以内に，スポンサーが要請書に応じた臨床研究を行ったか否かを判断する（21USC§355a(b)(1)）。スポンサーが要請書に応じた臨床研究を行ったと判断した場合，特許による保護期間や既存の独占権に追加して6か月間の独占権が認められる（21USC§355a(b)(1)）。もっとも，FDAの上記判断が，特許による保護期間や既存の独占権が終了する9か月前よりも後に行われた場合，独占権の追加は認められない（21USC§355a(b)(2)）。これは，特許による保護期間や既存の独占権が終了する直前に独占権の追加が認められると，以前公表された独占権を参考にして事業計画を立てていたジェネリック医薬品メーカーにとっては不意打ちとなるため，そのような不意打ちを防止するために定められた条項である[110]。したがって，小児用臨床研究実施に基づく独占権の取得を目指すスポンサーとしては，少なくとも，特許による保護期間や既存の独占権が終了する15か月前（9か月＋180日）までに，要請書に記載された小児用臨床研究を完了させる必要があることになる。

　上記のとおり，小児用臨床研究実施に基づく独占権は，既存の保護期間に追加して認められる。例えば，希少疾患用医薬品として指定されている医薬品が，小児用臨床研究実施に基づく独占権を取得すると，7年6か月の独占権が認められる。他方で，特許による保護期間や独占権が残っていない製品については，原則として小児用臨床研究実施に基づく独占権の付与は認められない[111]。

109　https://www.fda.gov/drugs/development-resources/qualifying-pediatric-exclusivity-under-section-505a-federal-food-drug-and-cosmetic-act-frequently
110　Food and Drug Law, at 1305.
111　https://www.fda.gov/drugs/development-resources/qualifying-pediatric-exclusivity-under-section-505a-federal-food-drug-and-cosmetic-act-frequently

【7年6か月の独占権が認められる場合のタイムライン】

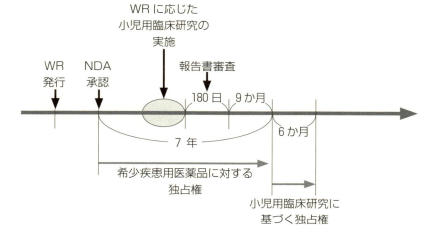

　また，この独占権は，小児用臨床研究が行われた製品にのみ発生するものではなく，当該製品と同一の活性部位を含有する，スポンサーのすべての最終製品，投与経路，適応症に適用される（ただし，特許による保護期間や独占権が残っている製品に限る）[112]。

　この制度の趣旨は，小児用臨床研究自体を促進することであるから，仮に臨床研究の結果，小児に対する安全性や有効性に関する新たな知見が発見されなくとも，独占権は認められうる。ただし，FDA が小児用臨床研究によって，当該医薬品の安全性・有効性が実証されたと判断したか否かにかかわらず，当該医薬品のラベリングには，当該臨床研究の結果およびそれに対する FDA の判断を記載しなければならない（21USC§355a(j)）。

　PREA で義務づけられる小児用臨床試験との関係では，従来 FDA は，PREA の下で要求される試験に対しても要請書を発行することがあった。しかし近時 FDA は，要請書（およびこれに伴う独占権の付与）は，PREA で義務づけられる試験を超えて，小児に健康上の利益をもたらす可能性のある追加的な小児試験を実施するスポンサーのために確保されるべきであり，将来的には，PREA で義務づけられる試験だけでは，要請書を発行しない方針を明らかにしている[113]。

112　https://www.fda.gov/drugs/development-resources/qualifying-pediatric-exclusivity-under-section-505a-federal-food-drug-and-cosmetic-act-frequently

(4) 適格感染症治療製品に認められる独占権（Antibiotic Exclusivity）
ア　薬剤耐性菌問題

抗菌薬（抗生物質）は，細菌を抑えるための薬であるが，適切に使用しないと薬剤耐性（antimicrobiral resistance：AMR）を有する細菌が発生する。このような薬剤耐性菌が引き起こす感染症は，従来の抗菌薬が効かないために治りにくい。そのため，薬剤耐性菌に対する新たな抗菌薬の開発が求められている。薬剤耐性菌は世界的にも増加傾向にあり，WHOも様々な形で対策を講じているが，米国でも薬剤耐性菌に対する新たな抗菌薬の開発を促すべく，独占権が設けられた。

イ　独占権の概要

米国では，2012年に，抗菌薬（抗生物質）の開発を促すべく，FDA安全革新法の一部として，「Generating Antibiotic Incentives Now Act」（GAIN法）が成立した。GAIN法では，スポンサーの要請に応じて適格感染症治療製品（qualified infectious disease product：QIDP）として指定された製品について，ファスト・トラック指定（前記4(2)イ参照）および優先審査（前記4(2)エ参照）を受ける。こうしたQIDPは基本的に低分子医薬品であるが，各独占権の要件を満たす場合，QIDPには，新規化合物に認められる独占権（後記第4・5(1)参照），新規治験資料に認められる独占権（後記第4・5(2)参照），希少疾患医薬品に認められる独占権に加え，追加で5年間の独占権が認められる（21USC§355f(a)）。QIDPには，院内感染で問題となることが多いメチシリン耐性黄色ブドウ球菌（MRSA），発展途上国のみならず米国内でも公衆衛生上の脅威となった多剤耐性結核菌，深刻な腸炎を引き起こすことのあるクロストリディオイデス・ディフィシルといった病原体によって生じる感染症の治療薬が含まれる（21USC§355f(g)(2)(B)・(f)(1)）。

(5) 日本における類似制度

日本では「再審査」制度（薬機法14条の4）が，米国の独占権と類似した機能を果たしている。再審査期間は，本来その名のとおり，承認された医薬品の安全性等を再度審査するための期間であるが，その間は後発医薬品の承認申請が認められないこととされているため，事実上先発品の保護期間として機能している。

個別の制度としても，米国の独占権と類似する制度は多い。例えば希少疾病用医薬品に関しては，薬機法77条の2に基づき，対象患者数が本邦で5万人未満であること，

113　Draft Guidance for Industry: Pediatric Drug Development: Regulatory Considerations - Complying With the Pediatric Research Equity Act and Qualifying for Pediatric Exclusivity Under the Best Pharmaceuticals for Children Act (May 2023), at 36.

医療上特にその必要性が高いものであることなどの条件に合致するものを，厚生労働大臣が希少疾病用医薬品として指定する。この希少疾病用医薬品で，指定された効能または効果に対して初回に承認されたものには，再審査期間が10年間付与される[114]。

しかし，日本における再審査期間は，上記のとおり，あくまでも安全性等の市販後審査を目的としたものであり，特定の医薬品の研究開発を促進するインセンティブを与えることを直接の目的とした制度ではない。

---

114 「再審査期間の取扱いについて」の一部改正について（令和6年1月16日医薬薬審発0116第3号）。

第3 OTC医薬品

1 はじめに

　1951年の法改正（Durham-Humphrey Amendments）によってFDCAに追加された21USC§353(b)(1)は，その毒性や潜在的有害性等に鑑み医師の監督下以外で使用することが安全と認められない医薬品や医師の監督下でのみ使用することがNDAの承認の条件とされた医薬品は，処方箋によってしか処方することができない旨定めている。このような医薬品に対し，処方箋なしで処方できる医薬品がOTC医薬品（非処方箋医薬品，一般用医薬品）である。

　OTC医薬品には，法令上「新薬」に該当するとしてNDAを通じて上市されるものもあるが，「新薬」の定義から除かれるGRAS/GRAEとして上市されるものもある。もっとも前記第1・2のとおり，GRAS/GRAEと認められるためにはNDAと同様の科学的証拠が必要となるため，個別の医薬品ごとにGRAS/GRAEの該当性を証明することは困難である。しかしFDAは，後記2のように，カテゴリーごとにGRAS/GRAEの判断を行う（当該カテゴリーに該当する医薬品は，NDA申請を経ずに上市可能になる）ための制度を発展させてきた。

2 OTC医薬品審査（OTC Drug Review）

(1) 開始に至る経緯

　前記序章第2・3(1)のとおり，1962年のFDCA改正によって，新薬の承認審査にあたり安全性に加えて有効性も審査されることとなったが，FDCAは，FDAに対し，1938年から1962年の間に安全性審査のみで承認された医薬品にも，有効性審査を実施することを義務づけていた。この法律に基づき，FDAは，1938年から1962年までに承認した医薬品の有効性審査を行った。これは，医薬品有効性試験（DESI）と呼ばれるプロセスであり，具体的にはFDAと契約を締結した全米科学アカデミー（National Academy of Sciences）および全米研究評議会（National Research Council）によって行われた。

　このDESIでは，当時FDAの承認を経ないまま上市されていた医薬品も，審査対象となっていた。すなわち，当時上市されていたOTC医薬品の大半は，そもそも有効なNDAが提出されていないと考えられており，こうしたOTC医薬品もDESIの対象となった。他方で，すでに流通していたOTC医薬品の数は膨大であり，このようなOTC医薬品をFDAが個別に審査することは，FDAのリソース上困難であっ

た。そこでFDAは，1972年，OTC医薬品については，FDCA§701(a)（21USC§371(a)）に基づく非公式なルールメイキングシステム（前記**序章第3・4**(1)参照）を使いつつ，カテゴリー別に審査するシステムであるOTC医薬品審査（OTC Drug Review）を開始した[1]。

(2)　OTC医薬品審査の概要～OTCモノグラフ～

OTC医薬品審査[2]では，まずFDAがOTC医薬品に関する文献調査を行った上で，連邦公報に公表し，公表した内容に含まれないデータについて広く情報を求める。そしてFDAは，OTC医薬品の有効性・安全性を検討する諮問委員会（advisory review panels）に対して資料を提供する。諮問委員会は資料を検討し，審議した後，FDAに対して報告書を提出する。この報告書には，以下の3つのカテゴリーが含まれる。なお，下記の「モノグラフ（monograph）」とは，本来，特定のテーマに関する書籍や論文を指すが，ここでは，（あるOTC医薬品を適切に上市できるための）基準といった意味合いで用いられている。この基準は，一般にOTCモノグラフ（OTC monograph）と呼ばれる。

1．カテゴリーⅠ：OTC医薬品のカテゴリーや特定のOTC医薬品が，GRAS/GRAEに該当し，かつ不当表示とならない条件に関する記述

2．カテゴリーⅡ：OTC医薬品がGRAS/GRAEと認められないかまたは不当表示となることを理由として，モノグラフから除外された状態である旨の記述

3．カテゴリーⅢ：カテゴリーⅠまたはⅡに分類するにはデータが未だ不十分であることを理由として，モノグラフから除外された状態である旨の記述

FDAはこの報告書を検討した後，連邦公報にてモノグラフ案（proposed monograph）を公表する。このモノグラフ案の公表は，前記**序章第3・4**(1)におけるANPRM（advanced notice of proposed rulemaking）に当たるものであり，これに対するコメントが募集される。

その後FDAは，寄せられたコメントを検討し，前記**序章第3・4**(1)における規則

---

[1] *See* Food and Drug Law, at 1230.
[2] 以下の記述は，Elizabeth Guo, Richard Kingham, & David Spangler "An Unofficial Legislative History of Over-the-Counter Monograph Reform"（76 Food & Drug L.J. 36）(2021), at 41-42による。

案（proposed rule。これは，TFM（tentative final monograph）とも呼ばれる）を公表し，再度コメントを求める。そして最終的に，FDA は，特定のカテゴリーの医薬品が GRAS/GRAE となり，かつ不当表示に該当しない使用条件を含む，前記**序章第 3・4**(1)における最終規則（final rule）を公表する。この最終規則に合致したものであれば，GRAS/GRAE とみなされる（新薬とはみなされなくなる）ため，NDA 承認なしに，OTC 医薬品を上市できる。

具体例として，ニキビ用塗り薬（Topical Acne Drug Products）に関する最終規則の概要を挙げる（21CFR§333.301-333.350）。

条　　文	見出し	概　　要
§333.301	スコープ	OTC 医薬品のニキビ用塗り薬は§330.1 および本章に定める条件に合致する場合，GRAS/GRAE と認められ，不当表示とはみなされない旨の記載
§333.303	定義	ニキビやニキビ跡，ニキビ用医薬品等の定義
§333.310	ニキビ薬の有効成分	2.5〜10%の過酸化ベンゾイル，0.5〜2%のサリチル酸等，ニキビ薬の有効成分として認められる成分
§333.320	認められる有効成分の組み合わせ	「ニキビ用の有効成分」のうち，どの有効成分を組み合わせて使用できるかに関する記載
§333.350	ニキビ用医薬品のラベリング	ラベリングに記載すべき製品の識別情報（statement of identity），適応，警告，使用方法の記載

しかし，こうした OTC 医薬品審査は，審査対象となる医薬品の数が膨大であったことや，FDA の権限に対する法的挑戦があったこと等から，遅々として進まなかった。時が経つにつれ，FDA の OTC 医薬品審査の進展はさらに遅くなり，2020年になっても FDA は OTC 医薬品審査を完了しておらず，多くの製品の規則が TFM や ANPRM にとどまっている状態で販売され，FDA の執行裁量権の対象となっていた[3]。

(3)　OTC 医薬品審査の近代化

FDA は，2014年に非公式のヒアリングを開催するなどして新しい OTC 医薬品審査の仕組みを検討していたが，最終的には，2020年3月27日に成立した「コロナウイルス支援・救済・経済保障法」（Coronavirus Aid, Relief, and Economic Security Act：CARES 法）において，FDCA§505G（21USC§355h）が追記されたことで，OTC 医薬品審査が近代化された[4]。CARES 法で修正された新しい OTC 医薬品審査

3　*Id.*, at 50.

のポイントを簡潔に挙げると，以下のとおりである。

　第1に，新しいOTC医薬品審査では，前記(2)のように時間のかかるルールメイキングプロセスに代わり，FDAはOTC医薬品がGRAS/GRAEと認められるモノグラフを追加，削除，変更する行政命令を発する権限を有する（21USC§355h(b)）。この行政命令は，企業側から求めることもでき，行政命令の発行を要請した企業に対しては，180日間の独占権も用意されている（21USC§355h(b)(5)）。企業主体で行政命令を求める場合でも，FDA主体で行政命令を発する場合でも，行政命令案は，FDAのウェブサイトに掲載されるとともに，連邦公報に掲載され，45日間，パブリックコメントが募集される（21USC§355h(b)(2)）。

　第2に，前記(2)のTFMの段階でカテゴリーⅠに分類されていたすべての医薬品はGRAS/GRAEに該当するとみなされるとともに，TFMのカテゴリーⅢに分類されている医薬品はFDAが行政命令を発するまでの間，NDAを免除される（従来どおり販売し続けることができる）こととされ（21USC§355h(a)），行き詰まっていた従来の手続を前進させた。

　第3に，CARES法は，FDCA§744M，§744Lおよび§744Nを追加し，FDAに対してOTCモノグラフ医薬品活動に特化したユーザーフィー（OTC Monograph User Fee Act：OMUFA）を査定・徴収する権限を与えた。これは，処方箋医薬品ユーザーフィー法（PDUFA）をモデルとしたもので，FDAは，業界からOTCモノグラフ医薬品に関する規制活動を支援するためのユーザーフィーを徴収する代わりに，特定のOTCモノグラフ活動を行うにあたってのタイムフレームなど，業界と交渉した目標を遵守することに同意している[5]。

3　処方箋医薬品からOTC医薬品への切替（Rx-OTCスイッチ）

(1)　Rx-OTCスイッチの方法

　Rx-OTCスイッチとは，当初NDA承認を得て上市された処方箋薬（Rx）であったものをOTC医薬品に切り替える方法のことをいう。

　前記第2・3(5)アのとおり，FDAは，NDA承認を行うにあたり，処方箋医薬品としてのみ販売を許可する旨の条件を付す場合があり（21USC§353(b)(1)(B)），事実上すべての新規化合物を含む医薬品は，当初処方箋医薬品として承認される。処方箋医薬品をOTC医薬品へ切り替えるために必要な年数は法定されていないが，通常5

4　https://www.fda.gov/drugs/otc-drug-review-process-otc-drug-monographs
5　https://www.fda.gov/industry/fda-user-fee-programs/omufa-reauthorization-fiscal-years-2026-2030

年程度を要することが多い[6]。

処方箋医薬品からOTC医薬品へ切り替える方法としては，以下の4つが挙げられる[7]。

第1に，FDAは，当該医薬品を処方箋医薬品としてのみ販売を許可する旨の条件がパブリックヘルスの保護のために不要と判断した時は，規則を発行することによって，当該医薬品をOTC医薬品に切り替えることができる（21USC§353(b)(3)）。この規則発行の手続は，21CFR§310.200に定められており，切替規制（Switch Regulation）と呼ばれる。この切替規制の手続は，FDAのみならず，関係者の請求によっても開始できる。この手続を通じたOTC医薬品への切替の最初の波は，1955年から1971年に生じた（これらは21CFR§310.201に定められている）が，これらのほぼすべてが，FDAによって開始されたものである。この手続を通じたもっとも著名なOTC医薬品への切替例としては，アセトアミノフェン（解熱鎮痛剤タイレノール）がある（21CFR§301.201(a)(1)）。

なお，切替規制には，切替対象となる医薬品のNDA保有者（製造業者）の同意が必要である旨は記載されていないが，すべての切替はNDA保有者の同意に基づいて行われている。NDA保有者の反対にもかかわらず，FDAが切替規制によって強制的にOTC医薬品への切替を行ったことはない。1998年には，医療保険会社がFDAに対し，処方箋医薬品であった抗アレルギー薬を強制的にOTC医薬品に切り替えるよう求めた際，これらの医薬品のNDA保有者がそれに反対したにもかかわらず，FDAが切替規制に依拠した強制的なOTC医薬品への切替を検討したことがあった。しかし最終的には，NDA保有者が医薬品承認事項変更申請（sNDA。前記第2・6(4)参照）を提出し，自発的にOTC医薬品への切替へ動いたことで，FDAによる強制的な切替は実現しなかった。したがって，NDA保有者の反対にもかかわらず，FDAが切替規制の手続を通じて，強制的にOTC医薬品に変更できるか否かは，不明確なままである[8]。

第2に，前記2(2)のOTC医薬品審査によって，処方箋医薬品からOTC医薬品へと切り替わることもある。すなわち，特定の適応および特定のラベリングの元で合法的にOTC医薬品として販売できる有効成分を列挙したOTCモノグラフには，それ以前は処方箋医薬品としてのみ許可されていた有効成分が含まれていた。その結果，OTC医薬品審査によって，OTC医薬品への切替の第二波が生じ，1970年代から1990

6　Food and Drug Law, at 1217.
7　以下の整理は，Food and Drug Law, at 1218による。
8　Food and Drug Law, at 1220.

年代前半にかけて，FDA はこの OTC 医薬品審査によって，約32の有効成分を OTC 医薬品に切り替えている。

第3に，処方箋医薬品の NDA 保有者が，FDA に対して，sNDA を提出し，当該処方箋医薬品を OTC 医薬品に変更することの承認を求める方法がある。1980年代後半以降の OTC 医薬品の切替の多くは，この方法で行われている。

第4に，他社が保有する NDA 承認に基づき処方箋医薬品としてのみ販売されている医薬品の OTC 版を販売するべく，505(b)(2)申請（後記**第4・3参照**）を提出する方法がある。例えば，第二世代抗ヒスタミン薬であるクラリチン（ロラタジン）が処方箋医薬品であった際に，一部の会社がその OTC バージョンの発売を求めて，505(b)(2)申請を提出した例などが挙げられる。

FDA が処方箋医薬品を OTC 医薬品に切り替えるか否かを検討するにあたっては，当該医薬品が OTC での使用に適しているのか，すなわち消費者が医師の監督なしに有効かつ安全に使用することができるのかを検討する。具体的には，FDA は OTC 医薬品への切替にあたり，ほぼ常に，消費者が医薬品の適応，警告，使用方法を理解できることを示す表示の理解度試験（label study）および消費者が表示の情報に従って使用できることを示す実用試験を求めている[9]。

(2) 緊急避妊薬の Rx-OTC スイッチ

緊急避妊薬（いわゆるモーニング・アフターピル）の OTC 医薬品への切替は，経口中絶薬の承認とともに，消費者の自己決定権やリプロダクティブ・ライツの観点から重要であるが，様々な議論があるのも事実である。米国でも，緊急避妊薬の OTC 医薬品への切替実現の経緯は興味深く，複数の訴訟[10]が重要な役割を担った。

米国では，1999年，初めての緊急避妊薬「Plan B」が処方箋薬として承認された。その後，緊急避妊薬の幅広い普及とアクセスを求める市民らが，FDA に対し，全年齢の女性が処方箋なしで Plan B を入手できるようにすることを求める市民請願（前記**序章第4・2(1)**）を行った。しかし FDA がこの市民請願を拒否したため，上記市民らは，裁判所に対し，FDA による請願拒否の違法性を訴えた（Tummino v. Torti, 603 F.Supp. 2d 519（E.D.N.Y. 2009））。この訴訟において，裁判所は，FDA による請願拒否は，不適切な政治的影響を受けたものであると認定し，FDA に対して Plan B の OTC 医薬品への切替を求める上記市民請願を再考することなどを命じた。

9　Food and Drug Law, at 1220.
10　特に Tummino v. Hamburg, 936 F.Supp. 2d 162（E.D.N.Y. 2013）が重要であり，以下の記述は，特に記載のない限り，この判決文による。

その後FDAは，上記市民請願について，約3年間判断しなかった。もっともその間，FDAは，Plan Bと同様の緊急避妊薬「Plan B One-Step」について，「Plan B One-Stepは安全かつ有効であり，妊娠可能なすべての女性に対して処方箋なしでの使用を認めるだけの，適切かつ合理的な，十分に裏づけられた科学的な証拠がある」と述べ，Plan B One-StepをOTC医薬品に切り替える旨のsNDA（前記(1)参照）を承認することに同意した。しかし，今度は（FDAの上位機関である）保健福祉省（HHS）長官が，「提出されたデータは，すべての年齢層に対して処方箋による調剤要件を撤廃すべきであることを立証するものではない」「もしsNDAが承認されれば，処方箋その他の販売制限措置なしに，妊娠可能な最も幼い少女たちも製品を使用できるようになる」旨述べ，上記sNDAの承認に同意しなかった。これに伴いFDAは，上記市民請願を再度拒否するに至った。

これに対し，市民らが再度FDAの決定を争った裁判において，裁判所は，妊娠可能な最も幼い少女たち，すなわち11歳程度の少女たちに及ぼす影響をめぐる主張について，「11歳の子供に対する悪影響というのは，圧倒的多数の女性から，容易に避妊具を入手する権利を奪うための口実である」と断じ，FDAによる市民請願の拒否決定を覆した。

このような紆余曲折を経て，最終的には，2013年6月，Plan B One-stepについて全年齢の女性を対象にOTC医薬品への切替を求めるsNDAをFDAが承認し[11]，全年齢を対象とした緊急避妊薬のRx-OTCスイッチが実現した。

なお避妊薬に関しては，FDAは，2023年7月，（緊急用ではない）経口避妊薬のOTC医薬品への切替を承認した。これにより，米国では処方箋なしで経口避妊薬を入手することが可能となっている。

11　Food and Drug Law, at 1230.

第4 ジェネリック医薬品

1 ハッチ・ワックスマン改正までの経緯

(1) ジェネリック医薬品の承認審査に関する課題

　1938年にFDCAが制定されて以来，FDAはジェネリック医薬品（後発医薬品）の問題と向き合うことを余儀なくされてきた。1938年から1962年の間には，NDA承認を得て上市された医薬品のみならず，これらと似た多くの医薬品がNDA承認なしに上市されていた。これらの製品は，先発医薬品の「IRS Drug」（Identical, Related, or Similar Drug）または「Me-too Drug」と呼ばれていた。これらの医薬品の製造業者は，有効なNDA承認を取得した先発医薬品の存在を前提に，これらの医薬品はGRASであり「新薬」に該当しない（したがってNDA承認は不要である）と整理していた。

　その後1962年の法改正によって，FDAは医薬品有効性試験（DESI）を開始したが，前記第3・2(1)のとおり，DESIでは，当時FDAの承認を経ないまま上市されていた医薬品も審査対象となっており，NDA承認を有する先発医薬品の有効性のみならず，それらの先発医薬品と対応する「Me-too Drug」も審査対象となった。FDAはこの「Me-too Drug」のために特別な手続であるANDA（Abbreviated NDA。後記2の法定ANDAとは異なる）プロセスを整備した。もっとも，当時のANDAは，「Me-too Drug」の製造業者に対し，DESIで審査された先発医薬品と比較した際の情報などを求めるものではなかった。FDAは，医薬品の組成，製造，加工，包装，保管場所，一連のプロセスに関与する申請者以外の人物を特定するための「簡潔な記載（brief statement）」を要求するにすぎず，「Me-too Drug」の製造業者は当該医薬品の安全性および有効性に関する完全なデータを提出することなく医薬品を上市できた。また，そもそも当時のANDAは法令上の根拠もないものであった[1]。

　また，1962年以降に上市された先発医薬品に対応する後発医薬品に関しては，FDAは，1978年7月，「ペーパーNDA（paper NDA）」を承認するとの方針を公表した。

　FDAは，上市されているすべての処方箋医薬品に対してNDAまたはANDAを求めていたが，当時FDAは，NDAで提出されたデータは，NDA保有者の明確な許可がない限り，他のNDA承認の根拠資料として使用することはできないという解釈を採っており，後発医薬品の承認審査にあたり，先発医薬品のNDA資料を用いること

1　Food and Drug Law, at 1253-54.

はできなかった。そこでFDAは，1962年以降に上市された先発医薬品に対応する後発医薬品に関しては，当該後発医薬品の安全性および有効性の主たる根拠資料として，公表された文献（ペーパー）を受け付けるという方針を公表した。しかし，1962年以降に承認された新薬に関しては，公表文献から，承認審査に足りるほどの十分なデータが集められるケースは限られており，このような「ペーパーNDA」によって承認できる後発医薬品は限られていた[2]。

以上のとおり，ハッチ・ワックスマン改正がなされるまでは，FDAがジェネリック医薬品を適切に評価できる承認経路が確立されておらず，上市されているジェネリック医薬品の有効性・安全性が不明な状況が続いていた。

(2) 特許に関する課題

1962年の法改正以降，医薬品の承認に関しては特許の面でも問題があった。

第1に，先発医薬品メーカーが特許を取得しても，特許期間（当時は特許発行から17年間）の多くが，NDAに必要な研究開発のために消費されてしまうという問題があった。そのため先発医薬品メーカーは，治験や承認審査のために費やされた期間を反映するために，特許期間の部分的な延長を求めていた[3]。

第2に，先発医薬品の特許期間が満了する前に，ジェネリック医薬品メーカーがジェネリック医薬品の製造を開始できるかという問題があった。この点が正面から争われたのが Roche Products, Inc. v. Bolar Pharmaceutical Co., 733 F.2d 858 (Fed. Cir. 1984) である。

この事件は，先発医薬品メーカーである Roche Products が開発した睡眠薬ダルメート（有効成分フルラゼパム塩酸塩）について，ジェネリック医薬品メーカーである Bolar Pharmaceutical がその後発医薬品を販売しようとした際に生じたものである。Bolar Pharmaceutical は Roche Products が有するフルラゼパム塩酸塩の特許期間満了後，迅速に後発医薬品を販売するべく，当該特許期間満了前にフルラゼパム塩酸塩を米国外から輸入し，FDAへの承認申請を行ったが，これに対し Roche Products が特許侵害を理由に差止めを求めて提訴した。

この事件で Bolar Pharmaceutical は，FDAへの承認申請のための使用は「試験的使用」（Experimental Use）に該当するため特許侵害に該当しないという，いわゆる試験的使用の抗弁を主張した。試験的使用の抗弁とは，「単なる哲学的実験や，特許製品がその効果を有することを確認する目的で，当該特許製品を製造した人を罰する

---

[2] *Id*, at 1257-58.
[3] *Id*, at 1261.

ことは議会の意図するところではない」[4]旨の1813年の判示以来受け入れられてきた法理であった。しかし連邦裁判所は、Bolar Pharmaceutical が行った FDA への承認申請のための使用はビジネス上の目的に基づくものであり、試験的使用の法理は適用されない旨判断した。

また Bolar Pharmaceutical は、仮に先発医薬品の特許期間が満了するまでジェネリック医薬品の開発ができないとなると、先発医薬品メーカーに事実上追加の独占期間を与えることになり妥当でないから、公序良俗に照らし、自社の使用は認められるべきである旨も主張した。しかし連邦裁判所は、それは連邦議会が立法によって解決すべき問題であり、裁判所が解決すべき問題ではない旨判示し、Bolar Pharmaceutical の主張を退けた。

(3) ハッチ・ワックスマン改正

こうした展開も踏まえて、1984年に、医薬品の価格競争および特許期間の回復に関する法律（The Drug Price Competition and Patent Term Restoration Act）が成立した。この法律の成立による FDCA の改正を、通称ハッチ・ワックスマン改正（Hatch-Waxman Amendments）と呼ぶ。ハッチ・ワックスマン改正は、先発医薬品に価値の高い独占権を提供して新薬の開発を促しつつ、新薬にかかる特許や独占権が終了し次第、安価な後発医薬品を公衆に提供することを意図したものであり、前記(1)・(2)の課題に適切に対応したものといえる。具体的には、ハッチ・ワックスマン改正は、下記の内容を含むものであった。

1．法定 ANDA
2．505(b)(2)申請（法定ペーパー NDA）
3．特許権の延長（回復）および Roche Products v. Bolar Pharmaceutical の問題意識を踏まえたボーラー条項の設定
4．独占権の設定

以下ではこれらについて順次概説した後、ハッチ・ワックスマン訴訟（ANDA 訴訟）について説明する。

2　法定 ANDA

21USC§355(j)は、簡略型新薬承認申請（Abbreviated New Drug Application：

4　Whittemore v. Cutter, 29 Fed.Cas.1120, 1121（C.C.D. Mass. 1813）.

ANDA）と呼ばれる手続を定めている。これは，法律の根拠がなかった前記1(1)のANDAと区別する意味で，法定ANDA（Statutory ANDA）とも呼ばれる。

(1) オレンジブック

　法定ANDAは，「オレンジブック」（Orange Book。正式名はApproved Drug Products with Therapeutic Equivalence Evaluations）と呼ばれる出版物を用いた後発医薬品のための承認経路である。

　オレンジブックは，FDAが，ハッチ・ワックスマン改正以前から発行していた出版物だが，ハッチ・ワックスマン改正で追加された21USC§355(j)(7)で法定された。オレンジブックには，(i)有効性および安全性の審査を経て承認されたすべての先発医薬品のリスト，(ii)ジェネリック医薬品についてはFDAが定めた「治療学的同等性（Therapeutic Equivalence）」，(iii)先発医薬品についてはNDA保有者によって提出された特許および独占権に関する情報が掲載されている[5]。

　(i)は，「参照リスト医薬品（reference listed drug：RLD）」を提供するものである。FDAは，NDAまたは法定ANDAに基づき承認された医薬品で，撤回や販売停止がなされていない医薬品を「リスト医薬品」と定義しているが，参照リスト医薬品（RLD）とは，申請者が法定ANDAの承認を求める際に依拠する「リスト医薬品」である（21CFR§314.3）。

　(ii)は，アルファベット2文字または3文字からなる符号（TE Code）である。「A」から始まる符号は，その後発医薬品が先発医薬品と治療学的同等性があることを，「B」から始まる符号は，その後発医薬品が先発医薬品と治療学的同等性がないことを示す。オレンジブックには，「AB」という符号がしばしば見られるが，これはin vivoまたはin vitro試験による適切な証拠によって，生物学的同等性上の問題点が対処されたことを示すものである。なお，州の薬事法によっては，処方する医師が書面で先発医薬品の処方を指示しない限り，当該先発医薬品と治療学的同等性のある後発医薬品を処方することを義務づけている場合がある。そのため，後発医薬品メーカーにとって，オレンジブックにおける治療学的同等性の評価は商業的に重要な事項である[6]。

　(iii)に関し，特許に関する情報とは，原薬および最終製品に関する特許番号，特許出願日，特許満了日，ユースコード（当該医薬品に，承認された適応または用途をカバーする用途特許がある場合，それを指定するコード）といった情報であり，これは，

5　Food and Drug Law, at 1290.
6　*Id*, at 1292.

NDA の際に提出された特許情報（前記第 2・3(1)参照）を基にしている[7]。独占権に関する情報とは，前記第 2・7 で記載したような独占権およびその満了日の情報である。オレンジブックは，FDA のウェブサイト[8]上で公開されている。

以下では具体例として，新規抗菌薬セフィデロコル（cefiderocol）のオレンジブックにおける記載を抜粋する。

Product Details for NDA 209445

FETROJA (CEFIDEROCOL SULFATE TOSYLATE)
EQ 1GM BASE/VIAL
Marketing Status: Prescription

Active Ingredient: CEFIDEROCOL SULFATE TOSYLATE
Proprietary Name: FETROJA
Dosage Form; Route of Administration: POWDER; INTRAVENOUS
Strength: EQ 1GM BASE/VIAL
Reference Listed Drug: Yes
Reference Standard: Yes
TE Code:
Application Number: N209445
Product Number: 001
Approval Date: Nov 14, 2019
Applicant Holder Full Name: SHIONOGI INC
Marketing Status: Prescription
Patent and Exclusivity Information

上記の抜粋からは，セフィデロコルが2019年11月14日に承認されたこと（「Approval Date：Nov 14, 2019」），参照リスト医薬品（RLD）として掲載されていること（「Reference Listed Drug：Yes」）等を読み取ることができる。

特許権および独占権に関する情報（Patent and Exclusivity Information）は，以下

---

[7] 後記(3)のとおり，オレンジブックに掲載される特許は，後発品医薬品メーカーに対する参入障壁として機能するため，掲載されるべき特許の範囲は重要であるが，この点に関する FDA のガイダンスは乏しい。2024年4月，FTC は，オレンジブックに掲載されている特許が不適切であり，競争を阻害しているとして，先発医薬品メーカーに対して警告状を発している。この点に関し，FTC の問題意識や論点の所在，従前の経緯をわかりやすく解説したものとして，Fubuki「FDA の Orange Book（オレンジブック）に不適切？に収載された100件以上の特許，製薬企業10社に FTC が警告」「医薬系"特許的"判例」ブログ」（2023年11月25日）(https://www.tokkyoteki.com/2023/11/ftc-challenges-more-than-100-patents-as-improperly-listed-in-orange-book.html) がある。
[8] https://www.accessdata.fda.gov/scripts/cder/ob/index.cfm

のとおりである。

Patent and Exclusivity for: N209445

Product 001
CEFIDEROCOL SULFATE TOSYLATE (FETROJA) POWDER EQ 1GM BASE/VIAL

Patent Data

Product No	Patent No	Patent Expiration	Drug Substance	Drug Product	Patent Use Code	Delist Requested	Submission Date
001	9238857	11/14/2035	DS	DP	U-282 U-3470 U-3471		12/11/2019
001	9949982	09/03/2035		DP			12/11/2019
001	10004750	09/03/2035	DS	DP			12/11/2019

Exclusivity Data

Product No	Exclusivity Code	Exclusivity Expiration
001	NCE	11/14/2024
001	NCE *GAIN	11/14/2029

　上記の「Patent Data」からは、セフィデロコルが複数の特許によって保護されていることが読み取れる。「Patent Use Code」は、承認された適応や用途をカバーする用途特許を指示するコードであり[9]、ここでは「細菌感染症の治療方法」等を指す。
　また上記の「Exclusivity Data」からは、新規化合物（New Cemical Entity：NCE）に関する独占権（後記5(1)参照）に基づき、2019年11月14日の承認日から2024年11月14日までの5年間の独占権が、GAIN法に基づく独占権（前記第2・7(4)参照）として2029年11月14日までさらに5年間の独占権が認められていることなどが

Mkt. Status	Active Ingredient	Proprietary Name	Appl. No.	Dosage Form	Route	Strength	TE Code	RLD	RS	Applicant Holder
RX	FEXOFENADINE HYDROCHLORIDE	FEXOFENADINE HYDROCHLORIDE	A076502	TABLET	ORAL	30MG	AB			DR REDDYS LABORATORIES LTD
RX	FEXOFENADINE HYDROCHLORIDE	FEXOFENADINE HYDROCHLORIDE	A076447	TABLET	ORAL	30MG	AB			TEVA PHARMACEUTICALS USA INC
RX	FEXOFENADINE HYDROCHLORIDE	FEXOFENADINE HYDROCHLORIDE	A076502	TABLET	ORAL	60MG	AB			DR REDDYS LABORATORIES LTD
RX	FEXOFENADINE HYDROCHLORIDE	FEXOFENADINE HYDROCHLORIDE	A077081	TABLET	ORAL	60MG	AB			RISING PHARMA HOLDINGS INC
RX	FEXOFENADINE HYDROCHLORIDE	FEXOFENADINE HYDROCHLORIDE	A076447	TABLET	ORAL	60MG	AB			TEVA PHARMACEUTICALS USA INC
RX	FEXOFENADINE HYDROCHLORIDE	FEXOFENADINE HYDROCHLORIDE	A076502	TABLET	ORAL	180MG	AB			DR REDDYS LABORATORIES LTD
RX	FEXOFENADINE HYDROCHLORIDE	FEXOFENADINE HYDROCHLORIDE	A077081	TABLET	ORAL	180MG	AB			RISING PHARMA HOLDINGS INC
RX	FEXOFENADINE HYDROCHLORIDE	FEXOFENADINE HYDROCHLORIDE	A076447	TABLET	ORAL	180MG	AB			TEVA PHARMACEUTICALS USA INC
OTC	FEXOFENADINE HYDROCHLORIDE	CHILDREN'S ALLEGRA ALLERGY	N201373	SUSPENSION	ORAL	30MG/5ML		RLD	RS	CHATTEM INC DBA SANOFI CONSUMER HEALTHCARE
OTC	FEXOFENADINE HYDROCHLORIDE	CHILDREN'S FEXOFENADINE HYDROCHLORIDE ALLERGY	A203330	SUSPENSION	ORAL	30MG/5ML				P AND L DEVELOPMENT LLC
OTC	FEXOFENADINE HYDROCHLORIDE	CHILDREN'S FEXOFENADINE HYDROCHLORIDE ALLERGY	A208123	SUSPENSION	ORAL	30MG/5ML				TARO PHARMACEUTICAL INDUSTRIES LTD
OTC	FEXOFENADINE HYDROCHLORIDE	CHILDREN'S FEXOFENADINE HYDROCHLORIDE HIVES	A203330	SUSPENSION	ORAL	30MG/5ML			RS	P AND L DEVELOPMENT LLC
OTC	FEXOFENADINE HYDROCHLORIDE	CHILDREN'S FEXOFENADINE HYDROCHLORIDE HIVES	A208123	SUSPENSION	ORAL	30MG/5ML				TARO PHARMACEUTICAL INDUSTRIES LTD
OTC	FEXOFENADINE HYDROCHLORIDE	FEXOFENADINE HYDROCHLORIDE	A213466	SUSPENSION	ORAL	30MG/5ML				AUROBINDO PHARMA LTD
OTC	FEXOFENADINE HYDROCHLORIDE	ALLEGRA ALLERGY	N020872	TABLET	ORAL	60MG		RLD		CHATTEM INC DBA SANOFI CONSUMER HEALTHCARE
OTC	FEXOFENADINE HYDROCHLORIDE	ALLEGRA ALLERGY	N020872	TABLET	ORAL	180MG		RLD	RS	CHATTEM INC DBA SANOFI CONSUMER HEALTHCARE
OTC	FEXOFENADINE HYDROCHLORIDE	ALLEGRA HIVES	N020872	TABLET	ORAL	180MG		RLD	RS	CHATTEM INC DBA SANOFI CONSUMER HEALTHCARE

9　https://www.fda.gov/drugs/drug-approvals-and-databases/orange-book-data-files

読み取れる。

　また，ジェネリック医薬品の具体例として，アレルギー薬であるアレグラ錠の有効成分としてフェキソフェナジン塩酸塩（Fexofenadine Hydrochloride）を検索した検索結果を抜粋する（前頁）。

　上記の抜粋からは，サノフィコンシューマーヘルスケア（Sanofi Consumer Healthcare）の商号を用いる Chattem Inc が NDA 承認を得た先発医薬品が参照リスト医薬品（RLD）とされ，これに対して多くのジェネリック医薬品が法定 ANDA 承認を得ていることが読み取れる（申請番号（Appl. No.）が「A」から始まるものが法定 ANDA を提出した医薬品である）。

(2) 法定 ANDA と適合性請願（Suitability Petition）

　参照リスト医薬品（RLD）と同一の（same as）医薬品については，法定 ANDA を提出できる（21USC§355(j)，21CFR§314.92(a)）。上記でいう「同一」とは，後発医薬品が先発医薬品たる参照リスト医薬品（RLD）と有効成分，剤形，投与経路，含量等において「identical」であることを意味するとされている（21CFR§314.92(a)(1)）。

　もっとも，法定 ANDA の対象となる後発医薬品は，RLD とあらゆる面で同一である必要はない。後発医薬品メーカーが，投与経路・剤形・含量（またはこれらすべて）を RLD から変更したにもかかわらず法定 ANDA を希望する場合は，まず FDA に適合性請願（suitability petition）と呼ばれる請願を提出し，法定 ANDA の提出許可を得る必要がある（21USC§355(j)(2)(C)）。RLD が 2 つ以上の有効成分を配合した配合剤である場合で，後発医薬品メーカーがそのうちの 1 つの有効成分の変更を希望する場合も，同様に適合性請願を提出し，法定 ANDA の提出許可を得る必要がある。

　FDA は，適合性請願が提出されてから 90 日以内に承認または不承認の決定を行うが，当該後発医薬品の安全性と有効性を示すために調査を実施する必要があると判断した場合など一定の場合を除き，適合性請願を承認する義務を負う（21USC§355(j)(2)(C)）。FDA が適合性請願を承認した場合，当該後発医薬品メーカーは法定 ANDA を提出できるが，その場合，当該後発医薬品のラベリングは，適合性請願にかかる変更に応じて，RLD のラベリングから変更されることになる[10]。

　なお，適合性請願に基づき法定 ANDA が承認された場合，承認された法定 ANDA は RLD と薬学的に同等ではないため，オレンジブック上，TE Code を有しない[11]。

10　Food and Drug Law, at 1266.
11　Draft Guidance for Industry: Evaluation of Therapeutic Equivalence（July 2022）.

(3) 法定 ANDA の内容

　法定 ANDA にあたり最も重要な点は，参照リスト医薬品（RLD）との生物学的同等性（bioequivalence）を示すことである。法定 ANDA の対象たる後発医薬品と RLD に生物学的同等性がある場合とは，以下1・2のいずれかの場合である（21USC§355(j)(8)(B)(i)・(ii)）。

1　類似の実験条件下で，同一モル量の治療成分を単回投与または複数回投与した場合の（血中への）吸収速度および吸収の程度が，RLD の（血中への）吸収速度および吸収の程度と有意差を示さない場合
2　類似の実験条件下で，同一モル量の治療成分を単回または複数回に分けて投与した場合に RLD の（血中への）吸収の程度と有意差を示さず，かつ，RLD との吸収速度の差が意図的で，そのことが申請されたラベリングに反映されており，その差が慢性使用時における有効な血中薬物濃度の達成にあたり重要なものではなく，当該医薬品にとって医学的に重要でないと考えられる場合

　上記のとおり，生物学的同等性は医薬品の血中への吸収を想定して記載されているが，血中への吸収が意図されていない医薬品については，FDA が科学的に有効な生物学的同等性を示す代替方法を確立できる（21USC355(j)(8)(C)）。

　法定 ANDA に含めるべき内容は21USC§355(j)(2)(A)(i)～(viii)に，より詳細には21CFR§314.94に定められており，申請書，目次に加えて，下表の項目を含める必要がある。

項　　目	概　　要
ANDA 提出の根拠	参照する RLD の名称，剤形，含量等の情報 適合性請願を行っている場合は整理番号および承認の写し
使用条件	医薬品のラベリングで規定，推奨，提案されている使用条件が RLD において過去に承認されている旨の記載等
有効成分	医薬品の有効成分が RLD と同一であることを示す情報 適合性請願を行っている場合は，そこで承認された RLD とは異なる有効成分を除き，他の有効成分が RLD と同一であることを示す情報
投与経路，剤形，含量	医薬品の投与経路，剤形および含量が，適合性請願で承認された点を除き，RLD と同一であることを示す情報
生物学的同等性	医薬品が RLD と生物学的に同等であることを示す情報 適合性請願を行っている場合は，FDA が求める生物学的同

	等性試験またはバイオアベイラビリティに関する試験結果等
ラベリング	医薬品がRLDで現在承認されたラベリングと同一であることを示す情報
CMC	原薬と医薬品の組成，製造および規格に関する説明

　上記で「同一」とされている項目についても，前記(2)の適合性請願が認められた場合には，変更が認められる。

　ラベリングに関しては，先発医薬品の特定の適応が，特許や独占権によって未だに保護されている場合に，後発医薬品メーカーが当該適応等を除外したラベリングの使用（およびその範囲での承認）を求めることも認められている[12]。そのようなラベリングを「スキニーラベリング（skinny labeling）」と呼ぶ（21USC§355(j)(2)(A)(viii)参照）。ただし，スキニーラベリングをもつ後発医薬品であれば，常に先発医薬品の特許権を侵害しないとは限らない。FDAがオレンジブックで付与する「AB」等のTE Codeは，完全なラベリングをもつ後発医薬品とスキニーラベリングをもつ後発医薬品を区別していない。したがって，スキニーラベリングで特定の適応（例えば疾患X）を除外している後発医薬品であっても，先発医薬品と治療学的同等性を意味するTE Codeを付与されていれば，除外された適応（疾患X）との関係で処方されてしまう可能性がある。この場合，除外された適応（疾患X）との関係で実際に使用し，特許を侵害してしまうのは医療従事者だが，後発医薬品メーカー（のラベリング）がこうした特許侵害を誘発させた（誘引侵害。35USC§271(b)参照）と主張される場合がある。こうしたケースで実際に後発医薬品メーカーの特許侵害を認めた最近の事例として，GlaxoSmithKline LLC v. Teva Pharmaceuticals USA, Inc. 7 F.4th 1320（Fed. Cir. 2021）がある。

　法定ANDAには，下記も含める必要がある。

項　目	概　要
サンプル	（FDAが要求した場合）サンプルの提出
特許証明	RLDをクレームする特許権またはRLDの用途をクレームする特許権に関し，申請者の見解において知り得る限りの以下のいずれかの証明 　(I)　当該特許はオレンジブックに掲載されていない 　(II)　当該特許は満了している

12　Food and Drug Law, at 1287.

	(III) 当該特許の満了予定日 (IV) 当該特許は無効である，または申請がなされた医薬品の製造，使用，販売によって当該特許は侵害されない
財務情報の開示	治験責任医師の財務情報（スポンサーとの資本関係を含む）

　特許証明について補足すると，まず前記第2・3(1)アのとおり，オレンジブックにはNDAの際に提出された特許情報が掲載される。法定ANDAの申請者は，オレンジブックに掲載されたRLDの特許情報を確認した上で，上記(I)〜(IV)の証明（パラグラフI〜IV証明という）を付する。申請者がパラグラフI証明・パラグラフII証明のみを行った場合，（他の要件を満たす限り）法定ANDAは承認され，ただちに発効する（21USC§355(j)(5)(B)(i)）。申請者がパラグラフIII証明を行った場合，当該特許満了予定日に法定ANDA承認が有効となる。これらの場合，法定ANDAによるRLDにかかる特許権の侵害は生じない。

　これに対し，パラグラフIV証明（paragraph IV certification）は，RLDを保護する特許権への挑戦を意味する。なぜなら，特許でクレームされた医薬品や特許でクレームされた用途について，特許満了前に販売承認を得ることを目的とした法定ANDAを行うことは，特許侵害行為に該当するからである（35USC§271(e)(2)）。パラグラフIV証明を伴う法定ANDAが行われた場合，特許侵害訴訟へと発展する可能性がある。こうした特許侵害訴訟は俗に「ハッチ・ワックスマン訴訟」（またはANDA訴訟）と呼ばれている（詳細について後記6参照）。

　以上の法定ANDAについて，FDAは，承認拒否事由がない限り，承認する（21USC§355(j)(4)）。

3　505(b)(2)申請（法定ペーパーNDA）

　ハッチ・ワックスマン改正によって追記された21USC§355(b)(2)（FDCA§505(b)(2)）は，申請者によりまたは申請者のために実施されていない調査に基づいて申請されるNDAを定めている。この申請は，505(b)(2)申請と呼ばれる。この申請は，ハッチ・ワックスマン改正前のペーパーNDAを法定しただけであるとの見解に基づき「法定ペーパーNDA」と呼ばれることもあるが，FDAのガイダンス案[13]によれば，前記2の法定ANDAとは異なる，様々な申請場面が想定されている。

　例えば，法定ANDAの提出に先立ち，申請者が，先発医薬品（RLD）からは投与経路や剤形，含量等が異なる後発医薬品について適合性請願を行ったものの，FDA

13　Draft Guidance: Applications Covered by Section 505(b)(2) (December 1999).

が当該後発医薬品の安全性と有効性を示すために調査を実施する必要があると判断し，適合性請願が承認されないことがある。この場合，申請者は505(b)(2)申請を行うことができる。上記ガイダンス案には，ほかにも505(b)(2)申請を行うことができる様々な場面が列挙されているが，その中には，処方箋医薬品（Rx）を一般用医薬品（OTC）に変更するRx-OTCスイッチの申請なども含まれる（前記**第3・3**(1)参照）。

505(b)(2)申請は，完全なNDAと比べると部分的に省略されたものとなるが，21USC§355(b)(2)は完全なNDAを規律する21USC§355の一部であり，その承認（や拒否・取下げ）の基準は，完全なNDAに適用されるのと同じ法令によって決定される。したがって，例えばFDAは，有効性に関する実質的な証拠（substantical evidence）なしに505(b)(2)申請を承認することはできない[14]。

4 特許権の延長（回復）およびボーラー条項

(1) 特許権の延長（回復）

ハッチ・ワックスマン改正により，承認プロセスによって特許存続期間の大半が費消されてしまうという問題も是正が図られている。

具体的には，IND申請からNDAまでの期間の半分とNDA審査期間の全期間を合計し，5年を限度に特許存続期間が延長される。ただし，承認日から延長後特許満了日までの期間は最大14年間に制限される。また，申請者が十分な注意（Due Diligence）を払って行動しなかった期間については，特許延長期間から差し引かれる（37CFR§1.775）。特許期間の延長に関する詳細な規則は37CFR§1.710以下に，特許期間延長申請に対するFDAの審査手順等は21CFR Part 60に定められている。

こうした特許権の延長を受けるためには，特許権者は，USPTOに対し，FDAの承認から60日以内（ただし，規制物質法（CSA）に基づきスケジューリング決定の対象となる規制物質については，FDAの承認またはスケジューリングの暫定最終規則発行のいずれか遅いほうから60日後）に請求する必要がある（35USC§156(d)(1)）。

(2) ボーラー条項

ハッチ・ワックスマン改正は，製品の製造・使用・販売を規制する連邦法に基づき必要な情報を収集するために行う特許発明の使用は特許侵害とはみなさない旨の条項（ボーラー条項と呼ばれる。35USC§271(e)(1)）を特許法に追加し，Roche Products, Inc. v. Bolar Pharmaceutical Co., 733 F.2d 858（Fed. Cir. 1984）の判断を立法により覆した。このボーラー条項は，後発医薬品メーカーだけに適用されるものではなく，

---

14 Food and Drug Law, at 1275.

先発医薬品メーカーを含めた万人に適用される。なお、連邦最高裁は、この条項を広く解釈しており、例えば Eli Lilly and Co. v. Medtronic, Inc., 496 U.S. 661（1990）において、医薬品のみならず医療機器にもボーラー条項が適用されると判示している[15]。

5 独占権（Exclusivity）

(1) 新規化合物（NCE）に関する独占権

過去に承認されたことのない活性部位（Active moiety）を含む医薬品（new chemical entity：NCE。定義について21CFR§314.108(a)）については、原則として、NDA 承認日から5年間、505(b)(2)申請や法定 ANDA を提出できない（505(b)(2)申請に関して21USC§355(c)(3)(E)(ii)、法定 ANDA に関し 21USC§355(j)(5)(F)(ii)）。ただし、パラグラフⅣ証明を伴う後発医薬品の505(b)(2)申請や法定 ANDA は、NDA 承認日の4年経過後から提出できる。

なお、後記6のとおり、先発医薬品メーカーは、このパラグラフⅣ証明を伴う申請について特許侵害訴訟を提起でき、その場合、原則として特許侵害訴訟提起の日から30か月間は、当該申請にかかる後発医薬品は承認されない（505(b)(2)申請に関して21USC§355(c)(3)(C)、法定 ANDA に関し 21USC§355(j)(5)(F)(ii)）。また、新規化合物に関する独占権を認められた医薬品に対する505(b)(2)申請や法定 ANDA が、当該独占権の最後の1年間に行われた場合には、当該医薬品の承認日から7年半（5年間＋30か月）が経過するまでの間、505(b)(2)申請や法定 ANDA は承認されない（505

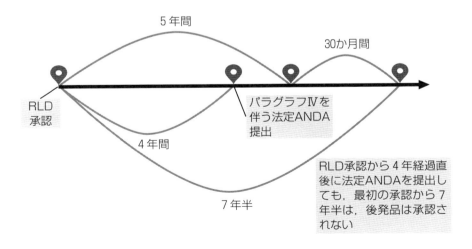

15　*Id*, at 1282.

(b)(2)申請に関し21USC§355(c)(3)(E)(ii)，法定ANDAに関し21USC§355(j)(5)(F)(ii))。すなわち，505(b)(2)申請や法定ANDAの提出が，RLDの承認から5年間以内に行われ，その結果特許侵害訴訟開始が前倒しになったとしても，必ずしもその分，後発医薬品が早く承認されることにはならない。

(2) 新臨床試験データに関する独占権

医薬品が新規化合物（NCE）を含んでいない場合でも，当該医薬品の承認申請（NDAまたはsNDA）において，その承認に新しい臨床試験データ（バイオアベイラビリティデータを除く）が必要であった場合，FDAは，その申請の承認から3年間は，当該医薬品と同じ承認条件で，同一の活性部位を有する505(b)(2)申請や法定ANDAを承認しない（505(b)(2)申請につき21USC§355(c)(3)(E)(iii)，法定ANDAにつき21USC§355(j)(5)(F)(iii))。上記のとおり，この独占権は，sNDAをも保護するため，例えば新しい適応を追加するためのsNDA（前記**第2・6(4)**も参照）において新しい臨床試験データが必要となった場合には，当該sNDAが承認されてから3年間は，後発品が同じ適用で承認されることは妨げられる。

もっとも，この新臨床試験データに関する独占権では，新規化合物に関する独占権と異なり，505(b)(2)申請や法定ANDAの「承認」が妨げられるのみであるから，3年間が経過する前に「提出」することは妨げられない。また，この独占権が承認を妨げるのは，あくまでも先行するNDAと同じ承認条件で同一の活性部位を有する505(b)(2)申請や法定ANDAのみである点にも留意が必要である。

(3) 他の独占権との関係

前記(1)・(2)の独占権は，その要件を満たす限り，前記**第2・7**で記載した希少疾患用医薬品に対する独占権や小児用臨床研究実施に基づく独占権，適格感染症治療製品に認められる独占権とともに認められる。前記(1)・(2)の独占権とこれらの独占権との関係性については，下図[16]も参照されたい。なお，引用元の文献では，独占権（exclusivity）は「排他期間」と訳されている。

---

16 ジャニス・ローガン，加藤文彦「米国における医薬品ライフサイクルマネジメントの概説」（NBL No.1247）(2023年) 41頁より抜粋。

【排他期間の例1：低分子化合物Aを有効成分として含有する疾患Xを対象とする低分子医薬品】

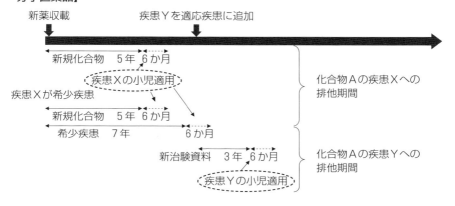

6　ハッチ・ワックスマン訴訟（ANDA訴訟）

(1)　ハッチ・ワックスマン訴訟の概要

　前記2(3)のとおり，RLDの特許に対する挑戦を意味するパラグラフⅣ証明を伴う505(b)(2)申請や法定ANDAの申請者は，FDAがこれらの申請を受理してから20日以内に，特許権者およびNDA保有者に対し，パラグラフⅣ証明に関する通知（以下「パラグラフⅣ通知」という）を行う義務がある（505(b)(2)申請について21USC§355(b)(3)(B)(i)-(ii)，法定ANDAについて21USC§355(j)(2)(B)(ii)(I)-(Ⅱ)）。このパラグラフⅣ通知には，RLDの特許が無効または当該特許は侵害されない（非侵害）という申請者の見解を裏づける事実および法的根拠の詳細を含める必要がある（505(b)(2)申請について21USC§355(b)(3)(D)(ii)，法定ANDAについて21USC§355(j)(2)(B)(iv)(Ⅱ)）。また，通知書に非侵害の見解が含まれている場合には，申請書に含まれる秘密情報へのアクセスを提供する書面を含めなければならない（505(b)(2)申請について21USC§355(c)(3)(D)(i)(Ⅲ)，法定ANDAについて21USC§355(j)(5)(C)(i)(Ⅲ)）。

　特許権者およびNDA保有者は，こうした申請者の見解や秘密情報等を検討した上で，申請者に対して特許侵害訴訟（ハッチ・ワックスマン訴訟）を提起するか否かを決定する。特許権者およびNDA保有者がパラグラフⅣ通知を受領してから45日以内に申請者に対して特許侵害訴訟を提起した場合，原則として訴訟提起の日から30か月間は，当該申請にかかる後発医薬品は承認されない（なお，特許侵害訴訟が提起された事実は，申請者（21CFR§314.107(f)(2)(i)）や特許権者・NDA保有者（21CFR§314.107(b)(3)(i)）がFDAに通知する）。この制度は，30か月間の承認延期期間に

おいて特許紛争が司法により解決されることを期待したものである。なお、承認延期期間を増減させる一定の事由（特許が無効または非侵害である旨の第一審裁判所の判断がなされた場合など）も定められている（505(b)(2)申請について21USC§355(c)(3)(C)、法定ANDAについて21USC§355(j)(5)(B)）。

他方、特許権者およびNDA保有者がパラグラフⅣ通知を受領してから45日以内に申請者に対して特許侵害訴訟を提起しない場合、申請者側から特許権者およびNDA保有者に対し、特許の無効や特許を侵害していない旨の宣言判決（declaratory judgement）を求める訴訟を提起できる（505(b)(2)申請について21USC§355(c)(3)(D)(i)(Ⅱ)、法定ANDAについて21USC§355(j)(5)(C)(i)(Ⅱ)）。ただし、このような宣言判決を求める訴訟は、上記のような承認延期効果を有しない。なお、宣言判決を求める訴訟（28USC§2201）は、当事者間で争いのある不確定な事項について救済を求める手続であり、日本の確認訴訟に近い。

以上のとおり、パラグラフⅣ証明は特許訴訟へ展開する可能性が高いため、これを行うインセンティブとして、パラグラフⅣ証明を伴う「実質的に完成した（substatially complete）」法定ANDAを最初に行った申請者（505(b)(2)申請は対象ではない）には、180日間の独占権が認められており、この独占期間中、FDAは同じRLDを参照する他のジェネリック医薬品の法定ANDAを承認しない（21USC355(j)(5)(B)(iv)(Ⅰ)）。ただし、一定の場合には申請者は上記独占権を喪失することがある（21USC355(j)(5)(D)(i)参照）。

(2) ハッチ・ワックスマン訴訟の具体例

ハッチ・ワックスマン訴訟の具体例として、抗HIV薬であるジドブシン（AZT）の発明者をめぐって、「発明」の意義が問題となったBurroughs Wellcome Co. v. Barr Laboratories, Inc., 40 F.3d 1223 (Fed Cir. 1994) を取り上げる。

Burroughs Wellcome社（以下「BW社」という）は、1984年10月29日、既知の物質であったものの特許化されていなかったAZTが、マウスを用いた実験でレトロウイルス[17]に対して活性を有する結果を示したことを受け、同年12月5日の会議でAIDS治療におけるAZTの使用を特許化することを検討し、1985年2月6日までに英国での特許出願の草案を作成した。他方、同時期にNIHの研究者（Samuel BroderやNFK裕明氏を含む）も有効なAIDS（エイズ）治療薬を探しており、生きたHIVと、HIVにさらされると活性化合物で保護されない限り死んでしまう性質を有する独自のATH8細胞株を用いて、様々な化合物のHIVに対する有効性を実証す

---

17 HIVはレトロウイルスの一種である。

る試験を開発した。NIH の研究者は各民間会社に化合物の提供を求めたところ，BW 社がこれに応じ，1985年2月4日，AZT のサンプルを NIH に送付した。その結果，2月中旬には AZT の HIV 活性が示された。BW 社は，3月16日に英国で特許を出願し，9月17日には米国でも特許出願を行った。BW 社は，NIH の研究者とともに，エイズ治療薬としての AZT の製造販売承認を得るために第1相試験を実施したところ，AZT による治療がエイズに対して有効である可能性が示された。NIH の研究者は1985年7月23日に BW 社にこの結果を報告した。BW 社は1987年3月19日にエイズ治療薬としての AZT の製造販売承認を得て，「レトロビル（Retrovir）」として販売を開始した。なお AZT は当時新規化合物（NCE）であり，この医薬品は前記5(1)の市場独占権を得た。

しかし，AZT の薬価の高さに対し多くの批判が巻き起こり，BW 社がこれに反論する中で AZT 発明における自社の役割を強調したため，発明者に関しても大きな議論となった。こうした中で，AZT の承認から4年経過直後（前記5(1)参照）の1991年3月19日，AZT のジェネリック医薬品の製造販売を目指す Barr Laboratories, Inc.（以下「Barr 社」）がパラグラフⅣ証明を伴う法定 ANDA を提出した。BW 社は，同年5月14日に Barr 社に対し特許侵害訴訟を提起したが，Barr 社は AZT 特許の発明者は NIH の研究者であり，同社は政府（NIH）からライセンスを得ているため特許侵害は生じていない旨主張した。また，Novopharm, Ltd. も同様に AZT のジェネリック医薬品の製造販売を目指して独自に法定 ANDA を提出し，AZT 特許の発明者は NIH の研究者たちであるところ，BW 社は欺罔の意図を持って誤った発明者を記載したのだから当該特許は無効である旨主張した。

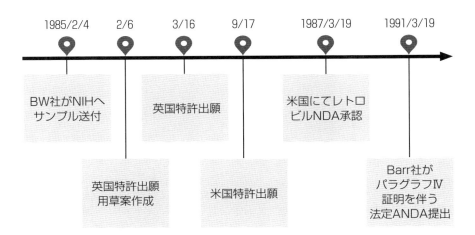

この事件ではNIHの研究者たちが発明者となるのに必要な発明の「着想（conception）」に関与したか，着想がいつ行われたかが争点となった。着想とは，完全かつ実施可能な発明について確定的かつ恒常的なアイディアが発明者の中で形成されていることをいい，実施化（reduction to practice）とは区別される概念である。特段の困難や大きな変更がなく実施化が行われたのであれば，実施化前の段階において着想は完了していたと判断され，実施化のみを行った者が発明者となることはない。また，当該発明が実際に機能することの発見は実施化の一部であり，着想の完了にあたって発明者は当該発明が実際に機能することを知っている必要はない。

本件では，BW社による着想の立証にあたり，英国での特許出願草案が極めて重要な証拠となった。すなわち裁判所は，BW社による英国での特許出願草案においてAZTの構造やエイズ治療への使用目的，AZTの製剤方法，治療方法等が明記されていたことから，草案作成時点までには，発明者の中でアイディアが明確に定義されており，後はそれを実施しその有効性を確認して市場に送り出すだけであった（着想は完了していた）旨判断した。裁判所は，NIHの研究者たちも相当の技術を駆使して細胞株を用いた試験を行ったとして一定の評価をしたが，この試験は発明が実際に機能することを確認するもので実施化の一部にすぎず，NIHの研究者たちは着想には関与していないと判示した。また裁判所は，その後に行われた臨床試験も通常の過程であった（長期にわたる広範な研究，実験，改良の期間があったわけではない）と判断し，最終的にNIHの研究者たちが発明者であるとの主張を退けた。

(3) 日本のパテント・リンケージ

前記のとおり，米国では，特許をめぐる先発医薬品メーカーと後発医薬品メーカーの紛争は，公開されているオレンジブックを利用しつつ，薬事承認制度に司法審査を組み込むことにより解決が図られている。これと類似する日本の制度として，平成21年6月5日付医政経発第0605001号・薬食審査発第0605014号「医療用後発医薬品の薬事法上の承認審査及び薬価収載に係る医薬品特許の取扱いについて」（いわゆる二課長通知[18]）の運用に基づくパテントリンケージがある。

日本のパテントリンケージは，二段階に分かれている。

第一段階は，後発医薬品の承認時である。厚生労働省は，通知により，先発医薬品メーカーに対して医薬品特許情報報告票（ただし内容は非公開）を提出を求めている。

18　二課長通知と呼ばれる通知には，他にも，いわゆる公知申請・公知承認に関する平成11年2月1日付研第4号・医薬審第104号「適応外使用に係る医療用医薬品の取扱いについて」がある。

この情報票で得られた特許情報も踏まえ，厚生労働省は，後発医薬品の薬事承認予定日において，先発医薬品の特許が存在する場合，以下のとおり取り扱うとしている。

(1) 先発医薬品の有効成分に特許が存在することによって，当該有効成分の製造そのものができない場合には，後発医薬品を承認しないこと
(2) 先発医薬品の一部の効能・効果，用法・用量（以下，「効能・効果等」という）に特許が存在し，その他の効能・効果等を標ぼうする医薬品の製造が可能である場合については，後発医薬品を承認できることとすること。この場合，特許が存在する効能・効果等については承認しない方針であるので，後発医薬品の申請者は事前に十分確認を行うこと

第二段階は，後発医薬品の薬価収載時である。二課長通知では，後発医薬品の薬価収載にあたり，特許に関する懸念がある品目については「事前に当事者間で調整を行い，安定供給が可能と思われる品目についてのみ収載手続きをとるよう求め」る運用を確認している。

しかし，こうした日本のパテントリンケージには，第一段階および第二段階共に課題がある。

まず第一段階では，後発医薬品が先発医薬品を保護する特許を侵害しているか否かの判断を行うこととなる。しかしこの判断は，当事者が争わない場合を除き，本来特許侵害訴訟等の司法の場で決着すべき極めて専門的判断であり，厚生労働省が判断することは困難である。この点厚生労働省は，特許庁における無効審決が出された段階で後発医薬品を承認する運用を行うことがあるが，無効審決がなされても確定するまでは特許は有効であるため（特許法125条参照），こうした運用には疑問が残る。さらに一部の事例では，先発医薬品を保護する用途特許が存続しているにもかかわらず，後発医薬品を承認するケースも見られ，二課長通知の運用状況自体が不透明であるという課題がある。

また第二段階に関しては，事前調整を行うことが現実的に困難である。まず後発医薬品の承認は毎年2月および8月に行われ，薬価収載は6月および12月に行われる[19]ため，通常承認から薬価収載までは4か月しかない。他方で日本では，先発医薬品メーカーは，後発医薬品が承認されるまで，自社の医薬品について後発医薬品の承認申請がなされているか否かを知る術がない。したがって先発医薬品メーカーと後発医

---

19 令和4年2月9日付医政発0209第1号・保発0209第2号「医療用医薬品の薬価基準収載等に係る取扱いについて」。

薬品メーカーが，特許に関する懸念について「事前に当事者間で調整」する期間は4か月しかないが，この短期間に特許紛争を解決することは実務上困難である。

　こうした課題を抱える日本のパテントリンケージ制度は，今後改正が議論されるべきであろう。

第5　医薬品のプロモーション（ラベリング・広告等）

1　プロモーションとは

(1)　はじめに

　医薬品は，適切な情報とともに使用すべき製品であり，医薬品のプロモーションは，そのような情報を製薬会社が提供する手段である。その形態は様々であり，NDAにおいてFDAの審査対象となる表示（label）やラベリング（labeling）に限られず，様々な広告（advertisingやadvertisement）が含まれる。

　規制権限という観点では，すべての医薬品のラベリングおよび処方箋医薬品の広告をFDAが規制するのに対し，OTC医薬品は連邦取引委員会（Federal Trade Commission：FTC）が規制する。FTCが所管する法律は本書の対象外であるが，OTC医薬品（や後記**第3章第6・1**(10)の非制限医療機器）の広告規制との関係で重要な条文としては，不公正または欺瞞的な行為や慣行の禁止（15USC§45(a)），虚偽広告の禁止（15USC§52(a)）などが挙げられる。

　以下では，主に処方箋医薬品を念頭に，プロモーションに対する規制を概説する。

(2)　概念の整理〜ラベリングと広告〜

　FDAがプロモーションを規制する権限は，不当表示を禁じる条項である21USC§352にある。この条項は，ラベリングと広告に対し，別々の定めをおいている。したがって，プロモーションに関する規制を理解するためには，ラベリング（labeling）と広告（advertisingまたはadvertisement）という2つの概念を理解することが重要である。

　ラベリング（labeling）は，FDCA上，すべての「表示」（all labels）および文字，印刷または図案によるもので(i)物品もしくはその容器や包装上にあるもの，または(ii)当該物品に添付されているものをいう（21USC§321(m)）。「表示」（label）も，物品の直接の容器上の文字，印刷または図案による表示（display）と定義されているが（21USC§321(k)），ラベリング（labeling）はこの「表示（label）」を包摂する概念である。

　また，上記(ii)の「添付されている」（accompanying）とは，物理的な添付にとどまらない。Kordel v. United States, 335 U.S. 345(1948)では，ある製品のパンフレットが当該製品自体とは別々に発送された事案においても，当該パンフレットは当該製品に「添付されている」と解釈された。この連邦最高裁判所の判決を踏まえ，FDA

は「添付されている」の意味およびラベリングの範囲を非常に広く解釈している（21CFR§202.1(1)(2)参照）。

　一般にラベリングは，2種類に分けられる。1つは，FDAが承認したラベリング（FDA-approved labeling）であり，もう1つが販売促進用ラベリング（promotional labeling）である。

　FDAが承認したラベリング（FDA-approved labeling）は，文字どおり，市販前審査等を通じてFDAが審査・承認したラベリングである。典型的には医療従事者向けの添付文書であるが，そのほかにも患者向け資材としてメディケーションガイド（Medication Guides。21CFR Part 208参照）・患者用添付文書（Patient Package Inserts：PPI）・Instruction For Use（IFU）が含まれる。これらの詳細は，関連ガイダンスとともに，FDAの「Patient Labeling Resources」[1]に記載されている。なお，稀にFDA-required labelingという用語が用いられる場合もあるが[2]，概ねFDA-approved labelingと同義である。

　これに対し，販売促進用ラベリング（promotional labeling）とは，FDAが承認したラベリング以外のラベリングで，製品の販売促進を行うために作成されるものである[3]。処方箋医薬品の販売促進用ラベリングの例は，21CFR§202.1(1)(2)に挙げられている。具体的には，医療従事者，薬剤師，看護師が使用するためのパンフレット，小冊子，手紙，カレンダー，価格表，録音，スライド，映画フィルムなどのほか，米国医薬品便覧（Physician's Desk Reference：PDR）のように医師が参照する文献などが幅広く含まれる。ただし，営業担当者による医療従事者に対する口頭での説明は含まれない。

　こうしたラベリングに対し，広告（advertisingやadvertisement）には，法令上の定義はない。FDAが定める規則においても，「不当表示」（misbranded，21USC§352(n)）の対象となる処方箋医薬品の広告には，出版されたジャーナル，雑誌その他の定期刊行物，新聞に掲載される広告，ラジオ，テレビ，電話通信システムなどのメディアを通じて放送される広告が含まれると定められているのみである（21CFR§202.1(1)(1)参照）。

　広告に法令上の定義が定められていないこともあり，ラベリング（特に販売促進用

1　https://www.fda.gov/drugs/fdas-labeling-resources-human-prescription-drugs/patient-labeling-resources#instructions
2　Guidance for Industry: Medical Product Communications That Are Consistent With the FDA-Required Labeling Questions and Answers（June 2018）等。
3　Guidance for Industry: Brief Summary and Adequate Directions for Use: Disclosing Risk Information in Consumer-Directed Print Advertisements and Promotional Labeling for Prescription Drugs（August 2015），at 3.

ラベリング）と広告との明確な線引きは難しいが，概ね，企業が自ら保有するものはラベリングに，企業が金銭を支払って掲載等を行うものは広告に該当すると思われる。

(3) 具体例

　FDA は，製薬企業等が行うプレスリリースを「販売促進用ラベリング」とみなしている。したがって FDA は，プレスリリースには，（広告に求められるような「簡単な要約（brief summary）」ではなく）医療従事者用添付文書に記載されている内容をすべて含めるよう求めている（後記 2(2)参照）。またラベリングである以上，虚偽または誤認を招くものであれば「不当表示」に該当する（後記 2(2)参照）。関連する事例としては，InterMune 社の元 CEO が，Actimmune という医薬品の臨床試験が実際には失敗したにもかかわらず，そのプレスリリースにおいて，この臨床試験によって Actimmune が特発性肺線維症（IPF）患者の生存期間の延長に資することが立証された旨の虚偽の記載を行った事例がある。この CEO は電子通信手段を用いた詐欺（wire fraud。後記第 6・2(3)参照）罪で有罪判決を受けるに至っている[4]。

　また投資家向け資料も，法的には「販売促進用ラベリング」に該当する。しかし FDA は，投資家向け資料の主要な読者が医薬品の処方者ではないことや通常プロモーション目的ではないことを踏まえ，ラベリングに求められるすべての要件を遵守していない投資家向け資料に対して，多くの場合執行裁量を行使している。ただし，例えば FDA が 2013 年に，投資家向けテレビニュースのインタビューで CEO が行ったオフラベルユースに関する発言に関して警告状を発した[5]ことからもうかがえるとおり，投資家向け資料であれば FDA が常に執行裁量を行使するというものではない。なお，投資家向け資料への規制については，FDA は証券取引委員会（SEC）と連携している。

2　規制枠組み

(1)　広告

ア　規制の概要

　広告（advertisements）に対しては，下記の点について正確な記載（true statement）がない場合，不当表示になる（21USC§352(n)）。

---

[4] https://www.justice.gov/opa/pr/former-intermune-ceo-sentenced-false-misleading-statements-related-pulmonary-fibrosis-drug-s
[5] Warning Letter to Aegerion Pharmaceuticals, Inc.（November 8, 2013）.

> 1) 商標・販売名に使用される文字の半分以上の大きさで目立つように印刷された医薬品の一般名（established name）
> 2) 21USC§352(e)に基づき表示に求められる限度で，各成分を定量的に示した配合
> 3) 副作用，禁忌，有効性に関する「簡単な要約」（brief summary）
> 4) 直接消費者に対して行われる印刷物の広告では，下記の文言
> "You are encouraged to report negative side effects of prescription drugs to the FDA. Visit www.fda.gov/medwatch, or call 1-800-FDA-1088."

　この中でも重要なのは，上記3)の「簡単な要約」の要件である。FDAはこの要件について，21CFR§202.1(e)(5)においてさらに3つの要件を示している。

> 1. 副作用，禁忌，有効性に関する情報が，虚偽または誤認させるものではないこと（21CFR§202.1(e)(5)(i)）
> 2. 副作用および禁忌に関する情報と有効性に関する情報には「公正なバランス（fair balance）」が取れていること（21CFR§202.1(e)(5)(ii)）
> 3. その表記（its representations）に照らして重要な事実，または医薬品の使用によって生じる可能性のある結果に関して重要な事実を開示すること（21CFR§202.1(e)(5)(iii)）

　これに続く21CFR§202.1(e)(6)では，実質的証拠によって立証された範囲を超えて医薬品が安全・有効であるとの記述や，誤認させるような見出しや絵の使用等，広告が虚偽や誤認または公正なバランスを欠くと判断される20のケースを列挙している。また，21CFR§202.1(e)(7)では，同様に広告が虚偽・誤認または公正なバランスを欠くと判断される13の場合が列挙されている。

イ　具体例

　広告規制について，FDAがウェブサイトで公開している具体例を通じて確認する。
　次頁に示したのは，架空の処方箋医薬品「Arbitraer」のDTC広告（直接消費者に対して行われる広告）である。この広告では，④で示されているとおり，Arbitraerの服用後2時間でアレルギー症状が和らぐという有効性に関する情報について，服用に伴い頭痛・風邪症状・咳・背中の痛みが生じる可能性があるという副作

第5 医薬品のプロモーション（ラベリング・広告等） 141

用に関する情報と同等に記載しており「公平なバランス」の要件を満たす。また，広告内の⑦に示されているとおり，FDA が承認した医薬品処方情報に含まれるすべてのリスクに関する「簡単な要約」は裏面に記載されている。詳細は，FDA のウェブページ[6]および不適切広告について解説したウェブページ[7]も確認されたい。

---

6 https://www.fda.gov/drugs/prescription-drug-advertising/product-claim-ad-correct
7 https://www.fda.gov/drugs/prescription-drug-advertising/incorrect-product-claim-ad

21CFR§202.1の規制の中には，近時の米国憲法修正第1条に関する裁判例（後記4⑶エ参照）を受けて，事実上，若干の修正が図られたものもある。

21CFR§202.1(e)(6)(i)によれば，NDAの承認基準である「実質的な証拠」，すなわち「適切かつ十分にコントロールされた試験による証拠」（前記**第2・3⑵**参照）がなければ，実際に承認された範囲を超えて，医薬品がより有効であるとか，より広範な適応があるといった記載を行った場合，それが真に誤認させるものであるか否か，適切なディスクレーマーがあるか否か，その記載を裏づける証拠の有無やその記載と矛盾する証拠の存否を明らかにしているか否か等とは無関係に，当該記載は違法となるように読める。しかし，このような帰結は，後記4⑴のとおり，米国憲法修正第1条が真実かつ公正な言論を保護していることと照らして懸念がある[8]。

そこでFDAは，2018年1月に発行したガイダンス[9]において，広告やラベリングの根拠とするデータ，研究，分析の基準について，「科学的に適切であり統計的に正しい」（scientifically appropriate and statistically sound：SASS）という，「実質的な証拠」とは異なる基準を定めるに至っている。このガイダンスでFDAは，当該記載について承認基準と同じ「実質的な証拠」がないことのみを理由として，広告やラベリングにおける記載を虚偽または誤認と判断することはないとの見解も示している[10]。

⑵ ラベリング

ラベリングについては，まず「ある特定の事項について虚偽または誤認を招くようなものである場合」不当表示に該当すると定められている（21USC§352(a)）。

またラベリングは，原則として，「適切な使用説明（adequate **directions** for use）」および適切な警告を付す必要がある（21USC§352(f)）。この「適切な使用説明」とは，一般人（layman）が，当該医薬品を安全に，かつその使用目的で使用できるような説明をいうと解されているが（21CFR§201.5），処方箋医薬品の場合，そのような説明を記載することは極めて困難である（医師の監督なしには一般人が安全かつ有効に使用できないからこそ処方箋医薬品となっている）。そこで処方箋医薬品のラベリングでは，「適切な使用説明」は，一定の要件の下で免除される。この免除のための要件には，ラベリングに「適切な使用情報（adequate **information** for its use）」（適応，効果，用量，投与経路，投与方法，投与頻度および投与期間，関連する危険性，禁忌，

---

8 *See* Food and Drug Low, at 1144.
9 Guidance for Industry: Medical Product Communications That Are Consistent With the FDA-Required Labeling Questions and Answers (June 2018).
10 *Id,* at 12.

副作用および注意事項など，医師が当該医薬品を安全に，かつその使用目的（その医薬品が広告または表記されているすべての目的を含む）で使用できるための適切な情報。21CFR§201.100(c)(1)参照）を記載するなど，21CFR§201.100で定められた情報を記載することが含まれる。ただし，単に製品の名前を思い出させることを目的とするリマインダーラベリング（後記3(2)ウ参照）は，21CFR§201.100(d)の遵守を免除される（21CFR§201.100(f)）。

　実務上FDAは，広告に適用されるのと同様の基本的なルール（広告がいつ虚偽，誤認，公正なバランスを欠くとみなされるか）を販売促進用ラベリングにも適用している[11]。製薬企業の営業担当者は，臨床現場の医師に医薬品の説明をするべく，自作資料の作成を望むことがあるが，そうした資料はラベリングに該当する可能性が高く，また誤解を招く情報が含まれていたり，リスクに関する情報が不足していたりしがちである。そのため多くの企業は，このような自作資料の作成・配布について厳格な社内規定を設けている。

3　消費者に対する直接広告（DTC広告）

(1)　DTC広告に対する賛否

　先進国の中では，米国は，ニュージーランドとともに，処方箋薬の消費者への直接広告（Direct-To-Consumerの略語をとってDTC広告という）を許容している唯一の国家であるが，その是非は常に議論の対象となっている。かつてFDAのウェブサイト上に掲載されていた「Keeping Watch Over Direct-to-Consumer Ads」には，DTC広告を認めることの是非について，以下のように記載されていた[12]。

[賛成派の立場]
● DTC広告は，消費者に有益な情報をもたらし，健康の増進につながる
● DTC広告によって，より多くの人々が医療提供者と諸問題，特に高血圧や高コレステロールといった未治療の病態について話すようになり，公共の健康増進につながる
● DTC広告は，かつてはオープンに議論されることが少なかった疾患（うつ病や勃起不全など）に伴うスティグマ（根拠のない否定的な見解や態度）を拭い去ることに役立つ
● DTC広告によって，患者は繰り返し処方箋医薬品の処方を受け，服薬計画（レジ

11　Food and Drug Law, at 1149.
12　Id, at 1158-59.

メン）を守ることができるようになる

[反対派の立場]
● DTC広告には，虚偽または誤認情報が含まれ得る
● DTC広告では，医薬品に関するリスクおよび悪影響に関して十分な情報が提供されない
● DTC広告は，公衆衛生を増進しないどころか，脅かしかねない
● DTC広告は，処方箋医薬品の過剰使用を助長する
● DTC広告は，同等の効果のある安価な治療法よりも，高価な治療法の使用を助長する

DTC広告は，米国では一貫して合法であったが，FDCAが成立した当初からDTC広告が行われてきたわけではない。

まず，Virginia State Bd. of Pharmacy v. Virginia Citizens Consumer Counsil, 425 U.S. 748（1976）において，連邦最高裁判所が，薬剤師が処方箋医薬品の価格を広告することを禁ずるバージニア州法は米国憲法修正第1条および修正第14条に反して違憲である旨判断すると，処方箋医薬品に関するDTC広告（印刷物）が登場した。その後急激に増加したDTC広告に対して，FDAは，業界に対し，当時の広告規制がDTC広告から公衆を保護するのに十分か否かを検討するため，DTC広告の自主的な延期を求めたが，1985年になると，当面は現行の規制で十分であると結論づける声明[13]を発表した。これ以降，DTC広告は飛躍的に増大していった。

(2) 様々な形の広告
ア　DTC広告に対する規制の概要

DTC広告であっても，処方箋医薬品の広告であれば，医療従事者向け広告と同様，処方箋医薬品の広告に関するFDAの規制が適用される。したがって，DTC広告も，副作用，禁忌，有効性に関する「簡単な要約」を含める必要がある（前記2(1)参照）。この要件は，「簡単な要約」という名称だが，実際には（前記のArbitraerの広告の例で裏面いっぱいがそれに費やされていることからもうかがえるとおり），当該医薬品の副作用や禁忌を詳細に記載しなければならない（21CFR§202.1(e)(1)および21CFR§202.1(e)(3)(iii)）。特に医療従事者向け広告では，伝統的に，この「簡単な要約」において，FDAが承認した添付文書の一部をそのまま抜粋することが多かった。し

---

[13] 50 Fed. Reg. 36677 (September 9, 1985).

かし，消費者は医療従事者と比べて専門知識を有していないことが多く，このような伝統的な記載は DTC 広告として必ずしも望ましいとはいえない。そこで FDA は，DTC 広告では，平易な言葉で重要な事項だけをまとめた「消費者向けの簡単な要約」（consumer brief summary）を使用するよう奨励している[14]。

なお，消費者に対するプロモーションの一部は，広告ではなく「販売促進用ラベリング」とみなされる場合もある。もっとも FDA は，医療従事者向け販売促進用ラベリングと同様に，消費者向けの販売促進用ラベリングにも処方箋医薬品広告と同じ基本ルールを適用している[15]。

イ テレビ広告等

DTC 広告は当初，印刷物の形で行われることが多かったが，これはテレビやラジオ等の放送メディアでは，「簡単な要約」要件を満たすことが事実上困難であったからでもある。この点規制上は，テレビ等の放送メディアで行われる DTC 広告の場合，音声・映像の部分に広告対象の医薬品の「主な（major）」副作用および禁忌を含めなければならなかったものの，承認されたラベリングを普及させるための「十分な対策（adequate provision）」を講じれば，副作用および禁忌に関連するすべての情報に関する「簡単な要約」を含めることは避けることができた（21CFR§202.1(e)(1)）。しかし FDA は当初，どのような手段を講ずれば「十分な対策」をとったことになるのかという点について，解釈を示していなかった。

この点に対し FDA は，1997年にガイダンス案を，1999年にガイダンスを発行して「十分な対策」に対する解釈の明確化を図った。1999年のガイダンスによれば，十分な対策が講じられている一例としては，以下 4 つの要件をすべて満たすことが挙げられている[16]。

---

1. 広告の中で，FDA によって承認されたラベリングの郵送または読み上げを求めることができるフリーダイヤル番号を開示すること
2. インターネット等の高度技術へのアクセスが制限されている消費者や，追加の製品情報を積極的に求めることに抵抗がある消費者，または製品情報を検

---

[14] Draft Guidance: Brief Summary and Adequate Directions for Use: Disclosing Risk Information in Consumer-Directed Print Advertisements and Promotional Labeling for Prescription Drugs (August 2015, Revision 2), at 1.
[15] Food and Drug Law, at 1150.
[16] Guidance for Industry: Consumer-Directed Broadcast Advertisements (August 1999), at 2-3.

> 索する際に個人を特定されることを懸念する消費者に対して，承認されたラベリングを提供する仕組みについて，放送広告で言及すること（例えば，当該広告のターゲット層に対して，広告放送と同時期に追加の製品情報が記載された印刷広告を配布したり，当該印刷広告が入手できる場所を放送広告で言及する等）
> 3. 承認されたラベリングに対してアクセス可能な URL を放送広告で開示すること
> 4. 放送広告において，薬剤師や医師等の医療従事者が追加情報を提供する旨言及すること

　こうした放送メディアは，他の広告と同様，その初回放送時には，その見本を FDA に提出しなければならない（21CFR§314.81(b)(3)(i)）。特に医薬品のテレビ広告に関しては，FDA が要求した場合，放送の45日前までに，台本や CM を提出しなければならない（21USC§353c(a)）。FDA は，広告が虚偽または誤認を招くと判断した場合，広告に医薬品のラベリングに記載されている深刻なリスクを含めることや，（承認日から2年以内に限り）承認日を含めるよう求めることができる（21USC§353c(e)）。

　医薬品の DTC テレビ広告としてよく挙げられる例に，PMDD（月経前不快気分障害）を適応として承認された医薬品である YAZ（ヤーズ）の CM がある。FDA は2008年，YAZ の CM が，PMDD を適応として承認されたにもかかわらず，より軽症の PMS（月経前症候群）にも適応があるかのように誤認させるなどの理由で，バイエルヘルスケア社に対して警告状を発行した。これを受けてバイエルヘルスケア社は，多額の費用を投じて，修正広告として元の CM の内容を改める新たな CM を打つこととなった[17]。

ウ　リマインダー広告およびヘルプ・シーキング広告

　FDA は，消費者がすでに当該医薬品を知っていることを前提に，医薬品の名前を思い出させるための「リマインダー広告」を認めている。このリマインダー広告では，当該医薬品の名前（一般名を含む），有効成分などを記載することはできるが，その有効性や安全性に関する主張を含めることはできない。リマインダー広告には，前記2(1)の「簡単な要約」は含める必要がない（21CFR§202.1(e)(2)(i)）。ただし，枠囲み警告（Boxed Warning）を付された医薬品については，こうしたリマインダー広告

17　Food and Drug Law, at 1154.

を行うことはできない。なお，この枠囲み警告は，かつて「黒枠囲み警告（black boxed warning）」と呼ばれていたものであり，特定の禁忌または重大な警告，特に死亡または重大な傷害につながる可能性のある警告が記載されるものである（21CFR §210.57(c)(1)）。

また，疾患や病態に関する情報を提供するヘルプ・シーキング広告（Disease Awareness ad。受診勧奨型または疾病啓発型広告）と呼ばれる類型もある。ヘルプ・シーキング広告では，製薬会社の名前や電話番号を含めることはできるが，特定の医薬品を推奨または示唆することはできない。ヘルプ・シーキング広告は，FDAではなくFTCが管轄するが，その中に特定の医薬品への推奨・示唆が含まれる場合には，FDAの規制対象となる。

リマインダー広告やヘルプ・シーキング広告についても，FDAがそのウェブサイト上で適切な例および不適切な例[18,19]を公表しており，規制の周知が図られている。

エ　ソーシャルメディアを用いたDTC広告

処方箋医薬品のDTC広告は，ソーシャルメディアを用いてなされることもある。こうした広告も，他のDTC広告と同じ規制に服するのであって，リスクと有効性に関して正確かつバランスのとれた記載が求められる。もっともソーシャルメディア特有の問題点もある。

例えばソーシャルメディアの中には，投稿の文字数を制限するものもある。しかしそうした性質は，広告に適用される規制上の要件を免れる理由にはならない。当該ソーシャルメディアの制限の中では，リスクと有効性に関して正確かつバランスのとれた記載ができないのであれば，製薬会社等としては当該プロモーションを再考すべきである[20]。

また，ソーシャルメディアの場合，コメント欄に寄せられた広告主以外のコメントをどう扱うべきか，当該ソーシャルメディアの機能（「like」や「repost」等）を用いた承認（endorsement）をどのように捉えるべきか等の問題もある。2024年6月時点で，FDAはこうした問題に対して網羅的に回答するガイダンスを発行していないが，この点に関してはOTC医薬品の広告を管轄しているFTCのガイダンス[21]も参考に

18　リマインダー広告について，https://www.fda.gov/drugs/prescription-drug-advertising/reminder-ad-correct
19　ヘルプ・シーキング広告について，https://www.fda.gov/drugs/prescription-drug-advertising/correct-help-seeking-ad
20　Draft Guidance: Internet/Social Media Platforms with Character Space Limitations - Presenting Risk and Benefit Information for Prescription Drugs and Medical Devices (June 2014), at 8.

なる。

　ソーシャルメディアを用いたDTC広告の例としては，キム・カーダシアン（Kim Kardashian）のインスタグラムへの投稿に関して，FDAが警告状を発した例が挙げられる。具体的には，キム・カーダシアンは，自らと契約関係にある製薬会社が製造するつわり治療薬に関し，服薬によって「気分がよくなった」「赤ちゃんに対するリスクは増加しない」などとインスタグラムに投稿した。しかし，この投稿に関する情報は，虚偽・誤認広告に関する情報を受け付ける「Bad Ad」プログラム（後記5(1)参照）を通じてFDAに報告され，FDAは，2015年8月，この投稿は，リスクに関する十分な情報を提供していないなどとして，製薬会社に対して警告状を発し，当該投稿はまもなく削除された[22]。

　製薬会社がインフルエンサーを起用して医薬品のプロモーションを図ることは珍しくないが，この件は，企業は自社が提携するインフルエンサーが投稿する内容には十分留意する必要があることを示す一例といえよう。

4　オフラベルユースに関する情報提供

(1)　オフラベルユースをめぐる問題点

　医薬品は一定の適応や対象患者（以下，「適応等」という）に対して承認されるが，そのような医薬品について，未だ承認されていない適応等について使用することをオフラベルユースという。

　オフラベルユースに関する情報提供は，未承認の適応等に対して，「実質的証拠」の要件を満たす臨床試験を行った上で，当該適応等に関するFDAの承認を得てから行う方法が原則である。こうした手続を踏まずにオフラベルユースに関する情報の提供を認めることは，新しい適応等に関する安全性および有効性を確立するための追加の臨床試験を実施するインセンティブを損なう可能性がある。こうした背景から，FDAは，オフラベルユースに関する情報提供に対して，時に厳しく対処してきた。

　しかし，オフラベルユースに関する情報提供の禁止は，主に2つの観点から問題がある。

　第1に，現実問題として臨床実務ではオフラベルユースは行われており，それ自体禁止されている行為ではない。一部の研究では，全処方の20％がオフラベルユースであるとされている。オフラベルユースの一部は，医学会から安全かつ有効であるとみ

21　Guides Concerning the Use of Endorsements and Testimonials in Advertising（June 2023）.
22　https://www.nytimes.com/2015/08/13/health/fda-warns-company-over-kardashian-instagram-marketing.html

なされており、特にがん治療など一部の分野では、医薬品のオフラベルユースが標準治療になっていることすらある。こうした現場でオフラベルユースに携わる医師は、どのように処方すれば安全かつ有効な処方となるのかについて、当該医薬品に関して最もよく知る立場にある製薬会社からの情報を必要としている[23]。オフラベルユースに関する情報提供を一律に禁止すると、こうした臨床現場からのニーズに応えられなくなる。

第2に、オフラベルユースに関する情報提供の禁止は、表現に対する規制として、米国憲法修正第1条との関係で合憲性が問題となる。真実かつ公正な営利的表現に対する制約は、Central Hudson Gas & Electric Corp. v. Public Service Commissi-on of New York, 447 U.S. 557（1980）で定められた基準をクリアしなければならず[24]、真実かつ公正なオフラベルユースに関する情報提供の禁止もその例外ではない。FDAは、1990年代後半以降、一連の訴訟で敗訴しており、FDAのオフラベルユースに関するプロモーションへのアプローチ自体の合憲性に深刻な疑問が投げかけられている[25]。

(2) オフラベルユースに関する情報提供を規制する法律上の建付け
ア　ラベリングおよび広告

オフラベルユースに関する情報提供を規制する法令上の枠組みは、ラベリングと広告とで異なる。

オフラベルユースに関する情報提供がラベリングで行われた場合、未承認新薬の州際通商を禁止する条文（21USC§355(a)）が問題となる。すなわち、ある医薬品がそのラベリングでオフラベルユースを謳う場合、そのオフラベルユースとの関係では、当該医薬品は「そのラベリングにおいて規定、推奨または示唆された条件下で使用することが安全かつ有効であると一般に認識されていない」（前記**第1・2**の新薬の定義参照）ため、定義上、新薬に該当する。当該オフラベルユースは承認されていないため、その州際通商は、未承認新薬の州際通商に当たる。

また、医薬品のラベリングから、「適切な使用説明（adequate directions for use）」を付す旨の要件（21USC§352(f)(1)）が免除されるためには、ラベリングに「適切な使用情報（adequate information for its use）」の掲載が必要である。この「適切な使用情報」に関するラベリングの記載は、FDAが承認したラベリングと同じ文言と強調（the same in language and emphasis）でなければならず、その他の記載も承認

23　Food and Drug Law, at 1162.
24　Central Hudson Gas & Electric Corp. v. Public Service Commission of New York, 447 U.S. 557（1980）.
25　Food and Drug Law, at 1163.

されたラベリングと整合し矛盾がないことが求められる（21CFR§201.100(d)(1)）。オフラベルユースを含むラベリングはこの要件を満たさないため、「適切な使用説明（adequate directions for use）」を記載する必要があるが、処方箋医薬品の場合、前記2(2)のとおり、これは事実上極めて困難である。

これに対し、オフラベルユースに関する情報提供が広告で行われた場合、21CFR§202.1(e)(6)(i)が問題となる。具体的には、前記2(1)のとおり、21CFR§202.1(e)(6)(i)は、「実質的な証拠」によって証明された範囲を超えて医薬品の効能や安全性を表現することは、不当表示に該当する旨定めている。オフラベルユースは「実質的な証拠」によって証明されているわけではないため、オフラベルユースに関する広告は不当表示になる。

イ　スクイーズ・プレイ（Squeeze Play）

前記1(2)のとおり、営業担当者による医療従事者への口頭での説明は、ラベリングの定義に含まれない。したがって、それが広告にも該当しない場合、営業担当者による医療従事者に対する口頭でのオフラベルユースに関する情報提供は、前記アで示した法令では直接規制できない。このような場合、FDAはスクイーズ・プレイ（squeeze play）と呼ばれる技巧的な法解釈を用いて、オフラベルユースに関する情報提供を規制している。

まず、処方箋医薬品のラベリングが「適切な使用説明」の要件を免れるためには、「適切な使用情報」が含まれている必要があるが、この「適切な使用情報」とは、「その使用目的（その医薬品が広告または表記されているすべての目的を含む）」のための適切な情報を意味する（21CFR§201.100(c)(1)）。すなわち、処方箋医薬品のラベリングには、当該医薬品におけるすべての使用目的に関する情報が含まれなければならない。

他方、FDAの規則上、この「使用目的」は、FDAが承認した目的のみならず、企業の代表者等が口頭で行った説明などによっても示される「客観的な意図」が含まれる（21CFR§201.128）（前記**第1・1**(2)参照）。

したがって、営業担当者によるオフラベルユースに関する情報提供が口頭で行われた場合、それが企業の「客観的な意図」を示すものだと判断され、当該オフラベルユースも「その使用目的」に該当すると判断される可能性がある。

そうすると、口頭でなされたオフラベルユースについてはラベリングに何らの記載もないのであるから、「その使用目的」のための「適切な情報」が含まれているとはいえない。したがって、「適切な使用説明」の要件を免れず、結果的に不当表示に該当するということになる。

(3) 例外

このように、オフラベルユースに関する情報提供は法令上禁止されているが、FDA は様々な例外を認めている。以下では、オフラベルユースに関する情報提供が例外的に認められる場合を概観した上で、最近の裁判例を紹介する。

ア 科学的交流（Scientific Exchange）

医学や薬学の発展のためには、研究成果の公表やそれに伴う議論・検証といった、科学的な交流が不可欠であるが、そこではオフラベルユースに関する情報が含まれることがある。FDA は、このような科学的な交流（scientific exchange）を禁じていない。

実際、FDA は、治験薬のプロモーションを禁じる規則において、「この規定は、科学的知見を科学専門メディアまたは一般大衆メディアで広めることを含め、医薬品に関する科学的情報の完全な交流（full exchange of scientific information）を制限することを意図したものではない。」（21CFR§312.7(a)）と定めている。

このような科学的交流との関係では、企業が後援する学会などのプログラム、特にオフラベルユースに関する議論を含むプログラムをどのように扱うかという問題が生じる。科学的交流自体は許容されるが、このような学会を装って、オフラベルユースに関する商業的な情報提供が行われる可能性があるからである。

FDA は、ガイダンス[26]において、企業からの支援を受けたプログラムであっても、その企業の影響から独立した科学的・教育的なプログラムであれば、当該プログラムを規制する意図はないとしている。FDA は、後援企業からのプログラムの独立性を判断するにあたり、その内容や演者を誰が管理しているのかといった12の要素に着目している。なお、米国で医師の生涯教育を行う専門機関である ACCME（Accreditation Council for Continuing Medical Education）も、Continuing Medical Education（CME）プログラムの独立性を確保するための規則を発表している。

イ 依頼に応じた情報提供

FDA は、企業から独立した個人や団体からの依頼（unsolicited request）に応じてオフラベルユースに関する情報を適切に回答する場合には、違法な情報提供には当たらないとの立場をとっている。FDA のガイダンス案[27]では、どのような依頼が

---

26 Guidance for Industry: Industry-Supported Scientific and Educational Activities (November 1997).
27 Draft Guidance for Industry: Responding to Unsolicited Requests for Off-Label Information About Prescription Drugs and Medical Device (December 2011).

unsolicited request に該当し，どのような回答であれば適切なのかについて具体例とともに解説されている。

例えば，ある個人が企業の医療情報担当者（medical information staff）に対し，オフラベルユースに関する情報を求めて，電話やメールで問い合わせを行うことは，unsolicited request に該当する。これに対し，企業の営業担当者（sales representative）が，承認された添付文書に記載されていないオフラベルユースについて言及し，医療従事者をして詳細な情報を求めるよう誘導した場合には，誘導の結果生じた依頼は，unsolicited request とはみなされない。

ウ　科学文献の配布

オフラベルユースに関する情報提供の一方法として，医療従事者に対する，オフラベルユースに関する情報が掲載された科学文献の配布がある。この点に関しては，Washington Legal Foundation（WLF）が起こした一連の訴訟が重要である。

FDA は，1996年，オフラベルユースに関する科学文献の配布を認める状況について示したガイダンス[28]を公表した。このガイダンスでは，企業に対し，配布する論文の主な内容は承認された適応に関するものであることや，当該論文に含まれる情報と承認されたラベリングの情報との間の相違点を目立つように記載すること等を求めていた。これに対し WLF は，このガイダンスは，企業に対してオフラベルユースに関する情報を配布することを不当に制限しており，WLF の医師らの米国憲法修正第1条の権利を侵害している旨主張して提訴した。連邦裁判所は，1998年，WLF の主張を一部認め，内容が虚偽または誤認でない限り，査読付き論文の配布を FDA が禁止することは許されない旨判示した[29]。

しかし，この判決に先立つ1997年，FDA 近代化法（FDAMA）が成立し，一定の条件下において製薬会社が処方者に対してオフラベルユースに関する情報を提供することを認める旨の条項が定められた（ただしこの条項は，2006年に自動的に失効することとされていた）。1998年，FDA はこれを施行するための規則を公表したが，これは FDAMA が定める「一定の条件」として，当該オフラベルユースに関する sNDA（前記第2・6(4)参照）の提出を課すなど，製薬企業に大きな負担を課すものであった。

WLF はこの FDAMA の条項および FDA の規則も，米国憲法修正第1条に違反すると主張して提訴した。これに対し連邦裁判所は，Central Hudson Gas & Electric

---

[28] Guidance to Industry on Dissemination of Reprints of Certain Published, Original Data（October 1996）.
[29] See Washington Legal Foundation v. Friedman, 13 F. Supp. 2d 51（D.D.C. 1998）.

Corp. v. Public Service Commission of New York, 447 U.S. 557(1980) で示された4つの基準を用いて判断した。これは、(i)当該言論は、違法または本質的に誤認的であるか、(ii)政府に当該言論を制限する実質的な利益があるか、(iii)当該制約は、当該実質的利益を直接促進するものか、(iv)当該制約はできる限り狭い（narrowly tailored）かの4つである。その結果、連邦裁判所は、FDAMAの条項は憲法上保護された商業的言論を違憲に制約するものであり、FDAMAの条項およびこれを施行するFDAの規則は執行できない旨判示した[30]。もっとも控訴審では、FDAが、FDAMAの条項およびFDAの規則はオフラベルユースに関する情報提供にあたっての「セーフハーバー」（当該条項は、遵守すれば適法となるが、仮に遵守しなかったとしてもそれがただちに違法となるとは限らない）にすぎないから、これらの法令自体が商業的言論を禁止したり制裁を課すものではないとの立場を示した。その結果、控訴審は、第一審裁判所の判断およびその理由付けを批判するものではないとしながら、第一審裁判所の判決を取り消した[31]。

その後FDAは、連邦公報[32]において、上記の法令は「セーフハーバー」であるとの立場を明らかにしたが、そこでは同時に、オフラベルユースを促進するという企業の意図が不当表示の根拠となり得る旨も明らかにされていた。この状況に対し、WLFが再度起こした訴訟において、連邦裁判所は、FDAは未だにこの問題に関して明確な指針が示されていない旨判示した[33]。結局、FDAMAの条項は、法令の定めに従い、2006年に自動的に失効した[34]。

こうした一連の訴訟や、明確化を求める産業界の声を受け、FDAは科学文献の配布に関して、2014年にガイダンス案[35]を公表した。このガイダンス案では、例えばオフラベルユースに関する情報を含む医学論文の配布が正当化される条件として、当該論文が掲載される雑誌自体に求められる要件（その分野の専門家からなる編集委員会を有する雑誌であること、当該専門家が独立かつ客観的に掲載論文を選別していること等）や、配布する際の要件（論文に含まれる承認されたラベリングとともに配布すること等）などを挙げている。

30　*See* Washington Legal Foundation v. Henney, 56 F. Supp. 2d 81(D.D.C 1999).
31　*See* Washington Legal Foundation v. Henney, 202 F. 3d 331 (D.C. Cir. 2000).
32　*See* 65 Fed. Reg. 14286 (March 16, 2000).
33　Washington Legal Foundation v. Henney, 128 F. Supp. 2d 11 (D.D.C. 2000).
34　Food and Drug Law, at 1187.
35　Revised Draft Guidance for Industry: Distributing Scientific and Medical Publications on Unapproved New Uses - Recommended Practice (February 2014).

エ　言論の自由との関係〜近時の裁判例から〜

オフラベルユースに関する情報提供に対するFDAのポリシーが米国憲法修正第1条に抵触する場面は，近時ますます増えている。代表的な事例として，以下ではカロニア事件[36]とアマリンファーマ事件[37]を紹介するが，これ以外にも，例えばSorrell v. IMS Health, Inc., 564 U.S. 552（2011）やUnited State v. Vascular Solutions, Inc., Cr. No. 14-926（W.D. Tex. 2016）（医療機器の事案）など，真実かつ公正なオフラベル情報の提供は米国憲法修正第1条によって保護されていることを示唆する裁判例は増えている。他方で，United States v. Facteau, no.21-1080（1st Cir, 2023）では，被告による米国憲法修正第1条に基づく主張は排斥されており，この問題は未だ議論が続いている。

(ア)　カロニア事件

カロニア事件は，製薬会社Orphan Medical, Inc.の営業担当者であったアルフレッド・カロニアが，社外の医師との会話において，カタプレキシーを経験したナルコレプシー（過眠症）患者の治療を適応として承認された医薬品について，そのオフラベルユース（筋障害や慢性疼痛等）を宣伝した事件である。このような口頭でのプロモーションにより，カロニアは医薬品の不当表示を行ったとして刑事訴追された。第一審では有罪判決が下されたが，これに対しカロニアは，米国憲法修正第1条で保護された言論の自由が侵害されたとして巡回裁判所に控訴した。

プロモーションに関する刑事事件では，具体的にどのような行為が訴追対象となったのかを把握することが重要なため[38]，もう少し具体的な事実関係を説明する。

この事件では，Orphanに雇われたカロニアが，見込み客である社外の医師に対して対象医薬品を説明する際に，口頭でオフラベルユースを宣伝している。しかし，訴追対象となった行為はそこではない。訴追対象となったのは，Orphanが対象医薬品を州際通商に供した行為（21USC§331(a)，21USC§333(a)(1)参照）である。すなわち，カロニアが行った口頭でのオフラベルユースが，対象医薬品の「intended use」として考慮された結果，いわゆる「スクイーズ・プレイ」（前記(2)イ参照）によって対象医薬品が「不当表示」となり，それを（全国の薬局等に販売するために）州際通商に

---

[36] United States v. Caronia 703 F. 3d 149 (2d Cir. 2012).
[37] Amarin Pharma, Inc. v. U.S. Food and Drug Administration 119 F. Supp. 3d 196 (S.D.N.Y. 2015).
[38] この点は日本でも同様である。ディオバン事件（最決令和3年6月28日刑集75巻7号666頁）でも，厚生労働省の告発で問題視されていた行為と，実際に起訴事実となった行為との間には乖離がある。この点については古川伸彦「判例研究：ディオバン事件最高裁決定（最決令和3・6・28）」（名古屋大学法政論集299号）（2023年）120頁以降も参照されたい。

供した行為が，訴追対象となったのである。実際この訴訟で，政府（FDA）は，カロニアの口頭でのプロモーションは「intended use」の証拠として考慮されるのみであり，口頭でのプロモーション自体を訴追しているわけではないため，米国憲法修正第1条との関係でも問題はないとの立場を取っていた。

しかし，巡回裁判所は，記録上，実際に政府が訴追しているのが口頭でのプロモーションであることは明白であるとして，上記の主張を排斥した。その上で，巡回裁判所は，製薬会社がマーケティング目的で処方者情報を使用することを制限したバーモント州法を違憲とした連邦最高裁判決[39]も引用しつつ，本件のような虚偽または誤認に当たらないオフラベルユースの口頭でのプロモーションを刑事訴追することは違憲で許されないとして，第一審の有罪判決を取り消した。

(イ)　アマリンファーマ事件

アマリンファーマ事件では，アマリンファーマが開発した中性脂肪（トリグリセリド）低下剤に関するオフラベルユースに関する情報提供が問題となった。

この中性脂肪低下剤は，最初，血中の中性脂肪値が500mg/dLを超えるという，中性脂肪値が極めて高い成人患者に対する治療薬としてFDAに承認された。しかしその一方で，血中の中性脂肪値が200〜499mg/dLであり，かつすでにスタチン治療を受けている患者（以下「持続的に中性脂肪値が高い患者」という）の治療薬としては，臨床試験によって血中中性脂肪値を低下させること（以下「本件試験結果」という）が証明されたにもかかわらず，そのことがこれらの患者における心血管疾患のリスクを低下させるかどうかは不明である（つまり，本件試験結果が臨床的な有効性を示すものかどうかは不明である）として，持続的に中性脂肪値が高い患者に対する治療薬としては承認されなかった。FDAはアマリンファーマ宛の審査完了通知書（CRL）において，当該医薬品の販売において本件試験結果を含めることは，不当表示に該当する可能性がある旨通告した。

これに対しアマリンファーマは，FDAのCRLは，アマリンファーマが本件試験結果を含めた真実かつ公正な表現（虚偽または誤認に当たらない表現）を行うという憲法上保護された言論活動を脅かしているとして，不当表示を理由とする刑事訴追からの仮の救済を求めて提訴した。連邦裁判所は，カロニア事件を引用しつつ，米国憲法修正第1条によれば，政府（FDA）は真実たるプロモーション言論だけを根拠に，そのような言論を行った者に対して不当表示に基づく法的措置を行うことはできない旨判示し，アマリンファーマの主張を認めた。

---

[39] Sorrell v. IMS Health, Inc., 564 U.S. 552 (2011).

(4) 日本のプロモーション規制への示唆

　当然ながら，米国憲法は日本国憲法と同じではない。しかし，日本の憲法学が米国の憲法訴訟の影響を受けていることは否定しがたいことを踏まえると，上記のような米国での訴訟や憲法上の論点は，日本のプロモーション規制を考える上でも参考になるように思われる。

　例えば，真実かつ公正なオフラベル情報の提供が広告として行われた場合，これを刑事罰等によって禁ずることは，日本国憲法上合憲だろうか。

　日本国憲法21条1項は，「集会，結社及び言論，出版その他一切の表現の自由は，これを保障する」と定めており，この表現の自由の保障は営利的表現にも及ぶと解するのが一般的である[40]。他方で，真実かつ公正なオフラベル情報の提供が広告として行われた場合，未承認医薬品の広告を禁止する薬機法68条に違反することになり，当該広告の中止命令（同72条の5第1項）や刑事罰（同85条第5号）に服することになる。こうした行政処分や刑事罰は，日本国憲法上どのように正当化されるのだろうか。オフラベル情報の提供に関しては，「医療用医薬品の販売情報提供活動に関するガイドライン」が公表され，その後Q&Aが続々と発出されるなど[41]，近年規制当局の解釈が明らかになりつつある分野であるが，憲法上の検討もまた重要と思われる。

　またプロモーション規制との関係では，DTC広告の制限も興味深い。前記3(1)で記載したとおり，医療用医薬品のDTC広告を認めている米国は国際的には少数派であり，日本でも原則として認められていない。日本では，医療用医薬品の一般向け広告について，がん等の特定疾病用の医薬品については薬機法67条で，それ以外の医療用医薬品については「医薬品等適正広告基準の改正について」（平成29年9月29日薬生発0929第4号厚生労働省医薬・生活衛生局長通知）第4の5によって（すなわち薬機法66条の解釈ではなく，行政指導という形で）禁止されている。これは製薬会社による営利広告の制限であることはもとより，国民の「知る権利（憲法13条）」の制約であると捉える主張もあり得よう。

　このようにプロモーション規制に関する米国の現状の理解は，日本のプロモーション規制を考える上でも有益な示唆を提供してくれるように思われる。

40　毛利透ほか『憲法Ⅱ 人権（第3版）』（有斐閣，2022年）244頁。
41　医薬品等の広告規制に関する通知やQ&Aは，下記の厚生労働省のウェブサイトで確認できる。
　https://www.mhlw.go.jp/stf/seisakunitsuite/bunya/kenkou_iryou/iyakuhin/koukokukisei/index.html

5　コンプライアンスを確保するための法令

(1)　FDCA 上の定め

　前記 2 のとおり，法令に違反するプロモーションは，不当表示（misbrand）に該当するため，FDCA 上の様々な執行措置に服する。実務上は，法令違反のプロモーションを行った企業に対して，無題レター（untitled letter）や警告状（warning letter）が発行されることが多いが，より重い処分である押収，差止め，刑事訴追に至る可能性もある。これらの執行措置に関する詳細は後記**第 6** を参照されたい。

　法令違反を予防する措置としては，医薬品（および生物製剤）について，NDA 申請の際に表示およびラベリングを提出する必要があることに加えて，販売促進用ラベリングおよび広告については，初回の配布または掲載時に，FDA に対して提出する義務を負う（21CFR§314.81(b)(3)(i)）。より具体的には，医薬品の販促物は CDER の処方箋医薬品広告審査室（OPDP）に，CBER が管轄する生物製剤の販促物は CBER の広告・販売促進用ラベリングスタッフに対して，FDA Form 2253 という書式を用いて提出する必要がある。

　FDA が法令違反を認識する端緒としては，Form 2253 や競合他社から FDA に対して行われる報告に加え，「Bad Ad」プログラム[42]を通じて提出される報告などがある。「Bad Ad」プログラムとは，医療従事者に対して，違法または不適切なプロモーションについて教育するとともに報告を促すプログラムであり，FDA の監視が行き届きにくい口頭でのプロモーション等に対してコンプライアンスを行き渡らせることが期待されている。

(2)　虚偽請求法（False Claims Act）

ア　Qui Tam Action

　オフラベルユースの不適切なプロモーションの抑止としては，虚偽請求法（False Claims Act：FCA）に基づく民事訴訟も挙げられる。

　FCA は，政府からの支払を得るために，故意に虚偽または詐欺的な請求を行った者は，その行為によって政府が被った損害額の 3 倍の金額の民事罰責任を負う旨定めている（31USC§3729(a)(i)参照）。製薬会社が医薬品のオフラベルユースの有効性や安全性について虚偽または誤認させるようなプロモーションを行い，その結果当該医薬品の費用がメディケアやメディケイド（後記(6)ア参照）等の医療費償還プログラムを通じて政府から払い戻された場合，上記の定めに基づき，当該製薬会社は政府に対

---

[42]　https://www.fda.gov/drugs/office-prescription-drug-promotion/bad-ad-program

する民事責任を負うことになる。

　この民事責任を追及する訴訟は，司法省（DOJ）が，メディケアおよびメディケイドの不正や濫用を防止する保健福祉省（HHS）の監察総監室（Office of Inspector General：OIG）と連携して提起する。加えて，このような訴訟は，私人が「自らおよび政府のために」「政府の名で」提訴することもでき（31USC§3730(b)(1)），これはコモンロー上の「qui tam action」としても知られる。かかる個人（オフラベルユースに関する訴訟では，製薬会社の内部告発者であることが多い）は，訴訟での認容額や和解によって得た金額の一定割合を得ることができる（31USC§3730(d)）。

　このFCAに基づくオフラベルユースの不適切なプロモーションに関する民事訴訟としては，United States ex rel. Franklin v. Parke-Davis, 147 F.Supp. 2d 39 (D.Mass. 2001)などがあるが，実務上，この種の民事訴訟は和解で終結することが多い。

　なお，FCAに関しては5年以下の懲役刑を含む刑事罰も定められている（18USC§287）。

イ　OIGのコンプライアンス・プログラム等

　OIGは2003年，FCAに基づく請求等を回避するために製薬会社に期待することを説明するガイダンスとして，Compliance Program Guidance for Pharmaceutical Manufacturers, 68 Fed. Reg. 23731 (May 5, 2003)を発表した[43]。このガイダンスは，効果的なコンプライアンス・プログラムに関する7つの基本要素を挙げつつ，連邦政府のヘルスケアプログラムに関するコンプライアンス体制を構築するためのアドバイスが含まれており，実務上も重要性が高い。

　このガイダンスでは，PhRMA Codeにも言及している。PhRMA Codeとは，米国研究製薬工業協会（PhRMA）が2002年に策定（2022年1月に改訂）した医療従事者との交流に関する自主基準であり，Q&Aとともに製薬業界と医療従事者との関係性を示したものである。上記のOIGのガイダンスでは，PhRMA Codeについて「有益かつ実用的」であり，PhRMA Codeの遵守は「詐欺や濫用のリスクを著しく減らし，適用法令を遵守する誠実な努力を示す証左となり得る」と述べている。

(3)　反キックバック法

　医薬品のマーケティングを規律する連邦法としては，反キックバック法（Anti-Kickback Statute, 42USC§1320a-7b(b)）も挙げられる。反キックバック法は，メ

---

[43] なおOIGは，近時，より一般的なガイダンスとしてGeneral Compliance Program Guidance（November 2023）も公表しており，参考となる。

ディケイドやメディケアで償還が行われる医薬品の処方等を誘因するために，故意に報酬（remuneration。キックバック，賄賂，リベートを含む）を払うことを禁じている（42USC§1320a-7b(b)）。連邦規則では，一定の割引など，反キックバック法の下で「報酬」に該当しないとされるセーフハーバーも複数定められている（42CFR§1001.952）。

　反キックバック法に違反した場合，懲役や罰金などの刑事責任を問われる可能性がある。また反キックバック法に違反して行われた請求（例えば違法な報酬を支払うことで医薬品を処方させ，その代金をメディケイド等で請求する等）は，それ自体がFCA上の民事責任を生じさせる可能性がある。

(4) サンシャイン法

　製薬会社と医師との関係性を規律した連邦法としては，サンシャイン法（Physician Payment Sunshine Act，42USC§1320a-7h)[44]も挙げられる。このサンシャイン法は，産業界と医師等との金銭的関係についての透明性を高めることを目的に，2010年に成立した医療保険制度改革法（the Patient Protection and Affordable Care Act。「オバマケア」とも呼ばれる）の一部として成立したものである。

　サンシャイン法は，メディケアやメディケイド等の連邦医療保険プログラムでカバーされる医薬品や医療機器の製造業者等に対し，医師等（いわゆる准医師（PA）も含む）およびティーチングホスピタルへの一定の支払や利益供与について，HHSに対して報告義務を課している。CMSはサンシャイン法を施行する詳細な規則を制定しており，報告対象となる支払や供与された利益のカテゴリー（コンサルティング料，謝礼，ロイヤルティ，臨床試験に関連する研究費等。42CFR§403.904(e)）や報告すべき事項（受領者名，支払金額等。42CFR§403.904(c)）について定めている。また，報告された情報がCMSによって公表される前に，45日間の訂正可能期間が設けられなければならず，この間に医師等は公表予定の情報の是正を求めることができる（42CFR§403.908(g)）。こうしたプロセスを経て集められた情報はCMSのウェブサイト「Open Payments」[45]上で公表されている。

---

[44] サンシャイン法に関する日本語文献としては，小山田朋子「医療における利益相反－アメリカの連邦サンシャイン法で何が変わったか？－ Richard S. Saver, Financial Conflicts In The New Era of Sunshine: What We Know And Still Need To Know, 15 Ind. Health L. Rev. 67（2018）の紹介」（法学志林120巻1号）（2022年）等がある。

[45] https://openpaymentsdata.cms.gov/

(5) 海外腐敗行為防止法（FCPA）

　実務上重要な法律としては，1977年に制定された海外腐敗行為防止法（Foreign Corrupt Practices Act：FCPA）も挙げられる。FCPA は，米国企業や米国人が海外の政府関係者や公務員に対して商業目的で贈賄を行うことを禁じた法律である。FCPA は，贈賄禁止条項および会計処理・内部統制条項から構成されており，違反に対しては多額の罰金等が科されることも珍しくない。

　FCPA の特徴の1つは，その適用範囲の広さにある。米国証券発行者（issuers）や米国国内関係者（domestic entities）が米国外で行った贈賄を行った場合や，米国外企業や非米国人が米国内で贈賄行為の一部を行った場合にも適用される。したがって，例えば米国企業の日本子会社が，日本の公的医療機関との臨床研究契約等に基づき支払を行う場合には，FCPA 違反と指摘される可能性がないか，検討する必要が生じる場合がある。

　実務的には，2020年7月に DOJ と SEC が共同で公表した「A RESOUCE GUIDE TO THE U.S. FOREIGN CORRUPT PRACTICES ACT（第2版）」が参考となる。

(6) 医療保険制度等
ア　米国医療保険制度の概説

　米国の医療保険制度は，公的医療保険制度と民間医療保険制度が両立しており，適用される法律も，従業員退職所得保障法（Employee Retirement Income Security Act：ERISA）や医療保険の携行性と責任に関する法律（Health Insurance Portability and Accountability Act：HIPPA）など様々であって，複雑である。また，米国の医療保険制度の特徴としては，その高額な医療費に加えて，2010年に医療保険制度改革法（Patient Protection and Affordable Care Act：ACA）が成立した後も国民皆保険が実現しておらず，構造的に無保険者を抱えているという点も指摘できる。米国の医療保険制度や薬価については本書の対象ではないが，代表的な公的医療保険制度であるメディケア（Medicare）およびメディケイド（Medicaid）についてのみ，簡単に解説する。

　メディケア（Social Security Act Title XVIII, 42USC§1395～）は，65歳以上の者または特定の障害を有する者を対象とした公的医療保険である。メディケアはパートAからパートDに分かれており，パートAおよびパートBは保健福祉省（HHS）のメディケア・メディケイド・サービスセンター（CMS）が，パートCおよびパートDは民間保険者が運営している。

　パートAは，病院保険（hospital insurance）として入院サービスなどをカバーする制度であり，すべての受給者が加入する強制加入保険である。パートBは，医療保

険（medical insurance）として外来診療や予防医療を含む医師サービスをカバーする制度であり，任意加入である。パートCは，政府が提供するパートAおよびパートBの代わりに，民間保険会社が病院保険および医療保険の償還を担うという任意加入制度であり，メディケア・アドバンテージと呼ばれる。パートDは，処方箋医薬品をカバーする制度であり，パートCと同様任意加入である。

　メディケイド（Social Security Act Title XVIII, 42USC§1396〜）は，低所得者を対象とした公的医療保険であり，連邦政府（HHS/CMS）とも連携しつつ各州が運営している（この「低所得者」の範囲は，ACAによるメディケイド拡充によって，従来より拡大された）。メディケイドは，メディケアと同様の入院サービスや医師サービス，処方箋医薬品をカバーするほか，一部の介護サービスをもカバーしている。

イ　インフレ抑制法（IRA）

　2022年8月に成立したインフレ抑制法（Inflation Reduction Act：IRA）は，HHSに対して，メディケアがカバーする薬価について，製薬会社と交渉する権限を与えている。最初に薬価交渉の対象となる，メディケアパートDでカバーされている医薬品10品目は，下表のとおりすでに公表されており，この薬価交渉の対象となる医薬品は，年々順次拡大することが予定されている。

Drug Name	Commonly Treated Conditions	Total Part D Gross Covered Prescription Drug Costs from June 2022-May 2023	Number of Medicare Part D Enrollees Who Used the Drug from June 2022-May 2023
Eliquis	Prevention and treatment of blood clots	$16,482,621,000	3,706,000
Jardiance	Diabetes; Heart failure	$7,057,707,000	1,573,000
Xarelto	Prevention and treatment of blood clots; Reduction of risk for patients with coronary or peripheral artery disease	$6,031,393,000	1,337,000
Januvia	Diabetes	$4,087,081,000	869,000
Farxiga	Diabetes; Heart failure; Chronic kidney disease	$3,268,329,000	799,000
Entresto	Heart failure	$2,884,877,000	587,000
Enbrel	Rheumatoid arthritis; Psoriasis; Psoriatic arthritis	$2,791,105,000	48,000
Imbruvica	Blood cancers	$2,663,560,000	20,000
Stelara	Psoriasis; Psoriatic arthritis; Crohn's disease; Ulcerative colitis	$2,638,929,000	22,000
Fiasp; Fiasp FlexTouch; Fiasp PenFill; NovoLog; NovoLog FlexPen; NovoLog PenFill	Diabetes	$2,576,586,000	777,000

Note: Numbers are rounded to the nearest thousands.

現在 CMS が公開しているスケジュールでは，2024年8月1日まで，CMS と各製薬会社が，各医薬品の最大公正価格（Maximum Fair Prices）の交渉を行う。その後9月1日には，交渉された各医薬品の最大公正価格が公表され，2026年1月1日から実際に適用される[46]。

　これに対し，対象品目に選ばれた医薬品を製造する各製薬会社は，このプロセスの差止め等を求めて全米各地で訴訟を起こしている。各訴訟の詳細には立ち入らないが，各訴訟の帰趨は，この薬価交渉プログラム，ひいては日本の薬価をめぐる議論にも影響を与える可能性があり，注目に値する。

46　CMS: Drug Price Negotiation Timeline for 2026.

第6　執行（Enforcement）

1　執行手段および傾向

　FDA は，法令を執行するための様々な手段を有する。執行手段は，司法執行と行政執行に大別される。

　司法執行の例として，押収（seizure），差止め（injunction），刑事訴追（criminal prosecution）がある。司法執行は，FDA が裁判所を通じて行う執行手段であるが，FDA は裁判所において単独で国を代理する権限を有していないため，司法執行は DOJ と共同で行われる（FDA 側では Office of Chief Counsel（OCC）や Office of Regulatory Affair（ORA）が案件を担当する）。

　これに対して行政執行は，FDA 単独で行われる。行政執行の例としては，査察（Inspection），警告状（Warning Letter），リコール（Recall）などがある。

　FDA による執行措置ごとの件数は，下表[1]のとおりである。なお，下表は FDA が規制する製品類型（すべて医療機器や食品を含む）に対して実施した執行措置の件数であり，医薬品に限られるものではないことには留意されたい。

措置	1989	1994	2003	2007	2011	2019
刑事訴追	16	8	1	344	255	NA
押収	144	98	25	6	15	2
差止め	13	16	22	12	16	5
警告状	370	1,594	545	471	1,720	15,100
リコール	2,183	3,236	4,627	5,585	3,640	2,601
査察	17,740	15,179	22,545	15,581	17,635	16,153

注1）　2007年および2011年の刑事訴追の件数は，有罪判決に至ったもののみ。
注2）　ほぼすべてのリコールは FDA が監督しているが強制的なものではない。

　以下では，司法執行・行政執行の順に代表的な執行手段[2]を概説するが，それぞれの執行手段はいずれも医薬品以外の製品にも適用される。製品ごとに異なる執行手段

1　Food and Drug Law, at 237-38 を元に作成。
2　以下で扱わない執行手段としては，例えば民事制裁金（civil money penalty）がある（21USC§333(f)(4), (g)）。

が法定されている場合もあるが，それらは次章以降で個別に言及する。

2 司法執行

(1) 押収（Seizure）

押収（seizure）とは，法令違反を理由に，製品を商取引から排除するために取られる措置である[3]。法律上の根拠は，FDCA§304（21USC§334）である。

具体的な手続としては，国が原告として，「Supplemental Rules for Certain Admiralty and Maritime Claims」という，連邦法に基づく対物没収措置（forfeiture actions in rem）等に適用される特殊なルールに基づき，没収を求める訴状（Complaint for Forfeiture）を提出する。この没収を求める訴状は，押収される製品自体を被告とし，裁判所に対して当該製品を非難（condemn）し，法令違反の宣言を求めるものである[4]。

これに対し，裁判所は逮捕令状（a warrant for arrest）を発行し，連邦保安官（U.S. Marshalls Service）に対して当該製品の押収を指示する。連邦保安官が当該製品の占有を直接取得することもあるが，多くの場合，当該製品が発見された場所（製造施設や倉庫など）から，裁判所の許可なく移動させられなくなるという形で押収が実現される。

これに対し，押収を受けた製品の所有者等としては大きく3つの方針の中から対応を選択することになる[5]。

第1に，何もしないことである。この場合，国は自動的に（by default）当該製品を処分できるようになる。

第2に，法令違反を認め，押収に要したコストを支払うことに同意し，製品の廃棄または回収を求める主張を提出し，同意判決（consent decree）を得ることである。同意判決とは，当事者同士が合意したとおりの内容の判決が出される手続である。押収手続における同意判決には，当該製品が法令に違反していた旨を宣言する条項が含まれている必要がある[6]。

第3に，訴状に対する答弁書を提出し，当該製品は品質不良や不当表示ではない（法令違反はない）として，押収に異議を唱えることである。この場合，国が勝訴するた

---

[3] https://www.fda.gov/inspections-compliance-enforcement-and-criminal-investigations/enforcement-story-archive/definitions-2003#:~:text=SEIZURE%3A%20An%20action%20taken%20to,where%20the%20product%20is%20located.
[4] Regulatory Procedures Manual, Judicial Actions（Chapter 6）(June 2021), at 4.
[5] Id, at 21.
[6] Id, at 22.

めには，「証拠の優越（preponderance of the evidence）」をもって当該製品の法令違反を裁判所に示す必要がある。

押収は，特定の製品の特定のロットに対して行われるのが原則である。しかし，ある施設に存する対象製品をすべて押収するという「大量押収」(mass seizure) が行われることもある[7]。これは，例えば cGMP に適合しない施設で製造されたり，不衛生な施設で保管されたりしている製品全体を押収する場合などに用いられる。大量押収は，会社の業務運営に大きな影響を及ぼすため，FDA は職員に対し，大量押収の際には特に注意を払うよう求めている[8]。

押収は，FDA にとって強力な執行手段ではあるが，多大なリソースを投入する必要がある一方，時にその効果は限定的であると考えられている。FDA は，近年では押収に代えて警告状（後記3⑵参照）の発出を多用しており，FDA による押収件数は著しく減少している[9]。

⑵ 差止め（Injunction）

差止めは，法令違反製品の州際通商への流入を停止させたり，違反の原因となった状況を是正させるなど，法律違反状態を停止または防止するために開始される民事手続である[10]。FDCA 上の根拠は FDCA §302（21USC§332）であるが，一般的な差止めに関する規定である連邦民事訴訟規則（Federal Rules of Civil Procedure）§65 にも従う。

差止めは押収と異なり，一定の条件に該当する製品すべてについて州際通商への流入を停止させることが可能であり，企業活動に与える効果は甚大である。そのため差止めが検討されるのは，重大な法令違反があった場合，特に当該製品によって健康被害が確認された場合である。FDA は，例えば以下のような場合に差止めを選択するが[11]，より具体的には，慢性的な cGMP 違反行為や，プロモーションに関する FDA の規則に対するたび重なる違反が確認されたような場合である。

> 1．現在，明確な健康被害または消費者に対する重大な欺罔があり，違反行為を停止させるために即時の措置を必要とし，押収が現実的でない場合

7　*Id.*, at 8.
8　*Id.*, at 9.
9　Food and Drug Law, at 292-93.
10　https://www.fda.gov/inspections-compliance-enforcement-and-criminal-investigations/enforcement-story-archive/definitions-2003
11　Regulatory Procedures Manual, Judicial Actions（Chapter 6）(June 2021), at 31-32.

> 2．同一人物が所有する違反製品が大量にあり，企業が自主的なリコールを拒否
>   したかまたはリコールが公衆を保護するには著しく不十分である場合で，か
>   つ押収が非現実的または不経済である場合
> （上記1および2に関しては，法令違反の過去があり，その際他の警告や制裁
> によって当該法令違反を是正しようとしたが奏功しなかった過去がある場合には，
> その点も考慮される可能性がある）
> 3．健康被害や消費者に対する欺罔を引き起こしているわけではないが，自主的
>   または他の規制上の措置を用いても是正されない，長期にわたる（慢性的な）
>   違反行為がある場合

なお，差止訴訟では，必ずしも個人を被告として挙げる法的必要性はない。しかし，FDAは，差止訴訟において，法令違反に対して最も直接的な責任を持つ個人も被告として提訴することが，法令遵守を達成させるために有効であると考えており，法令違反を是正または防止する権限および責任を有する個人を被告として追加するよう，職員に指示している[12]。

差止命令には，一方的緊急差止命令（temporary restraining order：TRO），暫定的差止命令（preliminary injunction），恒久的差止命令（permanent injunction）の3種類がある。

一方的緊急差止命令は，緊急事態をコントロールするために裁判所が下す命令であり，暫定的差止命令の審理に先立ち，一時的な（期間は10日間で，さらに10日間延長される可能性がある）差止めを求める手続である[13]。一方的緊急差止命令は，相手方に対する通知を行うことなく，一方当事者の申立てのみに基づき発せられる。FDAが一方的緊急差止命令を求めるのは，法令違反が非常に深刻であり，直ちに事態をコントロールする必要があると判断する場合に限られる[14]。

暫定的差止命令は，最終判決が出るまでの間，仮の処分として差止めを認めるものである。一方的緊急差止命令と異なり，裁判所は，一方当事者の申立だけでは暫定的差止命令を発することはできず，宣誓供述書（affidavit）や証人による証言といった証拠に基づく審理が必要となる[15]。実務上，FDAによる恒久的差止命令の申立てにあたっては，この暫定的差止命令の申立てもあわせて行われることが多い。

恒久的差止命令は，その名のとおり，裁判所の命令によって解除されるまで永続す

12　*Id*, at 32-33.
13　*Id*, at 30.
14　*Id*.
15　*Id*.

る差止命令である。恒久的差止命令は，本案審理を経て裁判所の判決として出されることもあるし，交渉の結果としてなされる同意判決（前記(1)参照）に含まれることもある。

同意判決は，企業に対し，法令遵守を徹底させるための柔軟な措置を強制できるため，FDAによって頻繁に用いられる。こうした柔軟な措置としては，例えば以下のような措置が挙げられる。

1．独立した専門家による定期的な監査を受け，同意判決に基づき事業の再開が認められた後も監査報告書をFDAに提出すること
2．継続的な従業員研修プログラムを実施すること
3．対象製品のリコールを実施すること
4．是正広告の掲載を含む，所定の広告プログラムを実施すること

同意判決では，時に，Disgorgement（利益の剥奪。不正な行為を行った者から，不正に得た利益を剥奪する衡平法上の救済）やRestitution（不当利得の返還。損害を被った人々に損失を回復させる衡平法上の救済）の理論に基づき，多額の金銭の支払が求められることがある。しかしFDAはFDCA上このような明示的な権限を有しておらず，こうした実務については未だ議論がある[16]。

差止命令や同意判決は，FDAのウェブページや業界紙を通じて広く報道される。最近の例を挙げると，cGMP違反が繰り返されていた事例において，マサチューセッツ州連邦地方裁判所が，同州に本拠を置く製薬会社およびその代表取締役個人に対し，法令および同意判決に記載された要件を遵守するまで医薬品の流通を停止するよう命ずる恒久的差止命令を行う同意判決を下した旨が，2023年12月14日付で公開されている[17]。

(3) 刑事訴追（Criminal Prosecution）

FDCAは，品質不良または不当表示となっている医薬品等を州際通商に供することなどの「禁止行為」を定めており（21USC§331），この禁止行為に従事した者に対して，1年以下の懲役，1,000ドル以下の罰金またはその両方という軽罪（misdemeanor）を定めている（21USC§333(a)(1)）。また，再犯者や虚偽誤認の意図で禁

---

[16] Food and Drug Law, at 321.
[17] https://www.fda.gov/news-events/press-announcements/federal-court-enters-consent-decree-against-pharmasol-distributing-adulterated-drugs

止行為を行った者には，3年以下の懲役，10,000ドル以下の罰金またはその両方という重罪（felony）が定められている（21USC§333(a)(2)）。

上記のFDCA上の軽罪（およびその再犯による重罪）において特徴的なのは，犯罪の構成要件として，mens rea（犯罪の主観的要件）を含まない点である。すなわち，違反者に故意や過失がなかったとしても，刑事責任を負い得る。このように主観的要件を必要としない責任のことを厳格責任（strict responsibility）という。

FDCA上の厳格責任は，議論があるものの，実務上はUnited States v. Dotterweich, 320 U.S. 277（1943）において是認された後，United States v. Park, 421 U.S.658（1975）（以下「パーク判決」という）でも確認された。特にパーク判決は，「FDCAは，法令違反が発生した場合にそれを発見して是正する積極的な義務だけでなく，法令違反が発生しないようにするための対策を実施する義務も，第一義的に課している」「法の遵守を確保するために必要な措置を考案する責任およびその責任に見合った権限を与えられた企業の責任者は，違反行為と『責任ある関係』を持ち，または違反行為について『責任をもって共有』している」と判示し，企業の責任者の責任を強調している。

このパーク判決に基づき，企業の責任者が，故意または過失がない場合でも，そして特定の犯罪について自ら関与せず，現に認識していなかった場合であっても，FDCA上の軽罪（およびそれを繰り返すことによって生じる重罪）の刑事責任を問われる可能性があることを「パーク・ドクトリン」（Park doctorine。responsible corporate doctrineともいう）という[18]。FDAは，企業の責任者個人の刑事訴追を（DOJに）勧告するか否かを検討する際には，(a)当該個人の企業内における地位，(b)違反行為との関係，(c)当該個人が違反行為を是正または防止する権限を有していたか否かを考慮する[19]。

これに対し，訴追された個人は，法令遵守が不可能であった旨反論できる（the defence of impossibility）。これはパーク判決が，「当裁判所は，連邦議会が企業の責任者に課した義務は，最高水準の先見性と監視（foresight and vigilance）を必要とすることを強調するものであるが，FDCAは，刑事的側面において，客観的に不可能なことを要求するものではない」と判示し，法令遵守が不可能であった場合には刑事責任を負わない旨述べているとおりである。ただし，実務上法令遵守が不可能であったことを立証することは，容易ではない。

FDCA違反に対する刑事訴追としては，FDCA自体に定められた罰則によるもののみならず，他の法律に定められた罰則，例えば郵便を用いた詐欺（mail fraud：

18　Regulatory Procedures Manual, Judicial Actions（Chapter 6）（June 2021）, at 54.
19　*Id.* at 55.

18USC§1341),電子通信手段を用いた詐欺（wire fraud：18USC§1343），医療詐欺（health care fraud：18USC§1347）なども用いられる。また，FDCAに基づく刑事訴追は，虚偽請求法上の「qui tam action」や，OIGによる，連邦政府や州が提供するメディケア・メディケイド等のプログラムからの除外措置[20]（exclusion。42USC§1320a-7）といった他の措置とともに行われることもある。

3 行政執行

(1) 査察（Inspection）

ア 査察の法的根拠

　FDAは，令状なく，州際通商に供される医薬品等（医療機器および食品を含む）を製造，加工，包装，保管する工場，倉庫，施設等に立ち入り，査察を行う権限を有する（21USC§374(a)(1)）。21USC§374に基づく立ち入りや査察に応じないことは，査察の「拒否」とみなされ，21USC§331(e)・(f)に定められた禁止行為となる。このほか，査察の日程調整のためのFDAからの連絡に応答しないことや，明らかに従業員がいるにもかかわらず，施設が査察官からの電話に応答しない場合等も査察を「拒否」したとみなされる[21]。査察を拒否すると，実務上は行政調査令状（administrative research warrant）を伴う査察に至る可能性が高いが，法令上は刑事罰の対象にもなる（21USC§333(a)(1)）。また査察を拒否すると，当該施設で製造，加工，包装または保管された医薬品等は，法令上品質不良とみなされる（21USC§351(j)）。なお，外国施設の場合，施設が査察を拒否すると，査察官はインポートアラート（輸入警告）を発し，当該施設で製造等された製品の米国への輸入を停止できる。

　このような査察は，合理的な時間に，合理的な範囲で，合理的な方法で行われる必要があるが（21USC§374(a)(1)），上記のとおり令状は不要である。このような無令状査察は，不合理な捜索押収を禁ずる米国憲法修正第4条との関係で問題となる（無令状で行われる捜索は，原則として不合理となる）が，判例上，高度に規制された業種に対しては例外的に無令状での捜索が認められており[22]，医薬品産業も高度に規制された業種に該当すると解されているため[23]，無令状で査察が行われることは通常問

20　オピオイド危機との関係でこの除外措置が問題となった著名な事例として，Friedman v. Sebelius, 686 F. 3d 813（D.C. Cir. 2012）がある。
21　Guidance for Industry: Circumstances that Constitute Delaying, Denying, Limiting, or Refusing a Drug or Device Inspection（June 2024), at 13.
22　例えばColonnade Catering Corp. v. United States, 397 U.S. 72（1970）やUnited States v. Biswell 406 U.S. 311(1972) 等。
23　United States v. Jamieson-McKames Pharmaceuticals, Inc. 651 F.2d 532（8th Cir. 1981）

題とならない。

イ　査察の種類

　査察は，大きく分けて，承認前査察（application-based inspections または pre-approval inspections），フォーコーズ査察（for cause inspections）および定期査察（surveillance inspections）に大別される[24]。

　承認前査察は，文字どおり，医薬品等の承認を行うにあたって行われるもので，当該医薬品等が FDA の規制を遵守して製造されているか，施設が一貫して製品を製造する能力があるか，申請にあたって提出されたデータが正確かつ完全であるかを確認するために行われる。もっとも，FDA はすべての承認申請に対し，承認前査察を行っているわけではない。FDA は承認前査察において，「21世紀の医薬品 CGMPs イニシアティブ」に沿ったリスクベースのアプローチを取り入れており[25]，CDER は，まずは統合品質評価チーム（Integrated Quality Assessment Team）による品質評価から始まる施設評価を実施しており，その結果次第で，実際に承認前査察が必要かどうかを決定している。

　フォーコーズ査察は，施設に品質上の問題があると疑われる正当な理由がある場合，寄せられた苦情の原因を追及する場合，または過去の法令違反に対する是正措置を評価する場合に実施される。フォーコーズ査察が生じるきっかけは様々で，小売店での購入やインターネットでの購入・監視をきっかけにフォーコーズ査察が発生することもある。

　定期査察は，製造業者が品質製造方法を遵守しているかどうかを評価するために，FDA が規制する製品の製造工程と品質を監視するために実施される。

　また，cGMP 適合性を評価するための査察については，完全査察（full inspection）と簡略査察（abbreviated inspection）に分けられる。cGMP が求める医薬品製造管理は，①品質システム，②施設，設備システム，③材料システム，④生産システム，⑤包装および表示システム，⑥試験管理システムの6つに分類できるが，通常，完全査察とは，このうち4つ以上のシステム（うち1つは品質システム）を対象とする査察であり，簡略査察とは，このうち2つ以上のシステム（うち1つは品質システム）を対象とする査察である[26]。

24　この区別および各査察の概要に関する説明は，https://www.fda.gov/inspections-compliance-enforcement-and-criminal-investigations/inspection-basics/types-fda-inspections を参照した。
25　See FDA Compliance Program 7346.832（October 17, 2022），at 8.
26　See FDA Compliance Program 7356.002（October 17, 2022），at 11-13.

以下では，主に医薬品の cGMP 適合性査察を念頭に，査察のプロセスを解説するが，これ以外にも臨床試験に関する査察が行われることもある。このような査察の結果次第では，治験責任医師が治験への関与資格を剥奪される（disqualification）など，固有の措置につながる可能性がある[27]。

ウ 査察の開始

査察のプロセスを理解する上で有用なのは，査察官の業務マニュアルである Investigation Operations Manual 2024（以下「IOM」という）の第 5 章（chapter 5）である。このマニュアルは200頁以上にもわたって査察実務が記載されており，日本の GMP 調査要領[28]等と比べても非常に具体的に記載されている。

まず，査察を実施する前に，査察官は，過去の施設査察報告書（Establishment Inspection Report：EIR），寄せられた苦情，施設登録・製品リストアップ（前記第 2・6(1)参照），リコールなどを含め，対象施設に関する情報を確認する。これは，施設の所在地を特定し，施設の事業と製品の概要を把握し，そのコンプライアンス履歴を理解することを目的として行われる。また，査察官は，実際の査察中に追及すべき事項を特定するためにも，消費者から寄せられた苦情も事前にレビューする[29]。

査察対象施設に到着すると，査察官は，FDA の資格証明書（FDA Credentials。なお査察官が複数いる場合は全員分が必要），FDA Form 482, Notice of Inspection 等の書類を施設の最高管理責任者に提示する[30]。

次いで査察官は，査察の目的を説明し，査察に入る。なお，査察にあたり企業側が代理人を同行させたい旨申し出た場合は，査察官はこれを受け入れる[31]。

エ 査察の範囲・工夫

前記アのとおり，査察は，合理的な範囲かつ方法で行う必要がある。

具体的には，医薬品の場合，処方箋医薬品であるか否かにかかわらず，FDA による査察は，「財務データ，出荷データ以外の販売データ，価格データ，人事データ，

---

27 https://www.fda.gov/inspections-compliance-enforcement-and-criminal-investigations/compliance-actions-and-activities/clinical-investigators-disqualification-proceedings#:~:text=NIDPOE%20%2D%20A%20Notice%20of%20Initiation,disqualified%20from%20receiving%20investigational%20products 参照。
28 「GMP 調査要領の制定について」令和 4 年 3 月17日付薬生監麻発0317第 5 号，厚生労働省医薬・生活衛生局監視指導・麻薬対策課長通知。
29 IOM 5.2, at 15.
30 IOM 5.5.1, at 28.
31 IOM 5.5.1, at 29.

研究データ」を除く「記録，ファイル，書類，製造プロセス，装置および設備」などに広く及ぶ（21USC§374(a)(1)）。

またFDAは，査察にあたり，対象製品の分析用サンプルも取得できるが，要請がある場合は，当該サンプルの一部を所有者等に返還する義務を負う（21USC§372(b)）。実務的には，一定の例外事由に該当する場合を除き，分析に十分と推定される量の少なくとも2倍の量のサンプルを取得する（21CFR§2.10(b)）。

査察中の写真撮影に関しては，FDAは，法律上明確な定めはないものの，裁判例に照らし，施設の査察中に写真を撮影する権限があるという立場をとっている。写真撮影は，例えば，査察中にブラックライト（紫外線ランプ）をあててネズミ等の尿を発光させ，その写真を撮影し，法令違反（品質不良）の証拠とするという形で使用されてきた。写真撮影の可否については，業界とFDAとの間で見解の相違があったが，現在ではFDAが写真撮影の権限を有していることには概ね争いがない。2012年のFDA安全・イノベーション法（FDASIA）で追記された規定では，「査察を遅延させ，拒否し，制限する」施設で製造，加工，包装，または保管された医薬品は品質不良である旨定めており（21USC§351(j)），FDAは，査察官の写真撮影に抵抗したり，これを制限することは，査察の違法な「制限」に該当する可能性があるとの立場をとっている[32]。

写真撮影と同様，法律上FDAにその明確な権限がない宣誓供述書（affidavits）については，現場で問題となることがある。FDAは，宣誓供述書は「連邦裁判所の管轄を確立したり，法令違反の責任を確定するために」法廷で使用できると解しており，対象者をして，宣誓供述書を読んで理解したことを手書きで記載させ，宣誓供述書にサインさせることを査察官に奨励している[33]。これに対し，企業のアドバイザーはこうした宣誓供述書に対してサインしないようアドバイスすることがある。FDAは，対象者がこうしたアドバイスに基づき宣誓供述書へのサインを拒否する場合も想定し，査察官に対して詳細な指示を与えている。実務上は，企業側もアドバイザーとよく相談し，対応を検討しておく必要がある。

オ　査察の終了〜Form 483およびEIR〜

通常，査察官による査察が終了すると，査察官が発見した法令違反事項や法令違反の可能性がある事項（objectable conditions）をリストアップしたFDA Form 483が

---

[32] Guidance for Industry: Circumstances that Constitute Delaying, Denying, Limiting, or Refusing a Drug or Device Inspection（June 2024），at 11.
[33] See IOM 4.4.5.1，at 58.

第 6　執行（Enforcement）　　173

発行される（ただし，FDA Form 483は法令違反の可能性がある事項の包括的なリストではなく，あくまで査察の対象となったシステムに関して発見された事項のリストである[34]）。FDA Form 483は，通常，査察が終了し，査察官が施設を出る前に発行されるが，内容が複雑なFDA Form 483を複数発行する必要がある場合などは，査察官がいったん施設を離れ，後日施設に戻ってきた際に発行されることもある[35]。査察官が最終的に施設を離れる前には，査察官との会議（closed out meeting）がもたれ，査察官との間でFDA Form 483の内容などについて質疑応答を行うことができる。

　FDA Form 483は，原則として15営業日以内に回答する必要がある[36]。回答の作成にあたっては，FDAの懸念や規制上の要求を正確に理解していることを示し，指摘事項に対する合理的な是正措置を含めることができるよう，細心の注意を払う必要がある。この回答が不適切・不十分なものであった場合，FDAによる追加検査や警告状の発出など，さらなるFDAによる執行措置につながる可能性がある。

　査察全体の結果は，査察官によってEstablishment Inspection Report（EIR）の形でまとめられる。これはFDA Form 483よりも詳細な内容を含むものである。

　FDAは査察の結果を，以下の3つに分類している[37]。

1．No Action Indicated（NAI）：査察中に法令違反やその可能性がある事項が見つからなかったことを意味する。
2．Voluntary Action Indicated（VAI）：査察中に法令違反やその可能性がある事項が見つかったが，当局は更なる行政上または規制上の措置を行うつもりがないことを意味する。その名のとおり，自主的に法令遵守を達成することが期待されている。
3．Official Action Indicated（OAI）：行政上または規制上の措置が推奨されることを意味する。

　この分類は，査察終了時点（FDA Form 483が発行された時点）では決定されておらず，FDA内部の検討を経て，EIRによって明らかとなる。

34　https://www.fda.gov/inspections-compliance-enforcement-and-criminal-investigations/inspection-references/fda-form-483-frequently-asked-questions
35　IOM 5.5.10.3, at 40.
36　See IOM 5.5.12.3, at 50.
37　https://www.fda.gov/inspections-compliance-enforcement-and-criminal-investigations/inspection-basics/inspection-classifications

カ　米国外施設に対する査察

FDAは州際通商に供される医薬品等の製造施設を査察する権限を有するが、この「州際通商（interstate commerce）」とは、米国内の州をまたぐ商取引のみならず、外部から州へ入る商取引も含まれる（21USC§321(b)）。したがって、米国へ輸出される医薬品等を製造する米国外の施設もFDAの査察の対象となり、現に米国へ輸出する医薬品等を製造する日本国内の施設も、FDAによる査察を受けている。

原則として、米国外施設に対する査察に対しても、米国内施設に対する査察と同様の定めが適用されるが、米国外施設の査察の場合はFDA Form 482（前記ウ参照）が発行されない（ただし、当該施設が米軍施設である場合を除く）など、若干の違いもある[38]。またFDAによる査察は、米国内施設に対しては無通告で行われることが多いが、米国外施設に対する査察は、通常事前通知を行った上で実施される。FDAは米国外施設に対する査察について、IOMとは別に、職員用の業務マニュアル[39]を用意している。

FDAによる米国外施設への査察は、一般に厳格であると言われることが多い。もっとも、2008年には、米国内でヘパリンの投与を受けた透析患者等がアナフィラキシーショックを起こし、複数名が死亡するという事件が起きた（偽ヘパリン事件）。ヘパリンは、世界中で使用されている抗凝固薬（血液を固まりにくくする薬）であり、この事件は米国内のみならず、世界中でのリコールにも発展した。事件の最終的な原因は不明であるが、FDAは、中国で製造されたヘパリン原薬に、意図的に別の物質（過硫酸化コンドロイチン硫酸（OSCS））が混入されていたと指摘している[40]。

偽ヘパリン事件は、医薬品サプライチェーンがますますグローバル化する中で、FDAの査察が米国の公衆衛生を有効に保護できているのか、疑問を投げかけた。この事件の後、FDAは米国外施設に対する査察件数を大幅に増加させたが、それでも米国外のサプライヤーすべてをFDAが監督することは現実的に不可能であった。

その結果、FDAは海外規制当局との連携を強めていった。前記**第2・6(5)エ**のとおり、FDAは2011年、PIC/Sに加盟した。また、2012年に成立したFDASIAは、FDAに対して、FDCAの要件を満たす査察を実施できると認めた外国政府との間で、当該外国政府が行った査察結果に依拠できるようにするための協定を締結する権限を与えている（21USC§384e(a)）。この協定は、相互承認協定（Mutual Recognition

---

[38] IOM 5.5.8, at 36.
[39] https://www.fda.gov/inspections-compliance-enforcement-and-criminal-investigations/inspection-references/foreign-inspections
[40] *See* Guidance for Industry: Heparin for Drug and Medical Device Use: Monitoring Crude Heparin for Quality (June 2013), at 2.

Agreement：MRA）と呼ばれ，2024年6月現在，FDAは欧州連合，スイスおよび英国との間でMRAを締結しているが[41]，日本との間では締結されていない。なお，日本は欧州連合との間ではMRAを締結している。

　FDAによる海外施設への査察件数は，偽ヘパリン事件以降，年々増加していたが，2020年に新型コロナウイルス感染症のパンデミックが起きると，FDAは，中国の施設に対する査察を一時中止するなど，海外施設への査察件数は激減した。FDAは，査察が実行できない施設の監督方法として，MRAに基づく外国政府による査察結果への依拠や，上記FDASIA§706で追記された査察に代わる（または査察に先立つ）記録の要求（21USC§374(a)(4)）といった既存の手段を用いてきた。FDAは，2021年4月，パンデミックのような公衆衛生上の危機の最中において，FDAがどのように施設への監督を行うかの方針をまとめた文書を公表し，現在はガイダンス[42]の形で整理している。もっとも近時，FDAによる海外査察が不十分であるとの指摘[43]がなされており，新たな法改正等につながるのか，今後の動向が注目される。

キ　査察に関するデータ

　FDAの査察に関するデータは，FDA Data Dashboard[44]と呼ばれるデータベースで確認できる。例えば，直近5会計年度の医薬品および生物製剤に関する査察の件数およびその結果は，次頁のグラフのとおりである。なお，このデータベースでは，FDAが個別の施設に対して行った査察結果の一部も公開されており，日本の施設に対する過去の査察結果も確認できる。

41　https://www.fda.gov/international-programs/international-arrangements/mutual-recognition-agreements-mra
42　Draft Guidance for Industry: Remote Interactive Evaluations of Drug Manufacturing and Bioresearch Monitoring Facilities（October 2023）.
43　https://www.raps.org/news-and-articles/news-articles/2024/2/lawmakers-voice-concerns-over-fda%E2%80%99s-foreign-inspec
44　https://datadashboard.fda.gov/ora/cd/inspections.htm

176　第1章　医薬品（Drug）

Foreign and Domestic Inspections
Fiscal Years: 2019, 2020, 2021, 2022, 2023

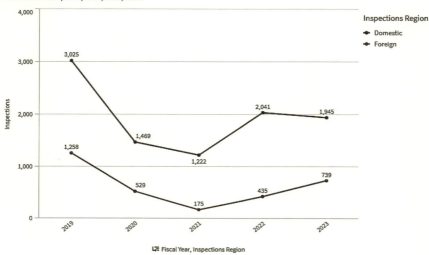

Inspections Classification by Fiscal Year
Fiscal Years: 2019, 2020, 2021, 2022, 2023

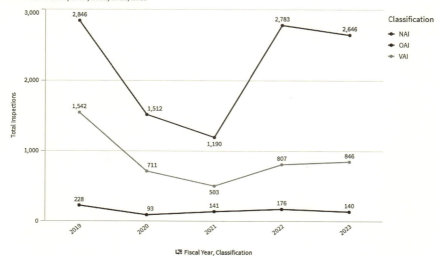

(2) 警告状等

ア 非公式な通知・警告の法的根拠等

FDA は，軽微な法令違反について，適切な書面による通知または警告によって公共の利益が十分に果たされると判断した場合，正式な執行手続をとることを禁止されている（21USC§336）。

歴史的にみると，かつて FDA は，FDCA の執行にあたり，押収を始めとする正式な執行措置に頼っていた。しかし1970年始めから，司法執行に代えて，規制文書や情報文書と呼ばれていた非公式な法令遵守手段をとるようになってきた。規制文書（regulatory letter）は，違反者に対し，自主的に法令遵守を実現しなければ，正式な執行措置をとることを警告する文書である。これに対し，情報文書（information letter）とは，自主的な法令遵守を求めるものの，正式な執行措置が迫っていることを表すものではない。

この規制文書が現在の警告状（Warning Letter）であり，情報文書が現在の無題レター（Untitled Letter）である[45]。

イ 警告状（Warning Letter）

警告状は，重大な法令違反，すなわち迅速かつ適切に是正されなければ強制的な執行措置につながる可能性のある法令違反に対し，FDA が書面で警告するものである。警告状には，是正がなされない場合に強制的な執行措置がとられる可能性がある旨明記される。ただし，FDA は，強制的な執行措置をとる前に警告状を発する義務を負うわけではない[46]。また，警告状はあくまで非公式に助言を提供する書面であって，警告状を発出したからといって，FDA が強制的な執行措置をとる義務を負うわけでもない[47]。

警告状が発出される経緯は様々だが，査察の結果重大な法令違反がみつかった場合で，Form 483に対する回答が不十分であるような場合に発出されることも多い。また，FDA の広告監視プログラム（Bad Ad プログラム等）によって発見されたプロモーションに関する規制違反に対して発行されることもある。

警告状の形式は様々であるが，基本的な要素は概ね共通している。多くの警告状は，「WARNING LETTER」とのタイトルを有し，査察やラベリング審査などで発見された法令違反の基礎となる事実を簡潔に要約し，該当する法令の条文を引用する。そ

---

[45] Food and Drug Law, at 365.
[46] Regulatory Procedures Manual, Advisory Actions（Chapter 4）（June 2022), at 3.
[47] Id, at 4.

して、受領者に対し、通常15営業日以内に、受領者が講じたまたは講じる予定の是正措置を当局に対して通知するよう求め、適切な対応を怠った場合、製品の押収、差止めその他の強制的な執行措置がとられる可能性がある旨が記載される[48]。また、一部の警告状では、FDAが受領者に対して求める具体的な是正措置（例えば、独立したコンサルタントを雇い、当該コンサルタントにcGMP監査を行わせること等）が記載されることもある。

FDAが発行したすべての警告状は、適宜墨塗りされた上でウェブサイト上で公開されるため、誰でも情報公開法（FOIA）による手続によらずに、警告状の内容を確認できる[49]。

FDAは、他の連邦調達機関に警告状のコピーを送付しており、これによって連邦調達期間（連邦政府）は当該製品を購入する契約を打ち切る可能性がある（警告状には、他の連邦調達が企業と契約するか否かを検討する際に、警告状受領者の法令遵守状況を考慮できる旨の文言が含まれる場合がある）[50]。

警告状への回答では、企業が法令違反に対して真摯に是正措置をとったことまたはその具体的な計画があることをFDAに示す必要がある。一部の警告状には、回答に以下の事項を含めるよう明示的な指示がある場合があり、その場合はこれらの指示に従わなければならない[51]。

1．法令違反を完全に是正し、また同様の法令違反を防止するために講じた（または講じる予定の）是正措置の各ステップ
2．是正措置が完了するまでの期間
3．是正措置が回答期間内に完了しなかった理由
4．是正措置が達成されたことを示すために必要な書類

警告状への回答が実行されず、それに対して適切な説明がないとFDAが判断した場合、当該企業に対する執行措置がとられる可能性がある。そのため、警告状への回答では、企業が現実的に実現可能な是正措置を記載する必要がある。

警告状で指摘された法令違反に対する是正措置が実際に行われ、FDAによって確認されるとクローズアウトレター（Warning Letter close-out letter）が発行される。

48　*Id*, at 19-21.
49　*Id*, at 25.
50　*Id*, at 21.
51　*Id*.

具体的には，警告状の発行者は，2009年9月1日以降に発行された警告状について，法令違反が適切に対処され，以下の1）および2）がいずれも満たされた場合，クローズアウトレターを発行しなければならない[52]。

> 1）(i)企業が，警告状に記載された違反が適切に是正されたことを証明するのに十分な情報を以て警告状に回答した場合，(ii)フォローアップ検査により，是正措置の実施が適切であったことが示された場合，または(iii)他の検証された適切で信頼できる情報に基づき，FDAがフォローアップ査察は必要ないと判断した場合
> 2）フォローアップ検査（または他の適切で信頼できる情報）により，他の重大な違反が発見されない場合

ウ　無題レター（Untitled Letter）

無題レターは，警告状を発するには至らない程度の指摘事項を通知する書類である。無題レターと警告状の違いとしては，以下の点が挙げられる[53]。

> 1．無題レターには，表題がない。
> 2．無題レターには，FDAが無題レターの発行を他の連邦機関に通知し，彼らが契約締結を検討する際にこの情報を考慮できるようにする旨の記載は含まれない。
> 3．無題レターには，迅速な是正を怠った場合，強制措置がとられる可能性がある旨の警告文が含まれない。
> 4．無題レターは，強制的なフォローアップを喚起するものではない。
> 5．無題レターは，関連する他のコンプライアンス・プログラムでより具体的な指示がなされている場合を除き，合理的な期間内に（例えば30日以内）書面による回答を企業に対して「要請」(request)するものであり，「要求」(require)するものではない。

(3)　リコール

　リコールとは，上市された製品を回収・改修することをいう。リコールには，企業が完全に自主的に行うもの，FDAの要請に応じて企業が自主的に行うもの，そして

---

[52] *Id.* at 16.
[53] *Id.* at 37.

FDA の命令によって強制的に行われるものがある。

FDA は，対象製品が生じさせる可能性のある健康被害の程度に応じて，以下のとおりリコールをクラス I からクラス III に分類している[54]。

分類	概要
クラス I	違反製品の使用または違反製品への曝露が，重篤な健康被害または死亡を引き起こす合理的な蓋然性があるもの
クラス II	違反製品の使用または違反製品への曝露が，一時的もしくは医学上可逆的な健康への悪影響を引き起こす可能性があるもの，または健康への重篤な悪影響の可能性が低いもの
クラス III	違反製品の使用または違反製品への曝露が，健康への悪影響を引き起こす可能性がないもの

大半のリコールは，FDA からの要請に企業が応じて行われるものも含め，「自主的」に行われる。企業は様々な理由（消費者が劣悪な製品を使用するのを避けたい，消費者からの訴訟リスクを減らしたい，製品や企業の評判・ブランド力を維持したいなど）で自主的にリコールを行うが，FDA からの要請を受けた場合も，大半の場合はこれに自主的に応じる。これは，企業が自発的にリコールに応じない場合，FDA が正式な執行手続を行う可能性があるからである。

FDA は自主的なリコールに関するガイダンス[55]を複数発行しているが，リコールを行う企業にとって留意すべき事項は，連邦規則（21CFR Part 7, Subpart C）でも定められている。連邦規則では，リコールを行う企業に対してリコール戦略（recall strategy）を策定するよう求めており，このリコール戦略では，リコールの深さ（消費者・ユーザーレベルまで及ぶのか，卸売レベルでとどまるのか等），一般警告の必要性およびその方法，リコールの有効性を確認するためのプロセスを含めることとされている（21CFR§7.42）。

FDA が強制的にリコールを命じることができるか否かは，製品による。法令上，FDA は製品のリコールを命じる一般的な権限を有していないが，医療機器，生物製剤，食品など一部の製品分野では強制的にリコールを命じる権限を有している。例えば，生物製剤の場合「認可された製品のバッチ，ロットその他の数量が，公衆衛生に差し迫った，または実質的な危険をもたらすと判断された場合，長官は直ちに当該製品の

54　IOM 7.1.1.2, at 1.
55　例えば Draft Guidance: Initiation of Voluntary Recalls Under 21 CFR Part 7, Subpart C 3-4（April 2019）等。

当該バッヂ，ロットその他の数量の回収を命じなければならない」（42USC§262(d)）と定められている。

(4) 公表

FDA は，FDCA に基づき下されたすべての判断，判決，裁判所の命令についてまとめた報告書を随時公表し（21USC§375(a)），医薬品，食品，医療機器等については，健康に対する差し迫った危険または消費者に対する重大な欺罔があると判断した場合には，当該情報を流布できる（21USC§375(b)）。また，規制物質法上にも，類似の定めがある（15USC§1272）。

FDA はこの権限に基づき，警告状の発行，押収措置の実施，差止命令の同意判決などの執行措置に関する発表や，リコールに関する発表を日常的に行っている。発表方法は，一般的なプレスリリースの方法のみならず，マスコミからのインタビュー，学会での発表，公聴会での証言など様々な形があり得，またその情報は業界紙やニュース，SNS などで拡散されることがある。

FDA による公表は，個人や企業を名指しして行われる（naming and shaming）。FDA が上記の公表を行う前に，企業に対して通知を行ったり，聴聞の機会を与えたりする法令上の義務はない。したがって，こうした FDA による公表に対して企業ができることは限定的である。

公表に関する裁判例としては，Hoxsey Cancer Clinic v. Folsom, 155 F.Supp. 376 (D.D.C. 1957) が挙げられる。これは Harry M.Hoxsey なる人物が開発したハーブ・エキスによるがん治療（いわゆる Hoxsey 癌治療）が無価値であることを警告するポスターを FDA が配布しようとしたことに対し，原告が差止めを求めた事件である。原告は，事前の通知や聴聞を行わずにこうした公表を行うことは，デュー・プロセスに反して違憲である旨主張したが，裁判所はこの主張を退けている。

なお，FDA による公表は，名誉毀損等が問題となることもあるが，基本的には連邦不法行為請求法（Federal Tort Claims Act）に基づき免責される。

(5) 輸入拒否

前記(1)カのとおり，米国外から米国への輸入も「州際通商」に該当するため，未承認医薬品や品質不良・不当表示の医薬品を輸入することは，FDCA 違反となる。FDA はこうした輸入を防止するべく，米国国土安全保障省（DHS）の税関・国境取締局（Customs and Border Protection：CBP）と緊密に連携している。

FDCA は，DHS の長官は，HHS 長官の要請に基づき，米国に輸入されまたは輸入の申出があった医薬品等（医療機器や食品を含む）のサンプルを HHS 長官に交付す

る旨定める（21USC§381(a)）。このサンプル検査の結果，当該医薬品等が品質不良，不当表示，または未承認医薬品の州際通商を禁じる21USC§355に違反すること等が判明した場合は，HHS長官は当該医薬品等の輸入を拒否する（21USC§381(a)）。なお，食品輸入との関係では，後記**第5章第5・3**(5)も参照されたい。

　FDAは，医薬品等の輸入を認めるか否かについて広範な裁量を有しており，前記**第2・3**(1)**ウ**(ウ)のとおり，個人使用目的での使用に関しては一定の範囲で執行裁量を行使している。しかし，各消費者の個人使用目的をサポートするものであっても，商業的に米国外から未承認医薬品を輸入する行為は，FDCA違反となる。

　例えば，2000年代初頭には，米国における処方箋医薬品の薬価の高さを背景に，カナダから（より安価な）処方箋医薬品を輸入し，米国の消費者に販売する事業が行われていた。Rx Depot社もそうした事業を行っていた企業の1つであり，具体的には，米国で発行された処方箋，患者のクレジットカード情報等をカナダの薬局に送付し，これを基にカナダの医師がカナダで処方箋を発行し，カナダの薬局がカナダの医薬品を米国の患者宛に送付することをサポートする事業を行っていた。しかしFDAは，(a)仮に輸入された処方箋医薬品が米国で承認された医薬品であったとしても，FDAの承認はNDAに記載された製造業者がNDA記載の条件を遵守して製造することを前提としているところ，米国外で販売されている医薬品はFDAが承認した企業以外によって製造されていることが多いため，輸入医薬品は未承認医薬品となることが多い，(b)仮に米国で製造された医薬品を再輸入したものであっても，製造業者以外は医薬品を再輸入することは禁じられている（21USC§381(d)）等の理由で，Rx Depot社に対して警告状を発した[56]。その後裁判所が，Rx Depot社の事業がFDCA違反であると判断した[57]こともあり，最終的にRx Depot社は自らの事業がFDCA違反であり，事業を再開しないことを合意する同意判決に署名することとなった[58]。

56　Food and Drug Law, at 397-398.
57　United States of America v. Rx Depot, Inc., 290 F. Supp. 2d 1238 (N.D.Okla. 2003).
58　Food and Drug Law, at 403.

コラム5

偽造医薬品

　偽造医薬品（counterfeit drug）とは，その名のとおり，あたかも正式な承認を得た医薬品であるかのように見せかけることを意図した模造品である（FDCAにおける正式な定義は21USC§321 g(2)）。偽造医薬品は，正式な承認を得た医薬品とは異なる成分や有害な成分を含んでいたり，本物と同じ有効成分を含んでいたとしてもその量が過剰または過小であるため，服用者の健康に害を及ぼす可能性がある。その流通は，世界の医薬品サプライチェーンにおける大きな問題であり，米国でも，偽造医薬品の製造・販売・調剤は禁止行為とされ（21USC§331(i)），その違反は刑事罰を含む多くの執行措置の対象となる。偽造医薬品の多くは米国外で製造されて密輸入されるため，FDAは税関・国境取締局（CBP）と協力して水際での防止に取り組んでいるが，その流入を完全に防止することは極めて困難である。最近の事例としては，フェンタニルを含む医薬品や，2型糖尿病治療薬の偽造医薬品の流通等が問題視されている[59]。

　偽造医薬品の流通防止の取組みとしては，医薬品サプライチェーン・セキュリティ法（Drug Supply Chain Security Act：DSCSA）がある。DSCSAは2013年に成立したDrug Quality and Security Actの一部として成立した法律で，偽造医薬品が米国の医薬品サプライチェーンに流入することを防ぐとともに，仮に流入した場合には迅速に検知し，有害事象が生じる前にサプライチェーンから排除することを目的としている。具体的には，（バッヂやロットレベルではなく）製品レベルでの追跡を可能とする製品識別子の導入や，サプライチェーンを構成する事業者の認証，医薬品の取引に関する情報や明細の提供，偽造医薬品を発見した場合の取引先やFDAに対する通知義務等が定められていた。こうした政策の実現には製薬業界全体を巻き込んだ膨大な作業が必要となることが予想されたため，これらの発効はDSCSA成立から10年間の猶予を与えられ，2023年11月27日に発効している。

59　https://www.fda.gov/drugs/buying-using-medicine-safely/counterfeit-medicine#Report%20a%20counterfeit%20drug%20to%20FDA

第7 製造物責任訴訟

1 はじめに

　医薬品に関する訴訟類型としては，ハッチ・ワックスマン訴訟（前記**第4・6**参照）や虚偽請求法（FCA）に基づく訴訟（前記**第5・5**(2)参照）等に加え，製造物責任訴訟も重要である[1]。

　米国で製造物責任という場合，これを基礎付ける請求原因としては，(a)不法行為法上の過失責任（negligence），(b)不法行為法上の不実表示（misrepresentation），(c)契約法上の保証責任（warranty），そして(d)不法行為法上の厳格責任（strict liability in tort）の4種類があり，いずれも各州の州法（判例法を含む）に定められている。特に(d)は，製品に欠陥があれば過失がなくとも製造業者に責任が認められ得るものであり，実務上の重要性が高い。

　厳格責任の要件となる製品の欠陥には，3種類あるとされる。

　第1に，製造過程の欠陥（manufacturing defect）である。これは，製品の設計自体に問題はないが，製造過程に何らかの原因で設計どおりの製品とならず，消費者に損害を与えたものを指す。第2に，設計の欠陥（design defect）である。製造過程の欠陥が，設計どおりに完成されなかった特定の製品の欠陥を意味するのに対し，設計の欠陥は文字どおり，問題の設計で完成されたすべての製品に欠陥ありと判断する。第3に，警告の欠陥（warning defect or information defect）である。これは，製造者が製品のリスクと効用について十分な情報を提供しないことを欠陥と捉えるものである。

　これらのうち，医薬品の製造物責任訴訟では警告の欠陥について争われることが多い。もちろん，例えば医薬品に不純物が混入して死傷者が出た場合など，製造過程の欠陥が生じることもあるが，そのような場合，製造業者が責任を負うことは明らかであり，訴訟で争われるまでには至らないことが多い。以下では，処方箋医薬品における警告の欠陥に基づく製造物責任訴訟について取り上げる。

2　中間媒介者の法理（Learned Intermediary Doctrine）

　処方箋医薬品の「警告の欠陥」を検討するにあたり，製造業者は誰に対して警告す

---

[1] 以下の記述は，樋口範雄『アメリカ不法行為法（第2版）』（弘文堂，2014年）260頁および292頁を参照した。

る義務を負うのかという問題がある[2]。原則として，処方箋医薬品であっても，製薬会社は最終消費者である患者に対して，当該医薬品のリスクについて警告する義務を負っている。しかし，この義務は，「中間媒介者の法理（learned intermediary doctrine）」と呼ばれる法理に基づき，製造業者が処方を行う医師等に対して情報を提供することによって満たされる（この中間媒介者の法理は，ほぼすべての州法で定められている）。製薬会社は，通常，医師等のヘルスケアプロバイダーに対して適切な警告を与えることによって警告義務を満たすが，裁判例上，製薬会社が患者に対して直接警告を課さなければならないとする3つの例外がある。

　第1に，医師が，医薬品の各患者に対する効能およびリスクを個別に判断しないような状況で医薬品が投与される場合である。これは例えば，集団予防接種クリニックなどでのワクチン投与であるが，こうした場合には，製薬会社は通常，患者が直接警告を受けられるようにすべき義務を負う。この点に関しては，後記**第2章第3・2(4)**も参照されたい。

　第2に，裁判所は，経口避妊薬の使用者は，そのリスクについて警告を受ける権利を有する旨判示している（例えばOdgers v. Ortho Pharm. Corp., 609 F. Supp. 867 (E.D. Mich. 1985) など）。ただし，この中間媒介者の法理に対する例外が，経口避妊薬の特徴（経口避妊薬は，健康上の理由や個人的な目的達成のために服用されるものであり，病気を治療したり予防するものではない）によるものなのか，それとも経口避妊薬についてはFDAが30年間にわたり，患者のための詳細なラベリングを添付するよう要求してきたからなのかは，明らかではない。

　第3に，処方箋医薬品の製造業者が消費者に対する直接広告（DTC）を選択した場合，ラベリングにおいて適切な警告を行う義務を負うべきだと主張されることがある。現時点では，ニュージャージー州法のみが，中間媒介者の法理に対する「DTC」例外を採用している。

3　専占（Preemption）

　FDCAという連邦法で規律される表示・ラベリングが，州法で規律される製造物責任とどのように関係するのかを理解するためには，「専占」（preemption）という概念を理解する必要がある[3]。

　米国憲法第6編第2項は，「この憲法，これに準拠して制定される合衆国の法律，および合衆国の権限の下で締結され，また今後締結されるすべての条約は，国の最高

---

[2]　以下の記述は，Food and Drug Law, at 1342-43による。
[3]　以下の記述は，樋口範雄『アメリカ不法行為法（第2版）』（弘文堂，2014年）170頁〜188頁を参照した。

法規である」と定め，一般に最高法規条項（Supremacy Clause）と呼ばれる。ここでは，合衆国憲法，連邦法，条約が最高とされ，州の憲法や法律は劣位に置かれている。したがって，連邦法が州の法律の内容と衝突する場合は，連邦法が「最高法規」であり，州法に「反対の定めがある場合」でも連邦法が優先される。このように連邦法と州法に抵触がある場合，連邦法がもっぱら適用されることを専占（preemption。federal preemption ともいう）と呼ぶ。この専占は，講学上大きく3つに分類される。

　第1に，明示の専占（express preemption）がある。これは，連邦議会が連邦法の中で，ある規制については連邦政府機関が独占し，それと異なる州法を認めないと明示的に宣言する場合である。

　第2に，分野の専占（field preemption）がある。これは，連邦法が明示または黙示に，ある分野を連邦の専占領域とし，州による規制を許さない場合である。

　第3に，抵触による専占（conflict preemption）がある。これは，州法の規制と連邦法の規制が抵触するというもので，抵触の程度によって2種類に分けられる。1つは，州法と連邦法とが矛盾し，その両方を遵守するのは不可能であるという場合で，これを不可能による専占（impossibility preemption）と呼ぶ。もう1つは，不可能ではないが州法が連邦法の規制の妨げとなっている場合で，これを障害による専占（obstacle preemption）と呼ぶ。

　従来，専占法理について問題とされてきたのは，一方に連邦議会が制定した連邦法があり，他方に州の議会や州の行政機関による規制があって，前者が最高法規条項によって優先するという場面であった。しかし現代では，別の形での専占法理の使用が問題となることが多い。それは，州法に基づく訴訟自体が連邦法に抵触するとして，訴訟を提起すること自体が禁止される（訴えても門前払いされる）という形である。医薬品等の製造物責任訴訟にひきつけて言うと，ある医薬品等を使用して被害を被った原告が，製薬会社等に対し，当該医薬品等に適切な警告が付されていなかったこと等を理由に，州法に基づく製造物責任を請求原因として損害賠償を請求したとしても，そのような州法による訴訟自体が連邦法に抵触するとして排除される可能性があるということである。

　こうした形での専占法理がどの程度認められるか否かは，当然ながら，当該製品について連邦法たる FDCA にどのような定めがあるかに関係する。以下では，処方箋医薬品たる先発医薬品およびジェネリック医薬品について，それぞれ著名な裁判例を紹介する。なお，医療機器に関する裁判例は，後記**第3章第7・2**を参照されたい。

4 著名な裁判例

(1) 先発医薬品

先発医薬品に関して専占法理が問題となった事案として、Wyeth v. Levine, 555 U.S. 555（2009）がある。

これは、Levine という患者が、Wyeth 社が製造する吐気止め薬を静脈注射（IV-push）の方法で投与されたところ、これが動脈に入ってしまって壊疽を起こし、片腕を切断せざるを得なくなったという事件である。この医薬品のラベリングには、不注意による動脈内注射（inadvertent intra-arterial injection）が生じた場合、壊疽および四肢切断の危険がある旨は記載されていたが、静脈投与の方法として、より高いリスクのある静脈注射ではなく、点滴静脈内注射（IV-drip）を用いるよう医師らに指示する記載は含まれていなかった。

患者はこの点をもって、医薬品には警告上の欠陥があり、この欠陥がなければ事故は防げたはずである旨主張し、Wyeth 社の製造物責任を追及してバーモンド州裁判所に提訴した。州最高裁はこの訴えを認めたが、Wyeth 社は、「医薬品のラベリングは FDA の承認対象であり、FDA の承認を得ることなく変更することは連邦法に違反するため、連邦法に違反することなく、医薬品のラベリングを変更して州法上の義務を遵守する（患者が主張するような強い警告文を追記する）ことは不可能であるから、専占が認められるべきである」旨主張して、連邦最高裁へ上告した。

これに対し連邦最高裁は、FDA の承認を得ずにラベリングを変更する手続があることを理由に、原則として専占は認められない旨判示し、本件でも専占を認めなかった。具体的には、事前の通知かつ事後の承認を要する変更申請（CBE。前記第2・6(4)参照）を通じて、製薬会社は FDA の承認を待たずにラベリングを変更できるのであるから、FDA が当該変更を承認しなかったであろう「明確な証拠」（clear evidence）がない限り、専占は認められないと判示した。

では、この「明確な証拠」が認められるのはどのような場合なのか。

この点について、Merck Sharp & Dohme Corp. v Albrecht, 139 S.Ct. 1668（2019）において、裁判所は、Wyeth v. Levine のような場合、「州法を満たすような警告文の追加を連邦法が製薬会社に対して禁止していることを示すには、州法が要求する警告の正当性について、製薬会社が FDA に対して十分に伝えたにもかかわらず、FDA が当該警告を含むように医薬品の表示を変更することは承認しない旨を、製薬会社に伝えたことを示す必要がある」旨判示している。このような基準では、被告（製薬会社）側が「明確な証拠」基準を満たすことは非常に困難となろう。なお裁判所は、この裁判例において、専占の問題は陪審員（jury）ではなく裁判官が決定しなければな

らない旨も判示している[4]。

(2) ジェネリック医薬品

　ジェネリック医薬品に関して専占法理が問題となった事案としては，PLIVA, Inc v. Mensing, 564 U.S. 604 (2011) がある。結論として裁判所は，ジェネリック医薬品のラベリングについて専占法理を認め，州法に基づく請求を認めなかった。

　そもそもジェネリック医薬品の場合，原則として，承認申請時に，そのラベリングが参照リスト医薬品（RLD）のラベリングと同一であることを示さなければならない（21USC§355(j)(2)(A)(v)）。法定 ANDA の申請内容については前記**第 4 ・ 2** (3)参照)。そしてジェネリック医薬品の場合，先発医薬品と異なり，CBE によって FDA の承認を待つことなくラベリングを変更することはできない。これは FDA が，ジェネリック医薬品のラベリングに CBE を用いることができるのは，更新された先発医薬品のラベリングと整合させる場合および FDA の指示に従ってラベリングを変更する場合に限定されると解しているからであるが，裁判所もこの見解に従った。

　この事件で，原告らは，ジェネリック医薬品メーカーは CBE によらずとも，医療提供者向けレター（Dear Doctor letters または Dear Health Care Provider Letter, DHCP とも呼ばれる）の送付により，上記医薬品を処方する医療提供者に対し，追加の警告を与えることもできた（したがってジェネリック医薬品では CBE を用いることができないことは専占を肯定する理由にならない）旨も主張していた。しかし，医療提供者向けレター（DHCP）は，「ラベリング」に該当するところ（21CFR§202.1(1)(2)），こうしたラベリングは FDA が承認したラベリングと整合し，矛盾していないことが求められる（21CFR§201.100(d)(1)）。したがって，FDA が承認したラベリングにも記載されていない，実質的に新しいリスクに関する情報を医療提供者向けレター（DHCP）に記載して配布することは，ラベリングに関する規制違反となる。加えて FDA は，ジェネリック医薬品メーカーがこのような医療提供者向けレターを送付することは，先発医薬品と当該ジェネリック医薬品との治療上の効果の違いを不正確に示唆することとなり，不当表示に該当しうる旨解している。裁判所はこの点でも FDA の見解に従った。

　なお，上記の PLIVA, Inc v. Mensing は，警告上の欠陥に関する裁判例であるが，ジェネリック医薬品の設計上の欠陥に基づき州法に基づく製造物責任訴訟が提起された事例においても，連邦最高裁判所は，専占法理に基づき，州法に基づく請求を排除している（Mutual Pharmaceutical Co., Inc. v. Bartlett, 570 U.S. 472 (2013)）。

4　Food and Drug Law, at 1361.

第8　国際調和（International Harmonization）

1　ICH

(1)　国際調和の必要性と ICH の誕生

　医薬品規制調和国際会議（ICH）は，医薬品規制における国際調和の仕組みである[1]。

　前記序章第2・3(1)で見たとおり，米国では1962年の FDCA 改正によって，NDA を通じて新薬の安全性および有効性を示すデータを FDA に提出する仕組みが整ったが，1960年代から1970年代にかけて，多くの国々において，新薬の安全性，品質，有効性に関するデータを報告し，評価するための法律，規制，ガイドラインが急速に増加した。当時の医薬品業界はより国際化し，新たなグローバル市場を求めていたが，国ごとに技術的な要件が異なっていたため，新製品を国際的に販売するためには，多くの時間と費用のかかる試験を重複して実施する必要があった。こうした必要性は，医療費の増加，医薬品の研究開発費の高騰，患者に対する医薬品の迅速な提供を望む国民の期待等によって，ますます高まっていった。

　こうした状況を背景とした医薬品規制の国際的な調和は，1980年代に，欧州共同体（European Community：EC。現在の EU）が単一市場を目指す中で先行して行われた。ここでの成功に基づき，1990年に欧州製薬団体連合会（European Federation of Pharmaceutical Industries Associations：EFPIA）が主催したブリュッセルでの会議において，ICH が誕生した。当初の参加メンバーは，日米欧の規制当局および業界団体であり，これに加えて WHO，カナダおよび EFTA（欧州自由貿易連合）にオブザーバーとしての地位が与えられていた。しかし現在の ICH は，日米欧以外の規制当局も数多く参加している。

　ICH の当初の取組みは，安定性試験に関する事項など，深刻な意見対立がなさそうな技術的要件を調和させることであり，承認審査結果の相互受入れなど，深刻な議論を呼ぶ可能性のある事項については扱ってこなかった。すなわち ICH は，比較的コンセンサスが得られやすいサイエンスに関する事項の国際調和を目指すものであり，各国の主権にも関わるような薬事行政上の意思決定に関する国際調和を目指すものではなかった。

---

[1]　以下の記述は，https://ich.org/page/history による。なお，日本側からの視点を踏まえた ICH 設立の歴史については，黒川達夫「ICH の歴史 – ICH の形成にたどるわが国医薬品の国際展開 –」（薬史学雑誌49巻2号）（2014年）165頁も参考になる。

(2) 運営体制とプロセス

ICH の組織図は，以下のとおりである。

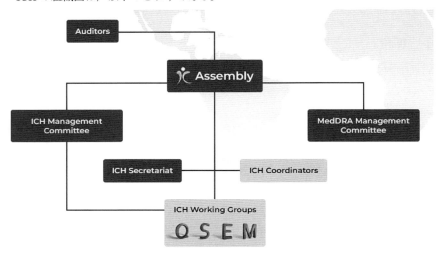

〈出典〉 https://www.ich.org/page/organisation-ich

　ICH は，オブザーバーを含む全メンバーで構成される総会（assembly）および常任団体で構成されるICH 管理委員会（management committee）によって運営される。ICH 管理委員会は，調和すべきトピックの選定やワーキンググループの監督等を行う。医療に関する円滑かつ迅速な情報交換を実現するための標準用語集である国際医薬用語集（Medical Dictionary for Regulatory Activities：MedDRA）については，MedDRA 管理委員会（MedDRA Management Committee）が監督している。事務局（secretariat）は，国際製薬団体連合会（IFPMA）の支援を受けて，スイスのジュネーブに置かれている。

　ICH の主な業務は，品質（Quality），安全性（Safety），有効性（Efficacy），複合領域（Multidisciplinary）の分野におけるガイドラインの作成であり，これは各ワーキンググループによって行われる。ICH 管理委員会を通じて選定されたトピックに関するガイドラインの作成は，以下の5段階のステップに沿って行われる[2]。

2　https://ich.org/page/formal-ich-procedure

Step 1	合意形成〜技術文書（technical document）の作成〜
Step 2 a	総会による技術文書の採択
Step 2 b	規制当局メンバー（regulatory members）によるガイドライン案の採択
Step 3	ガイドライン案に対するパブリックコメント募集およびガイドライン案の修正
Step 4	総会によるICH調和ガイドラインの採択
Step 5	実装（implementation）

　Step 3では、ガイドライン案がいったんICHプロセスを離れ、各国や地域で広く意見が募集される。例えば米国では、連邦公報（Federal Register）において、ガイドライン案に対するパブリックコメントを募集する旨が公告される。また、ガイドライン案にコメントする機会があることを周知するために、情報提供のための無料ウェビナーが開催されることもある[3]。日本でも厚生労働省がガイドライン案に対するパブリックコメントを募集する。

　Step 4を経て採択されたガイドラインは、Step 5において、参加国または地域の規制の一部として採用される。ただし、当該国・地域の法律や規則の変更が必要な場合は、必ずしも自動的に実装されるわけではない。例えば、コモン・テクニカル・ドキュメント（CTD）に係るガイドラインであるICH-M4が採択された際、FDAはすでにFDCAにより同じ情報を提出することが求められており、必要なのは情報の整理だけであるという理由に基づき、NDAの内容および形式に関する規則を改正しないことを選択したが、EUは申請者に対してCTDの使用を法的に義務づけるため、別途二次法を定めた[4]。なお、既存のガイドラインであっても、改訂されたりQ&A等によって補完されることもある。

　ICHは今日に至るまで活発に活動しており、現在も多くのトピックやガイドライン案が作成中である。詳細は独立行政法人医薬品医療機器総合機構（PMDA）のウェブサイト[5]上でまとめられている。

2　WHO

(1) 組織の概要

　世界保健機関（WHO）は、1948年に設立された国際機関であり、2022年6月時点

---

[3] https://www.fda.gov/drugs/cder-conversations/fda-works-through-ich-support-global-drug-development-creating-harmonized-technical-standards

[4] Richard Kingham, *THE LIFE SCIENCES LAW REVIEW [EIGHTH EDITION]*, Law Business Research Ltd, 2020, at 2.

[5] https://www.pmda.go.jp/int-activities/int-harmony/ich/0070.html

で194の加盟国および2準加盟地域がある。WHOの本部はジュネーブにあるほか、世界の6つの地域ごとに事務局がおかれており、アメリカ地域事務局（汎米保健機構：PAHO）の本部はワシントンD.C.に、日本が属する西太平洋地域事務局の本部はフィリピンのマニラにある。

　WHOは、総会（World Health Assembly）・執行委員会（Executive Board）・事務局（Secretariat）からなる。事務局は複数のDivisionに分かれており、その中に「Access to Medicine and Health Products」がある。このDivisionは、さらに「Health Product Policy and Standards」および「Regulation and Prequalification」とに分かれており、薬事規制との関係では後者の「Regulation and Prequalification」が重要となる。下記のWHO事務局の組織図（2023年1月1日時点）の一部分も参照されたい。

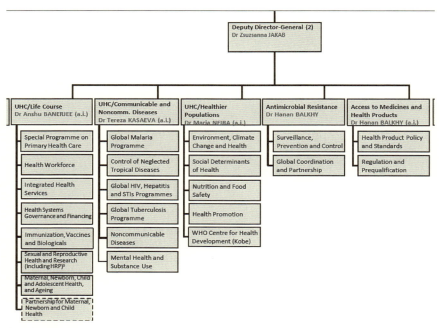

〈出典〉 World Health Organization Headquarters (as of 1 January, 2023), PowerPoint Presentation[6].

6　https://cdn.who.int/media/docs/default-source/documents/about-us/who-hq-organigram.pdf?sfvrsn=6039f0e7_13

なお，WHOを始めとしたグローバルヘルスに関わる国際機関のガバナンスや，健康に対する権利（the right to health）等については，「グローバルヘルス法」[7]という興味深い法分野がある。新型コロナウイルス感染症のパンデミックにより，グローバルヘルスに関わる国際機関に注目が集まったこともあり，この分野に対する注目度も上がっているように思われる。

(2) 事前認証制度（Prequalification）

薬事規制との関係では，WHOの事前認証制度（prequalification）[8]が重要である。これは，国際機関が医薬品を調達する際の目安として機能する。具体的には，WHOが事前認証した医薬品のリストは，国連合同エイズ計画（UNAIDS）やユニセフを含む国際機関の調達対象となる。また世界エイズ・結核・マラリア対策基金（グローバルファンド），ワクチン調達に関するグローバル・パートナーシップ機関であるGAVI The Vaccine Alliance, 結核・マラリア等の予防・治療を目的とするユニットエイド（UNITAID）など，医薬品の大量購入に携わる他の機関や組織も，開発途上国への調達を決定する際の指針として利用する。こうしたWHOの事前認証制度は，ドナーによる寄付金からなる約35億ドルの市場を形成したとされている[9]。

事前認証には，最終製品（Finished Pharmaceutical Products：FPPs）に対するものと原薬（Active Pharmaceutical Ingredients：APIs）に対するものがあるが，以下では最終製品に対する事前認証を前提に概説する。

事前認証制度は，すべての医薬品に対して開かれているわけではない。事前認証を得るためには，WHOが指定する特定の疾患領域において，医薬品ごとに行われる申請許可のリスト（invitation）に掲載される必要がある。

このリストに掲載された医薬品の製造業者は，申請書類（dossier）を提出するとともに，申込手数料を支払う。その後WHOが初期的なスクリーニング（申請対象の医薬品がinvitationに含まれているか等のチェック）を行う。次に，WHOが安全性・有効性・品質に関する評価を行い，必要に応じて製造業者との質疑応答を繰り返す。その後査察が行われ，事前認証に至る。なお，医薬品等の承認にあたり厳格な基準を適用しているとWHOが認めた規制当局（Stringent Regulatory Authority：SRA）に承認されている医薬品については，簡略化されたプロセスがある。この場合，

7　この分野の和書としては，例えば西平等『グローバル・ヘルス法 – 理念と歴史』（一般財団法人名古屋大学出版会，2022年）等がある。
8　事前認証制度に関する日本語の資料としては，2020年2月12日から2月13日にかけて行われた国際医療展開セミナー「薬とワクチンのWHO事前認証 – 低中所得国での衣料製品展開の課題とコツを含めて – 」の議事録がある。
9　https://extranet.who.int/prequal/about

WHO がその安全性・有効性・品質に関して完全な評価を行うことはない[10]。

　もっとも，WHO 自体は医薬品規制当局ではないため，事前認証された医薬品が各国で実際に使用されるためには，当該医薬品が各国の医薬品規制当局（National Medicines Regulatory Authorities：NMRA）によって承認されなければならない。しかし，薬事規制資源の乏しい国では，規制当局に十分なリソースがなく，承認に要する期間が長期化することがあり，必要な医薬品が患者にタイムリーに届かないという事態がありうる。

　そこで用いられるのが，医薬品の共同登録手続（Collaborative Registration Procedure：CRP）である。この手続では，医薬品の製造業者等の申請者は，事前認証の際に提出したものと同じ申請書類をある国の NMRA に提出し，申請者は，WHO が事前認証の評価および査察結果を NMRA と共有することを許可する。当該 NMRA は，WHO の評価結果等に依拠することで，迅速な医薬品審査を行う。もちろん NMRA はこの手続への協力を拒むこともできるが，当該医薬品に CRP を適用することに同意した場合，当該医薬品を登録するかどうかについて，WHO の評価・査察情報を入手してから 90 日以内に決定を下し，30 日以内に WHO および申請者にその決定を通知する[11]。

10　https://extranet.who.int/prequal/medicines/prequalification-procedures-and-fees-fpps-apis-qcls
11　https://extranet.who.int/prequal/vitro-diagnostics/collaborative-procedure-accelerated-registration

第 2 章
生物製剤（バイオ医薬品, Biological Product）

第1　はじめに

1　生物製剤の歴史

(1) 生物製剤に対する規制の歴史

　生物製剤（biological product）に対する規制の歴史は，FDCA を中心とした医薬品に対する規制の歴史とは異なる。

　米国では20世紀初頭，天然痘ワクチンやジフテリア抗毒素といった生物製剤の汚染が原因で，各地で破傷風被害が発生した。これを受けて1902年には生物製剤規制法（Biologics Control Act）が成立し，「人の疾病の予防および治療に用いられる，ウイルス，治療用血清，毒素，抗毒素およびこれらの類似製品」が規制され始めた。この生物製剤規制法は簡潔な内容で，ウイルス，治療用血清，毒素，抗毒素といった用語の定義や，これらの類似製品とはどのようなものか等は，当時の米国公衆衛生局（Public Health Service：PHS）が決定していた[1]。

　1944年になると，生物製剤規制法は公衆衛生サービス法（Public Health Service Act：PHSA）の一部として改正された。当初 PHSA は，生物製剤について，製品の承認（Product License Application：PLA）と，当該製品を製造する製造所の承認（Establishment License Application：ELA）を求めており，医薬品とは異なる規制体系を有していた[2]。

　しかし1997年に制定された FDA 近代化法（FDAMA）は，FDA に対して，PHSA に基づき承認される生物製剤の審査および承認と，FDCA の下で承認される医薬品の審査および承認との差異を最小化するよう求めていた[3]。より具体的には，PHSA が改正され，上記の PLA および ELA という2つの承認を要求する体制に代えて，医薬品における NDA と類似した，製品に対する単一の承認を要求する体制が整備さ

1　Food and Drug Law, at 1442.
2　See Id, at 1443.
3　See Id, at 1463.

れた。

　さらに，2009年には，生物製剤価格競争・イノベーション法（Biologics Price Competition and Innovation Act：BPCIA）によってPHSAは再度改正され，バイオシミラー（Biosimilar）に関する簡略化された承認経路が用意された（後記第2・3参照）。

(2) バイオテクノロジーの発展

　1953年，ジェームズ・ワトソン（James Watson）とフランシス・クリック（Fransis Crick）によってDNAの二重らせん構造が発見されたが，そのわずか20年後の1973年には，遺伝子組換え技術が発表され，人為的なDNA操作への道が開けた。一方，この技術の潜在的な危険性を認識していた科学者らにより，1975年にアシロマ会議（Asilomar conference）が開催され，遺伝子組換え実験に関する自主規制が定められ，翌年には国立衛生研究所（NIH）が組換えDNA実験ガイドラインを発表した。

　遺伝子組換え技術は短期間に目覚ましい進歩を遂げ，この技術を用いた様々な医薬品が登場した。例えば，血糖値を下げる役割を担う唯一のホルモンであるインスリンは，糖尿病患者の治療に用いるべく長年産生方法が研究されていた。当初はブタなどの膵臓からインスリンを抽出していたが，ヒトに対するアレルギー反応や製造コストが嵩むといった問題があった。こうした問題解決のため，ヒトインスリンの合成を目指して熾烈な開発競争が行われていたが，1970年代後半以降，遺伝子組換え技術を用いたヒトインスリンの合成方法が開発され，1982年には遺伝子組換え技術を用いた初のヒトインスリン製剤が承認された。

　このほかにも，遺伝子組換え技術を用いて製造されるに至った医薬品としては，成人成長ホルモン分泌不全症等に用いるヒト成長ホルモンや，抗腫瘍・抗ウイルス作用を有するサイトカインであるインターフェロンアルファ，赤血球の産生を促進させるホルモンであるエリスロポエチン等が挙げられる。また，現在上市されている多くの抗体医薬品に用いられているモノクローナル抗体作成技術は，1975年にジョルジュ・ケーラー（Georges Köhler）とセーサル・ミルシュタイン（César Milstein）らによって確立された技術であるが，これも遺伝子組換え技術を応用したものである。

　このように，1970年代から1980年代にかけて発展したバイオテクノロジーは，様々な医薬品に結実したが，その後も，新型コロナワクチンで脚光を浴びたmRNAワクチンや，任意のゲノム配列を編集することができるCRISPR-CAS9など，様々な技術が開発されている。

2　生物製剤の定義

　PHSA は，生物製剤（biological product）を以下のように定義している（PHSA §351(i), 42USC §262(i)(1)）。

> 　生物製剤とは，人の疾患または状態の予防，治療または治癒に用いられる，ウイルス，治療用血清，毒素，抗毒素，ワクチン，血液，血液成分もしくはその誘導体，アレルギー製剤，タンパク質，これらの類似製品，またはアルスフェナミンもしくはアルスフェナミン誘導体（もしくは他の3価の有機ヒ素化合物）をいう。

　この定義のうち，ウイルス，治療用血清，毒素，抗毒素およびこれらの類似製品については21CFR §600.3(1)～(5)で定義されている。「タンパク質」も，40を超えるアミノ酸からなる，特定の定義された配列を有するアルファアミノ酸ポリマーと定義されている（21CFR §600.3(h)(6)）。

　この生物製剤の定義から明らかなとおり，すべての生物製剤は，医薬品の定義（例えば医薬品の定義B項は，医薬品を「人（中略）の疾患の診断，治癒，緩和，治療または予防に用いることを目的とする物品」と定める。前記**第1章第1・1(1)参照**）をも満たす。したがってすべての医薬品は，厳密には，生物製剤である医薬品（biological drug）と，非生物製剤の医薬品（non-biological drug）に分かれる。以下，この第2章「生物製剤」では，非生物製剤の医薬品のことを単に「医薬品」ということがある。

3　生物製剤の管轄

　生物製剤は，当初米国公衆衛生局（PHS）内部の機関が，その後は NIH 内部の機関が管轄していたが，1972年に管轄が FDA へ移管され，1988年には FDA 内で生物製剤評価研究センター（CBER）が発足した[4]。もっとも，現在の生物製剤の定義が医薬品の定義に包摂されることからもうかがえるとおり，医薬品を管轄する医薬品評価研究センター（CDER）も伝統的に一部の生物製剤に対する管轄権を有してきた。現在，CBER と CDER がそれぞれ管轄する生物製剤には，例えば以下のような製品がある[5]。

4　*See Id*, at 1444-45.

【医薬品評価研究センター（CDER）の管轄】

- 生体内での使用を目的とするモノクローナル抗体
- サイトカイン（インターフェロン等），酵素（血栓溶解剤等）その他の新規タンパク質など，治療用に用いるタンパク質。ただし，ワクチンや血液製剤などCBERが管轄する製品を除く。
- 免疫調節剤（既存の免疫反応を阻害または修正することにより疾患を治療することを目的とした非ワクチンおよび非アレルギー性製品）
- 生体内における細胞の産生を動員，刺激，減少その他の方法で変化させることを意図した成長因子，サイトカインおよびモノクローナル抗体

【生物製剤評価研究センター（CBER）の管轄】

- ヒト，細菌もしくは動物の細胞（移植用の膵島細胞など）またはそれらの細胞の物理的部分（細胞全体，細胞の断片または予防・治療目的のワクチンとして使用することを意図したその他の成分など）から構成される製品を含む細胞製品
- 遺伝子治療製品。ヒト遺伝子治療・遺伝子導入は，核酸，ウイルス，遺伝子組換え微生物を投与するもので，導入された遺伝物質の転写・翻訳，宿主のゲノムへの組込みによって効果を発揮する。細胞は，レシピエント（患者）に投与するために生体外で改変されることもあれば，レシピエントに直接投与される遺伝子治療製品によって生体内で改変されることもある。
- ワクチンおよびワクチン関連製品（その組成や製造方法にかかわらず，疾患や状態を予防・治療するため，または他の治療的介入の活性を増強するために，特異的な免疫反応を誘導・増強することを意図した製品）
- アレルゲン製品
- 抗毒素（antitoxins および antivenins），毒素
- 血液，成分製剤，血漿分画製剤（例えばアルブミン，免疫グロブリン，凝固因子，フィブリンシーラント，プロテアーゼ阻害剤）
- ヒト細胞，組織，または細胞・組織由来製品（HCT/P。後記第3・4参照）

なお生物製剤は，生物が元々有している身体の仕組みを活用して治療効果を発生させることを意図しているものもあり，製品を理解するにあたっては，当該製品で使用されている技術のみならず，人体の仕組みに対する一定の理解が不可欠となる。そのため上記のような製品の概要だけでは，具体的にイメージしづらいかもしれないが，

5　https://www.fda.gov/combination-products/jurisdictional-information/transfer-therapeutic-biological-products-center-drug-evaluation-and-research#1 を元に作成。

一部の製品については，製品に用いられている技術や前提とする人体の仕組みについても後記でごく簡単に紹介した。必要に応じて，適宜該当箇所を参照されたい。

第2　CDERが管轄する生物製剤

1　抗体医薬品

　医薬品評価研究センター（CDER）が管轄する生物製剤は前記**第1・3**のとおりであるが，中でもモノクローナル抗体（monoclonal antibodies）は重要である。
　まず抗体とは，人の体内で作られるタンパク質で，細菌やウイルスなどの病原体を排除するために働くものであり，免疫グロブリンとも呼ばれる。モノクローナル抗体は，疾患の治療や発見を行うために抗体と似せて人工的に作られた分子である。一般に下記のようにY字型をしており，可変部の先端で標的分子と特異的に，すなわち目標とする分子に対してのみ結合する。

【抗体の一種であるヒトIgG1の構造模式図】

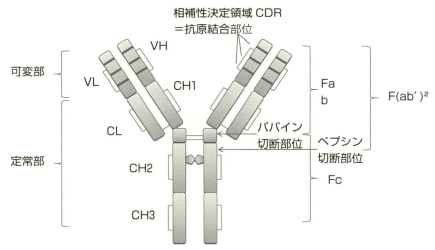

〈出典〉　国立医薬品食品衛生研究所のホームページ[1]

　標的分子に対して特異的に結合するという特性をもつモノクローナル抗体を用いた抗体医薬品は，例えばがんの治療に使用される。抗体医薬品を用いた具体的ながんの治療方法としては，がん細胞の表面に存在する分子と結合して目印となり，免疫シス

1　https://www.nihs.go.jp/dbcb/mabs.html

テムにそのがん細胞を攻撃させたり，がん細胞を増殖させるシグナルを出す分子と結合してそのシグナルを止めさせるなど，様々な治療方法が開発されている。

抗体医薬品の開発プロセスや製造方法は，低分子医薬品とは全く異なる。

抗体医薬品の開発は，まず標的となる分子を選定し，これに対する候補抗体分子を取得する。この中からリード抗体を選択し，実際に臨床試験に用いることができるように最適化していく。

こうして決定された抗体を用いた抗体医薬品を製造するには，その抗体を産生する細胞を製造し，その細胞を培養して増殖させ，細胞が産生した抗体を回収し精製するというプロセスを経る。

より具体的には，抗体に対応するDNA配列を宿主細胞（チャイニーズハムスター卵巣細胞等）に入れ，大元になる細胞を選定し，これを増殖させたマスターセルバンクを構築する。実際の製造では，このうちの1本を使って細胞を増殖させ，この細胞をして培養液中に抗体を産生させ，十分に抗体が産生されたら細胞や不純物を分離し

バイオ医薬品の製造・品質管理

バイオ医薬品の有効成分であるタンパク質は，低分子化合物と比較すると，不安定な高分子物質であり，**不均一性**を有する等，分子構造も複雑です（右図）。また，細胞のタンパク質合成能を用いて生産されるため，培養条件等の僅かな違いが分子構造に影響を与え，糖鎖等の翻訳後修飾構造等に違いが生じる場合があります。

（左）アスピリン（右）抗体

（資料提供）国立医薬品食品衛生研究所生物薬品部

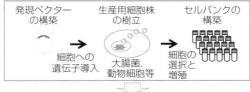

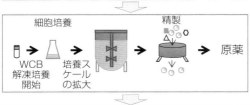

バイオ医薬品は，左図のような流れで製造されます。バイオ医薬品の製造に当たっては，**意図した臨床上の有効性・安全性が確保されるよう，適切な品質管理手法を構築**することが重要であり，その基礎となる品質特性解析は，幅広く行う必要があります。

品質特性のうち，有効性・安全性に影響を与える可能性のあるものについては，目標となる範囲に収まるよう，原材料管理，工程パラメータ管理，工程内試験，規格及び試験方法等，様々な管理方法を組み合わせ，総合的に最終製品の品質を保証できるように，品質管理手法が構築されます。

（出所）石井明子「バイオ医薬品の製造技術」（西島正弘・川崎ナナ編『バイオ医薬品』（㈱化学同人，第1版，2013年））p.22より作成

〈出典〉平成31年2月厚生労働省医政局経済課「バイオ医薬品・バイオシミラーを正しく理解していただくために（医療関係者向け）」

て精製することで，抗体を含む原薬を製造する。このような製造工程を経るため，原薬内の抗体すべてが全く同一とはならず，抗体は一定の不均一性をもつことになるが，全体としては当初意図した有効性・安全性が確保されるよう，培養条件や精製工程等を調整する必要がある。抗体医薬品の製造工程については，上記「バイオ医薬品の製造・品質管理」の図表も参照されたい。

こうした抗体医薬品を始めとするCDER管轄の生物製剤は，CBERが管轄する生物製剤と異なり，生物製剤価格競争・イノベーション法（BPCIA）で整備された簡略化された承認申請（バイオシミラー経路）を使用できる。このバイオシミラー経路は，法令上は，すべての生物製剤に適用されるものの，現状FDAは，CDERが管轄する治療用生物製剤の承認にしか，バイオシミラー経路を使用していない[2]。

以下では，まず生物製剤に適用される規制を医薬品に適用される規制と比較しつつ概説した後，バイオシミラー経路について概説する。

2　生物製剤に適用される規制

PHSA§351(j)（42USC§262(j)）は，42USC§262に基づき規制対象となる生物製剤にFDCAが適用される（ただし，21USC§355に基づくNDA承認を得る必要はない）旨定める。また，42USC§262に基づく生物製剤承認申請（Biologics License Applications：BLA）[3]に関しても，FDA近代化法（FDAMA）によって，生物製剤の審査・承認と医薬品の審査・承認の差異は最小化することとされた。実際，CDERが管轄する生物製剤の審査・承認は，以下のとおり医薬品の審査・承認と酷似している。

(1)　承認前に関する規制
ア　生物製剤承認申請（BLA）に関する規制

規制上の観点からは，CDERが管轄する新しい治療用生物製剤の開発は，生物製剤ではない医薬品の開発と同様の一般的な手順を踏むことになる。すなわち，スポンサーはFDAのGLPを遵守して非臨床試験を行い，臨床試験を開始しても安全であると合理的に判断できるだけの薬理学的・毒性学的情報を得る必要がある。スポンサーは，21CFR Part 312に則してIND申請を提出し，INDが有効になることで，治験のために製品を出荷する（州際通商に供する）ことが可能となる。被験者を保護するFDAの規制も，同様に適用される。BLAの提出者は複数の治験を行い，当該生

---

[2]　Food and Drug Law, at 1456.
[3]　法律上は「ライセンス」という文言が使用されているが，特許法のライセンスとの混同を避ける意図もあり，本書ではあえて「承認」という和訳を用いる。

物製剤の承認申請を行うに十分な量の安全性および有効性に関する証拠を収集する。

この生物製剤の安全性・有効性に関しては、非生物製剤の医薬品と異なり、開発にあたり当該生物製剤の免疫原性に留意する必要がある。免疫原性とは、抗原などの異物が体内で免疫反応（抗体の産生など）を引き起こすことであり、ここでは生物製剤が抗原として作用し、生体内で免疫反応が引き起こされることをいう。免疫原性は、当該生物製剤の安全性・有効性のいずれにも悪影響を及ぼす可能性がある。FDA は免疫原性が生物製剤に対して与える主な影響を説明し、臨床試験におけるリスクを緩和するための推奨事項をまとめたガイダンス[4]を発行している。

BLA は、NDA にも適用されるコモン・テクニカル・ドキュメント（CTD）のフォーマットを用いて行われる。BLA に含めるべき内容の概要は21CFR§601.2に定められており、NDA に含めるべき内容（21CFR§314.50。前記**第1章第2・3(1)ア**参照）と類似している。PDUFA は BLA にも適用されるため、BLA の提出者は、NDA の提出者に適用されるのと同額のユーザーフィーを支払い、FDA は、BLA の審査において、NDA の審査と同様の審査目標（前記**第1章第2・3(3)ア**参照）を追求する。

イ　承認基準等

BLA の承認にあたっては、当該生物製剤が、「安全で、不純物を含まず、効力を有していること（safe, pure and potent）」の証明が必要である（42USC§262(a)(2)(C)）。

安全性（safety）とは、有害な影響が相対的にないことをいう（21CFR§600.3(p)）。不純物を含まない（purity）とは、最終製品に含まれる外来物質が相対的にないことをいう（21CFR§600.3(r)）。「効力を有している」（potency）とは、所定の結果をもたらす製品の特異的な効力であり、適切な実験室での試験や、意図された方法で製品を投与することにより得られる適切にコントロールされた臨床データによって示されるものをいう（21CFR§600.3(s)）。

この「効力を有していること」（potency）という要件は、有効性（effectiveness）を含むと解釈されており[5]、FDA は生物製剤の有効性の証明にあたっては、一般に、「実質的な証拠（substantial evidence）」が必要と解釈している。かつて FDA は、生物製剤の有効性の証明として、限られた例外を除き、新薬における「適切かつ十分に対照された試験」（21CFR§314.126）の規定で定義された臨床試験が必要と解してい

4　Guidance for Industry: Immunogenicity Assessment for Therapeutic Protein Products (August 2014).

5　Guidance for Industry: Providing Clinical Evidence of Effectiveness for Human Drug and Biological Products (May 1998), at 4.

たが、現在ではそのような規定は削除されている[6]。FDA は、（非生物製剤の）医薬品と比べて、生物製剤の有効性を証明する「実質的な証拠」を柔軟に解釈している。実際、新薬における「適切かつ十分にコントロールされた試験」でゴールドスタンダードとされる、二本のプラセボ対照二重盲検ランダム化比較試験（前記**第1章第2・3(2)ア**参照）を求めない多くのケースは、実務上、希少疾患や他の治療法がない極めて重篤な疾患の治療を意図した生物製剤に関するケースである[7]。

ウ　その他の規制

重要な医薬品の開発および承認を迅速化させるプログラム（前記**第1章第2・4**）や、患者に対する拡大アクセスプログラム（前記**第1章第2・5**）については、原則として、生物製剤にも医薬品と同じ法令が適用される[8]。ただし迅速承認（Accelerated Approval）については、医薬品とは別に21CFR Part 601の Subpart E に定めがある。独占権に関しても、希少疾患用医薬品法（Orphan Drug Act。前記**第1章第2・7(2)**参照）は生物製剤にも適用される。また2009年の生物製剤価格競争・イノベーション法（BPCIA）により、小児研究に対する独占権を認める BPCA（前記**第1章第2・7(3)**参照）も生物製剤に適用されるに至った（42USC§262(m)）。

なお、公衆衛生サービス法（PHSA）は、生物製剤のパッケージに「適切な名称（proper name）」の記載を求めているが（42USC§262(a)(1)(B)(i)）、この「適切な名称」とは、承認時に FDA が指定した一般名（nonproprietary name）を指す（21CFR§600.3(k)参照）。FDA は、ファーマコビジランスの観点から、この一般名として FDA が指定する接尾辞を付す必要があるとの方針を明らかにしている[9]。

(2) 承認後に関する規制

市販後規制についても、生物製剤には医薬品と概ね同様の規制が適用される。

製品の使用・流通の制限を可能とする REMS（risk evaluation and mitigation strategies, 21USC§355-1）や、市販後のラベリング変更や市販後試験に関する FDCA§505（21USC§355）の定めは、生物製剤にも適用される。市販後の報告義務についても、非生物製剤の医薬品に課される義務と概ね同様であるが、有害事象の報告義務は21CFR§600.80に、cGMP からの逸脱等が生じた場合の報告義務は21CFR

6　Draft Guidance: Demonstrating Substantial Evidence of Effectiveness for Human Drug and Biologival Products (December 2019), at 4.
7　Food and Drug Law, at 1464.
8　Id.
9　See Guidance for Industry: Nonproprietary Naming of Biological Products (January 2017), at 2.

§600.14に別途定められている。また，承認されたBLAに関する変更をFDAに通知する変更管理についても，医薬品と同様の仕組み（前記**第1章第2・6(4)参照**）が21CFR§601.12で定められており，詳細は別途ガイダンス[10]も発行されている。

医薬品のプロモーションに関する規制は，生物製剤にも同様に適用される。ただし，CDERが管轄する生物製剤については，処方箋医薬品広告審査室（OPDP）が監督するのに対し，CBERが管轄する生物製剤についてはAdvertising and Promotional Labeling Branch（APLB）が監督する。

さらに，執行において重要な条文である品質不良（adulteration）に関するFDCA§501(21USC§351)や不当表示（misbranded）に関するFDCA§502(21USC§352)も，生物製剤に適用される。

3　バイオシミラー（バイオ後続品）

(1)　低分子後発医薬品との違い

伝統的な低分子医薬品の世界において，先発医薬品を参照した後発医薬品が存在するのと同様，生物製剤でも先発品を参照したバイオ後続品（バイオシミラー）が存在する。しかしタンパク質である生物製剤は，化学合成される低分子医薬品と異なり，分子量が非常に大きく，分子構造もより複雑である。そのため，生物製剤の場合，先発品と完全に同じ構造を有する後続品を製造することは，現在の技術では不可能に近い。

こうしたバイオ後続品（バイオシミラー）には，ハッチ・ワックスマン改正で整備された法定ANDA（前記**第1章第4・2参照**）や505(b)(2)申請（前記**第1章第4・3参照**）は適用されない。その代わりに，BPCIAで追記された42USC§262(k)において，通常のBLA申請とは別に，簡略化された申請経路（バイオシミラー承認申請）が定められている。このバイオシミラー承認申請は，PHSAの条文番号をとって「351(k)申請」または「351(k)BLA」などと呼ばれており，以下では「351(k)申請」で統一する。

(2)　定義等

まずPHSAに定められている定義から確認する。

基準製品（reference product）は，BLAに基づき承認された単一の生物製剤であり，351(k)申請がなされた生物製剤が比較評価される生物製剤をいう（42USC§262(i)(4)）。

10　Guidane for Industry: Changes to an Approved Application for Specified Biotechnology and Specified Synthetic Biological Products (July 1997).

バイオシミラー（biosimilar）は，(i)基準製品と比べて臨床的に不活性な成分においてわずかな差異はあるものの，高度に類似しており，かつ(ii)安全性，純度，効力の点において，基準製品との間に有意な臨床上の違いがないもの，と定義されている（42USC§262(i)(2)）。生物学的類似性（biosimilarity）の定義もこれと同一である。

バイオシミラーに関しては，「代替可能性（interchangeability）」という用語も定義されており，これは，基準製品を処方した医療従事者の介入なしに，基準製品と代替できる生物製剤と定義されている（42USC§262(i)(3)）。

単なるバイオシミラーも，代替可能性をもつバイオシミラーも，簡略化された351(k)申請を使用できるが，代替可能性をもつバイオシミラーには独占権（後記4(2)参照）が付与されうる。

(3) 351(k)申請
ア 生物学的類似性

351(k)申請は，主に基準製品との生物学的類似性を示すことにより，承認を得る方法であり，当該生物製剤の安全性および有効性を独自に立証するものではない。351(k)申請に含めるべき必須事項は，以下のとおりである（42USC§262(k)(A)(i)）。

概　　要	詳　　細
基準製品とバイオシミラーが生物学的類似性を有することを示す右のデータ	臨床的に不活性な成分においてわずかな差異はあるものの，当該バイオシミラーが基準製品と高度に類似していることを証明する分析試験
	1つ以上の適切な使用条件（基準製品が当該使用条件の下で承認され，使用することが意図されている条件であり，かつ当該条件の下でバイオシミラーが承認を受けようとしている条件）において，安全で不純物を含まず効力を有していることを証明するのに十分な臨床試験（免疫原性評価および薬物動態評価または薬力学評価を含む）
	毒性評価 （ただし上記の試験を含む。上記の試験のみで足りる可能性もある）
作用機序	当該バイオシミラーと基準製品が，提案されたラベリングで規定・推奨・示唆されている使用条件の下で同一の作用機序を有すること（ただし，その作用機序が基準製品について知られている範囲に限る）
使用条件	提案されたラベリングで規定・推奨・示唆されているバイオシミラーの使用条件が，基準製品との関係ですでに承認されていること
投与経路等	バイオシミラーの投与経路，投与形態，含量が基準製品と同じであること

施設	バイオシミラーが製造，加工，包装または保管される施設が，当該バイオシミラーの安全性，純度，効力の継続を保証するために設計された基準を満たすこと

　FDA は，生物学的類似性を証明するために必要なデータと情報を段階的（stepwise）に開発することを推奨しており，当該バイオシミラーと基準製品双方の幅広い構造的評価および機能的特性評価から始めるべきである旨勧告している。他方で FDA は，生物学的類似性の評価については，提出されたデータや情報を全体として評価する姿勢（totality-of-the-evidence）を明らかにしており，バイオシミラーと基準製品との間に製剤の差異または軽微な構造上の差異があったとしても，当該差異が臨床上意味のあるものではないことを示す十分なデータや情報を示し，他の生物学的類似性の法定基準を満たしていれば，バイオシミラーと基準製品との生物学的類似性を示すことができるとしている[11]。

　なお，原則として後発医薬品に対して先発医薬品と同じラベリングを掲げるよう求める FDCA とは異なり（前記第 1 章第 4・2(3)参照），PHSA では，バイオシミラーに対して基準製品と同じラベリングを掲げるよう求めているわけではない。また FDA は，バイオシミラーのラベリングには，生物学的類似性の実証を裏づけるために実施された臨床試験の説明やデータを記載すべきではないと解している[12]。

イ　代替可能性

　351(k)申請には，当該バイオシミラーが基準製品と代替可能であることを示す情報を含めることができる（42USC§262(k)(B)）。

　この代替可能性は，(i)当該バイオシミラーが基準製品と生物学的類似性をもち，(ii)患者に投与した際に基準製品と同じ臨床上の結果が期待できる場合であって，(iii)複数回投与される生物製剤の場合は，当該バイオシミラーと基準製品を交互にまたは切り替えて使用することによる安全性・有効性の低下リスクが，交互使用や切替使用を行わずに基準製品を使い続けた場合のリスクよりも大きくないと言えることを示す情報を提出した場合に認められる（42USC§262(k)(2)(B)）。

　より具体的にどのようなデータを提出するべきか等については，FDA のガイダンス[13]を参照されたい。

11　*See* Guidance for Industry: Scientific Considerations in Demonstrating Biosimilarity to a Reference Product（April 2015），at 7-8.
12　Guidance for Industry: Labeling for Biosimilar Products（July 2018），at 3.

4 生物製剤に認められる独占権

(1) 基準製品の独占権

先発品（基準製品）が最初に承認されてから，4年間はバイオシミラー申請を行うことができず，12年間は当該申請の承認は有効とならない（42USC§262(k)(7)）。

医薬品に認められる新規化合物（NCE）独占権（前記**第1章第4・5(1)**参照）と比較すると，NCE独占権は，特定の活性<u>部位</u>（active moiety）について承認を得た最初の企業しか受けることができないが，この12年間の独占権は，特定の活性<u>物質</u>（active substance）の承認を得た各製薬企業が受けることができる[14]。すなわち，NCE独占権は，比較的特定しやすい低分子の一部分（不活性部分を除いた活性部分）を独占権の対象とするため，当該分子について最初に承認を得た企業にのみ独占権が与えられる。他方で，基準製品の独占権は，分子構造等が複雑で比較的特定が難しいタンパク質単位で独占権を判断するため，同様の活性タンパク質であっても，当該タンパク質について承認を得た製薬企業には独占権が与えられる。ただし，同様のタンパク質の場合，生物学的構造が異なり，それによって安全性，純粋性，有効性に変更がない場合，独占権の対象とはならない（42USC§262(k)(7)(C)）。

また，生物製剤の場合，新しく適応等が追加されても，独占権の対象とはならない。低分子医薬品の場合，新しい臨床試験データを必要とする適応等の追加については，追加で3年間の独占権を得ることができるが（前記**第1章第4・5(2)**参照），生物製剤にはこのような独占権は認められていない。

なお，前記2(1)のとおり，希少疾患用医薬品に対する独占権や小児用臨床研究実施に基づく独占権も，生物製剤に適用される（42USC§262(m)）。ただし，小児用臨床研究実施に基づく独占権は基準製品の独占権に追加されるが，希少疾患用医薬品に対する独占権は追加されない。これらの独占権の関係性については，下図も参照されたい[15]。

13　Guidance for Industry: Considerations in Demonstrating Interchangeability With a Reference Product（May 2019）.
14　Food and Drug Law, at 1480.
15　ジャニス・ローガン，加藤文彦「米国における医薬品ライフサイクルマネジメントの概説」（NBL No.1247）（2023年）41頁．

【排他期間の例2：タンパク質Bを有効成分として含有する疾患Xを対象とするバイオ医薬品】

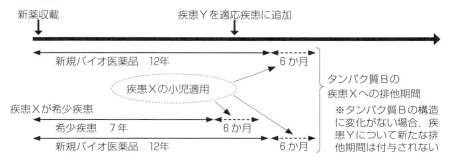

(2) 代替可能バイオシミラーの独占権

ある基準製品に対する最初の代替可能バイオシミラーには，原則として，上市日から1年間の独占権が認められ，その間は同じ基準製品の他の代替可能バイオシミラーは承認されない。ただし，この独占権の期間は，基準製品のスポンサーが当該代替可能バイオシミラーの351(k)申請者に対して提起する特許侵害訴訟の有無・状況に応じて変わり得る（42USC§262(k)(6)）。

(3) パープルブック（Purple Book）

医薬品の世界にオレンジブックがあるのと同様，生物製剤にもパープルブック（Purple Book）と呼ばれるリストがある。正式名称は，「List of Licensed Biological Products with Reference Product Exclusivity and Biosimilarity or Interchangeability Evaluations」であり，現在はデータベース[16]の形で整備されている。このデータベースには，CDERが規制するすべての承認済生物製剤，すなわち基準製品のみならず，そのバイオシミラーおよび代替可能バイオシミラーが含まれている[17]。

例えば「Humira」と検索すると，下記の抜粋のとおり，基準製品であるHumiraの情報だけではなく，その代替可能バイオシミラーおよびバイオシミラーに関する情報も得られる。また，基準製品のスポンサーが351(k)申請者に対して提供した特許権およびその満了日に関する情報も掲載されている（後記5(1)参照）。

---

16 https://purplebooksearch.fda.gov/
17 https://www.fda.gov/drugs/therapeutic-biologics-applications-bla/purple-book-lists-licensed-biological-products-reference-product-exclusivity-and-biosimilarity-or

第 2 章　生物製剤（バイオ医薬品，Biological Product）

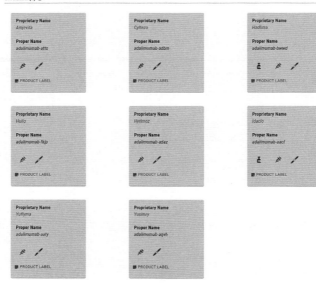

もっともパープルブックは，医薬品におけるオレンジブック（前記**第1章第4・2**(1)参照）と異なり，独占権に関する情報を得る手段として必ずしも有用であるとは限らない。それは以下の理由による。

前記(1)のとおり，基準製品が最初に承認されてから12年間は351(k)申請は有効とならないため，この最初の承認（first licensure）が具体的にいつなのかは，極めて重要である。しかしFDAは，多くの革新的な生物製剤について，この最初の承認日および独占権の満了日に関する判断を下していない[18]か，少なくとも公には明らかにしていない[19]。したがって，パープルブックを見ても，最初の承認日（date of first licensure）が空欄になっているものも多いが，ここが空欄であるからといって，当該生物製剤について独占権が付与されていなかったり，満了したりしていることを意味するとは限らないことに留意が必要である[20]。

5 特許訴訟

(1) BPCIAが定める手続～パテントダンス～

医薬品に適用されるハッチ・ワックスマン訴訟に関する規制は生物製剤には適用されないが，BPCIAは生物製剤の特許紛争の解決を促進するために，別の手続を定めている。その概要は，以下1～11のとおりであるが，基準製品のスポンサーと351(k)申請者が交互に特許情報を交換することから，「パテントダンス」と呼ばれている。

---

1. FDAは，351(k)申請の審査後，その受領を決定した場合は，その旨を351(k)申請者に通知する。
2. 351(k)申請者はこの通知から20日以内に，基準製品のスポンサー等に対して，351(k)申請書の写しおよび当該バイオシミラーの製造に用いられる工程を説明する情報を提供する（42USC§262(1)(2)）。

これにより，基準製品のスポンサー等は，バイオシミラーが基準製品の特許を侵害するか否かを検討できる。なお，351(k)申請者によって開示された情報は，厳格な開示制限の対象となる（42USC§262(1)(1)(C)）。

---

[18] この点に関し，FDAはDraft Guidance for Industry: Reference Product Exclusivity For Biological Products Filed Under Section 351(k) of The PHS Act (August 2014) を発行しているが，2024年6月現在，最終化されていない。
[19] Food and Drug Law, at 1482.
[20] https://purplebooksearch.fda.gov/faqs#2

> 3. 基準製品のスポンサーは，上記2を受領してから60日以内に，(i)特許の実施許諾なしに当該バイオシミラーが製造された場合，合理的に特許侵害を主張できると考える特許権のリストおよび(ii)実施許諾する意思のある特許権を特定した情報を，351(k)申請者に提供する。
> 4. 351(k)申請者は，上記3を受領してから60日以内に，以下(i)～(iii)の点を回答する。
>   (i)当該351(k)申請者が，上記3(i)のリストに追記されるべきであると考える特許権のリスト
>   (ii)基準製品のスポンサーおよび351(k)申請者によってリストアップされた各特許権について，(a)当該各特許権の無効，権利行使不能または非侵害の法的主張をする場合はその根拠を詳述した書面，または(b)当該特許権の特許期間が満了する前に当該バイオシミラーの商業的販売を開始する意図がない場合には，その声明
>   (iii)上記3(ii)に対する回答
> 5. 基準製品のスポンサーは，上記4の回答を受領してから60日以内に，当該回答に関する自己の主張を351(k)申請者に対して開示する（42USC§262(l)(3)）。

　このように基準製品のスポンサー等と351(k)申請者は，それぞれ60日以内に，お互いの法的主張を交換しつつ，紛争対象となる特許権リスト（以下「§262(l)(3)リスト」という）を作り上げる。この§262(l)(3)リストに含まれる特許に関しては，特許法上，生物製剤の承認申請を行うこと自体が人為的に特許権侵害とみなされる（35USC§271(e)(2)(C)(i)）。なお，2021年の統合歳出法の一部であるパープルブック継続法（Purple Book Continuity Act of 2020）に基づき，上記3で基準製品のスポンサーが351(k)申請者に対して提供した特許権のリストについては，提供後30日以内に，FDAに対しても，各満了日とともに通知する義務がある。同様に，基準製品のスポンサーがその後に351(k)申請者に対して提供した特許権についても，提供後30日以内にFDAに提供する義務がある。FDAは提供された特許権を適宜パープルブックに掲載するが，この掲載は覊束的（ministerial）なものであり，この際FDAは提出された特許権のバイオシミラーに対する適用可能性（特許の有効性，権利行使可能性，侵害の有無等）について判断しているものではない[21]。

　ここから先は特許権侵害訴訟に進むが，この訴訟は，ただちに解決すべきと考えら

21　https://purplebooksearch.fda.gov/patent-list

れる特許権を対象とする第1フェーズ（一定の行為から30日以内に提起されるもの）と，その他の特許権を対象とした第2フェーズに分けられる。

【第1フェーズ】
6. 基準製品のスポンサーが上記5の開示を行ってから15日間，スポンサーと351(k)申請者は，ただちに特許権侵害訴訟で解決することを希望する特許権について，誠実に交渉する（42USC§262(l)(4)(A)）。
7. 両者が15日間以内に合意に至った場合，基準製品のスポンサーは当該合意から30日以内に，ただちに特許権侵害訴訟で解決することを合意した各特許権に関して，351(k)申請者に対し特許侵害訴訟を提起する（42USC§262(l)(6)(A)）。

他方，両者が15日以内に合意に至らなかった場合，下記8のとおり，再度特許権リストの交換が行われる（42USC§262(l)(4)(B)）。

---

8. 351(k)申請者は，ただちに特許権侵害訴訟で解決すべきと考える特許権の件数を基準製品のスポンサーに通知する（42USC§262(l)(5)(A)）。この通知を行ってから5日以内に，基準製品のスポンサーおよび351(k)申請者は，ただちに特許権侵害訴訟で解決することを望む特許権のリストを同時に交換する（42USC§262(l)(5)(B)(i)）。基準製品のスポンサーは，上記同時交換から30日以内に特許権侵害訴訟を提起する（42USC§262(l)(6)(B)）。

この場合，基準製品のスポンサーがただちに特許権侵害訴訟で争うことができるのは，351(k)申請者によって通知された特許件数に限定される。ただし，351(k)申請者が特許権を選定しない場合でも，基準製品のスポンサーは1件の特許権については，ただちに特許権侵害訴訟で争うことができる（42USC§262(l)(5)(B)(ii)）。

【第2フェーズ】
9. 351(k)申請者は，基準製品のスポンサーに対し，最初の商業的販売の少なくとも180日前までに，上市の通知を行う（42USC§262(l)(8)(A)）。
10. 基準製品のスポンサーは，この通知を受け取った後，バイオシミラーの最初の商業的販売までの間に，§262(l)(3)リストに含まれるが第1フェーズで

争われなかった特許権の有効性，権利行使可能性，侵害の有無を裁判所が判断するまでの間，351(k)申請者に対して，当該バイオシミラーの商業的製造や販売を行うことを禁ずるための暫定的差止命令を申し立てることができる（42USC§262(l)(8)(B)）。
11. 上記2の情報提供が行われた場合，上記9の通知がなされるまでは，基準製品のスポンサーも351(k)申請者も，§262(l)(3)リストに含まれるが第1フェーズで争われなかった特許権の有効性，権利行使可能性，侵害に関する宣言判決（declaratory judgement）の申立てを行うことができない。しかし上記9の通知がなされた後は，こうした宣言判決の申立てが可能となる（42USC§262(l)(9)(A)）。

　第2フェーズは，§262(l)(3)リストに含まれるが第1フェーズで争われなかった特許権が対象となる。BPCIAには，第2フェーズの始まりとなる351(k)申請者による通知（上記9）は，あくまで「最初の商業的販売」の180日前までに行う旨しか定められておらず，FDAの承認との前後関係については定められていない。
　以上のようなBPCIA上の手続は，351(k)申請者による申請・製造情報の交付（上記2），上市通知（上記9），当該通知がなされるまでの宣言判決申立禁止（上記11）など，351(k)申請者側が，手続のイニシアティブを取れるよう設計されているといえる。

(2) BPCIAが定める手続を遵守しない場合

　他方で351(k)申請者がBPCIA上の手続を遵守しない場合，351(k)申請者側ではなく，基準製品のスポンサー側が主体的に対応できるよう設計されている。
　具体的には，351(k)申請者が前記(1)2の情報提供を行わない場合は，基準製品のスポンサーは，351(k)申請者に対し，当該バイオシミラーまたはその用途をクレームする特許権の侵害，有効性または権利行使可能性に関する宣言判決を求める訴訟をただちに提起できる（42USC§262(l)(9)(C)）。351(k)申請者が前記(1)2の情報提供を行わない場合，前記3で特定できたはずの特許権については，生物製剤の承認申請を行うこと自体が特許権侵害とみなされる（35USC§271(e)(2)(C)(ii)）。また，351(k)申請者が前記2の情報提供を行ったものの，その後の手続を完了しなかった場合には，基準製品のスポンサーは§262(l)(3)リストに掲載された特許権に関して，宣言判決を求める訴訟を提起できる（42USC§262(l)(9)(B)）。
　このようなペナルティが定められているものの，351(k)申請者が法定されている手

続を遵守する法的義務があるか否かは不透明であった。その中で生じた紛争が，次のSandoz v. Amgen 137 S.Ct. 1664（2017）である。

(3) Sandoz v. Amgen

　Amgen は，1991年に生物製剤フィルグラスチム（Filgrastim）の承認を得て上市させたが，2014年5月，Sandoz がこれを基準製品とするバイオシミラーの351(k)申請を行った。これに対し FDA は2014年7月に，Sandoz に対して351(k)申請を受領した旨通知したが（前記(1) 1 ），Sandoz は Amgen に対して前記(1) 2 の情報提供を行わず，他方で FDA 承認を得られ次第，ただちに当該バイオシミラーを上市させる旨通知した（前記(1) 9 ）。これに対し Amgen は，(i) Sandoz が前記(1) 2 の情報提供を行わなかったこと，(ii)前記(1) 9 の通知を上市前に行ったことはいずれも違法であると主張し，差止命令を求めて提訴したが，連邦最高裁は各論点について，以下のとおり判示した。

　(i)については，351(k)申請者が前記(1) 2 の情報提供を行わない場合は，42USC§262(1)(9)(C)において，基準製品のスポンサーは351(k)申請者に対して宣言判決を求める訴訟を提起できる旨明記されており，基準製品のスポンサーはそれ以外の救済を得ることはできない（すなわち Amgen が求めた差止命令によって，351(k)申請者に対して上記(1) 2 の情報提供を強制することはできない旨判示した）。

　(ii)については，あくまで BPCIA には，前記(1) 9 の通知は「最初の商業的販売」の180日前までに行う旨しか定められておらず，FDA の承認との前後関係については定められていないことを理由に，通知が承認の前になされなければ違法である，とはいえない旨判示している。

コラム6

米国連邦最高裁判所での口頭弁論

　連邦最高裁判所（Supreme Court of the United States：SCOTUS）は，ワシントン D.C. にあるキャピトル・ヒルの，連邦議事堂の向かいにある。連邦最高裁判所での口頭弁論（oral argument）は誰でも傍聴できる。具体的には，連邦最高裁判所のウェブサイトに口頭弁論の予定が公表されるため，当日に連邦最高裁判所へ行き，整理券をもらって傍聴することになる。ただし，この整理券は（2023年時点では）50枚ほどしか配布されないため，注目度の高い事件を傍聴するには早朝から連邦最高裁判所前に並ぶ必要があるが，連邦最高裁判所で口頭弁論が行われるような事件は注目度が高いことが通常であり，早朝から連邦最高裁判所へ行ったとしても，整理券をもらえないこともある。

　連邦最高裁判所での口頭弁論は，見応えがある。代理人が裁判官の前で陳述した後，裁判官から次々に質問が浴びせられる。質問の中には，代理人が比較的容易に答えるようなものから，回答に苦心するような鋭い質問まで様々であり，そこでの議論は実質的なものである。当然，こうした議論に備えなければならない代理人としては，準備に相当な労力を要することになるが，この準備の機会の1つとして，Georgetown University Law Center の Supreme Court Institute（SCI）での模擬法廷がある。SCIの模擬法廷では，連邦最高裁判所で口頭弁論が開かれる1週間ほど前に，実際に弁論を行う代理人が模擬法廷に立ち，裁判官役の教授や弁護士の前で口頭弁論を行う。ここでは，本番同様，裁判官役の教授たちから代理人に対して次々と質問が投げかけられ，代理人がこれに回答し，弁論の後は，教授たちから代理人に対してフィードバックが行われて終了する。

　なお，連邦最高裁判所での口頭弁論は，音声データおよびその書き起こしとともに，連邦最高裁判所のウェブページ[22]にアップロードされている。上記のとおり，実際に口頭弁論を傍聴するのは大変だが，書き起こしを見ながら音声データを聞くだけでも，雰囲気を感じることができよう。

22　https://www.supremecourt.gov/oral_arguments/oral_arguments.aspx

第3　CBERが管轄する生物製剤

1　はじめに

　以下では，生物製剤評価研究センター（CBER）が管轄する生物製剤のうち，近年注目を集めているワクチン，遺伝子治療，ヒト細胞加工製品および血液製剤について概説する。前記第2・1のとおり，現在FDAは，CDERが管轄する治療用生物製剤に対してのみ，351(k)申請を認めているため，CBERが管轄する生物製剤は，いずれも完全なBLA承認が必要となる。

　なお，以下では個別に取り上げないが，CBERが管轄する生物製剤としては，アレルゲン製品がある。

　アレルゲン製品には，疾患の治療および診断に用いるアレルゲンエキス（allergen extract），診断に用いるアレルゲンパッチテストや皮膚テストがあり，これらはBLA承認が必要となる。アレルゲン製品には，製造に関する特別な基準がある（21CFR§680.2）。他のアレルゲン製品としては，食物アレルギーの患者に対して原因食物（アレルゲン）を継続的に経口摂取させることで原因食物への耐性の獲得を目指す経口免疫療法（oral immunotherapy）に用いる製品もある。FDAは経口免疫療法製品のピーナッツアレルギー治療薬としてPalforzia®を承認している[1]。

2　ワクチン

(1)　ワクチン製造に用いる技術

　ワクチンは，人体の免疫システムを利用した製品である。人体には，体内に侵入してきた病原体（ウイルスや細菌）を記憶し，同様の病原体が侵入してきた際に効率的に排除する仕組み（獲得免疫）が備わっている。ワクチンはこの仕組みを利用し，人体に特定の病原体に対する免疫をあらかじめ獲得させておくことで，特定の感染症への罹患や重症化を予防することを目的とする。

　ワクチンの製造方法は様々であり，それに応じた様々な名称がつけられるが，大きく分けると不活化ワクチンと生ワクチンに大別される。不活化ワクチンは病原性をなくしたウイルス等の抗原を用いる。これに対し，生ワクチンは病原性を低くしたにとどまる抗原を用いる。不活化ワクチンは，病原体全体を利用する全粒子ワクチンと，病原体の一部のみを利用するスプリットワクチン・サブユニットワクチンに分けられ

---

[1]　Food and Drug Law, at 1585.

る。生ワクチンは，ヒトの病原体そのものを弱毒化したものと，ヒトの病原体とは異なる類似の病原体を用いたものがある。具体例とともにまとめると，下表のようになる。

不活化ワクチン	全粒子ワクチン（日本脳炎ワクチン等）
	スプリットワクチン（インフルエンザワクチン等）
	サブユニットワクチン（B型ワクチン等）
生ワクチン	ヒトの病原体を弱毒化させた生ワクチン（麻疹ワクチン等）
	ヒトの病原体と異なる類似の病原体を用いたワクチン（BCGワクチン等）

　ワクチンは，伝統的には孵化鶏卵を用いて製造される。具体的には，下記の図表のように，孵化鶏卵にウイルスを注入し，孵卵器などで温めて鶏卵内でウイルスを増殖させ，増えたウイルスを取り出して精製し，ホルマリンなどで不活化（増殖能力を失わせること）することで，ワクチンの原液を製造する（スプリットワクチンやサブユ

現行インフルエンザワクチンの製造方法

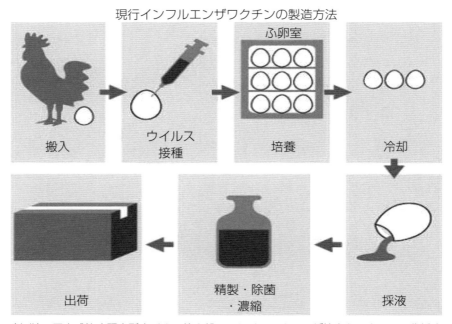

〈出典〉　国立感染症研究所ウイルス第3部 WHO インフルエンザ協力センター　田代眞人
　　　　「インフルエンザワクチン　季節性インフルエンザと新型インフルエンザ」3頁

ニットワクチンではさらなる処理が必要となる)。この方法では，どうしてもワクチンの中に微量の鶏卵タンパク質が混入してしまい，これが一部の患者に深刻なアレルギー反応を引き起こす可能性はあるものの，ワクチンの普及(予防接種)は，公衆衛生上重要な意義があるということもあり，このような伝統的技術によるワクチン製造は，現在でも広く行われている。

しかし，上記のような伝統的な製造方法では，ワクチン製造にあたり大量の鶏卵が必要となるし，1つの鶏卵から製造できるワクチンの分量も限られているため，大量生産に適しているとは言い難い。こうした背景やバイオテクノロジーの発展に伴い，様々なワクチン製造方法が研究され，今日では新型コロナウイルス感染症との関係でも多くの注目を集めたmRNAワクチンやウイルスベクターワクチンといった技術が生まれている。ウイルスベクターワクチンやmRNAワクチンは，不活化ワクチンや生ワクチンとは異なり，病原体そのものや病原体の一部を投与するのではなく，ウイルスの遺伝情報を投与することでウイルスのタンパク質(抗原)を体内で作らせ，これに対する免疫を誘導させるものである。

より具体的には，ウイルスベクターワクチンは，病原性のないウイルスの中に，病原性ウイルスの遺伝子(DNA)を組み込んで製造する。病原性のないウイルスは体内でベクター(運び屋)として機能し，病原性ウイルスの遺伝子が細胞内に取り込まれ，転写を通じてmRNA(メッセンジャーRNA)が作られ，翻訳を通じて目的となるタンパク質(抗原)が産生されることで，その抗原に対する免疫を獲得させる(転写や翻訳など，DNAからタンパク質が産生される過程は後記3(1)参照)。新型コロナワクチンとの関係でいうと，アストラゼネカ社製のワクチン(バキスゼブリ™筋注)にはこの技術が用いられている[2]。

これに対してmRNAワクチンは，ベクターとして病原性のないウイルスを用いることなく，抗原のmRNAそれ自体を体内に直接投与する(もちろんmRNAのみを直接投与するのではなく，mRNAが細胞膜を透過して細胞内に入り込めるよう脂質ナノ粒子によってコーティングされている)。DNAを投与するのと異なり，mRNAが直接細胞内に届けられるため，転写を経ることなく，体内で目的となるタンパク質(抗原)を作り出すことができる。新型コロナワクチンとの関係でいうと，ファイザー社製ワクチン(コミナティ™筋注)[3]やモデルナ社製ワクチン(スパイクバックス™筋注)[4]にはこの技術が用いられている。

---

[2] https://www.niph.go.jp/h-crisis/archives/226841/
[3] https://www.niph.go.jp/h-crisis/archives/356143/

(2) ワクチンの開発および承認

　FDA は，2023年10月に，Guidance for Industry: Development and Licensure of Vaccines to Prevent COVID-19を発行した。このガイダンスは，その標題のとおり，新型コロナワクチンの開発および承認に関するものであるが，生物製剤の開発の全体像を把握するためにも有用と思われるので，ここで簡単に紹介する。

　このガイダンスは，いわゆる CMC（前記**第１章第２・３(1)**参照），非臨床試験，治験，承認後の安全性評価とワクチン開発の段階や場面に沿って，各段階で留意すべき事項を指摘している。

　例えばワクチン開発で行われる非臨床試験は，免疫原性と安全性の特徴を明らかにするために行われる in vivo 試験および in vitro 試験であり，毒性試験や動物試験など，医薬品の開発で求められるものと同様の試験が必要となる。もっとも，当該ワクチンが，別の分野でも研究・使用されているプラットフォームとなる技術を使用しており，別の分野で当該技術に関する非臨床試験がすでに多く行われており，安全性や品質管理についてデータが揃っている場合には，合理的な範囲で非臨床試験をスキップして臨床試験へ移行できる。

　また，臨床試験に関しては，例えば治験に組み入れる患者の多様性について言及している。具体的には，新型コロナウイルス感染症に対する治療用医薬品（前記**第１章第２・２(2)エ**参照）と同様，ワクチン臨床開発のすべての段階に多様な患者集団を含めること，特に人種的・民族的マイノリティの登録を強く推奨している。また，FDA は新型コロナウイルス感染症のワクチンの臨床試験では，新型コロナウイルス感染症の既往歴がある参加者を除外する必要はないが，急性 COVID-19（または他の急性感染症）の患者は新型コロナウイルス感染症のワクチンの臨床試験から除外すべきであることなどにも言及している。

　さらに，承認後の安全性評価についても，生物製剤一般に適用される有害事象の報告義務（21CFR§600.80）が適用されることはもとより，FDA が別途ガイダンス[5]で提出を推奨しているファーマコビジランスプラン（Pharmacovigilance Planning）に基づき，当該ワクチンの安全性データに即した個別の安全性評価や FDA への報告を行うよう求めている。

　なお，新型コロナウイルス感染症のパンデミックが発生した直後の2020年６月付の同ガイダンスには，緊急使用許可（EUA。前記**第１章第２・４(3)イ**参照）に関して，新型コロナウイルス感染症の予防のために開発されている治験用ワクチンについては，

4　https://www.niph.go.jp/h-crisis/archives/335429/
5　Guidance for Inductry: E2E Pharmacovigilance Planning（April 2005）.

対象集団，製品の特徴，製品に関する非臨床試験および臨床試験データ，その他の科学的証拠の全体を踏まえ，ケースバイケースで EUA の評価を行う旨記載されていたが[6]，本ガイダンスでは削除されている。

(3) FDA の審査と CDC の勧告

ワクチンは，CBER が管轄・審査するが，承認審査の過程で，ワクチンの安全性，有効性および使用法に関して勧告を行うワクチンおよび関連生物製剤諮問委員会（Vaccines and Related Biological Products Advisory Committee：VRBPAC）で審理されることもある。

ワクチンは，FDA が承認した後，疾病予防管理センター（CDC）の予防接種実施に関する諮問委員会（Advisory Committee on Immunization Practices：ACIP）による諮問を受ける。ACIP は，(i)特定の年齢でワクチンを接種した場合の安全性および有効性，(ii)ワクチンが予防しようとする疾病の深刻さ，(iii)ワクチン接種によって得られる公衆衛生上の有益性（ワクチンを接種しなかった場合どのくらいの人が当該疾病に罹患するか）を踏まえ，当該ワクチンを用いた予防接種に関する勧告を行う。この ACIP の勧告を踏まえ，CDC の長官が当該勧告を承認するか否かを決定し，CDC 長官が勧告を承認すると，当該勧告が米国におけるワクチンの安全使用のための CDC 公式公衆衛生ガイダンスとなる[7]。過去には，FDA が承認したにもかかわらず，CDC 長官が使用の勧告を行わなかった品目も存在する。

なお，このように審査当局がワクチンの承認を行った後，別の機関が当該ワクチンを用いた予防接種に関する検討を行う仕組みは，日本でも採用されている。具体的には，厚生労働大臣がワクチンを薬事承認した後，厚生科学審議会予防接種・ワクチン分科会が予防接種の枠組みや実施等の「予防接種及びワクチンに関する重要事項」の調査審議を行う（厚生科学審議会令第 5 条 1 項）。

(4) 免責および補償プログラム（VICP）

ワクチンから生じる被害に対する免責および補償に関しては，1986 年に制定された National Childhood Vaccine Injury Act（NCVIA）が重要である（42USC§300aa-1 以下）。この法律は，1980 年代に生じたワクチン製造業者等に対する訴訟により，ワクチン不足・ワクチン接種率の低下が生じ，ワクチンによって予防可能な疾病が再発する可能性があったことを踏まえて制定されたものである[8]。

6　Guidance for Industry: Development and Licensure of Vaccines to Prevent COVID-19（June 2020），at 19.
7　https://www.cdc.gov/vaccines/basics/test-approve.html

NCVIAでは、ワクチン市場を安定させるべく、ワクチン製造業者に対し、様々な不法行為責任上の保護が定められた。

まず、請求者は1,000ドルを超えた補償を求める場合、まずNCVIAが整備した国家ワクチン被害補償制度（National Vaccine Injury Compensation Program：VICP。下記参照）を通じた救済を求めなければ、訴訟を起こすことはできない（42USC§300aa-11(a)(2)参照）。また指示・警告上の欠陥に基づく製造物責任との関係では、ワクチン製造業者は、FDCAおよびPHSに定める規制要件を遵守していた場合、原則として適切な指示・警告がなされていたと推定される（42USC§300aa-22(b)(2)参照）。さらに、ワクチン製造業者は患者に対して直接警告する義務がある旨の判例にもかかわらず（前記第1章第7・2参照）、患者に直接警告しなかったことのみを理由として責任を負わない（42USC§300aa-22(c)）。設計上の欠陥に基づく製造物責任に関しても、42USC§300aa-22(b)(1)に基づき、州法による請求は専占される[9]。なお、ワクチン製造業者がFDCAおよびPHSに定める規制要件を遵守していた場合、原則として懲罰的損害賠償責任も負わない（42USC§300aa-23(d)(2)）。

こうした免責制度を定める一方、NCVIAは、補償制度としてVICPを創設している。VICPは、連邦請求裁判所（court of federal claims）の特別裁判官（special master）によって運営される無過失補償制度であり、通常の不法行為責任に基づく請求よりも迅速かつ容易に機能するよう設計されている。すなわち、請求者はワクチン被害表（vaccine injury table）に記載されたワクチン（小児または妊婦の定期接種が推奨されるワクチンが多い）を接種し、同表に記載された疾患や症状が同表記載の時期に初めて発現したことを証明すれば、一応補償を受ける権利を有することになる（42USC§300aa-11(c)(1)、§300aa-13(a)(1)(A)）。不法行為責任に基づく請求とは異なり、ワクチン製造業者の過失やワクチンの欠陥を示す必要はない。さらに、請求者の請求が認められた場合はもとより、請求が認められなかった（補償を受けられない）場合であっても、合理的な範囲で弁護士費用その他の関連費用が支給され得る（42USC§300aa-15(e)）。

3　遺伝子治療～in vivoとex vivo～

(1)　遺伝子治療に用いる技術

遺伝子治療（gene therapy）は、治療目的で遺伝子の発現を修正・操作したり、生細胞の生物学的特性を変化させたりすることを目指すものである[10]。遺伝子治療製品

8　https://www.hrsa.gov/vaccine-compensation
9　Bruesewitz v. Wyeth 562 U.S. 223（2011）

は，がん，遺伝病，感染症などの病気を治療するために研究されている。

そもそもヒトの体内では，通常，以下の手順で必要なタンパク質が合成される。

まず細胞の核内にある DNA はアデニン(A)，チミン(T)，グアニン(G)，シトシン(C)という4種類の塩基が配列をなしており，この配列は二重らせん構造をとっている。そして RNA ポリメラーゼという酵素が，この二重らせん構造の一部をほどきながら，ほどけた部分の塩基配列を読み取り，この部分と相補的な塩基配列（Aに対してはウラシル(U)，Tに対してはA，Gに対してはC，Cに対してはG）をもった mRNA を合成する（これを転写という。なお，遺伝情報を有していない部分はスプライシングによって除去される）。この mRNA の塩基配列は，3つ一組（コドン）で特定のアミノ酸を指定している。mRNA は核外に出て，リボソームに結合し，ここで mRNA のコドンに対応するアンチコドンをもった tRNA（トランスファー RNA）がアミノ酸を運んできて，そのアミノ酸がペプチド結合していく（これを翻訳という）。こうして最終的には特定のタンパク質が産生される（遺伝子の発現）。つまり，DNA（遺伝子）は，タンパク質の設計情報をもっている。

タンパク質は，体内で様々な生理活性を有する。したがって，異常な遺伝子が存在したり本来あるはずの遺伝子が欠損していたりすると，異常なタンパク質が産生されたり特定の働きをするタンパク質が体内で不足したりして，様々な病気につながる。そこでそのタンパク質の設計情報である遺伝子を用いて治療を行うのが，遺伝子治療である。

具体的な治療方法は様々であるが，典型的な方法の1つが，病気の治療に役立つ新しい遺伝子や改変された遺伝子を体内に導入するというものである。これらの実現には，プラスミド（大腸菌などの細菌に存する，染色体とは独立して複製する性質をもつ環状 DNA 分子）や病原性のないよう改変されたウイルスや細菌をベクター（運び屋）として治療用遺伝子を直接細胞内に運ばせる技術（in vivo）や，患者から細胞を取り出し，体外で当該細胞に遺伝子改変を施した後に患者の体内に戻すといった技術（ex vivo）が用いられる[11]。

---

10 これは法律上の定義ではなく，ガイダンス（例えば Guidance for Industry: Human Gene Therapy Products Incorporating Human Genome Editing (January 2024), at 1等）で使用されている定義である。

11 https://www.fda.gov/vaccines-blood-biologics/cellular-gene-therapy-products/what-gene-therapy#footnote1 参照。

遺伝子治療とは

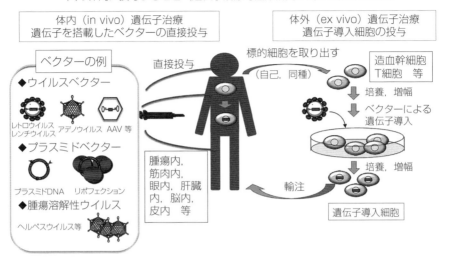

〈出典〉 国立医薬品食品衛生研究所　遺伝子医薬部第一室　内田恵理子博士「遺伝子治療製品の開発における国内と海外の規制動向－5年間の進展－」3頁

　in vivo技術の例としては，高額な薬価がついたことでも話題になったゾルゲンスマが挙げられる。ゾルゲンスマは，所定の条件を満たす脊髄性筋萎縮症（SMA）患者を対象とした薬で，SMA患者に不足しているタンパク質を作り出せるように設計された遺伝子を，病原性のないアデノ随伴ウイルス（Adeno-Associated Virus：AAV）に入れて，患者の運動神経細胞内に運ばせるという技術を用いている。

　ex vivo技術の例としては，CAR-T細胞療法が挙げられる。CAR-T細胞療法とは，患者から免疫細胞の一種であるT細胞を採取し，遺伝子改変技術を用いてT細胞にキメラ抗原受容体（Chimeric Antigen Receptor：CAR）を導入する。このようなCAR-T細胞は，がん細胞を特異的に攻撃する性質を有するため，これを患者の体内に戻すことで，がんの治療が期待できる。

　また遺伝子治療の中には，遺伝子編集技術を用いるものもある。遺伝子編集技術は，ジンクフィンガーヌクレアーゼ（ZFN），転写活性化因子様エフェクターを用いたヌクレアーゼ（TALEN）などが発明されてきたが，2012年になるとCRISPR-Cas9と呼ばれる新しい遺伝子編集技術が発表された。CRISPR-Cas9は，ZFN・TALENと比べて使用が容易ということもあって世界中に広まり，2023年12月には，一定の鎌状赤血

球症患者に対するCRISPR-Cas9を用いた遺伝子治療がFDAによって初めて承認された[12]。鎌状赤血球症は、赤血球に含まれるヘモグロビンを構成するβグロビンというタンパク質をコードする遺伝子変異によって生じる病気であるが、この病気は胎児型ヘモグロビン（HbF）の増加によって症状が軽減することがわかっている。胎児型ヘモグロビンをコードする遺伝子は、出生後はBCL11Aと呼ばれる転写抑制因子によって発現が抑制されているが、上記の遺伝子治療では、鎌状赤血球症患者から造血幹細胞を採取し、CRISPR-Cas9によってBCL11Aを不活化させ、胎児型ヘモグロビン（HbF）を産生できるようにした上で、患者の体内に戻すというex vivo技術を用いている。

(2) 規制上の考慮事項等

前記第1・1(2)のとおり、1970年代の中盤にアシロマ会議が開催され、NIHが組換えDNA実験ガイドラインを発表したが、当時の主な懸念は、遺伝子組換え微生物が誤って環境に放出されてしまう点であった。その後1990年には、NIHにおいて、アデノシンデアミナーゼ欠損症（ADA欠損症）の小児患者を対象に、レトロウイルスベクターを用いた世界初の遺伝子治療が実施された。しかし1999年には、遺伝子組換えアデノウイルスベクターの投与を受けた患者が、このベクターに対して激しい免疫反応を起こして死亡するという事件が起きた。その後も、レトロウイルスベクターが染色体に組み込まれる場所によっては発がん性リスクがあることなどもわかってきた。また、体外（ex vivo）遺伝子治療であるCAR-T細胞療法についても、サイトカイン放出症候群（CRS）や免疫細胞関連神経毒性症候群（ICANS）といった安全性の懸念もある。なお、CRSは、サイトカインの大量放出が発熱や低血圧、呼吸不全等を引き起こす症状である[13]。ICANSは、CRSで産生されたサイトカインが中枢神経（脳）に作用すること等が原因と考えられている神経毒性であり、認知機能の低下やせん妄（幻覚・幻視など）等を引き起こす症状である[14]。

さらに、遺伝子編集技術を用いた治療法では、目的の遺伝子以外の部分で変異が起こってしまうオフターゲット効果にも留意する必要がある。加えて遺伝子治療は、抗体医薬品などとは異なり[15]、持続的な有効性が期待できる半面、有害事象が遅れて発生する可能性があるため、FDAは治験を行うスポンサーに対し、遺伝子治療製品を

---

12 https://www.fda.gov/news-events/press-announcements/fda-approves-first-gene-therapies-treat-patients-sickle-cell-disease
13 https://www.jstct.or.jp/modules/cart_t/index.php?content_id=30
14 https://www.jstct.or.jp/modules/cart_t/index.php?content_id=31
15 通常の抗体は抗原と一度しか結合せず、そのまま分解されてしまう。ただし、抗原と複数回結合するようなリサイクリング抗体®技術と呼ばれる技術もある。

投与された被験者に対して15年間という長期にわたる追跡調査を行うことを推奨している[16]。

また、遺伝子治療で用いるウイルスや細胞は、化合物と比べて均質ではなく、製造工程が品質に与える影響が極めて大きい。製造条件の些細な違いが大きな品質の違いとなって現れることもある。その結果、治験を通じて製品開発が進むにつれて、製品自体が変化してしまい、製品の同一性（identity）に問題が生じることもある。これは、希少疾患用医薬品に対する独占権において、遺伝子治療の同一性が問題となり得るのと類似した問題状況である（前記**第1章第2・7(2)イ**参照）。FDAは、この遺伝子治療に関する製造工程（CMC）で留意すべき事項について、コモン・テクニカル・ドキュメント（CTD）の記載項目にそって整理したガイダンス[17]を発行している。

なお米国は、いわゆるカルタヘナ議定書（生物多様性に関する条約のバイオセーフティに関するカルタヘナ議定書）を批准していないため、日本のカルタヘナ法に相当する法律は存在しない。ただし、国家環境政策法（National Enviromental Policy Act。42USC§4321〜）という法令があり、遺伝子治療製品についてはこの法律に留意する必要がある。詳細は、FDAのガイダンス[18]を参照されたい。

4 ヒト細胞加工製品等（HCT/P）

(1) 再生医療に用いられる技術

再生医療とは、患者自身（自家）の細胞・組織または他者（他家）の細胞・組織を培養するなどして加工したものを用いる医療である。そこで重要となるのは、細胞の培養・加工の技術である。

---

16 Guidance for Industry: Long Term Follow-Up After Administration of Human Gene Therapy Products (January 2020), at 4.
17 Guidance for Industry: Chemistry, Manufacturing, and Control (CMC) Information for Human Gene Therapy Investigational New Drug Applications (INDs) (January 2020).
18 Guidance for Industry: Determining the Need for and Content of Enviromental Assessments for Gene Therapies, Vectored Vaccines, and Related Recombinant Viral or Microbiral Products (March 2015).

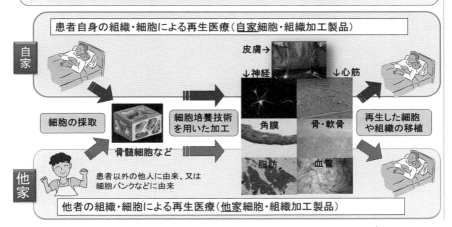

〈出典〉 厚生労働省医薬食品局「規制・制度改革に関する分科会ヒアリング資料（再生医療の推進）」(2012年3月12日) 1頁

　細胞培養は，20世紀初頭から行われてきたが，世界最古のマウス由来L細胞株とヒト由来のHeLa細胞株が樹立されると，細胞培養技術は急速に発展していった。細胞培養技術の発展は，合成培地を利用した安定的な二次元培養にとどまらず，立体構造をもつ細胞の培養（三次元培養）をも可能にしていった。1970年から1990年にかけて，組織や器官を再生するための培養技術が急速に広まり，1993年には，ロバート・ランガー（Robert Langer）とチャールズ・バカンティ（Charles Vacanti）によって，生命機能の再生，維持，修復を可能にする臓器・組織の代替品を開発することを目的とする「組織工学（tissue engineering）」が提唱されるに至った[19]。20世紀末には，こうした技術を用いて製造された自家培養表皮や自家培養軟骨が製品化されるに至った。

　近時目覚ましく発展しているのは，幹細胞の培養である。通常の細胞が特定の細胞にしか分化しないのに対し，幹細胞は多種類の細胞に分化する能力を持つ。幹細胞には，体性幹細胞，胚性幹細胞（ES細胞），そして人工多能性幹細胞（iPS細胞）など

19　宮本義孝，池内真志，河野菜摘子「二次元培養から三次元培養への潮流〜細胞培養技術の変遷〜」（Organ Biology 27巻1号）（2020年）38〜39頁。

がある。体性幹細胞には、造血幹細胞、脂肪組織由来幹細胞などがあり、限られた細胞にしか分化しないが、ES細胞やiPS細胞はヒトの様々な細胞や臓器に分化できるため、これらの樹立によって再生医療の可能性がさらに大きく広がったと言える。現在ではその実用化に向けた研究が進んでいる。

(2) 規制の概要〜三種類のHCT/P〜

米国では、再生医療等に用いる製品はHCT/P(s)、すなわち「ヒト細胞、組織または細胞・組織由来製品（Human Cells, Tissues, or cellular or tissue-based Products）」と呼ばれており、生物製剤としてFDAが管轄する。なお、臓器移植については、全米臓器移植法（42USC§273〜）という法律に基づき、HHS内の健康資源サービス局（Health Resources and Services Administration）が管轄しており、FDAは原則として関与しない[20]。

FDAは当初、HCT/Pは、FDAが規制するどの製品にも属さないとして規制対象としていなかったが、移植される組織が、ドナーから患者（レシピエント）に対する感染症の媒体となり得ることが発見されるなどして安全性上の懸念が高まると、HCT/Pが「医療機器（device）」等に該当するとして規制を始めた。その後HCT/Pに該当する製品が増えてくるにつれ、FDAはリスクベースアプローチに従って一連のルールメイキングを進めていった。具体的には、PHSA§361(a)（42USC§264(a)）がFDAに対して「感染症の持ち込み、伝播、まん延を防ぐために必要な規制を策定し、執行する」権限を与えていることに基づき、21CFR Part 1271を整備した[21]。

現在、HCT/Pは、患者に対して埋植、移植、注入または導入することを目的としたヒト細胞、もしくはヒト組織を含むまたはヒト細胞もしくはヒト組織からなる製品と定義されている（21CFR§1271.3(d)）。HCT/Pの製造業者は、「感染症の持ち込み、伝播、まん延を防止できるような方法で、HCT/Pを回収、加工、保管、表示、包装および配布をし、かつ細胞・組織のドナーを選別および検査しなければならない」（21CFR§1271.145）。より具体的には、HCT/Pの製造業者には以下の義務が定められている[22]。

---

20 Food and Drug Law, at 1547.
21 以上の詳細な経緯については、Food and Drug Law, at 1548-53参照。
22 Food and Drug Law, at 1554.

条文	概要
21CFR§1271.21〜	施設登録および製品のリストアップ
21CFR§1271.45〜	ドナー適格手続の遵守（ドナーの選定，検査，記録保持等）
21CFR§1271.370等	特別なラベリング要件の遵守
21CFR§1271.150〜	cGTP（current Good Tissue Practice）の遵守（施設基準，環境制御，器具，保管，配布，記録保持およびドナーから最終的な移植等に至るまでの追跡等）
21CFR§1271.400	査察の受入れ
21CFR§1271.440	製品の流通停止，リコール，破棄に関するFDAの命令および製造中止に関するFDAの命令への遵守

　HCT/Psは，規制上の観点からは3つに分けることができる。

　第1に，通常の医薬品，生物製剤，医療機器としての規制も受ける製品である。これらの製品は，上記の21CFR Part 1271に加えて，該当するカテゴリーに従って市販前にFDAの審査・承認を受ける必要がある。

　第2に，21CFR Part 1271（および42USC§264）によってのみ規制される製品である。これらの製品は，市販前審査・承認を必要とせず，感染症のまん延防止等を目的とした21CFR Part 1271によってのみ規制される。この類型のHCT/Psは，該当するPHSAの条文番号をとって「361HCT/P」とも呼ばれる。361HCT/Pに該当するための要件の概要は，以下のとおりである（詳細は，21CFR§1271.10(a)）。

---

1. 製品に対する最小限の操作（minimally manupulated）
2. 同一利用目的（homologous use。HCT/Pが患者内で果たす機能と，ドナーにおいて当該HCT/Pが果たしていた機能とが同じ予定であること）
3. 限られた例外を除き，細胞や組織が他の製品と組み合わせて製造されないこと
4. 当該HCT/Pが全身作用を有さず，その主要な機能を生細胞の代謝活性に依存しないこと。そうでない場合は，(i)自家使用，(ii)近親者への他家使用または(iii)生殖目的での使用であること。

　あるHCT/Pが361HCT/Pに該当するか否かは，市販前承認を要するか否かを決めるため，極めて重要な問題であるが，規則で定められている上記1や2の要件は必ずしも明確ではない。したがって実務上は，この点に関して，FDAのガイダンス[23]を

参照する必要がある。

　第3に，21CFR Part 1271の規制すら受けない場合である。これは21CFR§1271.15に列挙されているが，例えば「患者からHCT/Pを摘出し，同一の外科処置中に，当該HCT/Pを当該患者に移植する」ような施設に対しては，21CFR Part 1271の規制は適用されない（21CFR§1271.15(b)）。これを「同一の外科処置」（the same surgical procedure）の例外という。

(3)　幹細胞治療と裁判例

　幹細胞治療製品の1つに，さい帯血由来のものがある[24]。

　さい帯血には造血幹細胞／前駆細胞（HPC）が含まれており，白血病やリンパ腫などの疾患や血液・免疫系の他の疾患の治療に日常的に使用されている。さい帯血は，胎児が（その後の人生のどこかで）自ら使用するため，または2親等以内の親族に使用するために保存される場合，（21CFR Part 1271の基準を満たしている場合には）361HCT/Pとして規制される。

　他方，さい帯血は，将来他の人が使用するために，公的なさい帯血バンクに提供されることもある。この場合，FDAは，提供されたさい帯血は「医薬品」であると同時に「生物製剤」であり，使用前にIND申請またはBLAが必要であると解している。

　FDAは2022年初旬の時点で，8種類のさい帯血由来の造血幹細胞・造血前駆細胞を生物製剤として承認しているが，それ以外の幹細胞製品を承認していない。それにもかかわらず，幹細胞治療を謳う医療機関，特に患者から幹細胞を採取して一定の操作を加えて患者の体内に戻すという自家幹細胞治療を謳う医療機関が流行していた。FDAはこうした実態に対して長年執行裁量を行使して規制していなかったが，この姿勢は2010年代半ばに変更され，上記のような医療機関はFDAの規制対象になっている。

　こうした規制の一例として，前記(2)の「同一の外科処置」の例外が問題となった事件であるUnited States v. US Stem Cell Clinic, LLC, 998 F.3d 1302 (11th Cir. 2021) がある。このクリニックでは，慢性疼痛やパーキンソン病など幅広い疾患に対する治療として，患者から脂肪組織を採取し，酵素処理を含む5つのステップによって幹細胞を含む細胞群を分離させ，患者に戻すという治療を行っていた。このクリニックは，上記治療が「同一の外科処置」の例外に該当すると主張したが，裁判所はこの主張を

23　Guidance for Industry and FDA Staff: Regulatory Considerations for Human Cells, Tissues, and Cellular and Tissue-Based Products: Minimal Manipulation and Homologous Use (July 2020).
24　以下の記述は，Food and Drug Law, at 1560-61による。

排除し,著しい加工を含むような処置には「同一の外科処置」の例外は適用されないとする FDA の主張を認めた。なお,このクリニックは,上記治療が21CFR Part 1271によってのみ規制される(361HCT/P に該当する)旨も主張したが,本件では「同一利用目的(homologous use)」を満たさないことは明らかであるとしてこの主張も排斥している[25]。

5 血液製剤

(1) 血液製剤の種類

血液製剤には,全血製剤(血液そのもの)に加えて血液成分を主体とする成分製剤(赤血球製剤や血漿製剤)や血漿分画製剤(アルブミン,免疫グロブリン等)などがある。なお,前記4(3)のとおり,さい帯血は細胞治療製品として承認を受ける対象であり,血液製剤には含まれない。

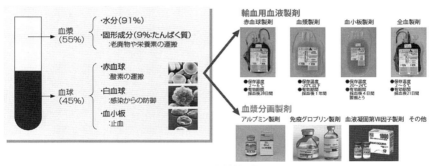

図1-1 血液製剤とは

表1-1 主な血液製剤の種類と用途等

製剤の種類		説明
輸血用血液製剤	赤血球製剤	赤血球製剤は血液から血漿、白血球及び血小板の大部分を取り除いたもので、慢性貧血、外科手術前・中・後の輸血時などに用いられる。赤血球製剤にはいくつかの種類があり、患者の症状等に応じて使い分けられている。
	血漿製剤	新鮮な血漿には各種の凝固因子が含まれており、凝固因子の欠乏による出血傾向の際に用いられる。血漿製剤の多くは採血した血液より分離した直後の血漿を直ちに凍結した新鮮凍結血漿である。
	血小板製剤	血小板製剤は成分採血装置を用いて血小板成分献血により得られたもので、血小板数が減少したり、血小板産生の低下による減少をみた場合、あるいは血小板の機能に異常がある場合等で、出血していたりあるいは出血の危険性の高い場合に出血予防のために用いられる。
	全血製剤	献血血液に血液保存液を加えたものが全血製剤であり、大量輸血時等に使用されることもあるが、赤血球成分製剤の使用が主流となったため、現在ではほとんど使われていない。
血漿分画製剤		血漿に含まれるアルブミン、免疫グロブリン、血液凝固因子等のタンパク質を分離し取り出したものが血漿分画製剤である。アルブミン製剤はやけどやショック等の際に、免疫グロブリン製剤は重症感染症の治療や、ある種の感染症の予防や免疫機能が低下した場合等に、凝固因子製剤は血友病等に用いられる。(32ページ表3-9参照)

(「血液製剤の使用指針」(改訂版)を基に厚生労働省作成)

〈出典〉 厚生労働省医薬局血液対策課「令和5年度血液事業報告」6頁

---

25 Food and Drug Law, at 1568.

感染症から回復した者の血漿が，当該感染者の治療に有効であることは古くから知られており，回復者血漿療法は新型コロナウイルス感染症の治療にも用いられてきた。

(2) 規制上の特徴

血液製剤は，他の生物製剤と同様，BLA 承認を得なければ州際通商に供することはできない。しかし血液製剤には，その特性上，いくつかの規制上の特徴がある[26]。

第1に，血液型は8種類（A型，B型，O型，AB型およびそれぞれにつき Rh プラスと Rh マイナスがある）あるが，同じ血液型同士であれば，血液およびその成分は本質的に交換可能であり，血液製剤も単に「赤血球製剤」とか「全血製剤」といった名称で特定される。こうした理由もあり，FDA は1つの BLA に，複数の血液製剤（および複数の施設）を含めることを認めている。したがって，全米の血液供給の40%を担うアメリカ赤十字（American Red Crosss）は，1つの BLA 承認しか保有していない。

第2に，血液それ自体の有効性には疑いがない。輸血の有効性は，血液がどのように収集・貯蔵・輸送されたかといった条件に左右されるが，全血製剤や成分製剤それ自体が有効であることは明らかである。これに対し，血漿分画製剤は，特定の疾患や状態の治療のために加工され，ラベリングされたものであり，製品固有の有効性データが必要となる。しかし FDA は，こうしたデータとして公表文献も受け付けている。有効性データ取得のために治験が行われることもあるが，血漿分画製剤は希少疾患や重篤な状態の治療を目的としたものであることが多いため，こうした治験は小規模かつ非盲検試験として行われることがある。

第3に，血液製剤に関しては，安全性が主要な課題である。日本でも血液製剤による HIV 感染や C 型肝炎ウイルス感染が起きたように，血液製剤に関しては，患者が献血者由来の感染症に感染するリスクがある。また血液製剤には，血液の収集，貯蔵，輸送における汚染の可能性という特有の安全性上の課題もある。こうした課題に対処すべく，FDA は血液の安全性を確保するための5段階システム（献血者のスクリーニング，血液検査，献血延期者リスト，貯留，製造工程の監視）を採用している。また規制上も，血液製剤には21CFR Part 606および Part 607に特別な定めがおかれている。各 Part の概要は以下のとおりである。

---

26 以下の記述は Food and Drug Law, at 1520-21を参考にした。

【Part 606（血液製剤および成分製剤のcGMP）】

Subpart	タイトル
Subpart A	一般条項
Subpart B	組織および職員
Subpart C	プラントおよび施設
Subpart D	器具
Subpart F	製造管理および工程管理
Subpart G	血液製剤および成分製剤に関するラベリングの追加基準
Subpart H	試験室管理
Subpart I	記録および報告

【Part 607（ヒト血液製剤および成分製剤ならびに承認済医療機器の製造に関する施設登録および製品リスティング）】

Subpart	タイトル
Subpart A	一般条項
Subpart B	国内の血液製剤施設のための手続
Subpart C	海外の血液製剤施設のための手続
Subpart D	例外
Subpart E	承認済医療機器の施設登録および製品リスティング

　他方で，血液製剤は供給の大半を献血に頼っており，需要に対する十分な量の献血を確保するためには，血液の安全性が確保できる範囲で，献血者のスクリーニング基準や献血延期者リストを変更せざるを得ない場合もある。例えばFDAは，新型コロナウイルス感染症のパンデミックの影響で米国で血液供給量が著しく不足した際，この基準を緩和した[27]。

　このように血液製剤は，他の生物製剤と比べても，規制上特殊な事項を考慮する必要のある製品といえる。

---

[27] 詳細は，Guidance for Industry: Revised Recommendations for Reducing the Risk of Human Immunodeficiency Virus Transmission by Blood and Blood Products（April 2020, updated August 2020）。

コラム7

生物製剤と倫理

　CBERが規制する生物製剤に関しては，固有の倫理的問題をはらむものが多い。例えばワクチンに関しては，「公衆衛生保護の必要性から接種を強制することが許されるのか」「パンデミック下で誰がどのような順番で接種を受けるのがよいか」といった問題がある。またヒトの臓器に分化できるiPS細胞に関しても，例えば「動物の体内で，将来移植に用いるヒトの臓器を作ることが許されるか」といった倫理的問題が考えられる。

　血液製剤に関しては，献血の有償化という問題がある。一般に献血はボランティア（無償）で，利他的な行為として行われることが多いが，米国では最近，献血に対して金銭で報酬を支払う施設が登場している。こうした献血の有償化が，従来無償で献血に協力していた人々のボランティア意識や責任感にどのような影響を与えるのかは，興味深いテーマである。

　また，倫理的な問題とは別に，金銭的対価を受けて協力するドナーからの血液は，無償で協力するドナーからの血液と比べて，安全性に問題があるともされている。この点に関しては，HHSがまとめた「Adequacy of the National Blood Supply：Report to Congress」（2020）21頁における記述が示唆に富んでいる。以下はその仮訳である。

　伝統的に，利他的な動機のあるドナーは，有償ドナーよりも安全である傾向がある。現在の制度でボランティア・ドナーが利用されている理由の1つは，有償ドナーは伝染性感染症の罹患率が高いことが判明したからである。

　歴史的に，ボランティアを対象とした採血事業と有料の採血事業は，異なる人々を対象としてきた。しかし，最近では，大学や経済的に余裕のない個人をターゲットとした地域で，有料のSource Plasma収集事業が新しい施設を開設している。これらの人々は今，利他的行為か金銭的動機のどちらかを選択しなければならない。このような競争は，ボランティア・ドナーを対象とした採血事業が若年層のドナー基盤を拡大していくことを阻害する可能性がある。この問題に関して利用可能な国家的研究とデータの欠如は，現在のボランティア・ドナー層が高齢化するにつれて，輸血用血液供給の安定性を脅かし続けるであろう。

第3章 医療機器（Device）

第1 医療機器規制の基礎知識等

1 はじめに

医療機器は，多様である。

医療機器には，デンタルフロスのような日用品から，医療機関で使用されるようなメスや輸液ポンプ（医薬品を正確に投与するための機械），体内に埋め込むステント，除細動器，ペースメーカーに至るまで，様々な製品がある。こうした製品は，その複雑さや人体に及ぼすリスクも様々であるため，医療機器に対する規制は，こうした多様性に対応したシステムであることが求められる。

本章では医療機器に対する規制を概観するが，歴史的に，医療機器の規制枠組みは医薬品の規制枠組みの後に整備されたこともあって，医薬品のそれと類似する点も多い。以下を読み進めるにあたっては，必要に応じて適宜医薬品の該当箇所を参照されたい。

2 医療機器規制の歴史

FDAは，1938年に制定されたFDCAにより，医療機器に対する管轄を有するに至った。しかし当時のFDAは，医療機器の市販前審査権限や，医療機器の一般的な規格を定める権限は有しておらず，主な権限は，医療機器が市販された後に，FDCAの不当表示（misbranded）や品質不良（adulteration）に該当する医療機器に対して，法執行を行うことであった[1]。

しかし新しいプラスチックや金属の製造，ソフトウェアの開発等の技術革新により，除細動器，ペースメーカーや腎臓透析装置，人工心肺などの新しい医療機器が誕生するに至った。これに伴い，医療機器の安全性・有効性への懸念が高まり，医療機器が市販される前に審査をすべき必要性が認識されるようになった。

1　Food and Drug Law, at 1588-89.

これに対し当初 FDA は，法解釈によって対応を試みた。すなわち，現在であれば医療機器に該当するような製品を，医薬品に該当する（したがって，1962年のFDCA 改正によって FDA が有していた権限を通じて，その安全性・有効性を市販前に審査できる）と解釈し，医療機器を規制し始めた。この解釈の下で医薬品として規制された製品には，手術用縫合糸，コンタクトレンズ，妊娠検査キットなどがある（後に医療機器として規制されるこれらの製品は，「transitional devices」と呼ばれる）。また FDA は，United States v. An Article of Drug...Bacto-Unidisk, 394 U.S. 784 （1969）において，薬剤感受性試験に用いるディスクを「医薬品」として規制する旨の主張を連邦最高裁判所から支持された後は[2]，すべての体外診断用医療機器に対して NDA の提出を求めることも検討していた[3]。

　こうした中で，1970年代半ばになると，子宮内避妊器具（IUD）のダルコン・シールド（Dalkon Shield）をめぐる深刻な健康被害が生じた。ダルコン・シールドは，ジョンズ・ホプキンス大学附属病院の医師が開発した避妊具であったが，避妊に失敗することが多く有効性が疑われたのみならず，重篤な子宮内感染を生じさせることがあり，複数の患者の死亡や流産につながるなど，その安全性にも深刻な疑義があった。この事件を契機に，当局が医療機器の安全性・有効性の市販前審査関与すべきであるとする論調が高まり，1976年の医療機器改正法（Medical Device Amendments：MDA）につながった。

　この法改正後も，医療機器に対する規制については，市販後調査やトレーサビリティ確保を可能とした1990年の医療機器安全法（Safe Medical Device Act）等多くの改正がなされている。しかし，上市経路，クラス分類などの基本的な規制枠組みはMDA で形作られ，現在まで変更されていない。

3　医療機器の定義

　医療機器（device）の定義は，以下のとおりである（21USC§321(h)(1)）。

　「医療機器」（中略）とは，機器，装置，器具，機械，仕掛け，インプラント，体外診断用試薬またはその他の類似物品もしくは関連物品（その部品や附属品を含む）であって，以下であるものを指す。

2　この判例が現在の法令の下でどのように判断され得るかについては，前記**第1章第1・4**参照。
3　Food and Drug Law, at 1596.

> (A) 公式の米国国民医薬品集，米国薬局方またはそれらの追補に定められているもの
> (B) 人や他の動物の疾患や他の状態の診断，治療，緩和，処置もしくは予防への使用を目的とするものまたは，
> (C) 人や他の動物の身体の構造または機能に影響を及ぼすことを目的としたものであり，かつ
> 　その主要な目的を，人や他の動物の体内・体表での化学作用によって達成するものではなく，また代謝に依存することで達成するものでもないものをいう。ただし，「医療機器」には，21USC§360j(o)に従って除外されるソフトウェア機能は含まれないものとする。

　この定義のうち，化学作用や代謝によって「主要な目的（primary intended purposes）」を達成するものを医療機器から除外する規定は，医薬品と医療機器との区別を明確化するべく，1976年および1990年の法改正で追記・修正されたものである。もっとも，現在の定義の下でも，医療機器と医薬品双方の定義に当てはまる製品が存在することは前記**第1章第1・4**のとおりである。

　また，上記の定義から明らかなとおり，体外診断用試薬（in vitro reagent）は医療機器に分類されている。かつては米国でも体外診断用試薬は医薬品として規制されていたが，US v. An Article of Drug…Ova II 535, F.2d 1248（3d Cir, 1976）において，妊娠検査薬を医薬品とするFDAの解釈が否定された後，上記のように体外診断用試薬が明示的に医療機器に含まれる形に医療機器の定義が改正された[4]。また，いわゆる体外診断用機器（in vitro diagnostics：IVD）については，後記**第3**を参照されたい。

　なお，使用目的（intended use）に関しては，21CFR§801.4に医薬品と同様の定め（前記**第1章第1・1(2)参照**）がある。

4　クラス分類

(1)　クラスⅠ～クラスⅢの定義

　1976年の法改正により，FDAはすべての医療機器を，その安全性および有効性を保証すべき度合いに応じて分類することとなった。現在医療機器は，ユーザーに対するリスクの度合いに応じて，クラスⅠ，クラスⅡ，クラスⅢの3つに分類される

---

[4]　Food and Drug Law, at 1617.

(21USC§360c)。

　クラスIは，「一般管理（general control）」と呼ばれる，すべての医療機器に適用される一般的な規制のみで，その安全性および有効性を合理的に保証するのに十分と考えられる医療機器の類型である（21CFR§860.3）。一般管理とは，以下の法律またはこれらの法律に基づいて許可される管理である（21USC§360c(a)(1)(A)，21CFR§860.3）。

1．21USC§351（品質不良に関する定め。後記第6・1(1)参照）
2．21USC§352（不当表示に関する定め。後記第6・1(1)参照）
3．21USC§360（施設登録，製品リストアップ等に関する定め。後記第6・1(2)参照）
4．21USC§360f（禁止医療機器に関する定め。後記第6・1(3)参照）
5．21USC§360h（通知および他の救済措置に関する定め。後記第6・1(4)および(5)参照）
6．21USC§360i（記録，報告および医療機器の固有識別子に関する定め。後記第6・1(6)，(7)および(8)参照）
7．21USC§360j（一般規定。後記第6・1(9)および(10)参照）

　クラスIIは，一般管理のみならず，「特別管理（special control）」と呼ばれる規制にも服する医療機器の類型である。特別管理には，以下の規制が含まれる（21USC§360c(a)(1)(B)，21CFR§860.3）。

1．性能基準（performance standards）の公布（後記第6・2(1)参照）
2．市販後調査（postmarket surveillance）（後記第6・2(2)参照）
3．患者登録
4．ガイドライン（guidelines）の作成と普及
5．勧告
6．その他FDAが安全性および有効性の合理的保証を提供するために必要と考える適切な措置

　医療機器は，一般管理だけでは当該医療機器の安全性および有効性を合理的に保証することはできないが，特別管理によれば，そのような合理的保証を提供できると判断できる十分な情報がある場合，クラスIIに分類される（21CFR§860.3）。
　クラスIIIは，FDCA§515（21USC§360e）に従った市販前承認（市販前承認また

は製品開発プロトコルプロセス。後記**第2・4(1)参照**）の対象となる医療機器の類型である。一般管理および特別管理だけでは当該医療機器の安全性および有効性の合理的保証を提供できると判断する十分な情報がない場合，当該医療機器はクラスⅢに分類される（21CFR§860.3）。

1976年の法改正時に上市されていなかったクラスⅠおよびクラスⅡに該当する医療機器であり，他のクラスⅠおよびクラスⅡに該当する他の医療機器と実質的に同等ではない医療機器は，すべてクラスⅢに分類される（21USC§360c(f)(1)(A)）。この定めは，上市経路（後記**第2参照**）を理解する上でポイントとなる。

(2) 具体例

FDAは，1976年の法改正で定められた21USC§360c(b)〜21USC§360c(d)に基づき，医療機器分類委員会（パネル）の勧告等を受けつつ，当時すでに上市されていた医療機器を含め，数千種類もの医療機器をクラスⅠ〜Ⅲに分類していった。これらの医療機器は，現在，21CFR Subchapter Hにおいて，以下のとおり16の医療専門分野に沿って整理されている。

Subchapter H	概　要	Subchapter H	概　要
Part 862	臨床化学および臨床毒性学用機器	Part 878	一般形成外科機器
Part 864	血液学および病理学用機器	Part 880	一般病院用および個人用機器
Part 866	免疫学および微生物学用機器	Part 882	神経科用機器
Part 868	麻酔科医療機器	Part 884	産婦人科用機器
Part 870	循環器機器	Part 886	眼科用機器
Part 872	歯科用機器	Part 888	整形外科用機器
Part 874	耳鼻咽喉科機器	Part 890	医学物理学用機器
Part 876	消化器・泌尿器科機器	Part 892	放射線科用機器

各条文では，使用目的を含む各医療機器の一般的な説明，当該医療機器が属するクラス，そして上市要件に関する情報が記載されている。

いくつか具体例を挙げると，例えば，網膜などを検査するために用いる検眼鏡は，Part 886「眼科用機器」の中で，以下のとおり記載されている（21CFR§886.1570）。なお，(b)で記載されている市販前通知手続の免除については，後記**第2・2(1)**を参照されたい。

> §886.1570 検眼鏡（Ophthalmoscope）
> (a) 識別情報。検眼鏡は、眼球の中膜（角膜、房水、水晶体、硝子体）および網膜を検査するための照明および観察光学系を含むAC電源式または電池式の医療機器。
> (b) 分類。クラスⅡ（特別管理）。AC電源式検眼鏡、電池式検眼鏡または電池交換式携帯型検眼鏡の場合、21CFR§886.9の制限に従い、Part 807のSubpart Eの市販前通知手続は免除される。

　また、体内に埋め込むペースメーカーは、Part 870「循環器機器」の中で、以下のように定められている（21CFR§870.3610）。なお、(c)で記載されている市販前承認（Premarket Approval：PMA）および製品開発プロトコル（Product Development Protocol：PDP）については後記第2・4(1)を参照されたい。

> §870.3610 植込み型ペースメーカーパルス発生器（Implantable pacemaker pulse generator）
> (a) 識別情報。植込み型ペースメーカーパルス発生器は、心臓を刺激する周期的な電気パルスを発生させる電源と電子回路を備えた医療機器である。この医療機器は、間欠的および連続的な心臓リズム障害を修正するために、心臓に内在するペーシングシステムの代用として使用される。本医療機器には、トリガーモード、抑制モード、非同期モードがあり、人体に植え込まれる。
> (b) 分類。クラスⅢ（市販前承認）。
> (c) PMAまたはPDP完了通知が必要な日。1976年5月28日以前に市販されていた植込み型ペースメーカーパルス発生器、またはそれらと実質的に同等であると認められた、2012年9月20日以前に市販されていた植込み型ペースメーカーパルス発生器については、2012年9月20日以前にPMAまたはPDP完了通知をFDAに提出する必要がある。その他の植込み型ペースメーカー・パルス発生器は、市販される前に、PMA承認またはPDP完了通知が有効となっていなければならない。

(3) 再分類（Reclassification）

　FDAは、前記(2)のとおりクラスⅠ～Ⅲに分類された各医療機器について、新しい情報を得た場合には、FDA自らまたは利害関係人からの請願により、21USC§360c (e)に基づき,別のクラスへ再分類できる。具体的には,FDA が再分類案を連邦公報で公表し,医療機器分類委員会を招集し,再分類案に対して寄せられたコメントを検討した後,行政命令(administrative order)によって,正式な再分類を公表する。

　他方,21USC§360c(f)(1)に基づき自動的にクラスⅢに分類される医療機器(前記(1)参照)については,別途,21USC§360c(f)(3)に基づく再分類手続が用意されている。この手続は,上記の21USC§360c(e)に基づく手続とは異なり,当該医療機器に関する新しい情報がなくとも,FDA 自らまたは利害関係人からの請願で開始することができる。利害関係人からの請願は,必要に応じて医療機器分類委員会への照会および同委員会からの勧告を経て,最終的に FDA が当該請願を承認するか拒否するかを判断する(21USC§360c(f)(3))。この医療機器分類委員会への照会・勧告がなされる場合,FDA は請願の提出から210日以内に判断を行う(21CFR§860.134(b)(6))。FDA が当該請願を承認した場合,FDA は行政命令によって,正式な再分類を公表する。

第2　上市経路等

1　はじめに

(1)　上市経路の種類

医療機器の上市経路は，以下の5つに大別される。

1．FDAが市販前承認（PMA）を行うクラスⅢ医療機器として上市する。
2．510(k)市販前通知を通じて，適法に上市された医療機器との実質的同等性を証明して上市する。
3．21USC§360c(f)(3)に基づく再分類請願を通じて，クラスⅢからクラスⅠまたはクラスⅡに再分類された医療機器として上市する。
4．De Novo分類プロセスを通じて上市する。
5．510(k)市販前通知を免除されたクラスⅠまたはクラスⅡ医療機器として上市する。

このうちDe Novo分類プロセス（後記6参照）は，1997年のFDAMAで新設されたが，それ以外は1976年の法改正で整備されたものである。1976年以来，510(k)市販前通知が免除される医療機器を除き，510(k)市販前通知による上市が最も多い。2015年から2020年までの間，FDAは年間平均2982件の510(k)市販前通知のクリアランスを行っているのに対し，市販前承認（PMA）は年間平均38件にとどまっている（2013年から2020年までの年間De Novo申請承認件数の中央値は26件のみである）[1]。

(2)　医療機器ユーザーフィー法

処方箋医薬品ユーザーフィー法（PDUFA）の制定から10年後の2002年，医療機器ユーザーフィー及び近代化法（Medical Device User Fee and Modernization Act：MDUFMA）が成立した。この法律もPDUFA同様，FDAが産業界からユーザーフィーを徴収する代わりに，市販前承認や510(k)市販前通知のクリアランスに要する目標期間等を設定するものである。医療機器ユーザーフィー改正（Medical Device User Fee Amendments：MDUFA）は，PDUFA同様，5年に一度行われており，現在は2023〜2027会計年度を対象とするMDUFA Vに基づき，例えば以下のとおりユーザー

1　Food and Drug Law, at 1626.

フィー[2]および審査目標[3]が設定されている。

【手数料】

申請の種類	通常ユーザーフィー	小規模業者向けユーザーフィー
510(k)市販前通知	$ 21,760	$ 5,440
市販前承認申請	$483,560	$120,890
De Novo 申請	$145,068	$ 36,267

【審査目標】

申請の種類	目標
510(k)市販前通知	申請の95%を90日以内に審査
PMA(市販前承認)申請	申請の90%を180日以内に審査
De Novo 申請	申請の70%を150日以内に審査

（注）ここでの日数は「FDA Days」であり，単純な暦日ではない。

5年に一度行われる MDUFA の改正も，医療機器に関する規制の重要な転換点となる。

例えば，FDA は，2017年の MDUFA IV において，FDA への提出書類を受け付ける電子提出テンプレートの開発を約束し，様々な市販前申請等を電子的に受け付ける「eSTAR（electronic Submission Template And Resource）」の運用が始まった。eSTAR は任意のプログラムとして始まったが，2024年6月現在では，510(k)市販前通知は eSTAR を通じた提出が必須となっており[4]，また eSTAR を通じて提出できる書類の種類も拡大しつつある。

(3) Least Burdensome 要件

1997年の FDAMA 以降，連邦議会は FDA に対し，医療機器の市販前審査にあたっては，「最小限の負担（least burdensome）」のアプローチをとり，新医療機器の上市を遅延させる可能性のある不必要な負担を排除するよう求めてきた。FDA はこの

---

2 https://www.fda.gov/industry/fda-user-fee-programs/medical-device-user-fee-amendments-mdufa
3 MDUFA PERFORMANCE GOALS AND PROCEDURES, FISCAL YEARS 2023 THROUGH 2027, at 6, 7, 9.
4 https://www.fda.gov/medical-devices/how-study-and-market-your-device/estar-program

「least burdensome」を「最も適切な時期に最も効率的な方法で，関連する規制上の疑問や問題点に対し適切に対処するために必要な最小限の情報量」と定義している[5]。

これは上市時期を早めたい産業界の意向を受けて定められたものだが，産業界は長年にわたり，医療機器・放射線保健センター（CDRH）がこの定めを遵守していないと主張していた。こうした主張を受けて21世紀治療法（Cures Act）は，FDCA を改正し，CDRH の各審査官に対して「『最小限の負担』要件の意味とその実現」に関する研修を受けること，および FDA に対して，この「最小限の負担」要件が完全かつ常時遵守されるよう，定期的に評価を行うこと等を求めている（21USC§360c(j)(1)）。

2　510(k)市販前通知

(1)　規制の概要

FDCA§510(k)（21USC§360(k)）は，医療機器の製造業者等に対し，少なくとも上市の90日前までに，当該医療機器が該当すると思われる適切なクラスおよびそのように判断した理由について，FDA に通知することを求めている。

クラス分類に関しては，前記第1・4(1)のとおり，21USC§360c(f)(1)(A) に基づき，1976年の法改正時に上市されていなかったクラスⅠおよびクラスⅡに該当する医療機器であり，他のクラスⅠおよびクラスⅡに該当する他の医療機器と実質的に同等ではない医療機器は，すべてクラスⅢに分類される。言い換えれば，新しく上市される医療機器であっても，他のクラスⅠおよびクラスⅡに該当する，適法に上市された他の医療機器と「実質的同等性（Substantial Equivalence：SE）」があれば，市販前承認が必要なクラスⅢに分類されることを避けられる。すなわち，この510(k)市販前通知（Premarket Notification：PMN）は，医療機器の製造業者が「実質的同等性」を証明する手段として機能する。この上市経路は，単に510(k)とも呼ばれる。

適法に上市された医療機器とは，以下のいずれかの医療機器を指す[6]。このように実質的同等性を示す対象とされる先行医療機器は，「プレディケート医療機器（predicate device）」と呼ばれる。

> 1）1976年5月28日以前に適法に上市された医療機器（改正前医療機器）
> 2）クラスⅢからクラスⅡまたはクラスⅠに再分類された医療機器

---

[5] Guidance for Industry and FDA Staff: The Least Burdensome Provisions: Concept and Principles（February 2019）.
[6] https://www.fda.gov/medical-devices/premarket-submissions-selecting-and-preparing-correct-submission/premarket-notification-510k

> 3）過去に510(k)市販前通知を通じて実質的同等性が認められた医療機器
> 4）FDCA§513(f)(2)に基づくDe Novo分類プロセスを通じて製造販売承認を付与された医療機器であって，市販前通知の要件が免除されていないもの

　もっとも今日では，ほとんどのクラスⅠ医療機器および一部のクラスⅡ医療機器は510(k)市販前通知が免除されている。510(k)市販前通知の免除対象となっている医療機器は，FDAのウェブサイト[7]を通じて検索できる。また，21世紀治療法により，510(k)市販前通知の免除対象となるクラスⅠ医療機器およびクラスⅡ医療機器は，少なくとも5年に一度更新される（21USC§360(1)および21USC§360(m)）。

(2) 実質的同等性

　ある医療機器が，先行医療機器と「実質的同等性」があると判断されるための要件は，以下の(i)および(ii)を満たすか，または(iii)を満たすことである（21USC§360c(i)(1)），21CFR§807.100)。

> (i) 新しい医療機器が，先行医療機器と同じ使用目的を有していること
> (ii) 先行医療機器と同一の技術的特性を有していること
> (iii) (a)新しい医療機器は材料，設計，エネルギー源その他の機能が先行医療機器から大幅に変更されているなど，先行医療機器とは異なる技術的特性を有しており，
> 　　(b)提出されたデータに，当該医療機器が適法に上市された先行医療機器と同等の安全性および有効性を有することを示す適切なデータ（FDAが必要と判断した場合は臨床データも含む）が含まれており，先行医療機器と実質的に同等であることが証明されていて，かつ
> 　　(c)新しい医療機器は，その安全性および有効性に関して先行医療機器と異なる問題を提起していない

　実務上問題となることが多いのは，上記(iii)(c)，つまり新しい医療機器の新しい技術特性が先行医療機器とは異なる安全性または有効性に関する問題を提起するか否かである。この点についてはガイダンス[8]が参考になる。

7　https://www.fda.gov/medical-devices/classify-your-medical-device/class-i-and-class-ii-device-exemptions

(3) 審査プロセス
ア　FDA による審査

510(k)市販前通知に含めなければならない具体的内容は，以下の連邦規則に定められている。下記のうち21CFR§807.92に定める要約と21CFR§807.93に定めるステートメントはいずれか1つでよいが，FDA は要約のほうを好むとされている[9]。

連邦規則	概　要
21CFR§807.87	510(k)市販前通知に含めるべき情報
21CFR§807.90	510(k)市販前通知のフォーマット
21CFR§807.92	510(k)市販前通知に含めるべき要約の内容および形式
21CFR§807.93	510(k)市販前通知に含めるべきステートメントの内容および形式

FDA は，510(k)市販前通知提出者から提供された情報が不十分な場合，当該医療機器が先行医療機器と実質的に同等であるかどうかを判断するのに必要な追加情報を要求することもできる（21CFR§807.87(m)）。

510(k)市販前通知提出者は，510(k)市販前通知の提出後15暦日以内に，受理審査（510(k)市販前通知の実質審査に進めるだけの内容を備えているか否かの審査）の結果通知を受け取る。不受理となった510(k)市販前通知は，受領拒否（refuse to accept：RTA）となり，提出者は180日以内に不備に対処しなければならない[10]。

510(k)市販前通知が受領されると，実質的な審査に進む。その後 FDA は，通知内容に不備がある場合は，追加情報を求める Additional Information Request を発行する。指摘された不備の内容次第では，Submission Issue Request（SIR）と呼ばれるアプローチ（FDA に対して，書面または会議でのフィードバックを求める手続）[11]を通じて，FDA が有している懸念と申請者の対応案を明確にしたほうがよい場合も考えられる。

---

[8] Guidance for Industry and FDA Staff: Benefit-Risk Factors To Consider When Determining Substantial Equivalence In Premarket Notifications (510(k)) With Different Technological Charac-teristics (September 2018).
[9] Food and Drug Law, at 1638.
[10] Guidance for Industry and FDA Staff: Refuse to Accept Policy for 510(k)s (April 2022), at 9.
[11] See Guidance for Industry and FDA Staff: Requests for Feedback and Meetings for Medical Device Submissions: The Q-Submission Program (June 2023), at 4.

イ　第三者審査機関による審査

　特定のクラスⅠおよびクラスⅡ医療機器については，FDAから認定された第三者審査機関が審査を行うことができる。このプログラムは，21USC§360mに基づくもので，「510(k) Third Party Review Program」と呼ばれるが，正式には「Accredited Persons Program」という。その目的は，510(k)市販前通知に対するより迅速な決定を促進し，FDAのリソースをよりリスクの高い医療機器の審査に集中させる一方で，第三者審査機関の対象となる低リスク医療機器の審査の監視を維持することにある[12]。

　第三者審査機関は，FDAが510(k)市販前通知の審査をするのと同じ基準を用いて審査を行う。第三者審査機関を用いた場合の審査プロセスの概要は，下図のとおりである[13]。なお，第三者審査機関が審査を行う場合，FDAが定めるユーザーフィーは適用されないが，別途審査料を支払う必要がある。

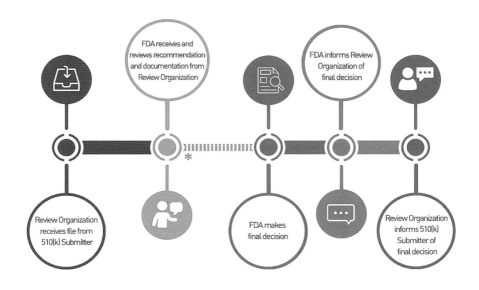

（出典）　https://www.fda.gov/medical-devices/premarket-submissions-selecting-and-preparing-correct-submission/510k-third-party-review-program

---

12　https://www.fda.gov/medical-devices/premarket-submissions-selecting-and-preparing-correct-submission/510k-third-party-review-program
13　https://www.fda.gov/medical-devices/premarket-submissions-selecting-and-preparing-correct-submission/510k-third-party-review-program

この Accredited Persons Program について，FDA は2020年3月にガイダンス[14]を発行していたが，これに代わり得る新たなガイダンス案[15]も発行している。

(4) クリアランス

FDA は，510(k)市販前通知に係る医療機器が先行医療機器と実質的に同等であるか否かを決定する。当該医療機器が先行医療機器と実質的に同等であるというクリアランスが下されると，510(k)市販前通知者は，当該医療機器を米国内で商業的に販売する権利が得られる。なお，FDA は実質的同等性に関するクリアランスを一度下すと，前記第1・4(3)の再分類手続によることなく，当該クリアランスを単純に取り消すことはできない[16]。

他方，FDA が当該医療機器はその先行機器と実質的に同等ではない（Not Substantially Equivalent：NSE）と判断する場合もあり得る。この場合，申請者がとり得る手段としては，別の上市経路を試す（市販前承認申請，再分類申請，De Novo申請），新しいデータを基に再度510(k)市販前通知を行うといった手段がある。また FDA による決定を争う方法に関しては，ガイダンス[17]が発行されている。

(5) 変更時に提出する510(k)市販前通知

510(k)市販前通知は，当該医療機器を初めて上市する時のみならず，すでに上市されている医療機器について「デザイン，材料，製造方法または使用目的に大幅な変更・修正」がある場合にも必要となる（21CFR§807.81(a)(3)）。この「大幅な変更・修正（significantly changed or modified）」とは，医療機器の安全性または有効性に著しい影響を与える可能性のある変更・修正（例えばデザイン，材料，化学組成，動力源または製造工程における重大な変更・修正）や，医療機器の使用目的の著しい変更・修正がこれに該当する（21CFR§807.81(a)(3)）。

もっともこの文言のみでは，どのような場合に市販前通知を提出すべきか否かは，

---

14 Guidance for Industry, FDA Staff, and Third Party Review Organizations: 510(k) Third Party Review Program (March 2020).
15 Draft Guidance for Industry, FDA Staff, and Third Party Review Organizations: 510(k) Third Party Review Program and Third Party Emergency Use Authorization(EUA) Review (December 2023).
16 Ivy Sports Medicine, LLC v. Burwell, 767 F.3d 81(D.C. Cir. 2014).
17 例えば Guidance for Industry and FDA Staff: Center for Device and Radiological Health (CDRH) Appeals Processes (March 2022) 等がある。ただし，このガイダンスは，食品・医薬品総合改革法（FDORA）によって関連法が改正されたこともあり，2024年6月現在，見直しが進められている。

必ずしも明確とはいえない。

　そもそも，医療機器に対する変更の種類によっては，新たな510(k)市販前通知の提出は必要なく，既存の品質システム規則（Quality System Regulation：QSR。後記第6(9)参照）に沿った対応が，変更された医療機器の安全性と有効性を合理的に保証するための最も負担の少ない（least burdensome）アプローチとなる。QSRは，医療機器の製造業者に対し，医療機器の設計および製造に対する変更を審査および承認することや（21CFR§820.30および21CFR§820.70），変更および承認を医療機器マスターレコードで文書化することを求めている（21CFR§820.181）。検査や試験によって，その工程で製造されたものを，完全に検証（verified）できないときは，その工程はバリデート（validated）されなければならず（21CFR§820.75），工程の変更には，必要に応じて，工程のレビュー，評価，再度のバリデート（revalidation）の実施が必要である（21CFR§820.75(c)）。こうしたQSRを遵守することで，変更後の医療機器の安全性および有効性を合理的に保証できるのであれば，新たな510(k)市販前通知の提出は必要なく，実際そのような変更も多い。FDAは，新たな510(k)市販前通知が必要か否かの判断に資するガイダンス[18]を発行している。

　このガイダンスでは，医療機器の修正に対して新たな510(k)市販前通知の提出が必要かどうかを判断する際の基本的な原則として，例えば以下を含む複数の原則を示しているほか，判断に資するフローチャートも記載されており，実務上参考となる。

> 1）当該医療機器の変更について最初にリスクベースの評価を行うべきであること
> 2）当該変更によって生じ得る予期せぬ影響についても検討すべきこと
> 3）単独では510(k)市販前通知の提出を必要としないわずかな修正の積み重ねが，医療機器の安全性または有効性に大きな影響を及ぼす可能性があるため，現在上市されている医療機器とではなく，直近で承認された医療機器と比較すべきであること

　また，ソフトウェアを組み込んだ医療機器はより頻繁に変更を必要とするが，こうした医療機器において，どのような変更が新たな510(k)市販前通知の提出を必要とするかについては，Guidance for Industry and FDA Staff: Deciding When to Submit a 510(k) for a Software Change to an Existing Device（October 2017）も参考になる。

18　Guidance for Industry and FDA Staff: Deciding When to Submit a 510(k) for a Change to an Existing Device（October 2017）.

(6) その他の510(k)市販前通知

510(k)市販前通知には，前記(1)〜(5)以外にも種類がある。

例えば，「Abbreviated 510(k)」は，当該医療機器がFDAのガイダンス，特別管理または規格に関する自主基準（ANSIやISOなど）に適合することを記載した「要約報告書（summary report）」を提出するものである。これにより，通常の510(k)市販前通知よりも少ない情報の提出で足りる可能性があり，従来の510(k)市販前通知の審査よりも効率的であるとされている[19]。

また，医療機器の変更時に提出する510(k)市販前通知にも，「Special 510(k)」と呼ばれるプログラムがある。これは，医療機器の一定の変更について，受領後30日以内に審査される迅速な手続の利用を可能にすることで，医療機器を迅速に上市させるプログラムである。具体的には，当該医療機器の変更を評価する方法が確立されているかどうか，そしてその結果がサマリーやリスク分析の形式で十分に審査できるかどうか次第で，特定のデザインやラベリングの変更（適応の変更を含む）について，Special 510(k)の利用が可能となる。他方で，実質的同等性を裏づけるために臨床試験や動物実験のデータに依存する場合は，一般的にSpecial 510(k)の利用には適さないとされている[20]。

3 治験

(1) IDE規制

一部の医療機器では，前記2の510(k)市販前通知や後記4のPMAにおいて臨床試験データが必要となる場合がある。医薬品同様，FDAが承認していない医療機器は，原則として州際通商に供することはできないが，治験医療機器免除（investigational device exemption：IDE）と呼ばれる一連の規則（21CFR Part 812）を遵守することにより，臨床試験用に医療機器を州際通商に供することが可能となる。この点で，医薬品における臨床試験開始届（IND申請。前記**第1章第2・2**(1)参照）と類似しているが，IDE規制は重大なリスクを有する医療機器（significant risk device）にのみ適用される点で異なる。

重大なリスクを有する医療機器とは，以下に定めるいずれかの医療機器をいう（21CFR§812.3(m)）。

---

[19] Guidance for Industry and FDA Staff: The Abbreviated 510(k) Program (September 2019), at 5.
[20] Guidance for Industry and FDA Staff: The Special 510(k) Program (September 2019), at 12.

> 1．体内への埋め込みを目的としており，被験者の健康，安全または福祉に重大なリスクをもたらす可能性がある医療機器
> 2．人の生命を維持するために使用されると称しまたは表記されているもので，被験者の健康，安全または福祉に深刻なリスクをもたらす可能性がある医療機器
> 3．疾患の診断，治癒，緩和，処置またはその他の人間の健康障害を予防するにあたり実質的に重要な用途に用いられ，被験者の健康，安全または福祉に深刻なリスクをもたらす可能性がある医療機器
> 4．その他，被験者の健康，安全または福祉に深刻なリスクをもたらす可能性がある医療機器

　上記のいずれにも当てはまらない医療機器は，重大なリスクを有するとはいえない医療機器となる。そのような医療機器の臨床試験は，21CFR Part 812に定める要件すべてではなく，簡略化された手続を満たせば開始することができる（21CFR§812.2(b)(1)）。

　また一部の医療機器の臨床試験については，そもそもIDE規制の適用除外となる。IDE規制の適用を除外される臨床試験は，21CFR812.2(c)に列挙されている。

(2) IDE申請の内容

　スポンサーは，当該医療機器が重大なリスクを有するとはいえないと評価した場合，まず治験審査委員会（IRB）に対して，試験計画書，当該医療機器が重大なリスクを有するとはいえない理由の簡単な説明その他の補足情報（過去の試験の報告書など）を提出する。

　IRBはこのスポンサーの評価に同意した場合，IRBはその臨床試験を承認し，スポンサーはIDE申請を提出することなく臨床試験を開始することができる。この重大なリスクを有する医療機器の試験であるか否かの評価方法に関しては，FDAがガイダンス[21]を発行している。なお，IRBは医薬品の場合と同様，臨床試験を承認する際には，被験者のリスクが最小化されていることや対象者の選択が公平であることの保証など，21CFR Part 56に定められた要件を満たすことも確認する必要がある。

　また，スポンサーは，計画中の臨床試験に重大なリスクがあるか否か，IDE規制

21　Information Sheet Guidance for IRBs, Clinical Investigators, and Sponsors: Significant Risk and Nonsignificant Risk Medical Device Studies（January 2006）．

の適用除外対象となるか否かについてFDAの判断を求めることもできる[22]。FDAは,最終的に,医療機器の臨床試験に重大なリスクがあるか否かを判断し,臨床試験にIDE申請が必要かどうかを判断する。IDE申請に含めるべき内容は21CFR§812.20(b)に記載されているが,その概要は下表のとおりである[23]。

スポンサーの氏名および住所	すべての治験審査委員会（IRB）の名称,住所および議長のリスト
当該医療機器に関して過去に行われた臨床試験・非臨床試験等の報告書（21CFR§812.25）	当該医療機器が販売される場合にはその金額および当該販売が商業行為に該当しないことの理由
臨床試験計画書（21CFR§812.27）	すべての治験参加機関の名称および住所
医療機器の製造等に使用される方法,設備および管理の説明	すべてのラベリングのコピー
治験責任医師（investigator）がサインする契約書（21CFR§812.43）の例と治験責任医師の氏名および住所のリスト	すべてのインフォームド・コンセントの書式および被験者保護のために被験者に提供する全関連情報資料の写し
全治験責任医師が契約書にサインしたこと,治験責任医師のリストが臨床試験に参加する全員を網羅していること等の証明書	FDAがIDE申請のために要求するその他の関連資料。なお,21CFR Part 812に基づきFDAに以前提出した資料は,参照という形で組み入れることも可能。

　なお,医療機器の臨床試験についても,医薬品の臨床試験と概ね同様の規制に服する。ラベリングに関する規制（21CFR§812.5）や,ClinicalTrials.govへの登録などに加え,スポンサーと治験責任医師はそれぞれ記録保持・報告義務を負っている（スポンサーの義務については21CFR Part 812のSubpart Cを,治験責任医師の義務については同Subpart E参照）。

(3) IDE申請の審査プロセス等
　スポンサーは正式にIDE申請を行う前に,FDAと協議を行ったり,IDE申請の一部をFDAに提出して指示を受けることができる。このプログラムは,Pre-IDEと呼

---

[22] Guidance for Industry and FDA Staff: Requests for Feedback and Meetings for Medical Device Submissions: The Q-Submission Program（June 2023）.
[23] https://www.fda.gov/medical-devices/investigational-device-exemption-ide/ide-application

ばれる。このようなプログラムに加えて，1997年の FDAMA によって整備された早期協力会議（early collaboration meetings）と呼ばれる制度もある。

この会議は，FDA が臨床試験の要否および当該医療機器の有効性評価方法を決定する「Determination Meeting」（21USC§360c(a)(3)(D)）と，治験計画の主要な内容について FDA と申請者が合意に達するための「Agreement Meeting」（21USC§360j(g)(7)）に分かれる。前者は市販前承認申請提出者が，後者はクラスⅢ製品およびインプラントの安全性・有効性を調査することを計画している者が利用できる[24]。上市に関するスポンサーと FDA とのコミュニケーションの中で，この早期協力会議がどのように位置づけられるかを図示すると，以下のグラフのようになる[25]。なお，グラフ内の「100-day meeting」については，後記4(3)を参照されたい。

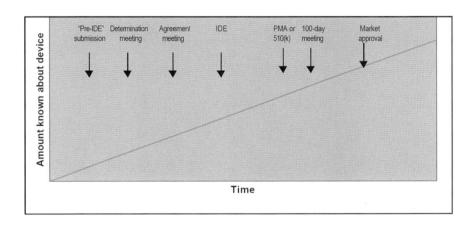

FDA は IDE 申請受領後，30日以内にスポンサーに対して承認・不承認の回答を行う必要がある（21CFR§812.30(a)(1)）。医薬品における IND 申請同様，FDA はこの期間中にスポンサーに対して様々な質問を行い，スポンサーは FDA から承認通知が得られるまで，被験者の登録を控えることが多い。

FDA が IDE 申請を不承認とした場合，FDA はその理由を書面で通知しなければならず，スポンサーは，21CFR Part16に基づくヒアリングを要求できる（21CFR§812.30(c)(1)）。

24　Early Collaboration Meetings Under the FDA Modernization Act (FDAMA); Final Guidance for Industry and for CDRH Staff (February 2001), at 1.
25　*Id*, at 2.

4 市販前承認申請（PMA 申請）

(1) PMA 申請の概要

1976年の法改正によって、クラスⅢ医療機器は、上市にあたり、FDA に対して市販前承認（PMA）申請を行い、当該医療機器の安全性および有効性の合理的保証（resonable assurance）を提供しなければならなくなった（21USC§360c(a)(1)(C)）。すなわちPMA 申請では、先行医療機器との実質的同等性を証明すれば足りる510(k)市販前通知と異なり、当該医療機器の安全性および有効性を示す必要がある。そのため510(k)市販前通知と比べて、FDA に提出しなければならない情報は格段に多く、また審査時間も長くなる。

PMA に関する規則は21CFR Part 814に定められており、特に PMA 申請で必要とされる書式および情報は21CFR§814.20に記載されている。記載項目は NDA と類似しているが、性能基準への言及（性能基準への適合性および逸脱している場合にはその内容および理由。性能基準については、後記第6・2(1)参照）を含める必要がある点は異なる（21CFR§814.20(b)(5)）。

なおクラスⅢ医療機器には、製品開発プロトコル（Product Development Protcol：PDP）と呼ばれる上市経路もある（21USC§360e(f)）。PDP は申請者と FDA とが、その完了によって承認を得たとみなされるプロトコルをあらかじめ合意しておき、プロトコルの完了通知（notice of completion）の提出によって上市させるという、開発と承認プロセスを一体とした上市経路である。実務上使用されることはほとんどないが、顎関節全置換用人工関節（21CFR§872.3940(c)。total tempolomandibular joint prosthsis）など一部のクラスⅢ医療機器において認められている。

(2) 改正前クラスⅢ医療機器と515プロジェクト

1976年の法改正によって、クラスⅢ医療機器は上市にあたり市販前承認申請が必要となったが、この法律が署名された1976年5月28日以前に商業的に流通していた、改正前クラスⅢ医療機器（pre-amendment class Ⅲ devices）に対して、ただちにこの要件を適用すると、承認審査のためにこれらの医療機器をいったん市場から締め出すことになる。他方で、市販前承認申請の要件を1976年5月28日以後に上市される、改正後クラスⅢ医療機器（post-amendment class Ⅲ devices）にのみ適用して安全性・有効性の合理的保証の提供を求めることは、pre-amendment class Ⅲ devices との均衡を欠く[26]。

---

26 *See* Food and Drug Law, at 1622-23.

そこで1976年法改正では，改正前クラスⅢ医療機器およびこれと実質的に同等な改正後クラスⅢ医療機器については，FDAが通知・コメントを経て定める規則（前記序章第3・4(1)参照）によってPMA（またはPDP完了通知）を求めるまで，PMA（またはPDP完了通知）なしで上市することができることとなった（21USC§360e(b)(1)・(2)および21USC§360c(f)(1)(A)）。

改正前クラスⅢ医療機器については，最終的にはPMA（またはPDP完了通知）が必要となるが，それまでは510(k)市販前通知を通じて上市できた。こうした改正前医療機器は，CFRにおいてクラスⅢとして特定され，「Date premarket approval application (PMA) or notice of completion of product development protocol (PDP) is required. No effective date has been established of the requirement for premarket approval」という文言が記載されていた[27]。また，改正前クラスⅢ医療機器と実質的に同等な改正後クラスⅢ医療機器も，上記規則が定められるまでは，510(k)市販前通知によって実質的同等性を示すことによって，上市することが可能であった。これは，公平な実務運用を確保しつつ，FDAが順次改正前クラスⅢ医療機器を審査し，クラスⅠもしくはクラスⅡに再分類するか，またはクラスⅢへの分類を維持してPMA（またはPDP完了通知）を求めるかを検討する方策であった。例えば，前記第1・4(2)の植込み型ペースメーカーパルス発生器では，2012年9月20日までにPMA（またはPDP完了通知）が求められている。

もっとも，FDAによる改正前クラスⅢ医療機器の審査は大幅に遅れており，2009年時点で，26種類の医療機器について，PMA（またはPDP完了通知）を要求するかクラスⅠ・Ⅱに再分類するかを未だ決定していなかった。そこでFDAは2009年末，残りの改正前クラスⅢ機器に対する分類を促進するため，515プログラム・イニシアチブを開始したが，2012年に制定されたFDA安全・イノベーション法（FDASIA）により，FDCA§513およびFDCA§515が改正され，残りの医療機器に対する分類決定のプロセスが通知・コメントを要する規則制定から行政命令のプロセスに変更された[28]。この515プロジェクトの進捗状況は，FDAのウェブサイト[29]で確認できる。

(3) 審査プロセス

FDAは，PMA申請が提出されると，提出後45日以内に，実質的な審査に進むか否かの決定を行う（21CFR§814.42(a)）。PMA申請書に必要な事項が記載されてい

27　https://www.fda.gov/medical-devices/premarket-approval-pma/pma-historical-background
28　https://www.fda.gov/about-fda/cdrh-transparency/515-program-initiative
29　https://www.fda.gov/about-fda/cdrh-transparency/515-project-status#ft8

ない場合には，FDAは申請の受領を拒否できる（21CFR§814.42(e)）。FDAはこの審査において使用するチェックリストをガイダンス[30]において公開している。

FDAは，PMA申請に対する実質的な審査を開始してから約90日後に，その時点で特定された申請書の不備（deficiency）を列挙し，PMA申請書の修正を求める不備通知書（dificiency letter）を提供する[31]。スポンサーが要求した場合，FDAとの間で「100日目会議（100-day meetings）」と呼ばれる会議を持つことができ，FDAと申請書の欠陥や全体のレビュー状況などについて協議できる（21USC§360e(d)(3)(A)参照）。PMA申請書の修正を求める不備通知書が発行されると，申請書は保留状態となり，申請者は180日以内に完全な回答を提出しなければならない（21CFR§814.37(d)）。申請者がPMA申請を大幅に変更（重要な新データの追加やすでに提出したデータの詳細な新規解析等）する場合は，審査期間は最大180日間延長される（21CFR§814.37(c)(1)）。

また，FDAは諮問委員会（パネル）を招集して申請を評価し，FDAがその医療機器を承認すべきかどうかの勧告を求めることがある。PMA申請の審査の場合，申請者が求めた場合は諮問委員会への諮問は原則として必須であり（21USC§360e(c)(3)(B)，21CFR§814.44(a)），一般に新しい医療機器のPMA申請はすべて適切な諮問委員会にかけられ，審査と勧告が行われる[32]。

さらにFDAは，審査の過程で，製造業者の施設を査察し，該当するQSR（21CFR Part 820）への適合性調査や，申請書に含まれる臨床試験データに対する監査（バイオリサーチモニタリング（BIMO）監査）が行われることもある。審査プロセスの詳細については，FDAのウェブサイト上でもまとめられているため，適宜参照されたい[33]。

FDAは1998年，PMA申請の審査プロセスを迅速化するために，PMA申請に対して「モジュール方式」を導入した[34]。これは，PMA申請の完全な提出に先立ち，スポンサーとFDAが「完全で，準備が整っており，審査に適切である」と合意した申請書の一部について，FDAが受理して審査を行うものである（21USC§360e(c)(4)(A)）。これによって申請者は，臨床試験データの収集や解析が完了する前に，非臨床試験データや製造に関するデータを先行してFDAに提出できる。

---

[30] Guidance for Industry and FDA Staff: Acceptance and Filing Reviews for Premarket Approval Applications (PMAs) (December 2019).
[31] Guidance on PMA Interactive Procedures for Day-100 Meetings and Subsequent Deficiencies-for Use by CDRH and Industry (February 1998), at 2.
[32] https://www.fda.gov/medical-devices/premarket-approval-pma/pma-review-process
[33] *Id.*
[34] *See* Food and Drug Law, at 1661.

(4) PMA（NDA 承認との比較）

以下では，NDA 承認と比較しつつ，PMA の特徴を挙げる[35]。

そもそも医療機器の場合，体内で代謝されるわけではなく，医薬品と比べて体内での作用は比較的単純であることが多い。また有効性の評価にあたっても，医薬品では投与量や生体内の数値，これに関係する反応等を測定することができるのに対し，医療機器の場合は必ずしも測定可能な数値に頼ることができず，専門家の判断によって有効性を評価しなければならないことも多い。さらに医療機器の場合は，医薬品ではゴールドスタンダードとなっているプラセボ対照二重盲検ランダム化比較試験を行うことが不可能であったり，不適切な場合がある（患者の体内に，外科的にダミーの医療機器を埋め込むことは，プラセボ薬を投与する以上に問題があろう）。

こうした医療機器と医薬品の違いを反映し，PMA については，NDA 承認とは若干異なる定めがおかれている。

第1に，前記(1)のとおり，PMA 申請では，安全性および有効性の「合理的保証（reasonable assurance）」を提供する旨記載されているが，このような文言はNDA 承認では存在しない。

第2に，PMA 審査における安全性および有効性は，当該医療機器の使用による健康上の便益（probable benefit to health from the use of the device）が当該医療機器の使用による疾病傷害のリスク（any probable risk of injury or illness from such use）を上回っているか否かで判断する旨，明示的に記載されている（21USC§360c(a)(2)）。

第3に，有効性の証明として求められる証拠は，NDA 承認で求められる「実質的な証拠」よりも柔軟である。PMA では，あくまで「適切な場合には（where appropriate）」，1つ以上の臨床試験を含む十分にコントロールされた臨床試験（well-controlled investigations）によって有効性が決定され得るとしている（21USC§360c(a)(3)(A)）。また，他に有効性の根拠としうる証拠として，以下も挙げられている（21USC§360c(a)(3)(B)）。

> (i) 医療機器の有効性を判断するのに十分なものであり，かつ
> (ii) ラベリングにおいて規定，推奨または示唆されている使用条件下において，当該医療機器が有すると称し，または表記している効果を有すると，適切な専門家が公正かつ責任をもって結論づけることができるもの

---

35 以下の記述は，Food and Drug Law, at 1654-56による。

FDA は，PMA 申請を受領してから180日以内に，承認通知の発行・承認可能通知の発行等の一定の措置を行う（21CFR§814.40）。

具体的には，FDA は，PMA に承認拒否事由が存在しない場合，承認通知を発行する（21CFR§814.44(d)(1)）。また，特定の追加情報の提出や，特定の条件を満たすことへの同意があれば承認できると考える場合は，承認可能通知（approvable letter）を発行する（21CFR§814.44(e)）。他方，FDA が現時点では PMA 申請を承認できないと判断した場合，FDA は申請を却下するか，承認不可通知（not approvable letter）を発行することもある（21CFR§814.44(f)）。

(5) 承認条件の設定

FDA は PMA を必要とする医療機器に対して，上市後に満たすべき条件を課す権限を有しており，その遵守が承認の条件とされることもある。詳細は，21CFR Part 814の Subpart E に定められているが，そうした条件の例としては，医療機器の販売，配布または使用の制限や，当該医療機器の安全性，有効性，信頼性に関する継続評価と定期報告，バッチテストなどが挙げられる（21CFR§814.82(a)）。承認後の条件の不遵守は，PMA の取消事由となる（21CFR§814.82(c)）。

(6) 変更管理

一般に，医療機器の場合，医薬品と比べても市販後の変更が頻繁に生じる。そのため，PMA 後に医療機器に対して行われる変更に関しては，以下のとおり，医薬品のの変更管理と比べても様々な制度が用意されている。

第1に，医療機器の安全性または有効性に影響を与え得る変更については，事前に FDA に対して PMA 追補（PMA supplement）を提出し，FDA の審査・承認を受けなければならない。このような変更には，新しい適応の追加，ラベリングの変更，製造所の変更などが挙げられる（21CFR§814.39(a)）。

この PMA 追補はさらに細かく分かれている。具体的には，PMA パネル・トラック追補（PMA Panel Track Supplement），180日追補（180-day supplements），リアルタイム追補（Real Time Supplement），特別 PMA 追補（Special PMA Supplement-Changes Being Effected）があり，当該変更が医療機器の安全性・有効性に与える影響に応じて，FDA の関与密度も異なる。上記の市各補足の詳細は FDA のウェブサイト[36]を，どのような変更であればどのような補足を提出しなければならないかにつ

---

36 https://www.fda.gov/medical-devices/premarket-approval-pma/pma-supplements-and-amendments

いてはガイダンス[37]も参照されたい。

　第2に，医療機器の安全性と有効性に影響を与える製造手順または製造方法の特定の変更については，PMA追補として提出するのではなく，30-day noticeと呼ばれるFDAへの書面通知を提出できる。製造業者は，FDAによる通知の受領から30日以内に，通知が適切ではない旨の連絡を受けない限り，FDAが通知を受領した日から30日後に変更後の医療機器を配布できる。他方，通知が適切でない場合，FDAは135日追補（135-day PMA supplement）が必要であることを申請者に書面で通知し，当該変更を受け入れるために必要な情報や行動を記載しなければならない（21CFR§814.39(f)）。詳細はガイダンス[38]も参照されたい。

　第3に，PMA追補を必要としない変更については，定期報告書でFDAに報告すれば足りる（21CFR§814.39(e)）。具体的には，市販後規制の1つである年次報告書（21CFR§814.84）で報告することになる。

5　人道機器適用免除（HDE）

　FDCAは希少疾患用医療機器の開発を促進するために，医薬品とは異なる制度を用意している。それが人道機器適用免除（Humanitarian Device Exemption：HDE）と呼ばれる制度である。

　人道機器適用免除（HDE）は，米国で年間8,000人以下の個人に影響を与え，または症状が現れる疾患または状態の治療・診断において，患者の便益となることを目的とした医療機器の発見・使用を奨励するための制度である（21USC§360j(m)(1)）。HDEが適用されると，本来要求される有効性の要件，すなわち有効性に関する合理的な保証を提供するという要件が免除される（21USC§360j(m)(2)）。

　人道機器適用免除（HDE）を受けるためには，2つのステップを踏む必要がある。

　第1ステップは，FDAの希少疾患用製品開発室（OOPD）から，人道的使用機器（Humanitarian Use Device：HUD）の指定を受けることである。そのためにスポンサーは，当該医療機器が対象とする疾患や状態が，米国において年間8,000人未満に影響するものであることを示す十分な証拠を示す必要がある（21CFR§814.102(a)）。詳細はガイダンス[39]に詳しい。

　第2ステップとして，HUD指定を受けた医療機器のスポンサーは，CDRHに対して，

---

[37] Guidance for Industry and FDA Staff: Modifications to Devices Subject to Premarket Approval (PMA)-The PMA Supplement Decision-Making Process (December 2008).

[38] Guidance for Industry and FDA Staff: 30-Day Notices, 135-Day Premarket Approval (PMA) Supplements and 75-Day Humanitarian Device Exemption (HDE) Supplements for Manufacturing Method or Process Changes (December 2019).

人道機器適用免除（HDE）申請を行う。この申請には，概ねPMA申請書に含めるのと同じ内容を含める必要があるが，臨床データについては「合理的に入手可能（reasonably obtainable）」な範囲で含めれば足りる一方，人道的使用機器に関する特別なラベリングを含める必要がある（21CFR§814.104(b)(4)）。申請書には，当該医療機器が対象とする疾患・状態の治療・診断に関して，他に同等の医療機器が存在しないことの説明も含める必要がある（21CFR§814.104(b)(2)）。また，PMA申請と同様，当該医療機器の安全性に関する合理的な保証を含める必要はあるが，有効性については，健康上の利益が使用によるリスクを上回っていることを示すことで足り，有効性に関する合理的保証は必要とされない（21CFR§814.104(b)(3)）。FDAは，HDE申請の受領後75日以内に，承認通知の発行等の措置をとる（21CFR§814.114）。

HDEを受けることで当該医療機器を上市することができるが，その販売や利用には制限がある。

まずHDEを受けた医療機器の販売にあたっては，原則として，当該医療機器の研究開発・製造・流通に要した費用を超える金額で販売することはできない（21USC§360j(m)(3)。なお例外は21USC§360j(m)(6)に定められている）。

またHDEを受けた医療機器の利用は，医療機器の臨床試験が適切なIRBによって監督されている施設において，IRBまたは適切な地方委員会（local committee）が承認した場合にのみ許容されている（ただし緊急時を除く。21USC§360j(m)(4)）。この点も詳細はガイダンス[40]を参照されたい。

6　De Novo 申請

(1) 概要

ある医療機器がクラスⅠまたはクラスⅡに該当すると思われるものの，実質的同等性の基礎となる，「適法に上市されている医療機器」がない場合，510(k)市販前通知で上市することはできない。この場合，当該医療機器のスポンサーはDe Novo分類（De Novo Classification）を申請できる。FDAがこのDe Novo申請（De Novo Request）を認めた場合，FDAは行政命令によって，CFRに新しい分類の規則を追加する。

De Novo申請には，2種類の方法がある。

39　Guidance for Industry and FDA Staff: Humanitarian Use Device (HUD) Designations (September 2019).
40　Guidance for Industry and FDA Staff: Humanitarian Device Exemption (HDE) Program (September 2019).

1つ目は，医療機器のスポンサーが510(k)市販前通知を提出し，FDAから，当該医療機器は先行医療機器と「実質的に同等ではない（NSE）」旨の判定を受けた後に，De Novo申請を行う方法である（21USC§360c(f)(2)(A)(i)）。もう1つは，スポンサー自身が，当該医療機器については実質的同等性の判断の基礎となる先行医療機器が存在しないと判断し，直接De Novo申請を行う方法である（「Direct De Novo」とも呼ばれる。21USC§360c(f)(2)(A)(ii)）。

　De Novo申請に含めるべき内容は21CFR§860.220に列挙されており，当該医療機器に関する説明や，スポンサーが適切と考えるクラス分類（クラスⅠなのかクラスⅡなのか）などを含める必要がある。

　De Novo申請が行われると，FDAは受領後15日以内に，「チェックリスト」に基づき受領審査を行う（21CFR§860.230(a)）[41]。FDAが申請書の「受領（acceptance）」を決定すると実質審査が開始されるが，FDAはこの受領決定から120日以内に，De Novo申請を認めるか拒否するかの決定を行う（21CFR§860.240(a)）。ただし追加情報が必要な場合は，FDAは追加情報が受領されるまで審査を保留とし，この期間は120日間の期間制限との関係では考慮されない。

(2)　再分類請願との違い

　De Novo申請と類似した制度として，前記**第1・4(3)**の再分類請願がある[42]。

　再分類請願もDe Novo申請も，認められた場合の効果に差異はない。FDAに対して提出するデータの量に関しても，De Novo申請を行うスポンサーは再分類請願を行う場合と同様のデータを提出しなければならず，申請者の負担に大差はない。またDe Novo申請は受領決定から120日以内に審査するとされており，210日以内に審査するとされている再分類請願よりも迅速なように見えるが，現実には2013年から2020年までのDe Novo申請審査期間の平均は356日であるとされており，審査の迅速性という観点からもDe Novo申請が優れているとはいいがたい。

　もっとも，再分類請願とDe Novo審査とでは，De Novo審査のほうが頻繁に使用されている。再分類請願に応じてFDAが再分類を行った件数は，2013年から2022年までの9年間で29件（年間平均約3件）であるのに対し，FDAが承認したDe Novo申請の件数は，2016年から2020年までの平均で年間26件に及んでいる。

41　Guidance for Industry and FDA Staff: Acceptance Review for De Novo Classification Requests（October 2021）．
42　以下の記述は，Food and Drug Law, at 1672-73による。

7　ブレイクスルーデバイス

　ブレイクスルーデバイス・プログラム（Breakthrough Devices Program）は医療機器開発および審査を迅速化させるプログラムである。

　ある医療機器がブレイクスルーデバイスとして指定されるためには，当該医療機器が「人の生命を脅かすまたは人を不可逆的に衰弱させる疾患または状態に対し，より効果的な治療または診断を提供する」ものであることに加えて，以下1～4のいずれかを満たす必要がある（21USC§360e-3(b)(2)）。

> 1．当該医療機器が画期的な技術を有していること
> 2．他に承認または許可された代替手段が存在しないこと
> 3．当該医療機器が既存の承認・クリアランス済みの代替品と比べて著しい便益を提供すること（例えば，既存の承認・クリアランス済みの代替品と比べて，当該医療機器の使用によって入院の必要性が減ったりなくなったりすること，患者のQOL（Quality of Life）が改善すること，（個人用自律型補助装置などで）患者による自己ケア管理能力を促進させること，長期的に臨床効率を向上させるなど）
> 4．その利用が患者にとって最善の利益となること

　したがって，ブレイクスルーデバイスという名称であるものの，必ずしも当該医療機器が画期的な技術を有している（上記1に該当する）とは限らない。なお，ブレイクスルーデバイスに指定されるほどではない疾患または状態，すなわち人の生命を脅かすほどではないか，合理的に回復し得る疾患を対象とする医療機器については，別途「Safer Technologies Program（SteP）」というプログラムが用意されている[43]。

　ブレイクスルーデバイス・プログラムは，PMA申請，510(k)市販前通知，De Novo申請のいずれに対しても使用できる。ブレイクスルーデバイスの指定要求は，これらの申請の提出前であればいつでも行うことができ（21USC§360e-3(c)），FDAはこの指定要求を受領した後60暦日以内に指定要求を許可または却下する最終決定を行う（21USC§360e-3(d)(1)）。

　ブレイクスルーデバイスに指定されると，例えば以下のようなプログラムを利用でき[44]，これらによって医療機器開発と審査が迅速化することが期待されている。

---

[43] See Guidance for Industry and FDA Staff: Safer Technologies Program for Medical Device（January 2021）.

1．"Sprint" Discussion（スポンサーが潜在的に抱える真新しい課題について，早期にFDAと議論できるプログラム）
2．Data Development Plan（当該製品のライフサイクル全体（市販後も含む）で行うべきデータ収集の概要を示した文書）についてのFDAとの議論
3．臨床試験のプロトコルに関するFDAとの合意

8 カスタム医療機器

　FDCAは，カスタム医療機器（custom device）に対して，21USC§360eに定める市販前承認の要件等を免除している。custom deviceに該当するためには，医師や歯科医師の指示に従って作成されたこと，完成品の形で一般的に入手できないこと，患者個人の固有のニーズに対応するために製造されていることなど，様々な条件を満たす必要がある（21USC§360j(b)(1)）。カスタム医療機器に該当すると，市販前承認のみならず，510(k)市販前通知（21CFR§807.85）やIDE規制も免除される（21CFR§812.2(c)(7)）。
　カスタム医療機器との関係で近年問題となるのが，3Dプリンターを用いて患者の体型等に合わせて製造された医療機器がカスタム医療機器に該当するか否かである。この点についてFDAは，21USC§360j(b)に定める要件を満たさない限り，「カスタマイズされた（customized）」医療機器と呼ばれていたとしてもカスタム医療機器には該当せず，3Dプリンター等の積層造形を用いた多くの医療機器は，通常の医療機器と同様の規制経路に服するとの見解を示している[45]。なお，カスタム医療機器に関する一般的なガイダンスとしては，Guidance for Indutsry and FDA Staff: Custom Device Exemption（September 2014）も参照されたい。

44　Guidance for Industry and FDA Staff: Breakthrough Devices Program（September 2023), at 22.
45　See Guidance for Inductry and FDA Staff: Technical Considerations for Additive Manufactured Medical Devices（December 2017), at 8-9.

第3 In Vitro Diagnostics（IVD）

1 はじめに

(1) 定義等

　一般に in vitro diagnostics（IVD）は，血液や尿などを測定し，疾患の診断や状態の判定等に用いる体外診断用医療機器である。

　FDA は伝統的に IVD を医療機器として規制してきたが，何が医療機器として規制される IVD に含まれるかは必ずしも明確ではない。前記**第1・3**のとおり，医療機器の定義には体外診断用試薬（in vitro reagent）は含まれているが，特にどのような体外診断用製品・サービスが IVD に含まれるかは，少なくとも FDCA の条文上は判然としない。この点は後記2の LDT との関係で問題となるが，2024年7月現在，FDA が定める IVD 製品（in vitro diagnostic products）の定義は以下のとおりである（21CFR§809.3(a)）。ただし，下線部は筆者による。

> 　疾患やその後遺症の治癒，緩和，処置または予防するために，疾患や健康状態の判定を含む状態の診断に使用することを目的とした試薬，器具またはシステムを指す。これらの製品は，人体から採取した検体の収集，プレパラート，検査に使用することを意図している。これらの製品は，<u>その製造業者が研究所（laboratory）である場合も含めて</u>[1]，FDCA§201(h)で定義される医療機器であり，PHSA§351の対象となる生物製剤でもあることがある。

　IVD は，原則として他の医療機器と同様のリスクベースの規制枠組み，上市経路（すなわち510(k)市販前通知，PMA 申請および De Novo 申請等）が適用されるが，CDRH 内の Office of In Vitro Diagnostics and Radiological Health（Office of Health Technology 7（OHT7）とも呼ばれる）が管轄する。例外的に一部の IVD は CBER が管轄しており，ここは献血者のスクリーニング（前記**第2章第3・5(2)参照**）に使用される IVD や[2]，HIV テストキットを管轄している[3]。

---

[1] 下線部分（原文は，「including when the manufacturer of these products is a laboratory」）は，2024年5月に公表された最終規則で定義に追記されたものである。この規則については，後記2(1)も参照。

[2] https://www.fda.gov/industry/fda-basics-industry/what-medical-devices-does-cber-regulate

510(k)市販前通知や市販前承認等を経たIVDは，全国の医療機関，臨床検査センター等へ販売されるが，中には直接消費者向けに販売されるものもある。

各クラスに該当するIVDの具体例としては，例えば以下のようなものがある。

クラス分類	IVDの名称	条文等
クラスI	脂肪酸検査システム	21CFR§862.1290
	ヒト成長因子検査	21CFR§862.1370
クラスII	OTC妊娠検査	21CFR§862.1155
	葉酸検査システム	21CFR§862.1295
	グルコース検査システム	21CFR§862.1345
クラスIII	オラクイック家庭用HIV検査	PMAにより承認

(2) 規制上の特徴

IVDに対して，他の医療機器と同様の規制枠組・上市経路が適用されるとはいえ，その性質上いくつか特殊性もある。

まず，IVDも市販前承認を必要とする場合があるが，そこで審査される安全性には特徴がある。すなわちIVDでは，通常，製品と患者との接触という観点で安全性の課題があるわけではなく，むしろ当該製品の性能，特に偽陽性・偽陰性が患者の健康に及ぼす影響が問題となる。その意味では，IVDでは安全性と有効性（性能）との間には特有の関係性があるといえる[4]。

また，IVDに固有の規制もある。特定のIVDにはIDE規制が免除されるし（21CFR§812.2(c)(3)参照），IVDには特有のラベリング要件もある（21CFR§809.10）。また，分析物特異的試薬（analyte specific reagent：ASR。21CFR§864.4020参照）および薬物濫用検査に用いるOTC検体採取システム（21CFR§864.3260参照）という2種類のIVDについては，その販売や頒布について，それぞれ特別な制限がある（21CFR§809.30および21CFR§809.40参照）。

さらに，IVDの中には，その場で診断結果が判明するのではなく，検体を検査室に送付して診断結果を得るために使用される製品もある。こうした製品の場合，製品自体の承認のみならず，検査室で行われる検査を規律する臨床検査室改善法（Clinical Laboratory Improvement Amendments：CLIA。法律は42USC§263a以降，規則は

---

3 https://www.fda.gov/vaccines-blood-biologics/premarket-notification-510k-process-cber-regulated-products/devices-regulated-center-biologics-evaluation-and-research
4 https://www.fda.gov/medical-devices/ivd-regulatory-assistance/overview-ivd-regulation

42CFR Part 493参照）が関係する。CLIA のプログラムは，メディケア・メディケイドサービスセンター（CMS），FDA および CDC が管轄する[5]。

CLIA は，検査室で行われる検査の複雑さに応じて，検査を以下の3段階に分類しており（42CFR§493.5(a)），この分類に応じて要求される規制水準が決定される。

> 1．免除される検査（waived tests）
> 2．中程度に複雑な検査（moderate complexity tests）
> 3．高度に複雑な検査（high complexity tests）

2000年1月31日，商業的に流通する体外診断検査の分類に関する管轄が，CDC から FDA に移管されたため，当該 IVD が対象とする検査がどの類型に該当するのかは，IVD の市販前審査の際に，FDA の OHT7が決定する（この決定に至る手続等はガイダンス[6]を参照されたい）。比較的低リスクの IVD（すなわち510(k)市販前通知を通じて上市しようとする IVD）のスポンサーは，対象とされる検査が上記1の「免除される検査」に分類されることを希望することが多い。上記1の「免除される検査」に分類されるのは，「使用者による誤った結果の可能性を無視できるほど単純かつ正確な方法論を採用した検査，または誤って実施した場合に患者に危害を及ぼす不合理なリスクがないと長官が判断した検査」である（42USC§263a(d)(3)）。FDA は，「免除される検査」に該当すると判断する基準や[7]，「免除される検査」への分類を求める申請および510(k)市販前通知を同時に提出する手順[8]等に関してもガイダンスで説明している。

2　Laboratory Developed Tests（LDTs）

(1)　LDTs に対する規制の経緯

臨床検査，特に LDTs（laboratory developed tests。「（医療機関等による）自家調製検査」と訳されることもある）と呼ばれる高度臨床検査の規制に関しては，多くの

---

[5]　https://www.fda.gov/medical-devices/ivd-regulatory-assistance/clinical-laboratory-improvement-amendments-clia

[6]　Guidance for Industry and FDA Staff: Administrative Procedures for CLIA Categorization（October 2017）.

[7]　Guidance for Industry and FDA Staff: Recommendations for Clinical Laboratory Improvement Amendments of 1988（CLIA）Waiver Applications for Manufacturers of In Vitro Diagnostic Devices（February 2020）.

[8]　Guidance for Industry and FDA Staff: Recommendations for Dual 510(k) and CLIA Waiver by Application Studies（February 2020）.

議論がある。今後FDAがLDTをどのように規制していくべきかは重要な課題である。

　LDTについては，現在FDCAや規則上，厳密な定義はない。FDAは一般に，LDTsを「臨床使用を目的とし，CLIAに基づき認定され，その規制要件を満たし，高度に複雑な検査（high complexity tests）を実施する単一の検査施設内で設計，製造，使用されるIVD」と解している[9]。

　FDAは，最近まで，LDTは医療機器に該当するという立場を取りつつも，LDTに対しては執行裁量を行使し，FDCAに基づく規制は行わないと述べていた。従来LDTは，主に希少疾患の診断に使用されるか，地域の患者のニーズを満たすように設計された，高度に特徴的な検査がほとんどであった。また検査自体も，それぞれ臨床用途として合法的に販売されている構成要素から成っていることが多く，結果の解釈も単一の施設内の専門医師や病理学者に大きく依存していた。

　しかし，企業がより広範で一般的な疾患や状態を対象としたLDTを開発し始め，検査で臨床用途として合法的に販売されていない部品や器具を使用し，そのような検査をより多くの人々に向けて全国的に販売し始めたため，FDAは従来の方針を再考し始めた。2010年になると，FDAはLDTに対して執行裁量を行使するという方針を再考すべき時期に来ている旨の発表を行い，2014年には，中～高度なリスクを伴うすべてのLDTに対して，その性能および精度に関する市販前審査を適用し，すべての製造業者に対してFDAへの登録と有害事象報告を求める旨のガイダンス案を発表したが，最終決定には至らなかった。

　この過程で，LDTを医療機器として規制する旨のFDAの主張に対し，業界からは強い反対が寄せられた。例えば全米臨床検査所協会（American Clinical Laboratories Association：ACLA）は，2013年6月，FDAに対する市民請願[10]において，①FDCAにおける医療機器は「物品（article）」のみを含むが，LDTはいわばサービスであるから医療機器には該当しない，②立法史的にもLDTに対するFDAの規制権限がFDCAで定められたことはなく，LDTはCLIAによってのみ規制されてきたのであるから，歴史的経緯からしてもFDCAによってLDTを規制することはできない旨を述べて，LDTを医療機器として規制する旨のFDAの立場に反対した[11]。これに対し，翌年FDAは，FDCAの医療機器の定義には体外診断用試

9　例えば89 Fed.Reg. 37289（May 6, 2024）等。
10　Citizen Petition from American Clinical Labotatory Association, Docket No. FDA-2013-P-0667（June 4, 2013）.
11　*Id*, at 18.

薬（in vitro reagent）や「その他の類似物品もしくは関連物品」が含まれていることや，21CFR§809.3(a)に定めるIVDの定義等を挙げて[12]，LDTが医療機器である旨の従前の立場を維持した。

　FDAがLDTに対してどのような規制枠組みを適用するのかが不透明なまま，2020年になると新型コロナウイルス感染症のパンデミックが生じた。新型コロナウイルス感染症の診断に用いる検査が注目を浴びてLDTに対する政策も二転三転したが，この時もLDTに対するルールは明確化されなかった。2021年には，IVDとLTDを含む体外臨床検査（In Vivo Clinical Tests：IVCTs）という類型を規制するためのVerifying Accurate Leading-edge IVCT Develoment Act（VALID Act）の制定も検討された[13]（しかし，この法律は2024年6月現在成立していない）。

　こうした中で2023年9月，FDAは，LDTに対して従来行使してきた執行裁量をとりやめ，すべてのLDTを医療機器として規制するための連邦規則案を公表し[13]，2024年4月に最終規則を公表した[14]。この規則では，(i)FDCAに基づくすべての要件について執行裁量を行使されるLDT，(ii)FDCAに基づく特定の要件についてのみ執行裁量を行使されるLDTを定めた上で，これらに行使される執行裁量を除き，LDTに対する執行裁量は，4年間で5段階に分けて段階的に廃止するとされている。

　しかし，これはあくまでFDAが定めた規則にすぎず，FDCAが改正されたわけではなく，そもそもFDAがLDTを規制する法的権限があるのかという根本的問題は解決されていない。上記のACLAの反発のように，産業界はFDAによるLDTの規制を必ずしも歓迎しておらず，この最終規則がどのように争われるか，また連邦議会がこの点にどのように対応するか，今後の動向が注目される。

(2) 日本の関連規制

　日本では，IVDの訳語に「体外診断用医薬品」をあてることが多く，規制上も医薬品に分類される。具体的には，体外診断用医薬品は，薬機法2条14項によって「専ら疾病の診断に使用されることが目的とされている医薬品のうち，人または動物の身体に直接使用されることのないもの」と定義されており，米国のIVDの定義ともだいぶ異なる。また，上記の定義に基づき，「体外診断用医薬品」として薬機法の対象となるのは，あくまでも「もの」に限定されており，LDTsのような「サービス」は

12　Letter from Leslie Kux, Assistant Commissioner for Policy, FDA, to Alan Mertz, American Clinical Laboratory Association, Docket No. FDA-2013-P-0667（July 31, 2014），at 3-4.
13　88 Fed. Reg. 68006（October 3, 2023）.
14　89 Fed. Reg. 37286（May 6, 2024）.

薬機法2条14項の定義に含まれないと解されているようである。このことは，LDTのようなサービスが日本で販売されるにあたり，規制当局が薬機法に基づき安全性・有効性を審査する権限がないことを意味する。

　他方で日本でも，医療機関向けにも消費者向けにも，検査サービスを提供する事業者は存在する。前記1(2)のとおり，IVDでは偽陽性・偽陰性が患者の健康に及ぼす影響を考慮する必要があり，偽陽性は医療資源の無駄に，偽陰性は治療機会を逸することによる健康被害につながりかねない。

　日本でも，IVD，特にLDTに対する規制のあり方は，今後さらに議論されるべきであると考える。

コラム8

セラノス事件

　セラノス（Theranos）は，2003年にカリフォルニア州で設立されたスタートアップ企業である。スタンフォード大学を中退したエリザベス・ホームズ（Elizabeth Holmes）によって設立されたセラノスは，自社が開発した検査機器「エジソン」によって，消費者の指先から採取した少量の血液だけで，様々な疾患に対する検査が可能になると謳っていた。同社の取締役には，スタンフォード大学教授のチャニング・ロバートソンや元国務長官のヘンリー・キッシンジャー等の著名人が名を連ねていた。セラノスは，著名な投資家やメディア王のルパート・マードック等から多額の資金を調達し，同社の時価総額は，一時約90億ドルにも達していた。

　しかし，ウォール・ストリート・ジャーナルの調査記事によって，実際にはセラノスによる検査が「エジソン」ではなく第三者の医療機器を用いて行われていることや，「エジソン」の正確性に疑問があることが明らかにされ，また元セラノス従業員による規制当局（CLIAを管轄していたCMS）への告発等が行われると，その信用は失墜していった。セラノスは，取引先の喪失，CMSによる試験室の運営ライセンスの取消，投資家や取引先からの複数の訴訟に見舞われ，CEOであったエリザベス・ホームズおよびCOOであったラメシュ・バルワニ（Ramesh Balwani）は刑事告発され，2018年9月にセラノスは解散した。最終的に，エリザベス・ホームズは投資家に対する電子通信手段を用いた詐欺（前記**第１章第６・２(3)参照**）等で，ラメシュ・バルワニは投資家および患者に対する電子通信手段を用いた詐欺等で有罪判決を受けた。この有罪判決に関して，連邦検察官は，「ラメシュ・バルワニは，シリコンバレーの巨人になることを望み，患者の安全よりもビジネスの成功や個人的な富をはるかに重視した」と非難している[15]。

　この刑事事件は，FDCA違反に基づくものではない。しかしFDAは，2015年8月に行ったセラノスの研究所に対する査察で，多数のFDCA違反を指摘している。例えばセラノスがクラスⅠと整理していた血液標本採取用の医療機器は，実際にはクラスⅡに分類され，セラノスは510(k)市販前通知を通じた許可を得ていない医療機器（uncleared medical device）を州際通商に供していた状態であった。また，

15　https://www.fda.gov/inspections-compliance-enforcement-and-criminal-investigations/press-releases/theranos-president-sentenced-more-12-years-fraud-jeopardized-patient-health-and-bilked-investors

医療機器の製造業者に求められる体制の不備，例えば適切な苦情処理体制（後記**第6・1(9)参照**）が確立されていないこと，是正措置および予防措置（後記**第6・1(9)参照**）が文書化されていないこと等も指摘されていた。一方，正確性が疑問視されていた「エジソン」は，FDAによる市販前審査を受けていなかったが，当時FDAが原則として執行裁量を行使していたLDTと整理されており，エリザベス・ホームズらに対する刑事裁判の場で，エジソンがFDAの市販前審査を受けていないことがFDCA違反と指摘されることはなかった。これに対して，LDTに対するFDAの規制を求める声は多く，VALID Actの成立を望む動きにもつながった。2024年にFDAがLDTに対する執行裁量を段階的に廃止するに至ったのには，セラノス事件の影響もあるだろう。

　セラノス事件から得られる教訓は多い。投資家にとっては，デューディリジェンスの実施を含めた適切な投資のあり方について，起業家にとっては適切なガバナンス体制の構築について有益な示唆を与えるものであろう。しかし規制法の観点からは，やはり消費者に健康被害が生じたことを重く受けとめなければならない。エリザベス・ホームズに対する刑事裁判では，セラノスが消費者に対して提供した多くの誤った検査結果も証拠として提出された。これには，HIVに感染していると誤認させる検査結果，前立腺がんの可能性があると誤認させる検査結果，過去3回流産を経験していた妊娠中の女性に対して流産したことを誤認させるような検査結果が含まれる。こうした誤った検査結果を受け取った消費者（およびその家族）が精神的苦痛を被ったことは，想像に難くない。さらには，本当は深刻な疾患に罹患しているにもかかわらず，あたかも罹患していないかのような検査結果を提供した場合，消費者は治療機会を逸し，より深刻な健康被害が生じることになる。

　日本から見ると外国の事例ではあるが，セラノス事件からは，LDTに対する規制のあり方についても，有益な示唆が得られるように思われる。

3　コンパニオン診断（CDx）

(1) CDx とは

Companion diagnostics（CDx または CoDx。コンパニオン診断）とは，対応する医薬品や生物製剤の安全かつ有効な使用に不可欠な情報を提供する製品であり，多くの場合 IVD である（CDx の法令上の定義はなく，上記は FDA のウェブサイト[16]で用いられている定義である）。以下では，IVD である CDx を前提に論じる。

CDx は，以下のような目的で使用する[17]。

> 1．ある治療薬（therapeutic product）が効果を発揮する可能性が最も高い患者を特定すること
> 2．ある治療薬による治療の結果，重篤な副作用のリスクが高まる可能性のある患者を特定すること
> 3．患者への安全性・有効性を改善するために処置を調整する（例えばスケジュール，投与量，投与中止等）目的で，治療薬による処置に対する反応をモニターすること
> 4．ある治療薬が十分に研究され，その安全性・有効性が確認された患者集団を特定すること

CDx は，抗がん剤とともに用いることが多い。がん（悪性腫瘍）は，遺伝子変異に関係することの多い疾患であり，抗がん剤も，ある遺伝子変異を有する患者に対する適応を謳うものがある。例えばがん細胞では，細胞増殖に関係する HER2 タンパク質をコードする[18]HER2 遺伝子が変異（異常に増加）し，HER2 タンパク質が過剰に発現していること（HER2 陽性）が，増殖につながっていることがある。この HER2 陽性患者を適応とした抗がん剤が存在するが，この HER2 陽性か否かを判断するために，CDx を用いることがある。

別の例としては，EGFR 遺伝子変異がある。上皮成長因子である EGF の受容体である EGFR タンパク質をコードする遺伝子の変異（代表的な変異は，エクソン19の

---

[16]　https://www.fda.gov/medical-devices/in-vitro-diagnostics/companion-diagnostics
[17]　Guidance for Industry and FDA Staff: In Vitro Companion Diagnostic Device（August 2014), at 7.
[18]　前記第2章第3・3(1)のとおり，遺伝子（DNA）はタンパク質の設計情報をもっている。遺伝子の一部分の塩基配列が翻訳されることで，特定のタンパク質が合成される場合，その部分の遺伝子を，当該タンパク質を「コードする」遺伝子と呼ぶ。

欠失またはエクソン21における塩基の置換）が起きると，EGFと結合しない場合もがん細胞に対して増殖シグナルが送られ続けるようになり，がん細胞増殖の原因となる。そのためEGFRから細胞に対して細胞増殖シグナルを送ることを阻害することで，がん細胞の増殖を防ぐことができる。このような製品をEGFRチロシンキナーゼ阻害剤と呼び，これを使用する際にEGFR遺伝子変異を起こしているか否かを判断するためにも，CDxを用いる。

なお，ここでのHER2遺伝子変異（によるHER2タンパク質の過剰発現）やEGFR遺伝子変異のように，身体の状態や治療薬の効果に対する反応を判断するために用いる指標をバイオマーカーという。

(2) 開発の特徴

FDAは，CDxと対応する治療薬等の共同開発はプレシジョンメディシン（精密医療）の実現に不可欠であると考えており，スポンサーに対しては，通常，CDxと対応する治療薬等を共同開発し，CDxと対応する治療薬が同時に承認を受け，同時に市販されることを期待する。CDxが，特定の適応との関係で使用される治療薬の安全性・有効性を保証するために不可欠である場合，FDAは一般に，当該CDxがすでに承認を受けているか，または当該適応に対する当該治療薬との併用についてCDxが同時に承認を受ける場合を除き，当該治療薬等または当該適応を承認しない（ただし，当該治療薬が，十分な治療法が存在しない重篤または生命を脅かす状態の治療を目的としている場合等では，CDxの事前・同時承認がなくとも当該治療薬を承認することがある）[19]。

したがって理想的には，CDxの開発は，治療薬の臨床試験に組み込む形で実施することが望ましい。FDAはガイダンス案において，CDxと治療薬の臨床試験デザインについて，次図のA，Bの2つの例を示している[20]。

左の臨床試験デザインAは，CDxによって決定されるバイオマーカーの結果に基づき層別化した後にランダム化することによって，治療薬の効果とバイオマーカーの効果，それらの相互作用を評価できるようにデザインされている。これに対し，右の臨床試験デザインBは，検査結果陽性者のみを選択することにより，対象集団における治療効果を評価するようにデザインされている。

---

[19] Draft Guidance for Industry and FDA Staff: Principles for Codevelopment of an In Vitro Companion Diagnostic Device with a Therapeutic Product (July 2016), at 6.
[20] Id, at 23.

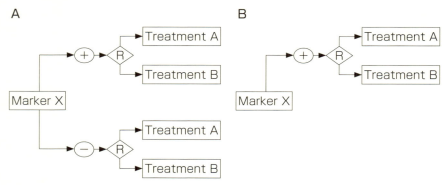

（注）「＋」はテスト結果陽性を，「－」はテスト結果陰性を，「R」は被験者のランダム化を示す。「治療A（Treatment A）」は介入群を，「治療B（Treatment B）」は標準治療群またはプラセボ群を指す。

(3) ラベリングの特徴

　CDx は，従来，治療薬等と1対1対応であり，ラベリングでもこの対応関係を明確にしていた。この点について，免疫チェックポイント阻害剤のCDx を例に挙げて説明する。

　がん細胞は免疫細胞であるT細胞による攻撃から逃れるために，T細胞の表面に存在するPD-1というタンパク質に対し，PDL-1と呼ばれるタンパク質を結合させ，T細胞を不活性化させる信号を送る。そのため，T細胞側のPD-1やがん細胞側のPDL-1に対してモノクローナル抗体を特異的に結合させることで，T細胞のPD-1とがん細胞のPDL-1との結合を防止し，がん細胞がT細胞を不活性化させることを防ぎ，T細胞ががん細胞を攻撃できるようになる。このようなモノクローナル抗体を免疫チェックポイント阻害剤といい，PD-1に結合するモノクローナル抗体を「抗PD-1抗体」，PDL-1に結合するモノクローナル抗体を「抗PDL-1抗体」という。

　ペムブロリズマブ（販売名 KEYTRUDA®）は，免疫チェックポイント阻害剤の抗PD-1抗体であるが，この製品の適応を判断するには，がん細胞側にPLD-1がどの程度発現しているかを測定する必要がある。これを測定するのが『PD-L1 IHC 22C3 pharmDx「ダコ」』というCDx である。ペムブロリズマブと「ダコ」のラベリングの記載は，以下のとおりである。CDx である「ダコ」には明確にペムブロリズマブが言及されているのに対し，ペムブロリズマブのラベリングには「determined by an FDA-approved test」としか記載されておらず，「ダコ」を含む特定のCDx に言及していない。このためペムブロリズマブを対象としたCDx は追加で上市される可能性がある。

ペムブロリズマブ	PD-L1 IHC 22C3 pharmDx「ダコ」
KEYTRUDA…is indicated…as a single agent for the first-line treatment of patients with NSCLC expressing PD-L1 [Tumor Proportion Score (TPS) ≥1%] as determined by an FDA-approved test, with no EGFR or ALK genomic tumor aberrations	PD-L1 IHC 22C3 pharmDx is indicated as an aid in identifying NSCLC patients for treatment with KEYTRUDA® (pembrolizumab).

(注) NSCLCは，Non Small Cell Lung Cancer（非小細胞肺がん）を指す。

　近時，FDAはCDxについて，特定の治療薬群と併用することが適切であると結論づけられる十分なエビデンスがある場合には，そのラベリングにおいて，上記のような特定の「治療薬」ではなく，特定の「治療薬群」を示すべきであるとしている。例えば，FDAは，ガイダンス[21]において，NSCLC（非小細胞肺がん）を適応とするEGFRチロシンキナーゼ阻害剤という特定の「治療薬群」を示したラベリングとして，以下を例示している。

> identifying patients with NSCLC whose tumors have EGFR exon 19 deletions or exon 21 (L858R) substitution mutations and are suitable for treatment with a tyrosine kinase inhibitor approved by FDA for that indication.
> （仮訳）
> エクソン19の欠失またはエクソン21（L858R）の置換変異を有するEGFRを持つ非小細胞肺がんであり，それを適応としたFDA承認済チロシンキナーゼ阻害薬による治療に適する非小細胞肺がんを患う患者を特定する。

　FDAはNSCLCを適応とする複数のEGFRチロシンキナーゼ阻害剤を承認している。上記のCDxのラベリングの記載例は，特定の「治療薬」ではなく，EGFRチロシンキナーゼ阻害剤という「治療薬群」のために使用できることを示すものである。

---

[21] Guidance for Industry: Developing and Labeling In vitro Companion Diagnostic Devices for a Specific Group of Oncology Therapeutic Products (April 2020).

(4) LDT である CDx

　CDx は，物理的な製品であるとは限らず，一定の検査サービス（LDT）であることもある。
　例えば，米国で承認されているルカパリブ（販売名 Rubraca™）という医薬品（PARP 阻害薬）の CDx として市販前承認を受けた「FoundationFocus CDxBRCA」は，患者の検体を研究所において検査する CDx であり，そのラベリングの使用目的欄には，以下のとおり研究所の住所が記載されている。なお，下線部は筆者による。

> The FoundationFocus™ CDxBRCA is a next generation sequencing based in vitro diagnostic device for qualitative detection of BRCA1 and BRCA2 alterations in formalinfixed paraffin-embedded (FFPE) ovarian tumor tissue. The FoundationFocus CDxBRCA assay detects sequence alterations in BRCA1 and BRCA2(BRCA1/2) genes. Results of the assay are used as an aid in identifying ovarian cancer patients for whom treatment with Rubraca™ (rucaparib) is being considered. If a patient is positive for any of the deleterious alterations specified in the BRCA1/2 classification, the patient may be eligible for treatment with Rubraca. <u>This assay is to be performed at Foundation Medicine, Inc., a single laboratory site located at 150 Second Street, Cambridge, MA 02141.</u>
>
> （仮訳）
> FoundationFocus™ CDxBRCA は，ホルマリン固定パラフィン包埋（FFPE）卵巣腫瘍組織における BRCA1 変異および BRCA2 変異を定性的に検出するための次世代シークエンシングベースの IVD 医療機器である。FoundationFocus CDxBRCA アッセイは，BRCA1 および BRCA2(BRCA1/2) 遺伝子の配列変化を検出する。このアッセイの結果は，Rubraca™（ルカパリブ）による治療が検討される卵巣がん患者を特定する際の補助として使用される。患者が BRCA1/2 分類で指定されたいずれかの遺伝子変異陽性である場合，その患者は Rubraca™ による治療の対象となる可能性がある。<u>この検査は，150 Second Street, Cambridge, MA 02141に所在する単一検査施設である Foundation Medicine, Inc. で実施される。</u>

　なお，LDT との関係では，FDA は2023年6月，オンコロジー分野における特定のバイオマーカーの検査が満たすべき性能特性について，より高い透明性を提供するための新しいパイロットプログラムを公表している[22]。

4　コンプリメンタリー診断

　コンプリメンタリー診断（complementary diagnostics）は，比較的新しい用語であり，法令上の定義はない。これは CDx とは異なり，医薬品の安全かつ有効な使用にあたり必須ではないが，重要な追加情報を得られるような製品である。

　具体例としては，ニボルマブ（販売名 OPDIVO®）の CDx として用いられる「PD-L1 IHC 28-8 pharmDx」（下線部は筆者による）がある。これはニボルマブの処方に必須ではないが，どのような患者が治療から最も恩恵を受けるかを医師が判断するのに役立つ。そのラベリングにおける使用目的欄は以下のとおりである。前記 3 (3)で引用した『PD-L1 IHC 22C3 pharmDx「ダコ」』のラベリングと記載のしかたを比較されたい。なお，下線部は筆者による。

> PD-L1 IHC 28-8 pharmDx is a qualitative immunohistochemical assay using Monoclonal Rabbit Anti-PD-L1, Clone 28-8 intended for use in the detection of PD-L1 protein in formalin-fixed, paraffin-embedded (FFPE) non-squamous non-small cell lung cancer (NSCLC) tissue using EnVision FLEX visualization system on Autostainer Link 48. PD-L1 protein expression is defined as the percentage of tumor cells exhibiting positive membrane staining at any intensity.
>
> PD-L1 expression as detected by PD-L1 IHC 28-8 pharmDx in non-squamous NSCLC may be associated with enhanced survival from OPDIVO®(nivolumab).

22　Guidance for Industry, Clinical Laboratories, and FDA Staff: Oncology Drug Products Used with Certain In Vitro Diagnostic Tests：Pilot Program（June 2023）．

第4　デジタルヘルス

1　はじめに

(1)　デジタルヘルスの発展

　ソフトウェアを用いた医療機器は1970年代から上市されており，デジタル技術を用いた医療機器自体は珍しいものではない。FDA は医療機器の一部としてソフトウェア機能が用いられる場合，当該ソフトウェア機能を「Software in a Medical Device (SiMD)」と呼んでいる。SiMD の例としては，MRI，X線検査システム，インスリンポンプなど古くからある医療機器が挙げられる。

　しかし，デジタル技術の発展により，インターネット等を通じて頒布される，それ自体が医療機器として機能するソフトウェアが登場した。このようにソフトウェア機能そのものが医療機器になっている場合，FDA はこのソフトウェア機能を「Software as a Medical Device (SaMD)」と呼ぶ。米国の法令上 SaMD の定義は定められていないが，国際医療機器規制当局フォーラム（International Medical Device Regulators Forum：IMDRF）[1]は SaMD を「1つ以上の医療目的で使用されることを目的としたソフトウェアで，ハードウェア医療機器の一部としてではなく，その目的を実行するもの」と定義している[2]。SaMD の典型例はスマートフォン等の端末で使用できるアプリである。SaMD は，法律上医療機器に該当するものも該当しないものもあるが，スマートフォン等の端末の普及とともに広く普及するようになった。

　そして今日，人工知能（AI）の発展，仮想現実技術（VR）の活用，ウェアラブル機器の普及，新型コロナウイルス感染症のパンデミックに伴う遠隔医療の見直しなどにより，デジタルヘルス（Digital Healthcare）に対する関心はさらに高まっている。

(2)　規制上の特徴

　ソフトウェアを用いた医療機器に対する現在の規制枠組みは，基本的に他の医療機器と変わらない。これらの医療機器の上市経路や市販後規制について，ほとんど特別

1　IMDRF は，医療機器や体外診断機器に対する規制の国際調和を目的とした，各国の医療機器規制当局によるフォーラムである。その設立は2011年と比較的新しいが，その活動は，1992年に設立された医療機器規制国際整合化会議（Global Harmonization Task Force：GHTF）を引き継いでいる。
2　IMDRF SaMD Working Group: Software as a Medical Device (SaMD)：Key Definitions (December 9, 2013).

な規制は存在しない。ソフトウェアを用いた医療機器は，他の医療機器と同様，510(k)市販前通知や De Novo 申請，PMA 申請を通じて上市される。しかし，ソフトウェアを用いた医療機器には，規制上の観点から考慮すべき特徴もある[3]。

第1に，こうした医療機器に用いられる技術は，FDA が規制する他の製品カテゴリーと異なっている上に，技術革新のスピードが極めて速い。CDRH にはソフトウェアの専門家も在籍しているが，現代の医療機器の大半がソフトウェアに依存しているにもかかわらず，510(k)市販前通知の審査を担当する FDA の審査官がソフトウェアエンジニアリングの経験を有していることはほとんどないとされている[4]。

第2に，上記のような技術的特性や業界からの要請を踏まえ，ソフトウェアを用いた医療機器に対しては新しい規制枠組みが検討されている。ソフトウェアを用いた医療機器に関しては，1980年代に Therac-25 による事故が生じた。Therac-25 は，高エネルギーの透過性放射線を患者に照射し，がん細胞を破壊することを目的とする医療機器であったが，ソフトウェアのバグによって患者に対して過大な放射線を照射する事故が発生し，複数の患者が死亡する事態に至った。しかし FDA は，こうした事故があったにもかかわらず，長年特別な規制を実行しておらず，ガイダンスや特別管理（後記第6・2参照）に頼ってきた。しかし，近年 Pre-Cert Pilot Program（後記5(2)参照）を開始するなど，新しい規制枠組みに向けた取り組みが見られる。

第3に，臨床上の意思決定を支援するための医療機器に対する規制は，医療行為の規制につながりかねないという点である。FDCA は，FDCA のいかなる規定も，適法に市販された医療機器を患者に使用する医療従事者の権限を制限または妨害するものと解釈してはならない旨定めている（21USC§396参照）。臨床判断に用いる医療機器に対する規制に関しては，この条文との関係で特有の論点がある。

(3) 規制上の三分類

規制法上の観点からは，ソフトウェア機能は以下の3つに大別できる。

> 1．FDCA の定義上，医療機器に該当しないもの（後記2参照）
> 2．FDCA の定義上，医療機器に該当する可能性があるが，FDA が執行裁量を行使して医療機器としての規制を適用しないもの（後記3参照）
> 3．FDCA の定義上，医療機器に該当し，かつ実際医療機器として規制されるもの（後記4参照）

---

3 以下の整理は，Food and Drug Law, at 1716による。
4 Food and Drug Law, at 1720.

280　第3章　医療機器（Device）

　以下では，各類型について順番に解説するが，中小企業も多くみられる医療機器製造業者にとっては，法令や FDA のガイダンスを読みぬきながら自社の製品がどの類型に該当するかを判断することは，必ずしも容易ではない。そこで FDA は，ウェブページ[5]上において，以下のように7つの質問に答えることで，当該ソフトウェア機能が医療機器に該当するか否か，実際に FDA の規制を受けるのか否かを判断できる「Digital Health Policy Navigator」というサービスを提供している。

For comprehensive policy feedback, complete the steps for EACH of your product's software functions:

- Step 1: Is the software function intended for a medical purpose?
- Step 2: Is the software function intended for administrative support of a health care facility?
- Step 3: Is the software function intended for maintaining or encouraging a healthy lifestyle?
- Step 4: Is the software function intended to serve as electronic patient records?
- Step 5: Is the software function intended for transferring, storing, converting formats, or displaying data and results?
- Step 6: Is the software function intended to provide clinical decision support?
- Step 7: Does the Device Software Functions and Mobile Medical Applications Guidance apply?

2　定義上医療機器に該当しないもの

(1)　Cures Act の5類型

　前記第1・3のとおり，医療機器の定義には，「21USC§360j(o)に従って除外されるソフトウェア機能は含まれないものとする」と明記されているが，これは21世紀治療法（Cures Act）で追記された一文である。これにより，21USC§360j(o)で定めら

---

[5]　https://www.fda.gov/medical-devices/digital-health-center-excellence/digital-health-policy-navigator

れた5つのソフトウェア機能（software function）が医療機器の定義から除外された。なお，ここで「機能（function）」という書き方になっているのは，1つの製品が複数の「機能」を持つ場合があり，その場合は機能ごとに医療機器該当性を判断する必要があるためである。

以下では，医療機器から除外される5つのソフトウェア機能を順番に検討する。

1つ目は，以下のとおりである（21USC§360j(o)(1)(A)）。

> 1．医療施設の経営・管理を支援するためのソフトウェア機能。財務記録，要望および請求に関する情報，予約スケジュール，ビジネス分析，患者集団に関する情報，入院，診療および在庫管理，今後の利用や費用対効果を予測するための過去の請求データの分析，医療給付資格の判断，ポピュレーション・ヘルス・マネジメント（PHM），ならびに検査室における一連の作業の処理および保守を含む。

典型的には，病院等で使用される医療費請求システムや診療予約に用いるシステム等が挙げられる。

2つ目は，ウェルネスに関するものである（21USC§360j(o)(1)(B)）。

> 2．健康的なライフスタイルを維持・奨励するためのもので，疾患や状態の診断，治癒，緩和，予防または処置とは関係しないソフトウェア機能。

FDAは，この定義とは別に「一般ウェルネス製品（general wellness products）」という概念を定めており，リスクの低い一般ウェルネス製品に対しては，それがFDCAにおける医療機器であるか否かを審査せず，仮に医療機器であったとしてもFDCAに定める市販前審査・市販後規制に適合しているか否かを審査する意図がないことを明らかにしている[6]。

FDAが定義する「一般ウェルネス製品」は大きく2つに分けられる。

1つは，一般的な健康状態に関連する機能の維持や全般的な改善に関するクレーム[7]を含むが，病気や状態には全く言及しないものである。このタイプの一般ウェル

6　Guidance for Industry and FDA Staff: General Wellness: Policy for Low Risk Devices (September 2019), at 2.
7　ある製品が「医療機器」に該当するか否かは，当該製品の「使用目的（intended use）」がどう認定されるかが重要であり，「使用目的」の認定にあたっては，その定義上（21CFR§801.4），当該製品のラベリングに記載されたクレームが1つの考慮要素となる。

ネス製品には，例えば，健康的な体重の維持や減量目標の支援といったクレームを掲げるものがある。もう1つのタイプは，病気や状態についても言及しつつ，一般的な健康状態に関連する機能の維持や全般的な改善に関連するものである。このタイプの一般ウェルネス製品の使用目的は，(i)健康的なライフスタイルの一環として，特定の慢性的疾患や状態のリスク軽減に役立つような選択を促進・追跡・奨励するための使用目的と，(ii)健康的なライフスタイルの一環として，特定の慢性的疾患や状態とうまく付き合うための選択を促進・追跡・奨励するための使用目的とに分けられる。ただしいずれの場合も，健康的なライフスタイルの選択が，健康上の結果（その病気や状態のリスクの軽減）にあたり重要な役割を果たすことが一般に受け入れられている必要がある。このタイプの一般ウェルネス製品としては，例えば「この製品は，十分な睡眠・バランスの取れた食事・健康的な体重の維持など健康的なライフスタイルの選択を促進し，2型糖尿病とうまく付き合う助けとなる」といったクレームを掲げるものがある[8]。

3つ目は，電子カルテに関するものである（21USC§360j(o)(1)(C)）。

> 3．以下①〜③のすべてを満たす，患者に関する電子的な記録（患者から提供された情報を含む）として機能するものであって，紙のカルテに相当するものを転送，保存，書式の変更または表示することを意図するもの。
> ①当該記録が，医療の専門家または専門家の監督下で働く者によって作成，保存，転送またはレビューされるものであること
> ②当該記録が，42USC§300jj-11(c)(5)に基づき認定された医療情報技術の一部であること
> ③当該機能が，疾患や状態の診断，治癒，緩和，予防または処置のために患者に関する記録（医療画像データを含む）の解釈や分析を行うことを目的とするものではないこと

4つ目は，検査結果や医療機器から得られた患者のデータを，分析したり解釈したりすることなく，転送・表示するものである（21USC§360j(o)(1)(D)）。

> 4．臨床検査や他の医療機器のデータや結果，当該データや結果に関する医療専門家による所見，当該所見に関する一般的な情報，および当該臨床検査や他

---

8 *See supra* note 6, at 3-5.

の医療機器に関する一般的な背景情報を転送，保存，書式変換または表示するための機能であるもの。ただし，当該機能が臨床検査や他の医療機器のデータ，結果および所見を解釈・分析することを目的としたものでない場合に限る。

5つ目は，臨床判断支援（clinical decision support：CDS）に関するものであり，以下のように定められている（21USC§360j(o)(1)(E)）。CDSについては，後記(2)で概説する。

5. 体外診断機器から得られた医療画像や信号または信号収集システムからのパターンまたは信号の取得，処理または解析を目的とする機能ではなく，以下①〜③を満たす目的で使用されるもの。
①患者に関する医療情報や他の医療情報（査読を受けた臨床研究および診療ガイドライン等）を表示，分析または印刷するものであり，
②疾病や状態の予防，診断または治療について医療従事者を支援しまたは医療従事者に推奨を提供するものであって，かつ
③個々の患者に関する臨床診断や治療の決定を行うにあたり，当該医療従事者がそうした推奨等に依存することがないように，当該ソフトウェアが提示する当該推奨等の根拠を独自に検討できるようにしたもの。

(2) 臨床判断支援（CDS）

臨床判断支援（CDS）に関する法令上の定義は定められておらず，FDAは文脈に応じて様々な意味で用いている[9]。

2014年に出されたFDA安全・イノベーション法（FDASIA）医療IT報告書では，CDSは，医療従事者や患者に対するコンピュータ化された警告やリマインダー，臨床ガイドライン，病態に特化したオーダーセット，特定の患者に関するデータレポートやサマリー，文書テンプレート，診断サポート，場面に即した参考情報の提供など，様々なツールを有するものと説明されている。CDSの具体例としては，例えば以下のような機能が挙げられる。

---

[9] 以下の記述は，Guidance for Industry and FDA Staff: Clinical Decision Support Software（September 2022）による。なお，このガイダンスでは，非医療機器CDSと医療機器CDSの具体例も列挙しており，こちらも参考になる。

> 1．患者の症状や診察結果を診療ガイドラインと照らし合わせて特定の検査や治療を推奨する機能
> 2．入院中の患者の生理信号（汗，心拍数，呼吸）を解析して心臓発作を起こさないか監視する機能
> 3．患者の症状に応じて適切な医薬品の選択をサポートする機能

　CDS には，人工知能や機械学習の原理を用いて日を追うごと精度を高めていくものもあり注目を集めているが，21USC§360j(o)(1)(E)に定められた要件を満たすものは，医療機器には該当しない（Non-Device CDS）。CDS の製造業者にとっては，自社の CDS が医療機器に該当するか否かは大きな分水嶺であり，Cures Act で追記された前記(1)の要件 5 の①〜③は重要である。FDA は，これらの要件に関する詳細な解釈を示しているが，実務上問題となるような解釈も含まれる。

　例えば，FDA は要件 5 ①の「患者に関する情報」を，臨床上の会話において医療従事者間で，または臨床上の意思決定の文脈において，医療従事者と患者との間で通常伝達され，または一般的に伝達され得るタイプの情報であると解釈している。また，当該情報と臨床上の意思決定との関連性が十分に理解され，受け入れられていることも必要であると解している。したがってこの基準によれば，多くの情報を収集するアルゴリズムを使用しているような人工知能を搭載した CDS は，収集した情報が上記のような情報にのみとどまっている場合を除き，要件 5 ①を満たさない可能性がある。

　また，FDA は要件 5 ②について非常に狭く解しており，複数の治療等の可能性を提案して選択させるものでなければならず，かつ緊急の対応が必要な状況で用いられるものであってはならないと解している。FDA は，医療従事者が自動化バイアス（CDS から提案された可能性に依存しすぎたり，提案されなかった可能性を過小評価したりすること）に陥ることを懸念しており，提案される可能性が 1 つしかない場合や，緊急の対応が必要な状況では，こうした自動化バイアスの懸念が増すと解している。しかし，少なくとも FDCA の文言上は，こうした要件が法律上求められているのか否かは必ずしも明らかではない。

3　執行裁量の対象となるもの

　FDA は，リスクが低い製品（機能）に対しては，仮にそれらが医療機器に該当するとしても本来医療機器に適用されるべき規制の執行を行わないという執行裁量（enforcement discretion）を行使する。そのような製品（機能）の具体例は，FDA のガイダンス[10]等にまとめられているが，例えば以下のようなものがある。

1. 精神疾患（PTSD，うつ病，不安障害，強迫性障害等）と診断された患者が，不安が増大したときに利用できる行動テクニックや音声メッセージ（"Skill of the Day"）を提供することで，行動的対処能力を維持できるようにするソフトウェア機能
2. 妊娠中の人，禁煙を試みる喫煙者，依存症から回復しつつある人たちに対し，定期的に教育情報，注意喚起，モチベーションを維持させる助言を提供するソフトウェア機能
3. GPSで測定した位置情報を利用して，喘息患者に対して喘息症状を引き起こす可能性のある環境条件を警告したり，中毒患者（薬物乱用者）に対してあらかじめ指定された危険性の高い場所の近くにいるときに警告したりするソフトウェア機能
4. ビデオやビデオゲームを利用して，患者が自宅で理学療法のエクササイズを行うよう動機づけるソフトウェア機能
5. 年齢，性別，行動上の危険因子などの患者の特徴を利用して，有名で確立された権威から，患者に特化したスクリーニング，カウンセリング，予防勧告を提供するソフトウェア機能

4　医療機器として規制されるもの

　FDAが医療機器として規制するソフトウェア機能は，その多くが連邦規則で定められている（もちろん，今後De Novo申請等によりさらに追加される可能性がある）。具体例としては以下のようなソフトウェア機能が挙げられる。

1. モバイルプラットフォームを規制対象の医療機器に変えるソフトウェア機能（典型的にはモバイルアプリ）。これらのモバイルアプリは，光，振動，カメラその他の類似のソースなどのモバイルプラットフォームの内蔵機能を使用して，医療機器の機能を実行する（例えば医師が病気の診断・治療に使用するモバイル医療アプリ）。
   　（例）
   　モバイルプラットフォームに取り付けられたセンサーや電極，またはモバイ

10　Guidance for Industry and FDA Staff: Policy for Device Software Functions and Mobile Medical Applications（September 2022）.

ルプラットフォーム自体のツール（マイクやスピーカーなど）を使用して、「心臓、動脈、静脈その他の内臓に関連する音を電子的に増幅して映し出す」ソフトウェア機能（電子聴診器など）（21CFR§870.1875(b)等）。
2. 操作、機能またはエネルギー源を制御する目的で既存の医療機器と接続するソフトウェア機能。これらのソフトウェア機能は、植込み型または身体装着型の医療機器の操作・機能を制御する（例えば設定を変更する）ものである。
　（例）
　輸液ポンプの機能・設定を変更するソフトウェア機能
　　（21CFR§880.5725や、21CFR§876.5820等）
　植込み型神経筋刺激装置の設定を制御・変更するソフトウェア機能
　　（21CFR§882.5860等）
3. 積極的な患者モニタリングや患者固有の医療機器データの分析に使用されるソフトウェア機能
　（例）
　患者を積極的にモニタリングするために、ベッドサイドモニターや心臓モニターに接続し、生理学的信号を取得・処理するソフトウェア機能（21CFR§870.1025や21CFR§870.2300等）

5　AI医療機器

(1)　AI医療機器に対する規制の現状

　AIは急速に発展しており、FDAもAI、特に機械学習機能を備えた医療機器をどのように規制するかを引き続き模索している。

　FDAは2019年に、AIや機械学習機能を備えたディスカッションペーパー[11]を公表した。当時からAIを搭載した医療機器はすでに承認されていたが、それは「Locked」アルゴリズム、つまり同じ入力に対しては常に同じ出力を行う、使用によって変化しない静的なアルゴリズムを用いたものであった[12]。しかし規制上でより問題となるのは、実際の使用に伴いアルゴリズムが修正されていく動的なアルゴリズムを用いたAI医療機器である。こうした医療機器は品質が常時変化するため、重要な変更が生じるたびにFDAに通知し適宜承認を求めるような従来の変更管理のあり方では対応

11　Discussion Paper and Request for Feedback: Proposed Regulatory Framework for Modifications to Artificial Intelligence/Machine Learning［AI/ML］-Based Software as a Medical Device［SaMD］.
12　*See id*, at 3.

が困難である。またある時点ごとの評価ではなく，製品のライフサイクル全体を通じた評価を行う必要があるという特殊性もある。

こうした特殊性に対応するため，FDA は現在，機械学習機能を備えたソフトウェア機能を有する医療機器の市販前審査にあたって，事前変更計画（predetermined change control plan：PCCP）の提出を求めている。PCCP とは，機械学習機能を備えたソフトウェア機能が使用に伴いどのように修正されていき，その修正がどのように評価されるかを説明する文書であり，FDA によって審査される。このように審査されたPCCP に記載された修正であれば，市販後に修正されても，法令で定められた変更管理の手続（前記第2・4(6)の21CFR§807.81(a)(3)や前記第2・2(5)の21CFR§814.39(a)）は不要となるが，PCCP に記載されていない修正であれば，変更管理の手続が必要となる[13]。

またこの分野では，FDA は他の規制当局とも連携しながらルールメイキングを主導している。FDA は2021年に，カナダ保健省（Health Canada）および英国の医薬品医療機器規制庁（Medicine and Healthcare products Regulatory Agency：MHRA）とともに，安全かつ有効で高品質な AI 医療機器の開発に関する10の指針[14]を公表し，2023年には PCCP に関する5つの原則[15]も公表している。

(2) Pre-Cert Pilot Program

FDA は，Software Precertification（Pre-Cert）Pilot Program を通じて，SaMD に対する新しい規制枠組みを検討したこともある。このパイロットプログラムは，2022年9月に終了したが，日本でも一定の注目を集めた。

既存の規制枠組みでは，SaMD に対しても，個別製品ごとに行われる断続的な審査（市販前承認，変更管理）が行われる。これに対し，このパイロットプログラムは，De Novo 申請のプロセスを基本としながら，製品のみならずその開発者を認証しつつ，SaMD を（断続的な審査のみならず）継続的にモニタリングする仕組みを探るものである。

規制の観点からこのプログラムを少し具体的に説明すると，以下のとおりである[16]。

13　Draft Guidance for Industry and FDA Staff: Marketing Submission Recommendations for a Predetermined Change Control Plan for Artificial Intelligence/Machine Learning (AI/ML)-Enabled Device Software Functions (April 2023), at 13.
14　Good Machine Learning Practice for Medical Device Development: Guiding Principles (October 2021).
15　Predetermined Change Control Plans for Machine Learning-Enabled Medical Devices：Guiding Principles (October 2023).

まず FDA は，De Novo 申請の対象となる SaMD（すなわち，クラスⅠまたはクラスⅡに該当するが，510(k)市販前通知における実質的同等性の基礎となる「適法に上市されている医療機器」がない SaMD。前記第2・6(1)参照）を有する開発者（スポンサー）に対し，「Excellence Appraisal」を行い事前認証を行う。この「Excellence Appraisal」では，FDA がスポンサーを様々な要素に基づき評価するが，この要素は De Novo 申請で提出が求められる内容や，クラスⅡ医療機器に求められる特別管理（後記第6・2参照），QSR 規制（後記第6・1(9)参照）で求められる内容に対応するものである。事前認証を受けたスポンサーは，Excellence Appraisal を通じて FDA に提出していない情報を含めた製品ごとの De Novo 申請（Pre-Cert De Novo Request）を提出する。これによって，スポンサーは現行法上 De Novo 申請での提出が求められる情報をすべて提出することになるが，FDA は事前に Excellence Appraisal 等を通じて情報を得ているため，合理的な審査（Streamlined Review）を行うことが期待される。

FDA が De Novo 申請が適切と認めた場合は，FDA は行政命令によって，CFR に当該 SaMD に関する新しい分類の規則を追加する。SaMD がクラスⅡである場合は，FDA は特別管理（後記第6・2参照）を行うことになるが，この特別管理では，Excellence Appraisal で用いた評価要素が変更された際に FDA に通知するという定めを含めることもできる。

また，上市された SaMD に変更を行う場合も，事前認証を受けたスポンサーは「Review Determination Pre-Sub」を提出でき，変更について FDA と議論できる。510(k)市販前通知が必要とされる変更である場合は，スポンサーは「Pre-Cert 510(k)」を提出するが，FDA はすでに Excellence Appraisal や Revie Determination Pre-Sub を通じてスポンサーと議論したり情報を得たりしているので，この Pre-Cert 510(k)を効率的に審査することが期待される。

これらを図示すると，以下のとおりとなる。

FDA は，最終報告書[17]において，このパイロットプログラムで得られた知見を強調するとともに，現行法の下で FDA が有する法的権限で実施したこのプログラムにおいて，課題に直面したとしている。

まず，パイロットプログラムは，De Novo 申請を用いているが，この手続自体，

---

16 以下の記述は，Software Precertification Program: Regulatory Framework for Conducting the Pilot Program within Current Authorities（January 2019）による。
17 The Software Precertification (Pre-Cert) Pilot Program: Tailored Total Product Lifecycle Approaches and Key Findings（September 2022）.

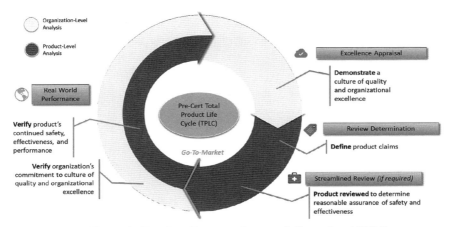

Figure 3. Pre-Cert Program Approach throughout TPLC

〈出典〉 The Software Precertification (Pre-Cert) Pilot Program: Tailored Total Product Lifecycle Approaches and Key Findings (September 2022).

医療機器の上市手段として頻繁に用いられているものではない（前記**第2・6**(2)参照）。また，パイロットプログラムの参加者を9社に限定せざるを得なかったこともあり，プログラムの対象となる医療機器が少なかった。

また，上記のとおり，承認されたクラスIIのSaMDには，Excellence Appraisalを経て事前認証を受けたスポンサーにのみ適用される特別管理（Excellence Appraisalの評価要素の変更をFDAに通知する等）が含まれていた。そのため，プログラムに参加していないスポンサーがこのSaMDとの実質的同等性を証明する医療機器を上市させることは困難であり，したがってFDAがそうした医療機器をプログラムの対象とすることも困難であった。

さらにFDAは，医療機器の適応および技術特性の幅広さや，そのように幅広い医療機器それぞれについてサイバーセキュリティおよび臨床評価のアプローチを検討することを考慮すると，スポンサーの評価だけで低リスクの医療機器を特定できるようになるためには，さらなる検討が必要であるとしている。特に中程度のリスクを有する医療機器については，スポンサーへの評価のみで製品ごとの臨床性能審査やサイバーセキュリティ審査を代替することはできず，製品ごとの審査は高リスクの医療機器や新しい医療機器において特に有用である旨も述べている。

第5　医療機器のプロモーション

1　規制枠組み

　医療機器のプロモーションは，医薬品のプロモーション規制と類似している。

　まず誰が規制当局かという観点では，医薬品では，すべての医薬品のラベリングおよび処方箋医薬品の広告はFDAが監督し，OTC医薬品の広告はFTCが監督するが（前記第1章第5・1(1)参照），医療機器でも，すべての医療機器のラベリング（21USC§352(a)および21USC§352(f)参照）および制限医療機器（後記第6・1(10)参照）の広告（21USC§352(r)）はFDAが監督し，非制限医療機器の広告はFTCが監督する。なお，「ラベリング」の定義や広告との区別は，前記第1章第5・1(2)を参照されたい。

　規制の内容面でも，医療機器のラベリングや広告は，医薬品と同様に，明示的なものであれ黙示的なものであれ，真実でなければならず，誤認を招くものであってはならない。重要な事実を開示しないものや，効能と比べてリスクを公平に記載しないものは，医薬品と同様「不当表示」となり得る。また医療機器のプロモーションも，「有効な科学的根拠」（21CFR§860.7）が必要であり，原則としてオフラベルプロモーションは禁止される。コンプライアンスを確保する虚偽請求法や反キックバック法等の他の法令も，医薬品と同様に適用される（ただし，医薬品に関してプロモーションに用いるラベリングや広告物を最初に用いる際に，その見本をFDAへ提出しなければならない義務を定める21CFR§314.81(b)(3)(i)に相当する条文は，医療機器には見当たらない）。

　以下では，医療機器で頻繁に問題となるトピックを取り上げる。なお，下記のほかに，ソーシャルメディアを用いた医療機器のDTC広告もよく問題となり得るが，この点は前記第1章第5・3(2)を参照されたい。

2　各論

(1)　510(k)市販前通知を提出した医療機器に関する特例

　原則として，PMAを得ていない医療機器や，510(k)市販前通知にかかる許可を受けていない医療機器は，プロモーションを行うことはできない（21CFR§812.7(a)）。しかし，510(k)市販前通知をFDAに提出した医療機器に関しては，承認前に，宣伝や展示を行うことができる。ただし，研究用や治験用に限定したものでない限り，実際の販売契約につながるような注文を実際に受けたり，注文を受ける準備をしたりし

てはならない[1]。なお，De Novo 申請や PMA 申請の対象となる医療機器に関しては，こういった明示的な定めはない。

(2) 購入者（payors）への情報提供

　企業は，自社の医療機器が承認される前に，当該製品について，州のメディケイドプログラム，病院等のフォーミュラリ委員会といった製品の購入者（payors）との協議を望むことがある。また，購入者側も，今後の予算計画等を立案するために未承認医療機器の情報を求めることがある。例えば MRI 等の医療機器の導入は，医療機関にとって大きな設備投資であり，導入にあたっては医療機関全体の施設や設備を整える必要があるので，医療機器が実際に承認・許可される前に，製造業者と協議することが重要となる。

　そこで企業は，医療機器が承認される前に，購入者側に対し，一定の条件を満たす場合に限り，「health care economic information：HCEI」と呼ばれる情報を伝えることができる。その一定の条件とは，例えば以下のような条件が含まれるが[2]，これらに加えて，伝える情報が公正かつ真実であり，正確で誤認させるようなものでないことも必要である。

---

1. 製品が未承認であり，製品やその使用に関する安全性・有効性は確立されていない旨を明確に伝えること
2. 製品の開発段階に関する情報（臨床試験の状況や，当該臨床試験の開発計画全体の中での位置づけ，FDA への申請状況等）も伝えること
3. 研究結果に関する事実の発表を含むコミュニケーションについては，研究デザインと方法論の重要な側面を説明し，研究デザイン，方法論，結果に関連する重要な限界を開示すること（推奨事項）
4. 購入者側に伝えた情報が古くなった場合には，追加のフォローアップを行うこと（推奨事項）

　こうした条件を満たす場合に，企業が購入者側に伝えられる HCEI は，例えば以下のような情報である[3]。

1　Compliance Policy Guide（CPG）：CPG Sec. 300.600 Commercial Distribution with Regard to Premarket Notification（Section 510(k)）.
2　Guidance for Industry and Review Staff: Drug and Device Manufacturer Communications With Payors, Formulary Committees, and Similar Entities Questions and Answers（Jun 2018），at 20.

> 1．製品情報（医療機器の特徴等）
> 2．製品の適応に関する情報。例えば，臨床試験のプロトコル記載のエンドポイントや患者集団に関する情報（組み入れ被験者数，組み入れ基準，被験者の属性等）
> 3．FDAによる承認等が得られるまでの予想スケジュール
> 4．製品の価格情報
> 5．製品に関連したサービスやプログラム（患者サポートプログラム等）

(3) 比較クレーム

　比較クレーム（comparative claims）・最上級クレーム（superiority claims）は，医療機器でも問題となる。比較クレームとは，ある製品Aが他の製品Bよりも優れていることを示すクレームであり，典型的には「A performed better than B」といった記載である。クレームは黙示的なものでもよく，他の製品名が明示されていない場合でも比較クレームとなり得るし，比較データを掲載するだけで比較表現自体が含まれていない場合でも比較クレームとなり得る。最上級クレームとは，ある製品が最上級に優れていることを示す表示であり，「best」や「most advanced」といった表示が典型例である。最上級表示も，比較表示の1つとして整理される。

　虚偽または誤認を招くラベリングは「不当表示」となり（21USC§352(a)(1)），医療機器の場合，その医療機器のラベリングに他の医療機器に関する虚偽または誤認表示が含まれている場合も，当該医療機器が「不当表示」となる（21CFR§801.6）。

　FDAは，医療製品の安全性や有効性等に関して比較クレームを行う場合には，直接比較試験（head-to-head study）が必要であるという立場をとっている（これは比較クレームが，ある医療製品を同じ医療製品の以前のバージョンと比較したものであっても同様である）[4]。

　例えば，筋再教育（muscle re-education）を通じた脳卒中のリハビリテーション等を適応として，510(k)市販前通知に基づく許可を得た「Biomove 5000」というリハビリテーション機器は，そのホームページにおいて，「The Biomove 5000 is not only the best Stroke Rehabilitation system in the world but also the easiest stroke therapy device for use by the stroke survivor（Biomove 5000は，世界最高の脳卒中

---

[3] *Id*, at 18-19.
[4] *See* Draft Guidance for Industry: Medical Product Communications That Are Consistent With the FDA-Required Labeling-Questions and Answers (January 2017), at 6.

リハビリテーションシステムであるのみならず，脳卒中サバイバーが最も簡単に使用できる治療用医療機器です）」との記載を行っていた。これに対しFDAは，Biomove 5000の製造業者に対し，当該医療機器が世界最高であり，最も簡易なリハビリテーションシステムである旨の比較クレームを行うためには，臨床データおよび医療機器の変更時に必要な510(k)市販前通知に基づくクリアランス（前記第2・2(5)参照）が必要となるところ，Biomove 5000はこれを取得していないから，未承認医療機器に該当する旨の警告状を発している[5]。

(4) 一般クレームと特定クレーム

一般クレーム（general claim）と特定クレーム（specific claim）も，医療機器ではよく問題となる。FDAは，多くの場合，医療機器の一般的な用途（general use。例えば「軟部組織の切開」等）を承認するが，企業としては当該医療機器がより具体的な用途に用いることができる旨のクレーム（specific claim。例えば「心臓の切開」等）を希望する場合がある。このような場合，使用目的の「大幅な変更」として510(k)市販前通知の提出が必要となることが多いが（前記第2・2(5)参照），そもそも変更後の具体的な用途を謳う医療機器が，変更前の一般的な用途を謳う医療機器と「実質的に同等」といえなければ，510(k)市販前通知ではなくPMA申請が必要となる。そこで変更後の医療機器が，変更前の医療機器と「実質的に同等」といえるかが問題となる。

FDAのガイダンス[6]では，具体的な用途を謳う医療機器が，一般的な用途を謳う医療機器と実質的同等性を有するか否かについては，当該ガイダンスで定義されている「具体性のレベル（level of specificity）」も踏まえつつ，以下の要素を考慮するとしている。

要素	概要
リスク	当該具体的な用途は，当該医療機器の一般的な用途には通常結びつかない新しいリスクをもたらすか。
公衆衛生への影響	当該具体的な用途が，当該医療機器の一般的な用途よりも公衆衛生に対して著しく大きい影響を与えるか。
知見上の根拠	当該具体的な用途が，（新しい用途ではなく）当該医療機器の一般的な用途に含まれるものであるという医学界の理解を反映した根拠の有無（医学文献や診療ガイダンス等）。

---

5 Warning Letter to Curatronic Ltd.（January 9, 2013）.
6 Guidance for Industry: General/Specific Intended Use（November 1998）.

エンドポイント	一般的な用途を評価する際に使用された性能または臨床上のエンドポイント（組織切除能力等）が，具体的な用途の評価にどの程度適用できるか。
道具なのか治療方法なのか	当該医療機器は，（例えばメスのように）治療のために医師によって使用される道具なのか，それとも（例えば体外衝撃波結石破砕器のように）それ自体が治療として用いられるものなのか。
補助療法	当該具体的な用途を安全かつ有効に達成するために，一般的な用途では通常必要とされない別の製品を，どの程度当該医療機器と併用するか。
設計上の変更	当該具体的な用途を容易にするために医療機器に加える変更が，一般的用途の他の側面への適合性をどの程度低下させるか。

ガイダンスの中では，どのような変更が「実質的同等性」を満たすかの具体例も複数挙げられている。例えば，「軟部組織の評価」を適応とする超音波診断判断機器を，以下の具体的用途に変更する場合，実質的同等性については下記のような判断となる。

具体的用途	乳房病変の良性・悪性鑑別の補助	軟部組織の小部位（腱，神経など）の識別
実質的同等性	なし	あり
具体性レベル	「軟部組織の評価」から，生検[7]を行うか否かの具体的な推奨への変更は重要な変更である。新しい使用適応は，超音波検査の他の適応とは質的に異なる用途を確立している。	具体的用途は，改良された超音波技術で評価できる解剖学的詳細の種類を示すものであり，具体性レベルとしては最小である。
リスク	乳房生検の延期につながる偽陰性のリスクは，一般的な超音波検査における偽陰性のリスクよりもはるかに大きい。	具体的用途は，一般的用途に重大なリスクを追加するものではない。
公衆衛生への影響	乳がんは米国女性の罹患率および死亡率の主要な原因であるため，疑わしい病変に対する管理パラダイムが変化すれば，公衆衛生に重大な影響を及ぼす可能性がある。	

---

7 組織の一部をメスや針などで切り取り，顕微鏡で詳しく調べる検査。

FDA は，こうした一般用途・具体的用途に関しても複数の警告状を発行している。例えば，Strattice Reconstructive Tissue Matrix は，軟組織パッチとして使用され，弱くなった軟組織を補強し，損傷，または断裂した軟組織膜の外科的修復に使用されるインプラントであるが，ホームページ上において，乳房再建手術に用いることができる旨を記載していたため，FDA から警告状を受けている[8]。

(5) 施設登録等の表記と不当表示

後記第6・1(2)のとおり，医療機器の製造等を行う施設は登録義務があるが，こうした登録を完了させたことをFDAが当該医療機器を承認したことを示す記載として用いることはできない。規則では，「登録または登録番号の保有を理由に公式に承認されたという印象を与える記載は，誤解を招くものであり，不当表示に該当する」と明記されている（21CFR§807.39）。

---

[8] Warning Letter to LifeCell Corporation (June 1, 2015).

第6　市販後規制・執行関係

1　一般管理

　一般管理は，明示的に免除されている医療機器を除き，すべての医療機器に適用される市販後規制である。

(1)　品質不良および不良表示

　1976年の法改正（MDA）によって定められた医療機器に関する規制枠組みは，品質不良（adulterated）を定めた21USC§351，不当表示（misbranding）を定めた21USC§352を通じて執行される。

　例えば，クラスⅡ医療機器に定められる特別管理としての性能基準（FDAが自ら策定したもののみならず，外部団体が策定しFDAが承認したものも含む。後記2(1)参照）を満たさない医療機器は品質不良とみなされる（21USC§351(e)）。また，クラスⅢの医療機器に関しては承認に際して付された条件に違反した場合も品質不良とみなされる（21USC§351(f)）。さらに，医療機器が510(k)市販前通知の要件を満たさない場合は不当表示となる（21USC§352(o)）。

　執行との関係では，品質不良または不当表示の医療機器を州際通商に供することは禁止行為に該当し（21USC§331），押収（21USC§334(b)）・差止め（21USC§332）・刑事訴追（21USC§333）という司法執行の対象となる（前記第1章第6・2参照）。さらに，医療機器も医薬品同様，査察・警告状等の行政執行の対象となる（前記第1章第6・3参照）。ただし，医療機器の場合，医薬品と異なり，FDAは企業に対しリコールを命じる権限を持つ（後記(4)参照）。なお，医療機器に関しては，21USC§333(f)(1)(A)において，医療機器に関するFDCAの定めに違反した者に対する民事制裁金（civil momey penalty）が定められている。

(2)　施設登録および製品リストアップ

　医療機器の施設登録および製品のリストアップについては，医薬品と類似の（同一ではない）規制がある（医薬品の施設登録および製品のリストアップについては，前記第1章第2・6(1)参照）。

　医療機器の「製造，製剤，増殖，調合，加工」を行う施設を所有・運営する者は，その氏名および事業所，すべての施設を登録しなければならない（21USC§360(b)(2)）。「製造，製剤，増殖，調合，加工」には，再表示（relabeling）や再包装（repacking）

も含まれるため（21CFR§807.20），幅広い施設が登録義務の対象となるが，薬局や病院などは登録義務を免除されている（21USC§360(g)，21CFR§807.65）。また，登録義務を負う者は，その者が商取引のために「製造，製剤，増殖，調合，加工」するすべての医療機器のリストを提出しなければならない（21USC§360(j)）。リストに含めるべき情報の詳細は，連邦規則で示されている（21CFR§807.75）。

医薬品に対する規制と同様，これらの規制は，米国内業者のみならず，外国で「製造，製剤，増殖，調合，加工」を行い米国へ輸出する業者に対しても適用される（21USC§360(i)）。この規制の適用を受ける外国業者は，米国内に居住するか，米国に事業所を有する代理人を指名しなければならず，当該代理人がFDAとのやりとりや査察の日程調整等を行うこととなる（21CFR§807.40(b)）。

(3) 禁止医療機器（Banned Device）

FDAは，重大な欺瞞があったり，疾病または障害を負わせる不合理で重大なリスクがある医療機器（それらが是正可能な場合は，所定の期間内に是正に応じない医療機器）については，規則によりその使用を禁止できる（21USC§360f(a)）。FDAが禁止した医療機器は，21CFR Part 895のSubpart Bに列挙されている。2024年6月現在，Subpart Bには5種類の医療機器しか挙げられていないことから明らかなように，FDAがこの権限を行使することはほとんどない。しかし，2020年に追記された自傷行為・攻撃的行為の治療に用いられる電気刺激装置（Electrical Stimulation Devices：ESD）に関する規則（21CFR§895.105）は近年議論を呼んでいる。

ESDは，人の皮膚に取り付けた電極を通して電気ショックを与え，自傷行為や攻撃的行為の抑制・予防を目的とする医療機器である。FDAは，こうしたESDの使用がPTSDの発症を含む様々なリスクをもたらすとして，2020年に，自傷行為や攻撃的行為の抑制・予防を目的とするESDの使用を禁止した（21CFR§882.5235，21CFR§895.105。ただし他の目的でESDを使用することは禁止されていない）。これに対して，ESDを当該目的で使用していた団体（Judge Rotenberg Educational Center）は，特定の目的で医療機器の使用を禁止することは，FDAが医療行為（practice of medicine）を制限することを禁じた21USC§396に違反すると主張して，FDAを提訴した。裁判所はこの訴えを認め[1]，上記規則は2021年7月6日に失効した。

しかしこの判決の後，連邦議会はFDCAを改正し，FDAに対し，「1つ以上の使用目的」のために医療機器を禁止する権限を与えた。これを受けてFDAは，2024年3月に，再度，自傷行為や攻撃的行為の抑制・予防を目的とするESDの使用を禁止す

1　Judge Rotenberg Educational Center, Inc v. FDA, 3 F.4th 390（D.C.Cir. 2021）.

るための規則を提案している[2]。これに対する上記団体の今後の動向が注目される。

(4) リコール命令

　FDA は，医療機器が重篤な健康被害または死亡を引き起こす合理的な蓋然性があると判断した場合は，製造業者や輸入業者等に対して，(i) 当該医療機器の流通をただちに停止するとともに，(ii) 当該医療機器の使用をただちに中止する旨を医療専門家および医療機器使用施設に指示する通知を行うよう，命じなければならない（21USC§360h(e)(1)）。また FDA は，この命令を受けた者に対して非公式の聴聞の機会を提供した後，当該医療機器のリコールを含むよう命令を変更できる（21USC§360h(e)(2)(A)）。この変更後の命令では，個人から医療機器を回収するよう命じることはできないが，当該医療機器の使用に関連するリスクにさらされている個人に対する通知命令は含まれる（21USC§360h(e)(2)(B)）。手続の詳細は，21CFR Part 810に定められている。

　通常，医療機器に重大な不具合が生じた場合は，製造業者等は自発的にリコールを行うため，FDA がリコール命令を発令することは多くない。しかし，例えば2010年には，FDA がバクスター・ヘルスケア社に対し，同社の輸液ポンプのリコールを命じたように[3]，実際にリコール命令が発令されることもある。

(5) 518(a) Notification Order および計画提出命令
ア　概要

　FDA は，医療機器が公衆衛生にとって重大な危害を及ぼす不合理なリスクがある場合で，当該リスクを排除するためにとることができる他の実務的な方法がなく，かつ当該リスク排除のために必要と認められる時は，適切な人物（製造業者等）に対し，当該医療機器を使用する医療専門家や他の業者等へ「適切な通知（adequate notification）」を提供するよう命令を発することができる（21USC§360h(a)参照）。この命令は，FDCA の条文番号をとって「518(a) Notification Order」とも呼ばれる。

　また，FDA は，医療機器の製造業者に対し，非公式の聴聞手続（21CFR Part 16）の機会を与えた上で，一定の基準（21USC§360h(b)(1)(A)）を満たしたと判断した場合は，(i) 医療機器が重大な危害を及ぼす不合理なリスクがないように修理する，(ii) FDCA に適合する同種・同等の医療機器と交換する，(iii) 医療機器の購入価格（ただ

---

[2] https://www.fda.gov/medical-devices/medical-devices-news-and-events/fda-proposes-new-ban-electrical-stimulation-devices-self-injurious-or-aggressive-behavior?utm-medium=email&utm-source=govdelivery

[3] https://www.accessdata.fda.gov/scripts/cdrh/cfdocs/cfres/res.cfm?id=93646

し医療機器が1年以上ユーザーの下にある場合は、使用に関する合理的な金額を差し引いた金額）を返金する旨の計画を提出するよう、命令できる（21USC§360h(b)(2)）。この「一定の基準」とは、以下をすべて満たす場合である。

1．商業的頒布のために州際通商に供され、または供されるために引き渡される人用医療機器が、公衆衛生に重大な危害を及ぼす不合理なリスクがあること
2．当該医療機器が、その設計時または製造時の技術水準に照らして、適切に設計または製造されていないと信じるに足りる合理的な根拠があること
3．当該医療機器の製造業者、輸入業者、販売業者または小売業者以外の者が、当該医療機器の設置、保守、修理または使用において十分な注意を払わなかったことによって、当該不合理なリスクが生じたものではないと信じるに足りる合理的な根拠があること
4．21USC§360h(a)により許可された通知だけでは当該不合理なリスクを排除するには不十分であり、当該リスクを排除するためには、装置の修理、交換、購入価格の返金が必要であること

イ　具体例

　FDAがこの権限を発動した具体例としては、フィリップス・レスピロニクス社が製造していたCPAP装置やBiPAP装置（睡眠時無呼吸症候群の治療に関する医療機器）等に関する最近の事例が挙げられる。

　フィリップス・レスピロニクス社は、2021年6月、CPAP装置等に用いられている防音用発泡体によって著しい健康被害が生じる可能性があるとして、自主的にクラスⅠリコールを行った。しかし、FDAはこのリコールに関して十分周知がなされていないと判断し、2022年3月、フィリップス・レスピロニクス社に対して、518(a) Notification Orderを発し、CPAP装置等を処方・使用するすべての医療専門家や他の業者等（委託先、販売業者、小売業者、機器ユーザーを含む）に対し、所定の期間内にリコールおよびリコール製品がもたらす健康リスクを通知するよう命じた。さらにFDAは、2022年6月、フィリップス・レスピロニクス社に対し、21USC§360h (b)に基づき医療機器の修理・交換・返金計画の提出命令を検討していることを通知するとともに、非公式な聴聞手続に参加する機会の通知を行った。しかしフィリップス・レスピロニクス社は、聴聞手続を希望せず、リコールの改善計画、修理・交換・返金などに関する回答書を提出した[4]。

　なお、この件は最終的に司法執行に至っている。FDAは、2021年および2023年に

行った査察結果に基づき，フィリップス・レスピロニクス社がcGMPに違反して製造された（ために品質不良である）医療機器や，改修や除去を行ったにもかかわらずFDAにその報告（後記(7)参照）を行わなかった（ために不当表示である）医療機器を州際通商に供したとして，DOJと連携し，恒久的差止命令（permanent injunction）を求めた。この訴訟では，フィリップス・レスピロニクス社のみならず，その親会社の幹部個人らも被告とされていた（これらの点について，前記**第1章6・2(2)**参照）。この訴訟では，2024年4月，同意判決が下されている[5]。

(6) 有害事象・誤作動に関する報告
ア 義務的報告

医療機器の製造業者および輸入業者は，FDAが定める連邦規則に従い，当該医療機器の安全性・有効性を合理的に保証する情報に関して記録を保持し，報告し，情報提供を行わなければならない（21USC§360i(a)）。

医療機器の製造業者は，有害事象（adverse event）や一定の誤作動（malfunction）に関する報告義務を負う。具体的には，当該医療機器が「死亡または重大な傷害を生じさせたかまたは寄与した」か，当該医療機器が「誤作動を起こした場合で，当該医療機器や類似の医療機器に誤作動が生じた場合に死亡または重大な傷害を生じさせる可能性が高い」ことを「合理的に示唆」する情報を受領した場合は，FDAに対し，MDR（Medical Device Report。21CFR§803.3(n)）を提出しなければならない（製造業者につき21CFR§803.50(a)，輸入業者について21CFR§803.40(a)）。MDRは原則として，当該情報を受領してから30日以内に提出する必要がある。ただし，「公衆衛生に実質的な危害を及ぼす不合理なリスクを防止するための改善措置を必要とする場合」等には，5営業日以内に提出する必要があり（21CFR§803.53），5日報告（Five-day report）と呼ばれる（21CFR§803.3(h)）。MDRに関する詳細は，MDR規則と呼ばれる21CFR Part 803およびガイダンス[6]に詳しい。

また，医療機器使用施設（Device User Facility。21CFR§803.3(d)で定義されているとおり，病院や外科手術施設等を含む）も有害事象の報告義務を負う。医療機器使

---

[4] https://www.fda.gov/medical-devices/medical-devices-news-and-events/cdrh-provides-update-philips-june-2021-recall-and-maintains-recommendations-related-potential-health

[5] https://www.fda.gov/news-events/press-announcements/federal-court-enters-consent-decree-against-philips-respironics-following-recall-certain-sleep

[6] Guidance for Industry and FDA Staff: Medical Device Reporting for Manufacturers (November 2016).

用施設は，医療機器が患者の死亡を生じさせたかまたはそれに寄与した可能性があることを合理的に示唆する情報を入手した場合，遅くとも10日以内に，FDAおよび（判明している場合は）製造業者に対して，報告する義務を負う（21USC§360i(b)(1), 21CFR§803.30(a)(1)）。患者の死亡ではなく重大な傷害に関するものでも，同様である（21USC§360i(b)(1)(B), 21CFR§803.30(a)(2)）。

この医療機器使用施設に対する報告義務は，FDAが定める連邦規則により，その対象範囲をより限定したプログラムへ移行することが計画されている（21USC§360i(b)(5)参照）。CDRHは2002年にMedSun（Medical Product Safety Network）[7]と呼ばれるプログラムを立ち上げ，プログラムに参加している医療機器使用施設に対して，ヒヤリ・ハット事例（close-calls），有害事象の可能性その他安全性上の懸念をFDAに対して自主的に報告するよう推奨している。しかし，FDAは2024年6月現在まで，医療機器使用施設の報告義務を限定する規則を制定しておらず，したがってすべての医療機器使用施設（免除対象施設を除く）は，上記の報告義務を遵守する必要がある。

イ　任意の報告

有害事象は，法的義務に基づくもの以外にも，任意の情報提供によっても報告される[8]。

例えば，医療従事者や患者，消費者は，1993年に設立されたMedWatch（FDA安全性情報および有害事象報告プログラム）[9]と呼ばれるプログラムを通じて，医療機器（だけではなく医薬品，生物製剤，食品等）に関する有害事象を報告できる。こうして集められた報告は，法的義務に基づき提出されたものとともに，1995年に設立されたMAUDE（Manufacturer and User Facility Device Experience）[10]と呼ばれるウェブサイト上で検索できる。

またFDAは，MDRのような受動的な市販後監視システムではなく，より積極的な市販後監視システムを重視し始めており，2012年に全米レベルの市販後監視システムの開発に着手し始め，これは今日NEST（National Evaluation System for Health Technology）[11]となっている。

7　https://www.fda.gov/medical-devices/medical-device-safety/medsun-medical-product-safety-network
8　以下の記述はFood and Drug Law, at 1683による。
9　https://www.fda.gov/safety/medwatch-fda-safety-information-and-adverse-event-reporting-program
10　https://www.accessdata.fda.gov/scripts/cdrh/cfdocs/cfmaude/search.cfm
11　https://www.fda.gov/about-fda/cdrh-reports/national-evaluation-system-health-technology-nest

(7) 改修・除去の報告

医療機器の製造業者・輸入業者は，以下のいずれかの目的で改修（correction）や除去（removal）が行われた場合は，当該改修・除去の報告書をFDAに提出しなければならない（21USC§360i(g)(1)，21CFR§806.10(a)）。

> 1．健康リスクの低減を目的とする場合
> 2．健康リスクをもたらす可能性があるFDCA違反を是正するために行われた場合（ただし当該報告がすでになされている場合や報告が免除される場合を除く）

ここで改修とは，「医療機器を，使用されている場所から物理的に他の場所に移動することなく，修理，改良，調製，ラベルの貼替え，破壊，または調査（患者モニタリングを含む）を行うこと」をいい（21CFR§806.2(d)），除去とは「修理，改良，調製，ラベルの貼替え，破壊または調査のために，当該医療機器を使用されている場所から物理的に他の場所に移動させること」（21CFR§806.2(j)）をいう。改修・除去の報告書は，改修・除去を開始してから10営業日以内に提出しなければならない（21CFR§806.10(b)）。報告義務の詳細は21CFR Part 806に定められている。この報告義務を怠った医療機器は，不当表示とみなされる（21USC§352(t)）。

(8) 追跡

FDAは，命令によって，製造業者に対して，以下のいずれかに当てはまるクラスⅡまたはクラスⅢ医療機器を追跡する方法（method of tracking）を採用するよう求めることができる（21USC§360i(e)(1)）。この追跡に関する義務を怠った医療機器も，不当表示とみなされる（21USC§352(t)）。

> 1．その故障が重大な健康上の有害事象をもたらす可能性が相応に高い医療機器
> 2．体内に1年以上埋め込むことが目的とされている医療機器
> 3．医療機器使用施設の外で生命維持のために用いることが目的とされている医療機器

この規則は，追跡対象の医療機器を製造施設から患者まで追跡できるようにすることを目的としており，これは518(a) Notification Order（前記(5)参照）やリコール（前記(4)参照）を行うにあたり必要となる（21CFR§821.1(b)）。

FDAは，法定要件を満たす医療機器に対して追跡を指示するか否かを決定する裁

量を有するとしており，実際に追跡を命じるか否かの決定にあたっては，(i)突然致命的な故障を起こす可能性があるか，(ii)臨床上重大な悪影響が生じる可能性があるか，(iii)専門家による迅速な介入が必要になるか否かを考慮するとしている[12]。

また，2007年のFDCA改正によって追記された21USC§360i(f)は，FDAに対し，追跡を促進するために，医療機器の表示（label）に固有の識別子（unique device identifier：UDI）を記載することを義務づける規則の策定を求めており，FDAは21CFR Part 830においてUDIに関する規則を定めている。

(9) 品質システム規則（QSR）

FDAは，医療機器が安全かつ有効で法律に適合することを保証するために，医療機器の製造，製造前の設計バリデーション（医療機器の性能を評価するための工程を含むが，医療機器の安全性・有効性の評価は含まない），包装，保管，設置に用いる方法，施設，管理が現行の適正製造規範に適合するよう規則を定めることができる（21USC§360j(f)(1)(A)）。この権限に基づき，FDAは，21CFR Part 820において当該規則を定めている。この規則は，当初cGMP規則と呼ばれていたが，1990年代に行われた改訂の際，現在の品質システム規則（Quality System Regulation：QSR）という名称に改められた。現在のQSRの概要は，Subpart Aの総則を除くと以下のとおりである。

サブパート	名称	サブパート	名称
Subpart B	品質システム要求事項	Subpart I	不適合品
Subpart C	設計管理	Subpart J	是正措置および予防措置（CAPA）
Subpart D	文書管理	Subpart K	包装およびラベリング管理
Subpart E	購買管理	Subpart L	取扱い，流通，保管および据付け
Subpart F	識別およびトレーサビリティ	Subpart M	記録
Subpart G	生産および工程の管理	Subpart N	付帯サービス
Subpart H	受入活動	Subpart O	統計的手法

（注）苦情処理体制を確立すべきことは，21CFR§820.198（Subpart M）で定められている。

---

12 Guidance for Industry and FDA Staff: Medical Device Tracking (March 2014), at 2.

医薬品においてFDAの査察がcGMP規則の適合性を調査するのと同様，医療機器におけるFDAの査察では，QSRの適合性を調査する。もっとも，QSRは，コンピュータソフトウェアで自動化された医療機器および規則で列挙されている医療機器を除き，すべてのクラスⅠ医療機器を設計管理要件から除外している（21CFR§820.30）。また，例えば以下の温水・冷水ボトルに関する規則のように，多くのクラスⅠ医療機器に関する規則では，一般的な記録保持要件と苦情ファイルに関する要件以外のすべてのQSR要件も免除されている。

> §880.6085 温水・冷水ボトル
> (b)分類。クラスⅠ（一般管理）。（中略）本医療機器は，記録に関する一般要件に関する§820.180および苦情ファイルに関する§820.198を除き，本章Part 820の品質システム規制の現行適正製造規範の要件を免除される。

従来，FDAのQSR要件は，医療機器の品質マネジメントシステムに関する国際規格であるISO13485とは必ずしも整合していなかった。しかし2024年1月，FDAは，21CFR Part 820をISO13485と整合させる最終規則を発行した。改正された規則は，品質マネジメントシステム規則（Quality Management System Regulation：QMSR）と呼ばれる。新しいQMSRは2026年2月2日から執行されるため，製造業者はそれまでに対応を完了させる必要がある[13]。

⑽ 制限医療機器

FDAは，連邦規則により，医療機器の販売，配布，使用を以下の場合に制限でき（21USC§360j(e)），このような制限を付されている医療機器を「制限医療機器（restricted device）」という。

> 1．医師が書面または口頭によって，当該医療機器の管理・使用を許可した場合
> 2．FDAが規則で定めるその他の条件に従う場合

こうした制限は，当該医療機器の潜在的な危険性や使用にあたって必要となる付随的措置のために，こうした制限がなければ安全性および有効性に関して合理的な保証

---

[13] https://www.fda.gov/medical-devices/quality-system-qs-regulationmedical-device-current-good-manufacturing-practices-cgmp/quality-management-system-regulation-final-rule-amending-quality-system-regulation-frequently-asked

ができないと FDA が判断した場合に付される。

この21USC§360j(e)は，伝統的にクラスIの医療機器に対して制限を課す唯一の法的権限であったが，これに基づき制定された連邦規則は多くない。他方，クラスIIやクラスIII医療機器については，この権限によらずとも，医療機器の販売や配布，使用を制限できる。すなわち，クラスIIの医療機器に対しては，後記2(1)の性能基準として「21USC§360j(e)に基づいて制限できる範囲で，医療機器の販売や配布を制限することを求める条項」（21USC§360d(a)(2)(B)(v)）を含めることができるし，特別管理として「FDA が安全性および有効性の合理的保証を提供するために必要と考える適切な措置」をとることもできる（21USC§360c(a)(1)(B)）。また，クラスIIIの医療機器に対しては，承認後の条件として「21USC§360j(e)で定められているような医療機器の販売，配布，使用の制限」（21CFR§814.82(a)(1)）を課すことができ，実際多くのクラスIII医療機器がそのような制限を受けている。

2 特別管理

(1) 性能基準

性能基準（performance standard）とは，特定の医療機器に適用される技術的な基準である。性能基準には，FDA が21USC§360d(b)（FDCA§514(b)）に基づいて策定するものと，外部団体が策定した基準を FDA が21USC§360d(c)に基づき承認したものとの2種類がある。前者の例としては，21CFR Part 898（電極リード線・患者ケーブルの性能基準）が挙げられるが，後者を通じて性能基準となったものが圧倒的に多い。

後者について，FDA は「連邦公報への掲載（中略）により，国内的・国際的に認知された基準開発機関により設定された適切な基準の全部または一部を承認」する（21USC§360d(c)(1)(A)）。FDA はこのようにして承認した基準を「合意基準（consensus standard）」と呼んでおり，そのリストを CDRH のウェブサイト上で公開している[14]。510(k)市販前通知や PMA 申請等を行う申請者は，申請時に，この合意基準に対する適合宣言書（declaration of conformity）を提出できる。合意基準に適合していれば，通常，当該基準で示された部分に関しては，安全性・有効性が実質的に同等であることの包括的な証明となる[15]。

また何人も，未だ FDA が承認していない基準について，FDA に対して承認を求めることができ，FDA は60暦日以内に一定の回答を行う（21USC§360d(c)(1)(C)）。

14　https://www.accessdata.fda.gov/scripts/cdrh/cfdocs/cfstandards/search.cfm
15　Food and Drug Law, at 1714.

FDA がどのような場合に基準を承認するか等については、ガイダンス[16]に詳しい。

(2) 市販後調査

FDA は、以下のいずれかに当てはまるクラスⅡまたはクラスⅢ医療機器の製造業者に対して、市販後調査（postmarket surveillance）を行うよう命じることができる（21USC§3601(a)(1)(A)、21CFR§822.1）。この義務を怠った医療機器は、不当表示とみなされる（21USC§352(t)）。

---
1. その故障が重大な健康上の有害事象をもたらす可能性が相応に高い医療機器
2. 小児集団において、幅広く使用をすることが予想される（expected to have significant use）医療機器
3. 体内に1年以上埋め込むことが目的とされている医療機器
4. 医療機器使用施設の外で生命維持のために用いることが目的とされている医療機器（より具体的な定義は、21CFR§822.3(g)に定められている）

市販後調査の実施を求める FDA からの命令（FDCA の条文番号をとって「522 order」と呼ばれる）は、PMA や510(k)市販前通知のクリアランス等において、製造業者に通知される。PMA の条件として課される市販後調査に関しては、別途ガイダンス[17]も発行されている。製造業者は522 order を受けてから30日以内に、FDA に対してサーベイランス計画を提出しなければならず、FDA はこの計画受領から60日以内に当該計画の妥当性やサーベイランスを実施する者として指名された者の適格性を決定する。市販後調査実施については、21CFR Part 822で規定されているが、製造業者がどのようにして市販後調査に関する義務を果たすべきか等について、FDA はガイダンス[18]でも詳述している。

なお、FDA が要求する市販後調査の期間は、原則として36か月を超えることはできない（21USC§3601(b)(1)、例外について同(2)）。

---

[16] Guidance for Industry and FDA Staff: Recognition and Withdrawals of Voluntary Consensus Standard (September 2020).
[17] Guidance for Industry and FDA Staff: Procedures for Handling Post-Approval Studies Imposed by Premarket Approval Application Order (October 2022).
[18] Guidance for Industry and FDA Staff: Postmarket Surveillance Under Section 522 of the Federal Food, Drug, and Cosmetic Act (October 2022).

(3) その他の特別管理と具体例

　21USC§360c(a)(1)(B)に明記されているとおり，特別管理には性能基準や市販後調査のみならず，患者登録，ガイドライン（510(k)市販前通知における臨床データの提出に関するガイドラインを含む）の作成と普及，勧告その他FDAが安全性および有効性の合理的保証を提供するために必要と考える適切な措置を含む。実際，多くの特別管理はFDAが発行するガイダンスの遵守を含んでいる。

　例えば，クラスⅡに分類されるOTC義歯修理キットにおける特別管理は，FDAが発行するガイダンス「Use of International Standard ISO 10993『Biological Evaluation of Medical Devices–Part I: Evaluation and Testing』」および「OTC Denture Reliners, Repair Kits, and Partially Fabricated Denture Kits」の遵守である（21CFR§872.3570(b)）。また，中耳炎の治療に用いる半透過膜付鼓膜換気チューブもクラスⅡに分類されるが，その特別管理はFDAが発行するガイダンス「Tympanostomy Tubes, Submission Guidance for a 510(k)」の遵守である。

　もっとも特別管理には，性能基準やガイダンスの遵守以外の定めが含まれることもある。例えば，うつ病などの精神疾患の患者に対し，臨床医が監督する外来治療の補助として，アプリ等の形で用いる医療機器（精神疾患に対するコンピュータ化された行動療法装置。21CFR§882.5801）もクラスⅡに分類されるが，その特別管理は，以下のとおり複雑なものである。

1．以下を満たす臨床データの提供：
　(ⅰ) 精神疾患に対する有効な行動療法モデルを記述していること。
　(ⅱ) 当該医療機器で実施される行動療法（behavioral therapy）のモデルをバリデートしていること。
2．ソフトウェアは，ソフトウェア要求仕様書（SRS）およびソフトウェア設計仕様書（SDS）に詳細が記述されていること。ソフトウェアのベリフィケーション，バリデーション，ハザード分析が実施されていること。ソフトウェアに関する文書は，当該医療機器が行動療法モデルを効果的に実装していることを実証するものでなければならない。
3．以下を満たすラベリングの提供：
　(ⅰ) 患者用および医師用ラベリングの双方に，医療機器との相互作用の方法を示す画像を含む使用説明書を含めること。
　(ⅱ) 患者用および医師用ラベリングの双方に互換性のある医療機器を記載すること。
　(ⅲ) 患者用および医師用ラベリングの双方に，本医療機器が単独で治療に用い

ることを意図したものではない旨の警告を含めること。
(ⅳ) 患者用および医師用ラベリングの双方に，本医療機器が患者に対する投薬の代替となるものではない旨の警告を含めること。
(ⅴ) 医師用ラベリングに，本医療機器を用いた臨床試験の概要を含めること。

第7 製造物責任訴訟

1 明示の専占を定めた条文

　医薬品と同様，医療機器でも製造物責任訴訟は重要な訴訟類型である。米国における製造物責任訴訟の概要や，欠陥の種類は前記**第1章第7**を参照されたい。

　医療機器の場合も，医薬品と同様，専占（preemption）が問題となる。すなわち，州法（コモンロー）を根拠として，医療機器の製造物責任に基づく損害賠償請求を行う場合，医療機器を規制する連邦法であるFDCAに抵触するとして，そうした訴訟を提起すること自体が禁止される（訴えても門前払いされる）か否かが論点となりうる。もっとも，医薬品における専占とは異なり，医療機器の場合，FDCAに以下のとおり専占（preemption）に関する明示の規定がある（21USC§360k(a)）。なお21USC§360k(b)には，州またはそれより下位の政治的区分の申請がある場合は，FDAが定める規則によって，一定の場合に21USC§360k(a)の適用を免除できる旨も定められている。医療機器の専占に関する規則は，21CFR Part 808に定められている。

　いかなる州またはそれより下位の政治的区分も，人への使用を意図した医療機器に関して，以下の要件（requirement）を定めたり，有効に維持することはできない。
　1．FDCAに基づき当該医療機器に適用される要件と異なるか，またはそれに追加される要件であって，かつ
　2．当該医療機器の安全性もしくは有効性に関するものまたはFDCAに基づき当該医療機器に適用される要件に含まれるその他の事項に関するもの

　すなわち，この条文によれば，特定の医療機器に適用される連邦法の「要件」があり（要件①），州法が当該連邦法と異なるか，追加する「要件」を定めており（要件②），かつその州法が当該医療機器の安全性・有効性等に関係する「要件」である（要件③）場合に，当該州法は専占される。

　21USC§360k(a)は，医療機器に対する規制については連邦法が州法に優越する旨を定めており，「明示の専占」（前記**第1章第7・3参照**）を認めたものである。もっとも，本条文によって，州法に基づく医療機器の製造物責任訴訟の提起自体が認められなくなるか否かは，当該医療機器が510(k)市販前通知を通じて上市されたか，PMAを得て上市されたかによって，以下のとおり裁判例が分かれている。

2 著名な裁判例

(1) 510(k)市販前通知

　Medtronic, Inc v. Lohr 518U.S. 470（1996）は，510(k)市販前通知を通じて上市された医療機器に関する事件である。

　Lora Lohr は，心臓の機能を適切に保つために，Medtronic が製造するペースメーカーを使用していた。このペースメーカーはクラスⅢ医療機器に該当するが，Medtronic は1982年に，510(k)市販前通知を用いて改正前医療機器との実質的同等性を示すことで当該ペースメーカーを上市していた（この上市方法について，前記第2・4(2)参照）。しかし1990年，このペースメーカーが不具合を起こしたため，Lohr は，完全心ブロック（complete heart block）が生じて緊急手術を受けざるを得なくなった。その後 Lohr は Medtronic に対し，このペースメーカーの製造物責任を追及する訴えを起こした。

　この事件において連邦最高裁は，1976年法改正における連邦議会の意図を解釈することで専占の範囲を検討し，専占を認めなかった。21USC§360k(a)の各要件に関する判示の概要は概ね以下のとおりである。

- 要件①：510(k)市販前通知を通じて上市される医療機器に適用されるラベリング等の規制は，特定の医療機器に適用される連邦法の「要件（requirement）」ではない。連邦議会が何らコメントすることなく，1976年の法改正（MDA）によって，不法行為によって傷害を負った人々のための法的救済手段のすべてを排除する意図であったとは考えがたい。個別製品の安全性や有効性ではなく，先行医療機器との実質的同等性を評価する510(k)市販前通知のプロセスは，一般市民を十分に保護するものではなく，連邦議会の意図は，このプロセスによって，州法に基づく請求を排除するものではない。
- 要件②：州法（コモンロー）に基づく請求が，21USC§360k(a)の意味における「要件（requirement）」といえるか否かは，直接判断しない（要件①が満たされないため，いずれにしても Lohr の請求は専占されない）。コモンローに基づく請求が専占される事態も稀であると考えられるから，要件②に関しては判断する必要がない。

(2) PMA

　これに対して，PMA を得て上市した医療機器が問題となった Riegel v. Medtronic, Inc., 552 U.S. 312（2008）では，対照的な結果となった。

　Charles Riegel は，Medtronic が製造していたバルーンカテーテルによって健康被

害を受けたが，このバルーンカテーテルはクラスⅢ医療機器であり，1994年にFDAからPMAを得て上市されたものであった。Riegel（およびその妻）は，このカテーテルが，ニューヨーク州のコモンローに違反して設計・表示・製造されていたとして，Medtronicを提訴した。しかし連邦最高裁は，概要以下のとおり判示し，コモンローに基づくRiegelの請求は，専占により認められないとした。

- 要件①：510(k)市販前通知にかかる審査とは異なり，PMA申請では，当該医療機器の安全性および有効性の合理的な保証が求められ，FDAも当該医療機器の安全性・有効性を審査する。またPMAを得て上市された医療機器は，承認事項からの逸脱はほぼ認められない。したがって，PMAを得た医療機器に対しては，当該医療機器に適用される連邦法の「要件」がある。
- 要件②：コモンロー上の責任が前提とするコモンロー上の義務は，通常，州の「要件」に該当する。本件でこの通常の意味に反して解釈する理由はない。
- 要件③：Riegelによる州法（コモンロー）の請求は，まさに医療機器の安全性・有効性に関するものである。

第4章
コンビネーション製品（Combination Product）

第1　はじめに

1　定義

　市場に流通する製品の中には，医薬品と医療機器など，異なる規制カテゴリーに属する製品を組み合わせた製品が存在する。こうした製品をコンビネーション製品（combination products）と呼ぶ。

　コンビネーション製品については，FDCA上の定義はないが，連邦規則では4種類の定義が挙げられている。

　第1に，2つ以上の規制要素（regulated components）からなる製品であって，両者が物理的方法，化学的方法その他の方法で組み合わされ，単一製品（single entity）として製造されている製品である（21CFR§3.2(e)(1)）。組み合わせの種類としては，以下の4パターンがあり得る。

---

1. 医薬品と医療機器
2. 生物製剤と医療機器
3. 医薬品と生物製剤
4. 医薬品と医療機器と生物製剤

　この類型の製品は，「単一コンビネーション製品」（single-entity combination products）と呼ばれる。

　第2に，2つ以上の別々の製品が1つのパッケージまたは1つのユニットとして梱包されている製品である（21CFR§3.2(e)(2)）。この類型の製品は，「共同包装コンビネーション製品」（co-packaged combination products）と呼ばれる。

　第3に，別々に包装される医薬品，医療機器または生物製剤であって，臨床試験計画やラベリング案において，すでに承認された特定の医薬品，医療機器，生物製剤と

合わせてのみ使用することが意図されているものであり，その使用目的，適応，効果を達成するためにその双方が必要である製品であって，かつ，開発中の製品の承認に際しては，すでに承認されたほうの製品ラベルの変更（使用目的，剤形，含量，投与経路，用量の重要な変化など）が必要であるような製品である（21CFR§3.2(e)(3)）。

第4に，別々に包装される臨床試験用の医薬品，医療機器または生物製剤であって，ラベリング案には，個々の特定の臨床試験用の医薬品，医療機器，生物製剤との併用のみ記されており，その使用目的，適応，効果を達成するためには，その双方が必要であるような製品である（21CFR§3.2(e)(4)）。

第3および第4の類型の製品は，個々の製品自体は別々に流通するが，実際には一体として使用されるもので，そのために特別な表示・ラベリングがなされている製品である。この類型の製品は，「クロスラベルコンビネーション製品」（cross-labeled combination products）と呼ばれる。

なお，上記の定義から明らかなとおり，同じ規制カテゴリーの製品を組み合わせた製品は，「コンビネーション製品」には該当しない。例えば，2つの医療機器を組み合わせた製品は，「コンビネーション製品」ではない。複数の有効成分を含む配合剤（combination drug）も，通常は医薬品と医薬品の組み合わせであり，「コンビネーション製品」には当たらない。

2 具体例

下表に，各カテゴリーに該当する具体的な製品を挙げる。なお，コンビネーション製品のさらなる具体例は，FDAのウェブページ[1]にも一部掲載されている。

カテゴリー	具体的な製品
単一コンビネーション製品	● 薬剤溶出性ステント（表面に医薬品が塗布されたステント） ● プレフィルドシリンジ（あらかじめ治療薬が注射器に充填されている製品）
共同包装コンビネーション製品	● バイアルに入った薬剤とペン型注射器のセット ● 医療機器（包帯やガーゼ）と医薬品（軟膏や鎮痛剤）が入った救急箱
クロスラベルコンビネーション製品	● 光線力学療法（Photo Dynamic Therapy）に用いられる光増感剤と照射用レーザー[2]

---

1 https://www.fda.gov/combination-products/about-combination-products/combination-product-definition-combination-product-types

3 日本のコンビネーション製品との違い

　日本でも，コンビネーション製品という概念はある。コンビネーション製品に関する法令上の定義はないが，通知[3]において，「単独で流通した場合には医薬品，医療機器又は再生医療等製品に該当することが想定される薬物，機械器具又は加工細胞等（以下「薬物等」という）のうち，二以上の異なる種類のものを組み合わせて一の医薬品，医療機器又は再生医療等製品として製造販売する製品」と定義されている。

　この定義は，単一製品コンビネーション製品の定義と類似しているといえよう。しかし，そもそも日本と米国では規制カテゴリー自体が異なるため，米国ではコンビネーション製品に該当するが，日本では該当しない製品もある。

　そのような例としては，抗体薬物複合体（antibody-drug conjugates：ADC）がある。ADCは，抗体が化学的リンカーによって薬効成分のある低分子と結合したものであり，主にがん治療に用いられる（この仕組みの一例として，次頁の図参照）。米国では，抗体は生物製剤であり（前記第2章第1・3参照），薬効成分のある低分子は医薬品であるから，ADCは単一製品コンビネーション製品に該当する[4]。しかし日本では，米国の生物製剤に対応する規制カテゴリーはなく，抗体医薬品も低分子医薬品も同じ「医薬品」（薬機法2条1項）であるから，ADCも医薬品同士の組み合わせとなり，コンビネーション製品に該当しない。

2　https://www.fda.gov/combination-products/about-combination-products/frequently-asked-questions-about-combination-products
3　「コンビネーション製品の承認申請における取扱いについて」（平成26年10月24日付薬食審査発1024第2号，薬食機参発1024第1号，薬食安発1024第9号，薬食監麻発1024第15号医薬食品局審査管理課長，大臣官房参事官（医療機器・再生医療等製品審査管理担当），医薬食品局安全対策課長，医薬食品局監視指導・麻薬対策課長通知）。
4　Guidance for Industry: Clinical Pharmacology Considerations for Antibody-Drug Conjugates（March 2024），at 1.

第4章 コンビネーション製品（Combination Product）

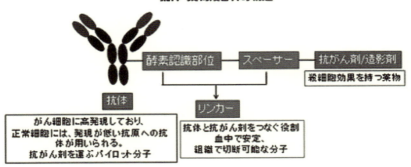

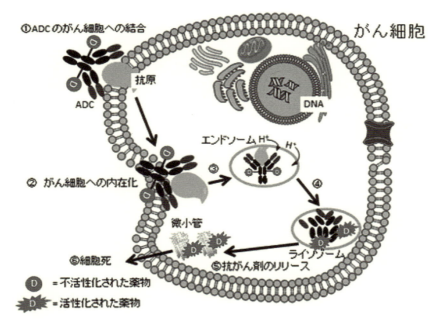

図1：ADCの仕組み
1. ADCが抗原に結合する。
2. ADCと抗原が細胞内に取り込まれる。
3. ADCがエンドソーム，ライソゾームにより分解され，薬物が放出される。
4. 細胞がダメージを受ける。

〈出典〉 国立研究開発法人国立がん研究センターのウェブページ
https://www.ncc.go.jp/jp/information/pr_release/2016/0509/index.html

第2 管轄

1 リードセンターの決定

(1) 主たる作用機序（PMOA）

　コンビネーション製品は，医薬品，生物製剤または医療機器の組み合わせであるため，当該コンビネーション製品に対して主要な管轄権（primary jurisdiction）を有するFDAの内部組織がどこになるのか（当該製品のスポンサーは，どこに対して申請を行うべきか）が問題となる。コンビネーション製品に対して主要な管轄権を有するFDAの内部組織は，FDCAでは「primary agency center」と表されているが（21USC§353(g)(1)(A)），以下ではリードセンターという。

　FDCAは，コンビネーション製品の「主たる作用機序」（primary mode of action：PMOA）でリードセンターを決定するとしている。「作用機序」とは，当該コンビネーション製品の意図された治療効果または作用を達成する手段であり（21CFR§3.2(k)），生物製剤の作用機序，医療機器の作用機序，医薬品の作用機序があり得る（21CFR§3.2(k)(1)～(3)）。コンビネーション製品の各構成要素（constituent part）の作用機序を考慮して，当該コンビネーション製品全体の治療効果に対して最も寄与すると予想される作用機序が「主たる作用機序」である（21USC§353(g)(1)(C)）。コンビネーション製品の「主たる作用機序」が医薬品の場合はCDERが，医療機器の場合はCDRHが，生物製剤の場合はCBERが当該製品のリードセンターとなる（21USC§353(g)(1)(D)）（FDAの内部組織については，前記序章第3・3参照））。

　この「主たる作用機序」の決定プロセスの具体例は，70 Fed. Reg. 49848（August 25, 2005）に掲載されている。

　例えば従来使用されてきたような薬剤溶出性ステントは，物理的に血管の開通を維持するという医療機器の作用機序と，ステントから溶出される薬剤によって組織の蓄積を防ぎ，血管の再狭窄を防止するという医薬品の作用機序も有する製品である。この製品の場合，血管の開通維持という製品の目的は，主にステントによって達成されており，薬剤は血管の再狭窄の防止という副次的な役割を果たすものであるから，「主たる作用機序」は医療機器である。したがってリードセンターはCDRHになる。

　これに対し，薬剤溶出ディスク（Drug Eluting Disc）は，手術で完全に切除することが困難な腫瘍に対して，医薬品を長時間局所的に投与するために，医薬品を徐放する薬剤溶出ディスクを手術で体内に埋め込むという形で使用される。この製品は，医療機器と医薬品の作用機序を有するが，腫瘍の再発を防止するという製品の目的は

主に医薬品の作用機序によって果たされるから,「主たる作用機序」は医薬品である。したがってリードセンターは CDER になる。

(2) アルゴリズム

コンビネーション製品によっては,どの作用機序が当該製品全体の治療効果に対して最も寄与するか否かを合理的な確実性をもって決定できない場合がある。その場合,FDA は21CFR§3.4(b)に定められた以下のアルゴリズムに従う。

まず第1段階として,当該コンビネーション製品全体に関して,安全性と有効性について類似した問題を有する他のコンビネーション製品がある場合は,その製品を管轄するリードセンターに対して当該製品を割り当てる。そのような製品がない場合は,第2段階として,当該コンビネーション製品が有する最も重要な安全性および有効性の問題に関して,最も専門的な知識を有するセンターに対して当該製品を割り当てる。

例えば,緑内障の治療薬とコンタクトレンズが組み合わされたコンビネーション製品を例にとると,コンタクトレンズは視力を矯正するために眼に装着される(医療機器の作用機序)一方で,コンタクトレンズには緑内障治療薬も含まれており,レンズから眼に投与される(医薬品の作用機序)。2つの作用機序は独立したものであり,片方のみが明らかに主要なものであるとはいいがたいため,上記のアルゴリズムに従うこととなる。この例では,第1段階として,コンタクトレンズを規制する CDRH も,緑内障治療薬を規制する CDER も,コンタクトレンズと緑内障治療薬の両方が提示するような安全性と有効性に関する類似した問題を提示する組み合わせ製品を規制していない。そこで第2段階に進むと,本件で最も重大な安全性および有効性の問題は,医薬品成分の特性,製造,臨床性能に関するものであり,コンタクトレンズによってもたらされる安全性および有効性の問題は,より日常的なものと考えられる。したがって,緑内障治療薬付きコンタクトレンズのリードセンターは CDER となる[1]。

(3) 指定要求 (RFD)

コンビネーション製品のスポンサーにとって,当該コンビネーション製品の管轄が不明確であったり,管轄について争いがあるような場合には,FDA に対して指定要求 (Request for Designation : RFD) を提出し,当該コンビネーション製品を審査するセンターを指定するよう正式に要請することができる (21USC§360bbb-2(a))。スポンサーがRFDを提出することは義務ではないが,FDA のセンターが当該製品に

---

1 70 Fed. Reg. 49848 (August 25, 2005)

対して自らが管轄権を有するかどうか疑問があると考える場合，当該センターはスポンサーに対し，Office of Combination Products（OCP）にRFDを提出するよう指示できる（OCPは，2002年に設立された比較的新しい組織であり，コンビネーション製品に対して主要な管轄権を有するリードセンターの決定のほかに，コンビネーション製品に関連するガイダンスの発行等を担う部署である[2]）。

RFDに記載すべき具体的な情報は21CFR§3.7(c)に定められている。スポンサーはRFDにおいて，スポンサー自身がリードセンターと考えるFDAの部署（センター）を特定する必要がある（21CFR§3.7(c)(3)）。RFDの記載内容に関するさらなる詳細についてはガイダンス[3]で説明されている。

OCPはRFDを受領してから5営業日以内に当該RFDの形式審査を行い，この審査を通過したRFDのスポンサーに「申請日」（filing date）を通知する（21CFR§3.8(a)）。OCPはこの申請日から60日以内に，当該製品のリードセンターを明記した「指定書（letter of designation）」を発行して回答しなければならない（21USC§360bbb-2(b)，21CFR§3.8(b)）。この回答は，科学的証拠に基づく公衆衛生上の理由（21USC§360bbb-2(b)）またはやむを得ない理由（21CFR§3.9(b)）がなければ，スポンサーの同意なしに変更することはできない。なお，OCPが申請日から60日以内に回答しない場合，スポンサーがRFDで特定したリードセンターが実際にリードセンターとなるが（21USC§360bbb-2(c)），そのような実例は乏しい。

実務上は，スポンサーは正式なRFDを提出する前に，当該製品開発の早期の段階で，非公式に当局からフィードバックを得たいというニーズがある。実際，スポンサーが正式なRFDを提出する前に非公式に当局と相談する実務は以前から存在したが，OCPはこれを「Pre-Request for Designation（Pre-RFD）プロセス」という形で整備した。

Pre-RFDの内容はRFDと類似しているが，スポンサーはPre-RFDにおいて，当該製品のリードセンターに関する自らの見解を含める必要はない。またOCPは，60日以内にPre-RFDを審査し，書面で回答することを目指しているが，当該期限を過ぎた場合も，スポンサーの意見が自動的に当該製品のリードセンターになるという法令上の規定はない。Pre-RFDプロセスに関するさらなる詳細は，ガイダンス[4]に詳しい。

---

2 https://www.fda.gov/about-fda/office-clinical-policy-and-programs/office-combination-products
3 Guidance for Industry: How to write a request for Designation (RFD) (April 2011).
4 Guidance for Industry: How to Prepare a Pre-Request for Designation (Pre-RFD) (February 2018).

(4) 管轄に関する FDA の決定を争う方法

コンビネーション製品に対するリードセンターの決定は，当該製品の上市経路や申請にあたってのユーザーフィー等を決定づけるため，スポンサーにとっては極めて重要な事項である。

コンビネーション製品に対するリードセンターの決定に対して，スポンサーが同意しない場合は，指定書（letter of designation）受領から15日以内に再審査を求めることができる（21CFR§3.8(c)）。

また，21世紀治療法（Cures Act）は，産業界の要請に基づき，21USC§353(g)(1)(F)において新しい手続を定めている。具体的には，スポンサーが当該決定に同意しない場合は，FDA に対し，当該決定の根拠となる科学的証拠等を要求でき，その場合 FDA は当該科学的証拠等を提供する義務を負う。さらに，スポンサーは，当該コンビネーション製品の「主たる作用機序」を達成するためには化学作用が関連することを立証するための試験（臨床試験を含む）を提案でき，FDA はスポンサーと協力し，90日以内に当該試験のデザインについて合意に達するよう努める。スポンサーが当該試験を実施し，その情報を FDA に提出した場合，FDA は「主たる作用機序」の決定を再評価する際にそのデータを考慮しなければならない。ただし，FDA の最初の「主たる作用機序」の決定は，新たな決定がなされるまで有効である。

2　上市経路等

コンビネーション製品の上市経路は，当該コンビネーション製品の「主たる作用機序」を管轄するセンターに対して，通常提出される申請書によることになる。

例えば，医薬品と医療機器を組み合わせた単一コンビネーション製品の場合，リードセンターが CDER に割り当てられると，医薬品に求められる承認申請（NDA や ANDA 等）を行う必要がある。上市経路の決定に関しては，ガイダンス[5]も発行されている。なお，ユーザーフィーについては，一般に当該上市経路に適用されるユーザーフィーが適用される。リードセンターが CDER に割り当てられた上記のコンビネーション製品の例で言えば，医療機器に適用される MDUFA ではなく，医薬品に適用される PDUFA が適用される。コンビネーション製品に特化したユーザーフィーのガイダンス[6]も発行されている。

スポンサーは，コンビネーション製品の製造販売承認申請の際，FDA に対して，

---

[5] Guidance for Industry and FDA Staff: Principles of Premarket Pathways for Combination Products（January 2022）.

[6] Guidance for Industry and FDA Staff: Application User Fees for Combination Products（April 2005）.

コンビネーション製品合意会議（Combination Product Agreement Meeting：CPAM）を要請できる。CPAM は，スポンサーが「明確性および確実性」（21USC§353(g)(2)(A)(i)）を得るためのものであり，スポンサーは CPAM において，FDA と当該コンビネーション製品の製造販売承認のための基準や要件などについて協議できる[7]。

リードセンターが指定されたとしても，そのことは，他のセンターが当該コンビネーション製品の審査等にあたって全く関与しないことを意味するものではない。21CFR§3.4(c)も「市販前審査とコンビネーション製品の規制について，FDA のある部署が主要な管轄権を有すると指定されたことは，当該部署が他の部署と協議することや，適切な場合には FDA が別の申請書の提出を要求することを妨げるものではない」と定めているとおり，リードセンターは他のセンターと協議しつつ審査を進めることがある。FDA はセンター間での協力を促進するために，スタッフマニュアル[8]を整備したり，各センターの幹部が出席する Combination Products Policy Council[9]という会議体を整備するなどしている。

なお，上記規則において「別の申請書の提出を要求」する可能性が示唆されているとおり，コンビネーション製品のスポンサーは，2つの部署（センター）に別々に製造販売承認を行うことが求められる可能性もある。21USC§353(g)(6)でも，リードセンター等を定めた21USC§353(g)は「FDA が単一の申請が必要であると判断しない限り，スポンサーがコンビネーション製品の構成部分について別々の申請を提出することを禁止するものと解釈してはならない」と定めている。もっとも，1つの製品について2つ以上の申請書を提出するケースについて述べたガイダンス等は2024年5月時点で未だ存在しない。

---

7 Guidance for Industry and FDA Staff: Requesting FDA Feedback on Combination Products（December 2020）, at 9.
8 例えばSMG4103: Combination Inter-Center Consult Request Process（November 2023）等。
9 https://www.fda.gov/combination-products/about-combination-products/combination-products-policy-council#:~:text=The%20Combination%20Products%20Policy%20Council,consistent%20manner%20throughout%20the%20Agency.

第3　市販後規制

1　報告義務

(1) コンビネーション製品申請者と構成要素申請者

　コンビネーション製品の市販後安全性報告に関する規制は，21CFR Part 4のSubpart Bに記載されている。この規制の理解にあたっては，まず21CFR§4.101に定められるコンビネーション製品申請者（combination product applicant）と構成要素申請者（constituent part applicant）という概念を区別することが重要である。

　コンビネーション製品申請者とは，コンビネーション製品にかかる唯一またはすべての承認を有する申請者をいう。コンビネーション製品の種類ごとに，コンビネーション製品申請者の具体例を挙げると，以下のとおりである。

種類	コンビネーション製品申請者
単一コンビネーション製品	薬剤溶出ステントについて市販前承認（PMA）を有する企業
	プレフィルドシリンジの形で提供されるワクチンのBLAを有する企業
共同包装コンビネーション製品	あらかじめ計量されたドライパウダー吸入器と充填済み医薬品カートリッジとが一緒に包装された製品についてNDAを有する企業
クロスラベルコンビネーション製品	光線力学療法に用いる照射用レーザーシステムの市販前承認（PMA）および光増感剤のNDAの双方を有する企業

　これに対して，構成要素申請者とは，コンビネーション製品における他の構成要素が他の申請者が保有する承認に基づき上市されているような構成要素の申請者をいう。一般的には，コンビネーション製品が2つの別々の企業によってクロスラベルコンビネーション製品として販売される場合，構成要素申請者が存在することになる。例えば，光線力学療法に用いる照射用レーザーシステムと光増感剤でいえば，照射用レーザーシステムの市販前承認（PMA）を有する企業と，それとは別の，光増感剤のNDAを有する企業がそれぞれ構成要素申請者となる[1]。

1　Guidance for Industry and FDA Staff: Postmarketing Safety Reporting for Combination Products (July 2019), at 7.

(2) 各申請者の報告と義務

　まずコンビネーション製品申請者であっても，構成要素申請者であっても，当該申請者が取得した承認の種類に応じた市販後安全性報告を行う必要がある。具体的には，承認申請が医療機器であれば21CFR Part 803（有害事象・誤作動に関する報告義務。前記**第3章第6・1(6)参照**）および Part 806（改修・除去の報告義務。前記**第3章第6・1(7)参照**）の，医薬品であれば21CFR Part 314の，生物製剤であれば21CFR Part 600および Part 606にそれぞれ定められている市販後安全性報告の要件を満たす必要がある（21CFR§4.102(b)）。

　コンビネーション製品申請者は，これに加えて，当該コンビネーション製品に含まれる構成要素に関する追加報告の義務がある。例えば，医療機器と医薬品のコンビネーション製品について医療機器の市販前承認（PMA）を保有するコンビネーション製品申請者は，医療機器に適用される報告義務のみならず，医薬品に適用される報告義務も果たす必要がある。ただし，医療機器の報告義務の中で，医薬品としても報告すべき事項をすでに報告している場合は，同じ事象について二重に報告する必要はない（21CFR§4.102(c)）。

　また，提出期限についても配慮がなされている。PMAを有する医療機器と医薬品のコンビネーション製品でいえば，製造業者が21CFR§803.50に基づき30日以内に提出すべき不具合報告書と，21CFR§314.80に基づき15日以内に提出すべき報告書の双方で報告すべき事象に関しても，申請者は，双方の報告書に必要とされるすべての情報を含む単一の報告書を30日以内に提出することで足りる（21CFR§4.101(c)(2)(ii)）。すなわち，仮に単なる医療機器であった場合にも報告しなければいけない事象については，当該コンビネーション製品に医薬品という構成要素が含まれるからといって，報告期限が早まるということはない。

　これに対して，構成要素申請者については，こうしたFDAに対する追加の報告義務はない。ただし，構成要素申請者は，相互にデータを共有するために，他の構成要素申請者に対する追加の報告義務がある。具体的には，構成要素申請者は，21CFR§803.3に定める「死亡もしくは重大な傷害」または21CFR§314.80(a)もしくは21CFR§600.80(a)に定める有害事象に関する情報を受領した場合，その情報を受領してから5暦日以内に，それを他の構成要素申請者に提供しなければならない（21CFR§4.103(a)）。

2　cGMP

(1)　概要

　まず，cGMPは，規制カテゴリーごとに，医薬品（21CFR Part 210および Part

211。前記**第1章第2・6(5)参照**),医療機器(QMS。21CFR Part 820。前記**第3章第6・1(9)参照**)およびHCT/P(21CFR Part 1271。前記**第2章第3・4(2)参照**)について定められている。これらは,類似しているものの,対象となる規制カテゴリーの特性に応じて多少差異がある。

　これに対してコンビネーション製品のcGMPに関して定める21CFR Part 4のSubpart Aは,それ自体新しい規制を定めるものではない。コンビネーション製品の構成要素は,別々に上市される場合はもとより,組み合わされて1つの製品となった後もその規制上の地位(例えば,医薬品や医療機器としての地位)を保持する。したがって,それぞれの構成要素に適用されるcGMPは,それらが組み合わされて1つの製品となった場合にも引き続き適用される[2]。

　コンビネーション製品のcGMPの適用という観点で最もシンプルなものは,クロスラベルコンビネーション製品である。例えば,製造業者Aが製造する(光線力学療法に用いる)照射用レーザーシステムと,製造業者Bが製造する光増感剤でいえば,製造業者Aの医療機器構成要素はQSRのみに従い,製造業者Bの医薬品はcGMPのみに従うことになり,FDAによる査察もそれぞれの観点から行われる。

(2)　合理化アプローチ(Streamlined Approach)

　これに対し,コンビネーション製品が単一製品コンビネーション製品や共同包装コンビネーション製品である場合では,状況が異なる。こうしたコンビネーション製品の製造業者は,各構成要素(例えば医薬品と医療機器)に適用されるすべてのcGMP(例えば医薬品のcGMPおよび医療機器のQMS)を遵守する選択をすることも可能である(21CFR§4.4(a)(1))。しかし,2種類のcGMPを完全に遵守することは,コンビネーション製品の製造業者にとって過度の負担となる可能性がある。そこで21CFR§4.4(b)は,製造業者が,構成要素について一方のcGMPを遵守し,その後,追加の構成要素についてcGMP要件を「追加」することにより,全体としてのcGMP遵守を認めるアプローチを認めている。このアプローチは「合理化アプローチ(streamlined approach)」と呼ばれる。製造業者が遵守すべき主要なcGMPは,コンビネーション製品の主たる作用機序(PMOA)によって決定する必要はなく,どちらの構成要素に基づくcGMPを主要なものと選択してもよい[3]。

　例えば,単一製品コンビネーション製品であるプレフィルドシリンジを例に考える。この場合,製造業者は,医薬品については21CFR Part 210およびPart 211に定める

---

[2]　78 Fed. Reg. 4307 (January 22, 2013).
[3]　Guidance for Industry and FDA Staff: Current Good Manufacturing Practice Requirements for Combination Products (January 2017).

cGMPに準拠し，医療機器についてはQSRの要求事項を「追加」するというアプローチをとることができる。具体的に追加すべきQSRの要件は，規則で特定されている（21CFR§4.4(b)(1)）。

コンビネーション製品が共同包装コンビネーション製品であり，別々の業者によって製造される場合は，留意が必要となる。例えば製造業者Aが製造するバイアル入り医薬品と，製造業者Bが製造する目盛付き注射器が，1つのセット（共同包装コンビネーション製品）として販売される場合を考える。この場合，製造業者Aとして医薬品cGMPを，製造業者Bが医療機器QSRを完全に遵守するだけでは不十分である。FDAは共同包装コンビネーション製品全体の製造業者として特定された企業（上記の例ではAまたはBのいずれか）に対し，21CFR Part 4の遵守を求める。すなわちその企業は，医薬品cGMPと医療機器QSRの両方への完全な遵守（21CFR§4.4(a)(1)）または「合理化アプローチ」の採用（21CFR§4.4(b)）を選択しなければならないのであって，製造業者Aおよび製造業者Bがそれぞれ医薬品cGMPおよび医療機器QSRを遵守しているとしても，21CFR Part 4を遵守していることにはならない。

コンビネーション製品に対するcGMPの適用関係は，難しい問題をはらんでいる。具体的な問題の解決にあたっては，21CFR Part 4が公表された際の連邦公報[4]や，21世紀治療法に基づき作成された「コンビネーション製品のcGMP規制を遵守するための代替または合理化メカニズム；21世紀治療法に基づくリスト」[5]も参考になる。

3　変更管理

コンビネーション製品について承認後に変更を行う場合は，構成要素が単独の製品であった場合にFDAへの報告や承認申請が必要な場合には，当該コンビネーション製品についても報告や承認申請が必要となる。FDAへの報告などが必要となる変更が加えられた構成要素の規制上のカテゴリーが，コンビネーション製品の承認に使用された規制上のカテゴリーと異なる場合であっても，通常，コンビネーション製品の承認に使用された規制上のカテゴリーにおいて報告等を行えば足りる。例えば，NDA（新薬承認申請）で承認されたコンビネーション製品の医療機器構成要素に変更があった場合，その変更はNDAに対する市販後の変更管理（前記**第1章第2・6(4)参照**）の形で提出されるべきである[6]。

FDAは，以下の2種類のケースを想定し，どのような変更の場合にいかなる市販

---

[4]　78 Fed. Reg. 4307（January 22, 2013）.
[5]　87 Fed. Reg. 56066（September 13, 2022）.
[6]　Draft Guidance for Industry and FDA Staff: Submissions for Postapproval Modifications to a Combination Product Approved Under a BLA, NDA, PMA, or, at 3.

後提出を行うべきかを公表している[7]。

- NDA または BLA に基づき承認されたコンビネーション製品（医薬品と医療機器または生物製剤と医療機器のコンビネーション製品）において，構成要素である医療機器の変更に関する市販後提出
- PMA で承認されたコンビネーション製品（医薬品と医療機器または生物製剤と医療機器のコンビネーション製品）において，構成要素である医薬品または生物製剤の変更に関する市販後提出

　もっとも，このガイダンス案では，510(k)市販前通知の許可で上市されたコンビネーション製品や，NDA または BLA で承認されたコンビネーション製品であって，構成要素である医療機器が単独の製品であれば510(k)市販前通知の下で審査されたであろう製品における変更には，明示的には対応していない。この点に関しては，既存のガイダンス案[8]も参考となり得るものの，2024年6月現在，FDA は公式見解を公表していない。

---

7 *Id,* at 6-7.
8 Draft Guidance for Industry: Bridging for Drug-Device and Biologic-Device Combination Products (December 2019) 等。

第5章

食品（Food）

第1 はじめに

1 定義等

(1) 食品

食品（food）は，FDCA上，(i)人または動物の食品または飲料に使用される物品，(ii)チューインガム，(iii)これらの食品の成分（components）として使用される物品と定義されている（21USC§321(f)）。

当然ながら，この簡易な定義だけでは十分に明確とはいいがたい。実際に何が食品に含まれるのかに関しては，複数の裁判例で争われている。例えば，焙煎前のコーヒーの生豆（green coffee beans）が「食品」に該当するか否かが争われた裁判では，生豆自体が食べられないとしても，「食品の成分（components）」ではあるとして，コーヒーの生豆は「食品」に該当するとした[1]。また，屠殺前（したがって食肉になる前）の家畜が「食品」に該当するか否かが争われた裁判では，シェブロン法理（Chevron doctrine。前記**序章第4・2**(1)**エ参照**）に基づき，家畜は「食品」に含まれるというFDAの解釈が認められた[2]。

また，ある製品が「食品」か「医薬品」かが争われる場合もある。著名な裁判例として，Nutrilab, Inc. v. Schweiker 713 F.2d 335 (7th Cir. 1983) があり，この事例では，体重管理のために，人の体内でのデンプンの消化を阻止する「デンプン遮断品（starch blocker）」と呼ばれる製品が食品か医薬品かが争われた。裁判所は，連邦議会からの明確なガイダンスがない場合は，法律の文言に加えて「常識（common sense）」を用いるのが最良とした上で，食品を「主に味，香り，栄養価のために使用される物品（articles used primarily for taste, aroma, or nutritive value）」と定義し，この定義に当てはまらないデンプン遮断品は食品に該当しない（医薬品に該当する）

---

[1] United States v. O. F. Bayer & Co. United States v. Savoy Tea & Coffee Co., Inc. United States v. Polin Bros., Inc, 188 F.2d 555 (2d Cir. 1951).
[2] United States v. Tuente Livestock 888 F. Supp. 1416 (S.D. Ohio 1995).

と判断した。食品と医薬品の区別については，前記**第1章第1・3**も参照されたい。

なお，他に定義が重要なものとして，食品添加物（food additives）がある。この点は後記**第4・1(1)**を参照されたい。

(2) 特殊な商品
ア　メディカルフード

FDCAで別途定義が定められているものとして，メディカルフード（medical food）がある。メディカルフードは，「認識されている科学的原則に基づく独特の栄養上の必要性が医学的評価によって確立された疾患または状態に対して，医師の監督下で経腸的に摂取または投与されるよう処方された食品で，特定の食事管理を目的とするものをいう」とされている（21USC§360ee(b)(3)）。

FDAは，この定義は，メディカルフードに該当する食品の種類を狭く制限するものであると解している（21CFR§101.9(j)(8)）。すなわち，メディカルフードとは，単に医師が，疾患や状態の管理・リスク軽減のために，食事全般の一部として推奨する食品のことではなく，また疾患（食事管理が必要な疾患を含む）を患う者に与えられる食品すべてがメディカルフードというわけでもない。メディカルフードは，病気や状態に関する特定の食事管理の主要な要素として当該メディカルフードの使用を必要とする患者のために，特別に調合・加工された食品を指す。

メディカルフードに適用される規制等は，ガイダンス[3]に詳しい。

イ　インファント・フォーミュラ（乳児用調製乳）

インファント・フォーミュラ（infant formula）は，「母乳の類似製品または母乳の完全もしくは部分的代替品として適しているために，乳児用のみという特別な用途を称し，または表記する食品」と定義されている（21USC§321(z)）。

インファント・フォーミュラに関しては，21USC§350aに特別な規律がある。例えばインファント・フォーミュラは，特定の栄養を含まない場合，長官が定めた品質要件を満たさない場合，または適用されるcGMPおよび品質管理手順を遵守して製造されていない場合に「品質不良」とみなされる（21USC§350a(a)）。また，新しくインファント・フォーミュラを州際通商に供する者は，当該製品の販売開始の少なくとも90日前に，当該製品の量的処方，組成変更，または加工の変更点に関する記載を含む書類をFDAに提出する必要がある（21USC§350a(c)(1)）。

---

[3] Guidance for Industry: Frequently Asked Questions About Medical Foods - Third Edition -（March 2023）．

また，インファント・フォーミュラは，哺乳びんなどを通じて乳児に与えられるが，こうした哺乳びんなどは食品接触物質（food contact substance：FCS）であり，食品添加物として規制されるため，食品接触届（food contact notification：FCN）が必要となる（FCSやFCNについては後記**第4・1(4)**参照）。哺乳びんなどのFCNの作成では，それが乳児にとって安全であることを科学的に示す必要があり，このために既存のFCNのガイダンスとは異なるガイダンス[4]も発行されている。

　その他インファント・フォーミュラに関しては，近年発行された警告状も含め，FDAのウェブサイト[5]にまとめられている。

---

[4]　Guidance for Industry: Preparation of Food Contact Notifications for Food Contact Substances with Infant Formula and/or Human Milk (May 2019).
[5]　https://www.fda.gov/food/resources-you-food/infant-formula#:~:text=The%20FDA%20does%20not%20approve,%2C%20labeling%2C%20and%20other%20requirements.

コラム 9

フランケンフィッシュ？

　AquaBounty Technologies Inc.（アクアバウンティ・テクノロジーズ社）は，遺伝子組換えサーモンである「アクアドバンテージ・サーモン（AquAdvantage Salmon）」を養殖しており，FDAの承認を得て，米国ではすでに販売されている。アクアドバンテージ・サーモンは，チヌークサーモンの成長ホルモン遺伝子からなるrDNA構築物（rDNA construct）をアトランティック・サーモンに組み込んだもので，通常のアトランティック・サーモンよりも速く成長する特徴がある。このアクアドバンテージ・サーモンは，食糧問題の解決に資するといった利点が見込まれる。一方で，環境保護団体等はこのサーモンが養殖場から逃げ出した場合に生態系に対して与える悪影響等を懸念し，このサーモンを「フランケンフィッシュ（Frankenfish）」と呼ぶなどして批判していた。こうした環境保護団体が起こした訴訟として，Institute for Fisheries Resources v. Hahn, 424 F.Supp. 3d 740（2019）がある。

　この訴訟は，FDAが動物の遺伝子組換えを規制する権限があるのか否かが争われた事件であり，裁判所はこれを肯定している。具体的には，アクアドバンテージ・サーモンに組み込まれたrDNA構築物自体は，「食品」の定義（前記(1)参照）に当てはまらない一方で，このrDNA構築物は，より速い成長を促進することにより，アトランティック・サーモンの構造または機能に影響を及ぼすことを意図しているものであると判示している。すなわち，rDNA構築物は「人または他の動物の身体の構造または機能に影響を及ぼすことを意図した物品（ただし食品に該当するものを除く）」という医薬品（drug）の定義C項（前記**第1章第1・1**(1)参照）に当てはまるから，FDAはこれを規制する権限を有している旨判断した。

　実際FDAは，AquaBaunty Technologies Inc.からの（動物用）新薬承認申請を2015年に承認している。その際FDAは，環境に対する影響に配慮し，アクアドバンテージ・サーモンの飼育条件や飼育場所を制限した。また，米国では日本のカルタヘナ法に相当する法律はないが，国家環境政策法（National Enviromental Policy Act）と呼ばれる法律があり（前記**第2章第3・3**(2)参照），FDAは同法に基づく審査も行っている。さらに食品として流通するアクアドバンテージ・サーモンには，全米バイオエンジニアリング食品開示基準（後記**第2・2**(2)参照）が適用される[6]。

動物に対する遺伝子編集技術の使用は比較的新しいものであり，広く消費者の理解を得るにはまだ時間がかかるであろうし，規制も未だ流動的である。FDAは2024年5月，対になるガイダンス[7]およびガイダンス案[8]を公表した。ガイダンスでは，遺伝子改変を行った動物を，そのリスクに応じて，(i)販売前にFDAとの事前相談も不要な類型，(ii)事前にFDAにデータを提出する必要はあるが，FDAによる市販前承認までは不要な類型，(iii)FDAによる市販前承認が必要な類型に分類しており，FDAはここでもリスクベースのアプローチを採用している。

6　https://www.fda.gov/animal-veterinary/aquadvantage-salmon/qa-fdas-approval-aquadvantage-salmon
7　CVM Guidance for Industry #187A: Heritable Intentional Genomic Alterations in Animals: Risk-Based Approach（May 2024）.
8　CVM Draft Guidance for Industry #187B: Heritable Intentional Genomic Alterations in Animals: The Approval Process（May 2024）.

2 管轄

(1) FDA の管轄範囲

　食品規制を担当する連邦レベルの規制当局は，FDA に限られない。米国農務省（USDA）の食品安全検査局（Food Safety Inspection Service：FSIS）や環境保護庁（EPA），米国財務省下のアルコールタバコ税貿易局（Alcohol and Tobacco Tax and Trade Bureau：TTB）といった他の当局も規制を担当する。

　特定の食品カテゴリーについては，複数の規制当局が管轄権を有する。例えば食肉，鶏肉および一部の卵製品は，それぞれ以下の法律の適用を受けるため，これらの法令を所管する USDA が FDA とともに管轄権を有する。

---

1. 食肉：食肉検査法（Federal Meat Inspection Act：FMIA）（21USC§601～）
2. 鶏肉：家禽肉製品検査法（Poultry Products Inspection Act）（21USC§451～）
3. 卵製品：卵製品検査法（Egg Product Inspection Act）（21USC§1031～）

　USDA と FDA との管轄権の線引きは，法律の文言自体から明らかなものもあれば（例えば牛や羊，豚といった食肉には FMIA が適用される一方で，鹿やバイソンの食肉は FDA が管轄する），両者の合意協定に基づくものもある。例えば食用の生きた動物については FDA が[9]，その後の屠殺や食肉加工については USDA が独占的に管轄しており，その後の販売小売店までの流通については FDA と USDA が共同で管轄する。また，一定量未満の食肉（生肉なら 3％未満，調理済肉なら 2％）を含む製品は FDA が管轄するが，これを超える量を含む製品は USDA が管轄する[10]。

　飲料水に関しては，安全飲料水法（Safe Drinking Water Act）の下で，EPA がその水質水準を管轄している。もっとも，ボトル入り飲料水は FDA が管轄する（21USC§349）。

(2) 培養肉に対する管轄

　近時管轄が話題になった製品としては，研究所で人工的に培養される培養肉がある。

---

[9] United States v. Tomahara Enterprises, Ltd., Food Drug Cosm.L.Rep.（CCH）/38,217（N.D.N.Y. 1983）.
[10] FDA and USDA Regulation of Meats, Poultry, and Associated Products for Human Consumption.

培養肉は，一般に，家畜等の組織から細胞を採取し，細胞株・セルバンクを作りつつ，細胞に栄養分や増殖因子等を加えて増殖させ，増殖した細胞が筋肉の特徴を持つよう分化させ，ハーベスト（タンク等から細胞を取り出すこと）を行い，加工・包装されて製品となる。こうした培養肉の管轄については，2019年3月，USDAとFDAが共同で管轄することを合意した[11]。具体的には，家畜等の組織から細胞を採取し，増殖・分化させるところまでをFDAが管轄し，その後ハーベストの段階でFDAからUSDAに管轄が切り替わり，食品向けの加工・包装・表示についてはUSDAが管轄する。この合意では，FDAが市販前協議プロセス（premarket consultation process）として，製品の上市前に食品の安全性を評価することや，FSISが定める規則に従って，USDAがラベリングの事前承認や施設の検査を行うことなども含まれる。合意に基づく管轄の分担は，下図も参照されたい。

〈出典〉 国立医薬品食品衛生研究所　安全性生物試験研究センター　毒性部部長　北嶋聡「細胞培養食品について－食品衛生上のハザードやリスクを考慮－」

2022年11月，UPSIDE Foods社が，培養鶏肉に関してFDAとの間で行った市販前

11　https://www.fda.gov/food/human-food-made-cultured-animal-cells/formal-agreement-between-fda-and-usda-regarding-oversight-human-food-produced-using-animal-cell

協議を完了させた。これは動物細胞培養食品としては初の市販前協議プロセスであった[12]。その後2023年6月，同社は，USDAによるラベリング承認や施設の検査を完了させ，米国市場で培養鶏肉を販売するための規制要件をクリアしたことを公表した[13]。

---

12 https://www.fda.gov/food/cfsan-constituent-updates/fda-completes-first-pre-market-consultation-human-food-made-using-animal-cell-culture-technology
13 https://upsidefoods.com/blog/upside-is-approved-for-sale-in-the-us-heres-what-you-need-to-know

第2　食品表示に関する規制

1　識別基準（Standard of Identity）に関する規制

(1)　識別基準の策定と初期の運用

　1906年に成立した純正食品医薬品法に対しては，食品の識別および品質に関して法執行によって強制できるような基準がないことが難点であるとの指摘がなされていた。そこで1938年に成立したFDCAは，FDAに対して，「消費者の利益のために誠実かつ公正な取引を促進する」場合には，「食品について，その一般的または通常の名称の下で，合理的な定義および識別基準（standard of identity），合理的な品質基準，または合理的な容器充填の基準」を定める権限を与えた（21USC§341）。この定義および識別基準が定められている場合，そうした食品（基準食品）であると「称した（purports to be）」（または「表記した（represented as）」）食品は，当該定義および基準に適合し，かつ表示（label）に当該定義および識別基準で定められた食品の名称等を記載していない限り，「不当表示」となる（21USC§343(g)）。

　FDAは，21USC§341に基づき，規則により，多くの食品に関して詳細な識別基準を策定した。こうして策定された識別基準は，当該食品に含めるべき必須成分や任意で含めることができる成分を特定し，製造方法まで指定するなど，あたかも当該食品の「レシピ」のようなものであり，その多くが（たびたび改正されているものの）今日まで有効である。一例として，以下にマヨネーズに関する識別基準を挙げる（21CFR§169.140）。

§169.140マヨネーズ

(a)　説明　マヨネーズは，植物油，本項(b)に規定する酸性化成分の1つまたは双方，および(c)に規定する卵黄含有成分の1つまたは複数から調製される乳化半固形食品である。また，(d)に定める成分の1つ以上を使用してもよい。使用される植物油には，(d)(7)に規定される結晶化防止剤を含んでもよい。食品の成分はすべて，安全で適切なものでなければならない。マヨネーズは，重量で65%以上の植物油を含む。マヨネーズは，その全部または一部を二酸化炭素または窒素で置換した空気の中で混合・包装できる。

(b)　酸性化成分

　(1)酢もしくは酢酸として計算した酸度が重量で2.5%未満になるように水で希釈酢，

または(d)(6)に規定する任意の酸味料と混合した酢もしくは希釈酢。本項では，2種類以上の酢をブレンドしたものは酢とみなす。

　(2)レモン果汁・ライム果汁で，クエン酸として計算した酸度が重量で2.5%以上となるように水で希釈したもの

(c)　**卵黄含有成分**　液卵黄，凍結卵黄，乾燥卵黄，液全卵，凍結全卵，乾燥全卵，または液卵白もしくは凍結卵白を含む本項記載の原材料のいずれか1つ以上

(d)　**その他の任意成分**　以下の任意成分も使用できる：
　(1)　食塩
　(2)　栄養価の高い炭水化物甘味料
　(3)　香辛料（サフラン，ウコンを除く）または天然香料。ただし，卵黄の色に似た色をマヨネーズに与えないことを条件とする。
　(4)　グルタミン酸ナトリウム
　(5)　色・風味を保持するために，EDTA二ナトリウムカルシウム（エチレンジアミン四酢酸カルシウム）および／またはEDTA二ナトリウム（エチレンジアミン四酢酸二ナトリウム）を含むがこれらに限定されない封鎖剤を使用できる。
　(6)　酢酸として計算して，食酢または希釈食酢の酸の重量の25%を超えない量のクエン酸・リンゴ酸
　(7)　オキシステアリン，レシチン，または脂肪酸のポリグリセリンエステルを含むが，これらに限定されない結晶化防止剤

(e)　**命名法**　食品の名称は「マヨネーズ」である。

(f)　**表示宣言**　食品に使用される各原料は，本章第101部および第130部の該当条項に従ってラベルに表示されるものとする。

　当初FDAは，こうした識別基準を厳格に運用しており，裁判所もそれを支持していた。初期の運用を示す裁判例としてよく挙げられるのが，Federal Security Administrator v. Quaker Oats Co., 318 U.S. 218（1943）である。
　これはファリーナ（小麦粉）が問題となった事案である。当時の識別基準では，「ファリーナ（farina）」と「エンリッチファリーナ（enriched farina）」は別々に定められており，前者の識別基準（で記載された成分）にはビタミンDは含まれておらず，後者の識別基準（で記載された成分）には，ビタミンDに加えてビタミンB1やリボフラビン（ビタミンB2），ニコチン酸及び鉄分が挙げられていた。こうした規制状況で，Quaker Oats社は，ビタミンDが含まれるファリーナを「Quaker Farina Wheat

Cereal Enriched with Vitamin D」や「Quaker Farina Enriched by the Sunshine Vitamin」というパッケージで販売していた。このパッケージには,「1 オンス当たり400U.S.P. 単位のビタミンＤ含有」とも記載されていた。すなわちQuaker Oats 社は,（エンリッチファリーナではなく）ファリーナを販売していたが,そこにビタミンＤが含まれていることは表示において明示していた。

しかしFDAは,(i)「ファリーナ」の識別基準によれば「ファリーナ」にはビタミンＤを含有できないので,Quaker Oats 社の製品は「ファリーナ」としては販売できない,(ii) Quaker Oats 社の製品には,「エンリッチファリーナ」の識別基準で含有が求められているビタミンB1やリボフラビン等が含まれておらず,「エンリッチファリーナ」としても販売できない旨主張した。Quaker Oats 社は,この識別基準は同社には適用されない等と主張して争ったが,連邦最高裁は同社の主張を排斥し,FDAの主張を認めた。

この事件に象徴されるような識別基準の初期の厳格な運用は1960年代頃まで続いた。当時,当局が定めた識別基準と合致しない食品は,「imitation（模倣品）」であることの明示によって販売できたが（21USC§343(c))[1],多くの食品業者はそうした記載を好まず,食品の識別基準を遵守することを選択していた[2]。

(2) 識別基準運用の変化
ア 法整備と食品環境の変化

FDA による厳格な識別基準の運用は,法整備に伴うFDA の権限拡大や識別基準に適合しない新しい食品の増加によって,次第に変化していった[3]。

まず1958年に制定された食品添加物改正法（Food Additives Amendment）および1960年に制定された着色料改正法（Color Additives Amendment）はいずれも,FDA に対し,食品成分（である食品添加物および着色料）の市販前安全性審査を課すものであった。FDA はこの権限を有するに至ったことで,食品に含めることができる成分を逐一列挙するのではなく,徐々に柔軟性を認めていった。具体的には,FDA は1965年に,「frozen raw breaded shrimp」(21CFR§161.175）の識別基準において,初めて,食品に含めることができる具体的な成分ではなく,「安全かつ適切な（safe and suitable)」成分（バターおよびパン粉材料）の使用を許可するという,幅のある記載方法を採用した。その後も多くの識別基準が,「安全かつ適切な」成分の使用が認められるよう改正され,使用できる成分の柔軟性が広がっていった。なお,

---

1 この点につき 62 Cases of Jam v. U.S., 340 U.S. 593 (1951) も参照。
2 Food and Drug Law, at 495.
3 以下の記述は,Food and Drug Law, at 494-97による。

「安全かつ適切な」という用語は，21CFR§130.3(d)で定義されている。

また1970年代前半になると，識別基準に適合しない新しい食品の増加に対応し，FDAは識別基準に関する運用を以下のとおり変更していった。

第1にFDAは，新しい識別基準の制定を停止するとともに既存の識別基準については，より広い任意の成分を含めることができるよう改正していった。

第2に，FDAは，識別基準と異なる食品に「imitation（模倣品）」の表示を義務づける21USC§343(c)の解釈を変更し，同項が適用されるのは，食品が識別基準で定められた食品よりも「栄養学的に劣っている（nutritionally inferior）」場合に限定した（21CFR§101.3(e)）。これにより当局が定めた識別基準と異なる食品であっても，栄養学的に劣っていなければ「模倣品」という記載を行う必要がなくなり，食品業者としては従来のように，識別基準を遵守するか「模倣品」という記載を行うかという二択を強制されることがなくなった。

第3に，FDAは，従来極めて広く解していた21USC§343(g)の「と称する（purports to be）」の解釈も変更した。当初FDAは，上記Federal Security Administrator v. Quaker Oats Co., 318 U.S. 218 (1943)のように，ある食品が表示において含有成分を正確に記載しており，当該食品が基準食品の識別基準に記載されたものと同一ではないことを明示していたとしても，当該食品が基準食品を「称した」（したがって当該食品は販売することができない）と判断していた（前記(1)参照）。しかしFDAはこの解釈を変更し，その内容を正確に説明する表示・ラベリングを持つ食品が基準食品を「称した」と判断することは少なくなっていた。

以上のような一連の運用の変更により，規制の焦点は，食品の成分を定める識別基準の厳密な運用から，ラベリングに移っていくこととなった。

イ　運用変化の具体例

識別基準に関する運用の変化を示す一例として，Just Mayoに対する法執行が挙げられる[4]。Just Mayoとは，卵の代わりに黄えんどう豆由来の物質を使用したマヨネーズ風のスプレッドであり，Hampton Creek Foods社（現Eat Just社）が製造していた。他方，前記(1)で例示したマヨネーズに関する識別基準は当時も有効であったため，マヨネーズを称する製品は卵黄含有成分が必ず含まれていなければならなかった（21CFR§169.140）。しかしJust Mayoは，その名称でマヨネーズを「称して」いたにもかかわらず，卵黄含有成分を含んでいなかったため，21USC§343(g)等に基づき不当表示と判断されることとなった。

4　以下の記述は，Food and Drug Law, at 497による。

より具体的には，FDA は2015年8月，Hampton Creek Foods 社に対して警告状を送付し，① Just Mayo は，識別基準において必須とされている卵（卵黄含有成分）を使用していないにもかかわらず，「Mayo」という言葉を通じてマヨネーズであると「称して」いる，②また識別基準で使用が許可されていない物質（黄えんどう豆由来物質等）を使用している，③さらに「Just Mayo」という名称や表示（ラベル）における卵の絵によって，製品が本物のマヨネーズである旨誤認させているとして，21USC§343(a)(1)や21USC§343(g)に基づき不当表示に該当する旨警告した[5]。

しかし最終的に FDA は，Hampton Creek Foods 社との交渉の結果，表示（ラベル）の若干の修正によって同社が Just Mayo という名称を使用し続けることを許可した。表示（ラベル）の具体的な修正点は，新しいラベルに「Spread & Dressing」という表記を含めること，「Egg-Free」という注記を含めて卵の絵をより小さくすること，「just」の意味を表示（ラベル）上に記載すること等である。上記の警告状との関係でいうと，①や②に関しては追及せず，③に関する懸念に対応したといえようが，下記のとおり，修正後の表示（ラベル）の見た目はほとんど変わっていない。こ

※　上が古い表示，下が新しい表示。
〈出典〉　New York Times "*F.D.A. Allows Maker of Just Mayo to Keep Product's Name*"（December 17, 2015）より抜粋

うしたFDAの法執行の態度は，Federal Security Administrator v. Quaker Oats Co., 318 U.S. 218（1943）当時とは大きく異なっており，識別基準の運用に関する変更を示す一例といえよう。

(3) 識別基準に関する最近の動向

　識別基準の重要性が低下したとはいえ，識別基準が放棄されたわけではない。FDAは，1995年に食品の識別基準が依然として必要か否か，必要であればどのように修正すべきか等に関して意見を求めるAdvanced Notice of Proposed Rulemaking（ANPRM。前記**序章第3・4**(1)参照）を発行し，米国農務省食品安全検査局（FSIS）[6]も翌年同様のANPRMを発行した。

　2005年，FDAおよびFSISは，上記ANPRMに寄せられた意見を踏まえ，共同で「Food Standards; General Principles and Food Standards Modernization」という規則案[7]を発表した。この中でFDAおよびFSISは，食品の識別基準の完全な廃止は行わず，必要に応じて撤廃・修正を加えていく方針を確認するとともに，識別基準改廃の方法としては，暫定的に，外部団体（業界団体や消費者団体等）から既存の識別基準に対する改定案を請願という形で受け付けつつ，最終的な識別基準を制定する権限は各規制省庁にとどめるという方針を採用することを明らかにした。この中では，当該請願（新しい識別基準案または既存識別基準の廃止案）を策定する際に遵守すべき一般原則が明らかにされている。これを受けて，業界団体からは複数の識別基準改定案が提出されている。

　なおFDAは，2018年と2019年に公開会議（public meeting）を開催するなどして識別基準の近代化方法を模索しており，2023年にはUSDAとともに今後のアプローチを再考するため上記の規則案を撤回している[8]。

5　Warning Letter to Hamption Creek Foods, Inc.（August 12, 2015）.
6　FSISも，連邦食肉検査法（FMIA）および鶏肉製品検査法（PPIA）に定める権限（21USC§607(c)および21USC§457(b)）に基づき，食肉および鶏肉製品に関する約80の識別基準を規則で定めていた。
7　70 Fed. Reg. 29214（May 20, 2005）.
8　88 Fed. Reg. 12870（March 1, 2023）.

コラム10

甘くない製菓会社

　以上のとおり，FDA は外部団体から食品基準の改廃案を受け付けることとしたが，これに応じて，米国保存食品製造業者協会（Grocery Manufacturers of America）が，FDA に対して「sweet chocolate」（21CFR§163.123）や「milk chocholate」（21CFR§163.130）の変更を提案したことによって，多くの反対が起きた。この「sweet chocolate」や「milk chocholate」の識別基準では，必須原料とされている「cocoa liquor」（21CFR§163.113）をカカオバターから製造することになっているが，米国保存食品製造業者協会はその代替品として，より安価な植物性油脂を使用できるよう，識別基準の変更を提案した。これに対し，カリフォルニアの製菓メーカーやチョコレート愛好者たちがこの変更への反対を呼びかけた[9]。

　米国保存食品製造業者協会からの請願に応じた識別基準の変更を行っていない。しかし，「Mr.Goodbar」というアメリカの伝統的なチョコレート製品を製造している製菓会社ハーシー（Hershey）は，2008年頃，一部の Mr. Goodbar の原料をカカオバターから植物性油脂に切り替えた。切替後の製品は，もはや milk chocolate の識別基準に則っていないため，「milk chocolate」ではなく，「chocolate chandy with peanuts」と表示されている。一部の製品ではこうした切替が行われなかったのは，反対運動の影響もあるかもしれない。しかし，甘いお菓子を製造する製菓会社であっても，企業である以上，経済合理性を追求せざるを得ないこともある。

9　*See* Los Angels Times "*The courage of their confections*"（April 14, 2007）.

(4) 嵩増し等に対する規制

識別基準に関連した条文としては，21USC§342(b)もある。この条文は，以下の食品が「品質不良」に該当すると定める。

---

1. 重要な成分の全部もしくは一部が欠落し，または抜き取られている場合
2. ある物質の全部または一部が，別の物質で代替されている場合
3. 損傷や劣化が何らかの方法で隠蔽されている場合
4. 食品の嵩や重量を増加させたり，その品質や含有を低下させたり，実際よりも良いように見せたり，価値が高く見えるようにするために，何らかの物質が添加もしくは混合され，または梱包されている場合

本条は，経済的な動機から食品を嵩増しする行為等を禁止していることもあり，economic adulteration を禁じたものといわれる。

しかし本条に基づく執行措置は，必ずしも成功裏に終わるとは限らない。例えば，様々な添加物で希釈されたオレンジジュースが上記4に該当するとして押収された事件では，「実際よりも良いように見せ」られたか否かの判断は困難であり，この点に関して陪審員に対し適切な指示を行わなかった原審が破棄されたことがある[10]。また，動物用食品等が所定のタンパク質等を欠いていたとして，上記1に基づき行われた刑事訴追が，「漠然性のゆえに無効（void for vagueness）」の法理に基づき無効とされたこともある[11]。

このように，実務上本条は，FDA が食品の同一性や品質を取り締まる上で限定的な役割しか果たしていない[12]。FDA は，従来明確に表明したことはないものの，ラベリングで明記すれば，「Economic Adulteration」として違法になることは回避できると解している。したがって FDA は，例えば砂糖等の他の甘味料が含まれている蜂蜜（honey）は，成分表示（ingredient statement）に「蜂蜜」としか記載されておらず，他の甘味料が記載されていない場合に限ってのみ，21USC§342(b)に基づく品質不良になると解している[13]。FDA は，ごく稀に生じる明らかな不正や詐欺を除き，21USC§342(b)に基づく執行を実質的に放棄している[14]。

---

10 United States v. 88 Cases, More or Less, Containing Bireley's Orange Beverage 187 F.2d 967 (3d Cir. 1951).
11 United States v. Fabro, Inc., 206 F. Supp. 523 (M.D. Ga. 1962).
12 Food and Drug Law, at 529.

2 ラベリングに関する規制

(1) 必須記載事項
ア 記載事項の概要

食品（ダイエタリーサプリメント[15]を含む）のラベリングに対する規制の出発点は，不当表示となる食品（misbranded food）を定めた21USC§343である。21USC§343では，食品のラベリングが原則として必ず記載すべき内容として，以下が挙げられている。

表示事項	FDCA上の条文	備考
通常名または一般名（common or usual name）	21USC§343(i)(1)	識別基準や規則，慣習（common usage）によって定められる（21CFR§102.5(d)）。通常または一般名に関する規則としては，例えば果物や野菜を含むジュースの規則（21CFR§102.33）が挙げられる。こうした食品を識別するための事項は，識別事項（statement of identity）と呼ばれる（21CFR§101.3(b)）。
製造業者等の氏名および営業地	21USC§343(e)(1)	具体的な規則は，21CFR§101.5も参照されたい。
正味内容量に関する正確な記載	21USC§343(e)(2)	なお，水分の増減等による合理的な内容量の変動は認められている（21CFR§101.105(q)）。
原材料の記載	21USC§343(i)(2)	すべての原材料を重量順に記載する（21CFR§101.4(a)(1)）。ただし，香辛料，調味料および認証されていない着色料は，原則として（具体的な名称を挙げることなく）香辛料，調味料，着色料として記載することができる。
栄養情報	21USC§343(q)	詳細は，後記ウのとおり。
主要な食品アレルゲン	21USC§343(w)	「主要な食品アレルゲン」とは，2004年の食物アレルゲン表示および消費者保護法

13　*See* Guidance for Industry: Proper Labeling of Honey and Honey Products（February 2018），at 7.
14　Food and Drug Law, at 532.
15　若干古いが，ダイエタリーサプリメントのラベリングに関しては，Dietary Supplement Labeling Guide（April 2005）も参考になる。

| | | (FALCPA)で定められた乳，卵，魚類，甲殻類，木の実，落花生，小麦および大豆に加えて，2021年の食物アレルギーの安全，治療，教育および研究に関する法律（FASTER法）で追加されたゴマの9種類を指す（21USC§321(qq)(1)）。ガイダンス[16]も参考になる。 |

　食品規制における「表示（label）」と「ラベリング（labeling）」の定義は，医薬品規制等におけるものと同様であり（前記**第1章第5・1(2)参照**），ラベリング（labeling）はこの「表示」を包摂する概念である。また，消費者向け食品の包装には，公正包装表示法（Fair Packaging and Labeling Act：FPLA）も適用される。

イ　記載場所

　21USC§343(f)は，21USC§343において必須記載事項とされている情報が，目立つ場所に目立つような形で（prominently placed thereon with such conspicuousness），かつ通常の使用条件の下で一般人が読み，理解できるような用語で記載されていなければ，不当表示になる旨定める。

　本条に関しては，21CFR Part 101で定められている内容が重要である。この規則では，製品を購入する際に消費者が最も目にするだろうと思われる包装表示の部分である主要表示パネル（principal display panel：PDP。厳密な定義は21CFR§101.1），原則として消費者から見てすぐ右隣に位置する包装表示の部分が情報パネル（information panel：IP。厳密な定義は21CFR§101.2）を定めている。PDPとIPの位置関係について，下図[17]も参照されたい。

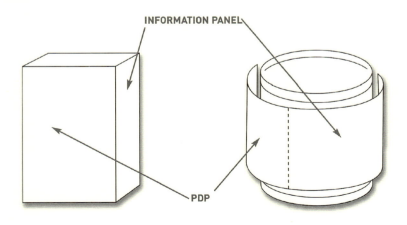

この規則では、21USC§343(f)を踏まえ、PDPに記載すべきこと、IPに記載できることを詳細に定めている。例えば、識別事項や正味内容量はPDPに記載する必要があるが、製造業者等の氏名および営業地、原材料のリスト、栄養情報および主要な食品アレルゲンはIPに記載できる。

ウ 必須の警告・原産国の表示

一部の食品では、警告（warning statements）をラベルに記載しなければならない。こうした警告の義務は、例えば21CFR§101.17に定められており、スプレー缶（self-pressurized containers）では、「WARNING—Avoid spraying in eyes. Contents under pressure. Do not puncture or incinerate. Do not store at temperature above 120 °F Keep out of reach of children.」という警告を記載する必要がある。

また、1930年に定められた関税法（19USC§1304）に基づき、米国に輸入される食品で、輸入後にさらなる加工を必要としない食品には、原則として原産国の表示が必要となる。

エ 栄養情報（Nutrition Information）

(ア) 原則

すべての食品（ダイエタリーサプリメントを含む）のラベリングには、栄養情報を含める必要がある（21CFR§101.9(c)）。この規則には各要素の測定方法や分析方法も含めて詳細が記載されているが、記載すべき必須要素は以下のとおりである。

条文	必須要素	条文	必須要素
21CFR§101.9(c)(1)	Calories（カロリー）	21CFR§101.9(c)(6)(ii)	Total Sugars（糖質）
21CFR§101.9(c)(2)	Total Fat（脂質合計）	21CFR§101.9(c)(6)(iii)	Added Sugars（添加糖類）
21CFR§101.9(c)(2)(i)	Saturated Fat（飽和脂肪）	21CFR§101.9(c)(7)	Protein（タンパク質）
21CFR§101.9(c)(2)(ii)	Trans Fat（トランス脂肪）	21CFR§101.9(c)(8)(ii)	Vitamin D（ビタミンD）
21CFR§101.9(c)(3)	Cholesterol（コレステロール）	21CFR§101.9(c)(8)(ii)	Calcium（カルシウム）
21CFR§101.9(c)(4)	Sodium（ナトリウム）	21CFR§101.9(c)(8)(ii)	Iron（鉄分）
21CFR§101.9(c)(6)	Total Carbohydrate（炭水化物）	21CFR§101.9(c)(8)(ii)	Potassium（カリウム）
21CFR§101.9(c)(6)(i)	Dietary Fiber（食物繊維）	21CFR§101.9(d)(9)	foot note（脚注）

---

16 Guidance for Industry: Questions and Answers Regarding Food Allergen Labeling (Edition 5) (November 2022).
17 Guidance for Industry: Food Labeling Guide (January 2013), at 5.

この栄養情報の記載については，FDAのウェブサイト[18]上で紹介されている，典型的な食品ラベル（冷凍ラザニアの事例）を用いて，説明する。

まず次頁の食品ラベルでは，②や③で指摘されているとおり，必須事項とされている要素がすべて記載されている。

ラベルの①に関して，「serving size」は，米国栄養表示教育法（NLEA）に基づき追加された21USC§343(q)(1)(A)(i)で求められるに至った。これは「cup」や「piece」といった平易な単位で記載されており，その後ろに「グラム」などのメートル法による記載が続くものである。FDAの規則（21CFR§101.12）では，各製品類型に対する基準量（reference amount）とラベルに記載すべき単位が数多く定められている。次頁の冷凍ラザニアのラベルでは，この製品には4カップ分のラザニアが含まれており，1カップのラザニアは227gであることが示されている。カロリー以下の栄養情報の記載は，すべて1カップ分の情報である。

ラベルの④に関して，各栄養素の右側にある％の数値は，「デイリーバリュー（Daily Value）」である。デイリーバリューは，その食品1食分の栄養素が，当該栄養素の1日の（推奨）総摂取量に占める割合を示している。1日の（推奨）総摂取量とは，ラベルの最後の注に記載されているとおり，「一般的な栄養アドバイスに用い

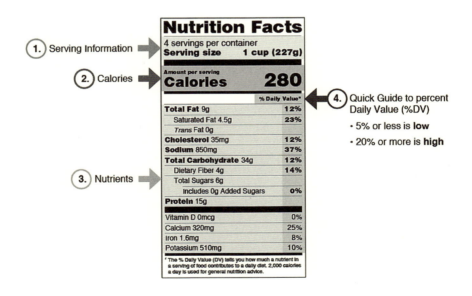

---

18 https://www.fda.gov/food/nutrition-facts-label/how-understand-and-use-nutrition-facts-label

られる2,000カロリー」を基準として，摂取すべき各栄養素量の基準を定めたものである。例えばナトリウム（Sodium）なら1日の総摂取量は2,300mg未満であるところ，次のラザニア1カップには850mgのナトリウム（Sodium）が入っているので，これを食べると1日の総摂取量2,300mgのうち「37%」を摂取することになる。

(イ) ダイエタリーサプリメント

ダイエタリーサプリメント（dietary supplement）には，supplement factsという，ラベリングに対する別の必須記載事項がある。法令上の根拠は，1994年に成立したダイエタリーサプリメント健康・教育法（DSHEA）で追記された21USC§343(q)(5)(F)，およびこれを踏まえてFDAが定めた21CFR§101.36である。

この規則では，例えばビタミンとミネラルに関しては，特定の順番[19]で記載すべきこと（21CFR§101.36(b)(2)(i)(B))，また基準1日摂取量（Reference Daily Intake：RDI）または1日当たりの基準値（Daily Reference Value：DRV）が定められていない「その他の栄養成分」については，supplement factsを記載した欄の下にその成分量とともに記載しなければならないこと（21CFR§101.36(b)(3)(i)）等を定めている。

次に示すのは，21CFR§101.36(e)(11)(i)で挙げられているラベリングのサンプルの1つである。ダイエタリーサプリメントに関する成分表示については，FDAのウェブサイト[20]でも詳しく説明されている。

---

[19] ビタミンA，ビタミンC，ビタミンD，ビタミンE，ビタミンK，チアミン，リボフラビン，ナイアシン，ビタミンB6，葉酸（folate and folic acid），ビタミンB12，ビオチン，パントテン酸，コリン，カルシウム，鉄分，リン，ヨウ素，マグネシウム，亜鉛，セレン，銅，マンガン，クロム，モリブデン，塩化物，ナトリウム，カリウム，フッ化物という順番。

[20] https://www.fda.gov/food/dietary-supplements-guidance-documents-regulatory-information/dietary-supplement-labeling-guide-chapter-iv-nutrition-labeling

(i) Multiple vitamins (Includes voluntary listing of vitamin D in IUs)

Supplement Facts

Serving Size 1 Gelcap
Servings Per Container 100

	Amount Per Serving	% Daily Value
Vitamin A (as retinyl acetate and 50% as beta-carotene)	900 mcg	100%
Vitamin C (as ascorbic acid)	90 mg	100%
Vitamin D (as cholecalciferol)	20 mcg (800 IU)	100%
Vitamin E (as dl-alpha tocopheryl acetate)	15 mg	100%
Thiamin (as thiamin mononitrate)	1.2 mg	100%
Riboflavin	1.3 mg	100%
Niacin (as niacinamide)	16 mg	100%
Vitamin B_6 (as pyridoxine hydrochloride)	1.7 mg	100%
Folate	400 mcg DFE (240 mcg folic acid)	100%
Vitamin B_{12} (as cyanocobalamin)	2.4 mcg	100%
Biotin	3 mcg	10%
Pantothenic Acid (as calcium pantothenate)	5 mg	100%

Other ingredients: Gelatin, lactose, magnesium stearate, microcrystalline cellulose, FD&C Yellow No. 6, propylene glycol, preservatives (propylparaben and sodium benzoate).

オ　バイオエンジニアリング食品に関する表示

バイオエンジニアリング食品に関しては、USDA が定めた開示基準（National Bioengineered Food Disclosure Standard。7CFR Part 66）がある。

まず FDCA 上の枠組みを確認すると、食品のラベリングが虚偽または誤認的（false or misleading）である場合、当該食品は「不当表示」となる（21USC§343(a)(1)）。ラベリングにおける記載に照らして重要な事実や、ラベリングで規定された使用条件または通常もしくは慣習的な使用条件下における食品使用から生じ得る結果との関係で重要な事実を開示しない場合、ラベリングは誤認的である（21USC§321(n)）。もっとも FDA は、組換え DNA 技術等の新しい技術の使用を含む食品品種の開発方法は 21USC§321(n)との関係で「重要」な事実ではなく、同項に基づくラベリングにおける開示義務はないと解しており、裁判所[21]もかかる解釈を支持している[22]。しかし、食品に対するバイオテクノロジーの使用は近年ますます発達しており、消費者の関心の高いこともあって、USDA が新たに特別な開示義務を定めるに至った。

食品の遺伝子変異によってより良い食品を生み出す技術には、伝統的な育種技術（breeding）と組換え DNA 技術（reconvinant DNA）がある。伝統的な育種技術とは、放射線照射等の方法によって、遺伝子変異（欠失、置換、挿入等）を引き起こすものである。これに対して組換え DNA 技術は、外来遺伝子を挿入する技術である。

バイオエンジニアリング食品は、概ね、体外組換え DNA 技術によって改変された遺伝物質を含み、その改変が通常の育種によって得られたものではなく、自然界に存在するものでもないものを指す（7CFR§66.1参照）。前記**第1・1**のアクアドバンテージ・サーモンもバイオエンジニアリング食品の一例である（7CFR§66.6）。

バイオエンジニアリング食品の表示による開示義務には、一定の免除があるが、適用される場合、以下のいずれかの形式である必要がある。

---

1. テキストによる開示（7CFR§66.102）
「Bioengineered food」または「Contains a bioengineered food ingredient」という文言の表示
2. シンボル（マーク）による開示（7CFR§66.104）
次頁のマークの表示

21　Alliance for Bio-Integrity v. Shalala, 116 F. Supp. 2d 166, 178-79 (D.D.C. 2000).
22　Guidance for Industry: Voluntary Labeling Indicating Whether Foods Have or Have Not Been Derived from Genetically Engineered Plants (November 2015, revised March 2019), at 4-5.

3. 電子開示（7CFR§66.106）
4. テキストメッセージによる開示（7CFR§66.108）

【バイオエンジニアリング食品のマーク】

　なお，消費者のバイオエンジニアリング食品に対する関心の高さに鑑み，食品業者は，バイオエンジニアリングを通じて製造された食品ではないことを表示したいと望む場合があり，FDAはこうしたニーズに対応したガイダンス[23]も発行している。

(2) **任意記載事項**
　ア　栄養成分含有強調クレーム（Nutrient Content Claims）
　1990年のNLEAによって，一定の条件の下，栄養成分含有強調クレーム（nutrient content claims，またはnutrient descriptorsと呼ばれることもある）を行うことが可能となった。栄養成分含有強調クレームとは，食品またはダイエタリーサプリメントに含まれる「栄養素のレベルを特徴づける」（21USC§343(r)(1)(A)）クレームであり，例えば「low sugar（低糖質）」とか「more fiber（食物繊維が多い）」といったものがある。こうした栄養成分含有強調クレームは，一般に「デイリーバリュー」（前記(1)ウ(ア)参照）が定められている栄養素にのみ許可されている。
　FDCAでは，栄養成分含有強調クレームは，以下の場合に行うことができる。

23　Guidance for Industry: Voluntary Labeling Indicating Whether Foods Have or Have Not Been Derived from Genetically Engineered Plants（November 2015, revised March 2019）．

第 2　食品表示に関する規制　351

> 1. FDA の規則で定義される用語を使用する場合（21USC§343(r)(1)(A)）
> 2. 米国政府の科学機関（NIH，CDC，全米科学アカデミー）によって公表された「権威ある声明（authoritative statement）」と一致する場合（この場合，FDA の承認も不要だが，当該クレームを FDA に提出する等一定の条件を満たした場合に限る。21USC§§343(r)(2)(G)）

　上記2は，1997年のFDA近代化法で追記されたものだが，実際に使用されることは比較的少なく[24]，FDA の規則で定められている上記1のほうが重要性が高い。この規則の発令は，誰でも FDA に対して請願できる（21USC§343(r)(4)(A)(i)）。
　FDA の関連規則は，一般的な原則は21CFR§101.13に，各栄養成分含有強調クレームに関する個別の要件は21CFR Part 101の Subpart Dに定められている。
　一般に栄養成分含有強調クレームは，食品に含まれる栄養素のレベルをクレームする「絶対クレーム（absolute claims）」（例えば，cholesterol free など）と，食品に含まれる栄養素のレベルを基準食品のレベルと比較した「相対クレーム（relative claims）」（例えば lower fat など）とがある。相対クレームを行う場合には，当該食品が基準食品とどの程度異なっているのかに関する割合（例えば「50 percent less fat than（reference food）」）を記載しなければならないなど，21CFR§101.13(j)に特別な規則がおかれている。なお，21CFR§101.13(h)には，表示された1食分（labeled serving）当たり13.0gを超える脂肪，4.0gを超える飽和脂肪，60mgを超えるコレステロール，480mgを超えるナトリウムを含む場合などに，例えば「脂肪含有量について栄養情報を参照（See nutrition information for fat content）」といった記載を行うことで，規定値を超える栄養素量が含まれていることを開示しなければならない（21CFR§101.13(h)(1)）といった開示要件も定められている（21CFR§101.13(h)(1)）。
　個別の栄養成分含有強調クレームについては，「good source」や「high」「more」「high potency」を含むクレームに関する要件（21CFR§101.54），「light」や「lite」を含むクレームに関する要件（21CFR§101.56）などに加えて，黙示の（implied）栄養成分含有強調クレームも21CFR§101.65で規制されている。
　例えば，「healthy」という用語を用いた表示も黙示の栄養成分含有強調クレームとされる。現在の規則では，この用語を用いるためには，総脂肪，飽和脂肪，コレステロール，ナトリウムに関する制限がある上に，ビタミンA，ビタミンC，カルシウム，鉄分，タンパク質，食物繊維のうち1つ以上の栄養素について，デイリーバリュー

24　Food and Drug Law, at 576.

（前記(1)エ(ア)参照）の10％以上を含むものであることが条件となっているが，FDAはこの「healthy」表示について2022年９月に新しい規則案を公表している[25]。

イ 健康強調クレーム（Health Claims）

NLEAは，栄養成分含有強調クレームのみならず，健康強調クレーム（health claims）を行うことも認めている。健康強調クレームとは，特定の種類の栄養素と疾病または健康関連状態との関係を特徴づけるクレームであり（21USC§343(r)(1)(B)），例えば「生涯にわたり十分なカルシウムを摂取することは，骨粗しょう症のリスクを減らすことができる（Adequate calcium throughout life may reduce the risk of osteoporosis）」といったクレームが挙げられる。健康強調クレームは，疾病予防クレーム（disease prevention claims）と呼ばれることもある。なお，こうした健康強調クレームを行う食品やダイエタリーサプリメントと医薬品との関係については，前記第１章第１・３を参照されたい。

健康強調クレームは，栄養成分含有強調クレームと同様，①FDAの規則で定める要件を満たす場合（21USC§343(r)(3)(A)）または②米国政府の科学機関（NIH，CDC，全米科学アカデミー）によって公表された「権威ある声明（authoritative statement）」と一致する場合（この場合，FDAの承認も不要だが，当該クレームをFDAに提出する等一定の条件を満たした場合に限る。21USC§§343(r)(3)(C)）に，行うことができる。①の規則発令を，誰でもFDAに対して請願できるのも栄養成分含有強調クレームと同様である（21USC§343(r)(4)(A)(i)）。

健康強調クレームは，実務上，「認可済健康強調クレーム（authorized health claims）」と「限定的健康強調クレーム（qualified health claims）」という２種類に分けられる。認可済健康強調クレームは，限定的健康強調クレームと対比する意味で，「unqualified health claim」と呼ばれることもある。

認可済健康強調クレームとは，FDAが規則で定めた健康強調クレームである。この規則は，専門家の間で当該表示が証拠によって裏づけられているという「明確な科学的合意（significant scientific agreement：SSA）」がある場合に限り定められる（21USC§343(r)(3)(B)，21CFR§101.14(c)）。この「明確な科学的合意」基準の下で，FDAは次表のとおり，21CFR Part 101のSubpart Eにおいて，12種類の認可済健康強調クレームを定めている。

---

25 https://www.fda.gov/food/food-labeling-nutrition/use-term-healthy-food-labeling

条文	許可済健康強調クレーム
21CFR§101.72	カルシウム，ビタミンDと骨粗しょう症
21CFR§101.73	脂質摂取とがん
21CFR§101.74	ナトリウムと高血圧症
21CFR§101.75	飽和脂肪摂取，コレステロールと冠動脈性心疾患
21CFR§101.76	食物繊維を含む穀物製品，果物，野菜とがん
21CFR§101.77	食物繊維，特に水溶性食物繊維を含む果物，野菜，穀物製品と冠動脈性心疾患のリスク
21CFR§101.78	果物，野菜とがん
21CFR§101.79	葉酸と神経管欠損症
21CFR§101.80	非う蝕性甘味料とう蝕（注：う蝕は虫歯のこと）
21CFR§101.81	特定の食品から摂取する水溶性食物繊維と冠動脈性心疾患のリスク
21CFR§101.82	大豆タンパク質と冠動脈性心疾患のリスク
21CFR§101.83	植物ステロール／スタノール・エステルと冠動脈性疾患のリスク

　これに対して限定的健康強調クレーム（qualified health claims）とは，「明確な科学的合意」基準を下回る場合に認められる健康強調クレームであり，NLEA制定後に，FDAが一連の訴訟で敗訴した後に生み出された概念である。具体的には，以下のような限定文言（qualified language）付きの健康強調クレームである。

【例】
　「"Eating yogurt regularly may reduce the risk of type 2 diabetes. FDA has concluded there is limited information supporting this claim."」
　（ヨーグルトを定期的に摂取することで，2型糖尿病のリスクが減少する可能性があります。FDAは，この表示を裏づける情報は限られていると結論づけています）

　1990年にNLEAが制定された当初，FDAは「明確な科学的合意」基準を下回る健康強調クレームは，それが真実であっても，未だ科学者の間の明確な合意に達するには至っていないほど新しい知見であったような場合は，健康強調クレームとして承認していなかった[26]。こうした実務に対して，承認を得られなかった健康強調クレームを希望する者が，FDAの対応は言論の自由を保障した米国憲法修正第1条に反する旨主張して提訴した。代表的な訴訟としては，Pearson v. Shalala 164 F.3d 650（D.C.

26　Food and Drug Law, at 616.

Cir. 1999) および Whitaker v. Thompson 248 F.Supp.2d 1（D.D.C. 2002）がある。これらの訴訟の概要は、後記(3)を参照されたい。FDA は、これらの訴訟に敗訴した結果、「明確な科学的合意」基準に達しない健康強調クレームである「限定的健康強調クレーム」の審査プロセスを開発した。

具体的には、2003年に発せられたガイダンス[27]で、限定的健康強調クレームに関する申立てを審査するための手続が公表された。限定的健康強調クレームを求める者は、当該クレームを裏づける「信頼できる科学的証拠（credible scientific evidence）（明確な科学的合意ではない）」とともに FDA に請願を提出する。FDA は「明確な科学的合意」基準に達しない健康強調クレームを、その科学的根拠に応じて「B」「C」「D」という3つのレベルに分けており、そのレベルに応じた限定文言を付すよう求める。FDA は請願の受領後270日以内に、「執行裁量」通知を送付して、FDA の決定およびその根拠、認められ得る健康強調クレーム等を通知する。なお、この通知書は、FDA のウェブサイト[28]において、対象となる疾患・健康状態ごとに整理されて公開されている。

FDA は2009年には、限定的健康強調クレームを評価するプロセスや、「明確な科学的合意」基準、「信頼できる科学的証拠」基準に関する FDA の立場をまとめたガイダンス[29]も公表している。

ウ　機能・構造強調クレーム（Structure/Function Claims）
(ア)　規制枠組み

機能・構造強調クレーム（structure/function claims）とは、食品や食品成分を、身体の機能や構造に対する影響と関連づけるようなクレームである。例えば「カルシウムは強い骨を作る」といったクレームであり、このようなクレームは長年にわたって食品に使用されてきたが、ダイエタリーサプリメントとそれ以外の食品とでは、規制の枠組みが若干異なる。ダイエタリーサプリメント以外の食品のことを、ダイエタリーサプリメントと区別する意味で従来食品（conventional food）と呼ぶ。

まず従来食品の場合、医薬品の定義C項（前記**第1章第1・1**(1)参照）は、食品を

---

[27] Guidance for Industry: Interim Procedures for Qualified Health Claims in the Labeling of Conventional Human Food and Human Dietary Supplements（July 2003）.
[28] https://www.fda.gov/food/food-labeling-nutrition/qualified-health-claims-letters-enforcement-discretion
[29] Guidance for Industry: Evidence-Based Review System for the Scientific Evaluation of Health Claims（January 2009）。なお、限定的健康強調クレームに関する他のガイダンスとしては、Guidance for Industry: FDA's Implementation of Qualified Health Claims（May 2006）がある。

明確に除外しており，原則として機能・構造強調クレームを行うことに制限はない。ただし，その食品の栄養価（nutritive value。定義につき21CFR§101.14(a)(3)参照）に由来する場合でなければ，機能・構造強調クレームを行うことはできない[30]。なお，機能・構造強調クレームを有する従来食品は，「機能性食品（function food）」と呼ばれることがある[31]。

これに対し，ダイエタリーサプリメントは，21USC§343(r)(6)を遵守する限りにおいて，機能・構造強調クレームを行うことができる。

まずダイエタリーサプリメントが行うことのできる機能・構造強調クレームは，以下のとおりである（21USC§343(r)(6)(A)）。これらのクレームは，FDCAの条文番号をとって「403(r)(6)クレーム」と総称されることがある。こうしたクレームは，食品の栄養価に由来している必要はない。

1. 古典的な栄養失調に関連する利点に関するクレーム
   （例）カルシウムレベルの向上は，骨におけるカルシウムの枯渇を減少させる。
2. 人の機能・構造に影響を及ぼすことを意図した栄養素やダイエタリーサプリメント成分の役割に関する記載
   （例）ビタミンCを含むサプリメントには，ビタミンCと壊血病を関連づける文言を記載できる。
3. 栄養素やダイエタリーサプリメント成分が人の機能・構造を維持するために作用する，書面化されたメカニズムの特徴
   （例）ニューイングランド・ジャーナル・オブ・メディシン（NEJM）[32]に掲載された研究によると，カルシウムの量が多いと骨のミネラル化が促進されるという。
4. 栄養素やダイエタリーサプリメント成分の摂取による一般的なウェルビーイングに関する記載
   （例）ニンニクは幸福感を促進する。

また，ダイエタリーサプリメントが403(r)(6)クレームを行うには，以下の要件も満たす必要がある。

第1に，当該クレームが真実であり，誤認的でないことの根拠が必要である

30　Guidance: A food labeling guide (January 2013), at 84.
31　*See* 71 Fed. Reg. 62400 (October 25, 2006).
32　世界的に認知された医学雑誌の1つ。世界的に権威のある他の医学雑誌としては，例えば The Journal of the American Medical Association (JAMA), Lancet, British Medical Journal (BMJ) 等がある。

(21USC§343(r)(6)(B))。もっとも法令上は，当該根拠を事前にFDAへ提出する義務があるわけではないため，この要件が，虚偽・誤認的なラベリングを禁じる一般規定である21USC§343(a)と比べて実質的に何が異なるのかは必ずしも明らかではない。本要件については，ガイダンス[33]も参照されたい。

第2に，以下のディスクレーマーを太字で目立つように記載する必要がある（21USC§343(r)(6)(C)）。

「This statement has not been evaluated by the Food and Drug Administration. This product is not intended to diagnose, treat, cure, or prevent any disease（仮訳：この記載は，食品医薬品局（FDA）によって評価されたものではない。本製品は，いかなる疾患の診断，処置，治癒または予防を意図したものではない。）」

第3に，当該クレームを行った最初のダイエタリーサプリメントの販売後30日以内に，FDAに対して当該クレームを行ったことを通知する必要がある（21USC§343(r)(6)）。

本要件で求められる通知に含めるべき内容は，21CFR§101.93に定められている。FDAがそのクレームに異議を唱える場合，通常，そのクレームがFDAによって違法とみなされる理由を説明した「courtesy letter」が送付されるが，FDAがcourtesy letterを送付しなかったとしても，それはFDAがクレームを承認したことを意味するものではなく，FDAが将来そのクレームに異議を唱える可能性は依然として残る[34]。

(イ) 疾病クレームとの区別

ダイエタリーサプリメントの機能・構造強調クレームでは，特定の疾患・疾患群を診断，緩和，処置，治癒または予防する旨のクレームはできないとされている（21USC§343(r)(6)）。こうしたクレームを「疾病クレーム（disease claims）」という。疾病クレームであっても，FDAが規則で定めた認可済健康強調クレーム（authorized/unqualified health claims）や，FDAが執行裁量を行使する旨明言した限定的健康強調クレーム（qualified health claims）であれば行うことができるが，それ以外の疾病クレームは（NDA承認を受けない限り）行うことができない。

しかし，機能・構造強調クレームと疾病クレームとの線引きは，しばしば困難である。例えば，「軟骨と関節機能をサポートする（helps support cartilage and joint function）」は認められる機能・構造強調クレームだが，「閉経後の女性の骨密度を正

---

[33] Guidance for Industry: Substantiation for Dietary Supplement Claims Made Under Section 403(r)(6) of the Federal Food, Drug, and Cosmetic Act (January 2009).
[34] https://www.fda.gov/food/information-industry-dietary-supplements/notifications-structurefunction-and-related-claims-dietary-supplement-labeling

常に保つ（maintain normal bone density）」は（閉経後の女性は，骨の量の減少を主な徴候とする骨粗しょう症を発症しやすいため）黙示の疾病クレームに当たる[35]。

こうした区別の困難さに鑑み，FDAは規則において，認められる機能・構造強調クレームと疾病クレームについて，21CFR§101.93(f)および(g)で定義している。両者の区別に関しては，小規模事業者向けの案内[36]も参考になる。ほか，65 Fed. Reg. 1000の前文において機能・構造強調クレームとして認められる例と認められない例が豊富に紹介されている。

(3) 言論の自由との関係
ア 任意記載事項

前記(2)イのとおり，1990年にNLEAが制定された当初，FDAは「明確な科学的合意」基準を下回る健康強調クレームを承認していなかった。こうした中で起きたのが，Pearson v. Shalala 164 F.3d 650（D. C. Cir. 1999）である。

この事件では，「抗酸化ビタミンの摂取は，ある種のがんのリスクを低下させる可能性がある」「食物繊維の摂取は大腸がんのリスクを減少させる可能性がある」「オメガ3脂肪酸の摂取は冠動脈性心疾患のリスクを低減する可能性がある」といったクレームについて，（裏づけとなる証拠が乏しいというより）証拠が決定的とはいえない旨の理由でFDAが承認しなかったことが問題となった。連邦巡回裁判所は，営利的言論の自由について判示したCentral Hudson v. Public Service Commissionで示された4つの基準（前記**第1章第5・4(3)参照**）を参照しつつ，決定的な証拠があるとは言えないクレームについては，それを全面的に禁止するのではなく，ディスクレーマー（例えば「既存の研究は抗酸化ビタミンを含む食品を対象に行われたものであり，食品に含まれる他の成分によってがんリスク低減効果が生じている可能性があるため，証拠は決定的なものではない」等）によって対応できる可能性がある旨判示し，FDAに対して上記クレームの不承認を再検討するよう命じつつ，第一審裁判所に事件を差し戻した。

この事件を受けてFDAは，ディスクレーマー付きの健康強調クレームを認めるか否かにあたり，「証拠の重み（weight of the evidence）」を考慮する方針，すなわちクレームを裏づける科学的証拠がクレームを否定する証拠を上回っていない限り，当該クレームを許可しない旨の方針を採用した[37]。この方針に基づき，FDAは，抗酸化ビタミンの摂取とがん発症リスクの低減を関係づける健康強調クレームについて，

35　65 Fed. Reg. 1000 (January 6, 2000).
36　Small Entity Compliance Guide on Structure/Function Claims (January 2002).
37　Food and Drug Law, at 619-20.

両者の関係性を否定する科学的証拠の重みが，関係性を支持する証拠の重みを上回ったとし，改めてその承認を拒否した。この決定を受けて起きたのが Whitaker v. Thompson 248 F.Supp.2d 1 (D. D. C. 2002) である。

裁判所は，上記の Pearson v. Shalala 164 F.3d 650 (D. C. Cir. 1999) によれば，クレームの全面的な禁止が認められるのは，当該クレームを支持する科学的証拠がほとんどなく，ディスクレーマーを使用してもなお，当該クレームによって消費者が欺かれることを政府が証明できるような限られた状況のみである旨判示した。そして，抗酸化ビタミンとがん発症リスクとの関係性については，FDA がレビューした研究の3分の1が抗酸化ビタミンのクレームを支持しており，ディスクレーマーを伴っても消費者が当該クレームによって欺かれるという証拠を政府が提供できなかったとして，FDA によるクレームの不承認は，米国憲法修正第1条に反する旨結論づけた。

この判決を受けて FDA は，前記(2)イのとおり，ディスクレーマー，すなわち限定文言 (qualified language) 付きの限定的健康強調クレーム (qualified health claims) を認めるに至った。しかし，どのような限定文言を付すべきかについて，申請人と FDA との間で紛争となり，FDA が特定の限定文言を要求することは米国憲法修正第1条に違反する旨が主張され，裁判所がその主張を認めるケースもある[38]。食品の健康強調クレームと言論の自由の関係性は，未だにそのバランスが図られ続けているといえよう。

イ　必須記載事項

任意記載事項に対する規制は，企業が望む表現に対する規制の合憲性が問題となるのに対し，必須記載事項の規制では，企業に対して特定の表現を義務づける規制の合憲性が問題となる。

連邦最高裁判所は，特定の事実の開示を義務づけることができるか否かに関しては，Central Hudson v. Public Service Commission とは異なる基準を定めている。弁護士広告規制のあり方が問題となった Zauderer v. Office of Disciplinary Counsel of Supreme Court of Ohio, 471 U. S. 626 (1985) では，ある事実の開示が，消費者を欺くことを防止するという国家の利益と「合理的に関連 (reasonably related)」している限り，広告者の権利は十分に保護されている（当該開示の強制は許容される）旨判示した。

このことは食品表示でも同様に当てはまる。例えば，American Meat Institute v. USDA, 760 F.3d 18 (D. C. Cir. 2014) (en banc)[39]では，食肉製品に原産国表示を義

38　例えば，Fleminger v. HHS, 854 F. Supp. 2d 192 (D.Conn. 2012) など。

務づけるUSDAの規則の合憲性が問題となった。この事件で連邦裁判所は、上記のZauderer v. Office of Disciplinary Counsel of Supreme Court of Ohioのように規制の目的が消費者欺罔の防止でなくとも、事実の強制開示を求める規則の合憲性は、Zauderer v. Office of Disciplinary Counsel of Supreme Court of Ohioと同様、それが国家の利益と「合理的に関連」しているか否かで判断するとし、USDAの規則は合憲である旨判示した。

なお、必須記載事項と言論の自由との関係では、識別基準と絡んで問題となることもある。紙面の都合上詳細は割愛するが、関連裁判例として、例えばOcheesee Creamery LLC v. Putnam, 851 F.3d 1228 (11th Cir, 2017) 等がある。

3 広告に関する規制

食品（ダイエタリーサプリメントを含む）のラベリングに関しては、主にFDAが管轄するのに対し、その広告は主にFTCが管轄する。FTCが広告を規制する根拠法は、「商取引自体または商取引に影響を及ぼす、不公正または欺瞞的な行為または慣行」を禁ずる連邦取引委員会法5条（15USC§45）や、虚偽広告の流布を禁止する同法12条（15USC§52）である。虚偽広告は、「重要な点において誤解を招く広告」と定義されている（15USC§55(a)(1)）。

FTCは、2022年12月、「Health Products Compliance Guidance」[40]を公表した。このガイダンスは、1998年に公表された「Dietary Supplements：An Advertising Guide for Industry」を置き換えるもので、ダイエタリーサプリメントに関するもののみならず、あらゆる健康関連のクレームに適用される。

このガイダンスでは、健康関連のクレームに関して、クレームが消費者の観点からどのように解釈されうるか、誤解を招くことを避けるためにどのような情報を開示するべきか、クレームにあたり必要とされる証拠（根拠）の質と量はどのようなものかといった点について、複数の例を挙げながら説明している。

クレームにあたり必要とされる証拠に関して、FTCは「十分かつ確かな科学的証拠（competent and reliable scientific evidence）」を求めている。FTCはこの「十分かつ確かな科学的証拠」を、「表現に関連する疾患、状態または機能の専門家によって客観的な方法で実施・評価され、かつ専門分野において正確で信頼できる結果をもたらすことが一般的に受け入れられている試験、分析、調査または研究」と定義して

---

[39] 「en banc」はフランス語で「in bench」の意。ここでは裁判官全員（大法廷）による審理を指す。
[40] https://www.ftc.gov/business-guidance/resources/health-products-compliance-guidance

いる。FTCは，一般論として，健康に関連する効能の根拠が，「十分かつ確かな科学的証拠」という基準を満たすためには，無作為化対照臨床試験（randomized, contolled human clinical testing）が必要と解している。

　なお，このガイダンスの末尾では，ダイエタリーサプリメントについての「第三者文献の例外（third-party literature exemption）」に関する記載がある。従来FDAは，ダイエタリーサプリメントメーカーが配布する書籍や出版物は，たとえ第三者によって書かれたものであっても，その文献が当該ダイエタリーサプリメントについて論じていれば，ラベリングに該当すると解していたが，DSHEAはこの解釈を採用せず，「第三者文献の例外」と呼ばれる例外規定を定めた。具体的には，ダイエタリーサプリメントの販売に使用される科学雑誌の記事や書籍等は，以下の条件をすべて満たす場合，ラベリングには該当しない（21USC§343-2(a)参照）。

---

1. 虚偽または誤解を招くものでないこと
2. 特定のブランドや製造業者を宣伝するものではないこと
3. 科学的情報についてバランスの取れた見解を示せるように，他の資料とともに提示されること
4. 販売されるダイエタリーサプリメントとは物理的に分離されていること
5. 当該記事等がそのままの形（ステッカー等で他の情報が添付されていない形）で印刷されていること

　この「第三者文献の例外」はラベリングに適用される要件であり，FTCが管轄する広告に直接適用されるものではない。しかしFTCは，上記ガイダンスにおいて，これら1～5の要素を満たす出版物等は，FTCが求める広告に関する要件にも適合する可能性が高い旨述べている。

第3　食品衛生に関する規制

1　有毒・有害物質の混入

(1)　条文の定め
　食品が「品質不良」であるとみなされる事項を定めた21USC§342(a)(1)は，有毒または有害な物質（poisonous or deleterious substance）が「添加された（added）」ものであるか否かに応じて，以下の2つの基準を定めている。

> 1. 食品に，健康を害する可能性のある（may render it injurious to health）有毒または有害な物質が含まれている場合は，品質不良とみなされる（ただし後記(3)の「執行基準」も参照）。
> 2. 当該物質が添加された物質でない場合，当該食品に含まれる当該物質の量が通常健康を害する量（ordinarily render it injurious to health）でなければ，当該食品は本条項により品質不良とみなされない。

　すなわち，「添加された」有毒・有害物質であれば「健康を害する可能性がある」という低い基準で「品質不良」となるが，そうでなければ「通常健康を害する」という高い基準を超えなければ「品質不良」とはならない。そこで，「添加された」の解釈が重要な問題となる。

(2)　2つの基準
ア　「may render it injurious」基準
(ア)　規制の概要
　FDAは，「添加された」有毒または有害な物質を「天然に存在する有毒または有害な物質ではないもの」と定義する（21CFR§109.3(d)）。また「天然に存在する有毒または有害な物質」とは「有毒または有害な物質であって，元来食品に含まれる天然成分（inherent natural constituent of a food）であり，かつ，環境汚染，農業汚染，工業汚染その他の汚染の結果ではないものをいう」と定義している（21CFR§109.3(c)）。これらの定義によれば，ある有毒または有害な物質が「元来食品に含まれる天然成分」でなければ，その分量を問わず，またそれが「環境汚染，農業汚染，工業汚染その他の汚染の結果」混入したことが積極的に証明されなくとも，「添加された有毒ま

たは有害な物質」に該当しうる。この場合,「添加された」有毒または有害な物質の範囲は非常に広くなる。

この「添加された」有毒または有害な物質の解釈が争われた事件として,United States v. Anderson Seafoods, 622 F.2d 157（5th Cir. 1980）がある。この事件では,メカジキから検出された水銀が問題となった。水銀はメカジキに元来含まれる天然成分ではないため,上記のFDAの定義によれば,メカジキから検出された水銀はすべて「添加された」有毒または有害な物質に該当しかねない。これに対し,巡回裁判所は,メカジキに含まれる水銀の「一部」が産業汚染によるものであることが判明した場合は,（そのすべてが「環境汚染,農業汚染,工業汚染その他の汚染の結果」混入したものであると積極的に証明されなくとも）メカジキに含まれる水銀の全部が「添加された」有毒または有害な物質となる旨の解釈を示し,FDAの規則ほど幅広い解釈を採用しなかった。しかしFDAは,この判決後も,上記の定義を変更していない。

なお,「may render it injurious to health」とは,消費者に害を及ぼす合理的な可能性があることを意味すると解されている（United States v. Lexington Mill & Elevator Co., 232 U.S. 399（1914）参照）。

(イ) 適用場面

有毒・有害物質に関するこの21USC§342(a)(1)は,1906年に制定された純正食品医薬品法を起源とするが,現在では残留農薬,食品添加物,着色料,動物用医薬品などに関する多くの例外が定められている。したがって,今日この21USC§342(a)(1)が問題となる事例は,上記の水銀やダイオキシン等の環境汚染物質に関するものであることが多い。

本条は,従来の育種技術や組換えDNA技術を用いて遺伝子変異を生じさせた食品の規制にも適用され得る。遺伝子変異によって,意図せずに天然由来の毒性物質が増加したり,多面的効果（プレイオトロピック効果）によって食品内に予期せぬ有毒物質が発現したりすることがあるが,こうした物質が「健康を害する可能性がある（may render it injurious to health）」レベルで存在する場合,その食品は「品質不良」とみなされる[1]。したがって,遺伝子変異を生じさせる食品業者としては,自ら食品の安全性を評価する必要がある。FDAはこの安全性評価を支援するためのフローチャートをガイダンス[2]で公表している。またFDAは,食品に用いる新しい植物品種を開発する業者に対し,FDAと市販前協議を行い,FDAへの安全性評価の提出を奨励しており,この安全性評価に含めるべき内容やFDAによる回答期限等をまとめ

---

[1] Guidance document: Statement of Policy - Foods Derived from New Plant Varieties (May 1992).

[2] Id.

たガイダンス[3]も公表している。この安全性評価では，新しい植物品種に含まれる新しいタンパク質が，アレルゲンや毒素に該当しないかが重要なポイントとなる。こうした食品には，食品添加物の規制が及ぶ場合もある（後記第4・1(2)参照）。

イ 「ordinarily render it injurious」基準

これに対して，2番目の基準の適用範囲は狭い。この規定は，果物や野菜といった，自然に存在する食物に元来存在している毒素のような物質に適用される。このような物質は，健康にとって有害であることが示されなければ，「品質不良」にはならない。

この条文に基づき「品質不良」に該当する具体例としては，食用キノコと類似した毒キノコ等が考えられる。しかし，こうした毒物は，通常食品業者によって慎重に選別・除外される。また，前記アのとおり，「添加された」や「健康を害する可能性のある（may render it injurious to health）」が広く解されていることもあり，今日，FDAがこの条文に基づき法執行を行う事例は限定的である。

(3) 執行基準
ア 法定基準

食品が「添加された」有毒または有害物質を含んでいることを理由に「品質不良」となるのは，21USC§346に照らして「安全でない」場合である（21USC§342(a)(2)(A)）。この21USC§346は，以下のとおり，回避できない汚染物質に対する許容範囲（tolerance level）を設定する規則を公布する権限を定めている。

食品に添加された有毒または有害物質は，その製造に必要な場合または適正製造基準によって回避できない場合を除き，21USC§342(a)(2)(A)の適用上，安全でないとみなされる。

しかし，当該物質が必要とされる場合，または当該物質を避けることができない場合，FDAは，公衆衛生の保護のために必要と認める範囲で，含有または付着する量を制限する規則を公布しなければならず，そこで定められた制限を超える量も21USC§342(a)(2)(A)の適用上，安全でないとみなされる。この規則が食品中の当該物質の量を制限している間は，当該食品は，当該物質が含まれていることを理由として，21USC§342(a)(1)に照らして「品質不良」とはみなされない。

---

[3] Guidance for Industry: Recommendations for the Early Food Safety Evaluation of New Non-Pesticidal Proteins Produced by New Plant Varieties Intended for Food Use (June 2006).

しかし、現在21USC§346に基づき定められている許容範囲はポリ塩化ビフェニル（PCB）に対する許容範囲のみである（21CFR§109.30）[4]。

イ　アクション・レベル

FDAは、21USC§346に基づく許容範囲の代わりに、有毒または有害物質に対する「アクション・レベル」を定めている。アクション・レベルとは、それを超えると「品質不良とみなされる可能性のある（may be regarded as adulterated）」（21CFR§109.4(c)(1)）基準である。このアクション・レベルは、カビ毒のアフラトキシン、水銀、メチルアルコールなど19種類の毒物・劇物について設定されており、ガイダンス[5]にまとめられている。2020年になって、乳児用ライスシリアルにおける無機ヒ素のアクション・レベルが正式に定められた[6]。

なお、21USC§346に基づく許容範囲もアクション・レベルも、添加された有毒・有害物質が避けられない場合（または製造に必要な場合）にのみ適用されるものであり、回避可能な場合（または製造に不要な場合）の許容汚染レベルを定めるものではない。

2　外観上の品質不良（Aesthetic Adulteration）

食品は、その「全部または一部が不潔、腐敗、または腐乱した物質からなる場合」にも、品質不良とみなされる（21USC§342(a)(3)）。これは、その食品が実際に健康に悪影響を及ぼす可能性があるか否かを問わず、「美的（aesthetic）」な観点で、すなわち外観上の観点で食品を品質不良とみなすものである。

現実問題、ほぼすべての天然食品は、その安全性や品質にほとんど影響を与えない程度のカビや昆虫の断片などを含んでいる。FDCA上、こうした不潔な物質の許容範囲を設定する明確な権限はFDAに与えられていないが、FDAは、「欠陥アクション・レベル（defect action levels）」を策定している。欠陥アクション・レベルは、人に健康上の被害を与えない、天然かつ不可避な欠陥の最大レベルを定めている（21CFR§117.110参照）。欠陥アクション・レベルで定められた基準を上回ると、FDAは当該食品を「品質不良」とみなし、執行措置をとる。また、欠陥アクション・レベルはあくまで人の健康に影響を及ぼさないという前提で作成されているため、

4　Food and Drug Law, at 689.
5　Guidance for Industry: Action Levels for Poisonous or Deleterious Substances in Human Food and Animal Feed（August 2000）.
6　Guidance for Industry: Action Levels for Inorganic Arsenic in Rice Cereals for Infants（August 2020）.

当該食品が消費者の健康にとって有害である場合は，当該基準を上回っているか否かにかかわらず，執行措置の対象となる。

　欠陥アクション・レベルは，FDA のウェブサイト上で公開されている「食品欠陥レベルハンドブック（Food Defect Levels Handbook）[7]」で閲覧できる（ただし，人によってはショッキングな内容であるため，少なくとも食事の前に閲覧することは推奨しない）。

　なお，21USC§342(a)(3)は，食用に適さない場合（unfit for food）にも品質不良に該当する旨定めている。実際にこの条文が問題となった事例として，アスパラガスが食用に耐えないほど硬いか否かが争われた United States v. 298 Cases of Ski Slide Brand Asparagus 88 F. Supp. 450 (D. Ore. 1949) がある（この事件は，裁判官が自ら問題となったアスパラガスを食べた上で，食品が「unfit for food」であるという政府の主張を排斥したというユニークな事例である）。

3　病原性微生物に関する規制

　食品製造の安全性管理において，重要な問題の1つは，食中毒を起こす病原性微生物（pathogenic microorganisums）である。病原性微生物の具体例としては，サルモネラ菌やボツリヌス菌等が挙げられる。

　この点で重要な条文は21USC§342(a)(4)である。食品は，「不衛生な状態の下で調理，包装，保管され，それによって不潔に汚染された可能性がある場合，または健康を害する可能性がある場合」にも，品質不良となる（21USC§342(a)(4)）。

　FDA は本条に関し，21CFR Part 110および21CFR Part 117の Subpart B において，食品一般的に適用される cGMP を定めている（ダイエタリーサプリメントに関する cGMP については，後記**第6章第2・3参照**）。食品 cGMP は，職員に対する要件，工場・設備・器具に対する要件，原材料の検査から最終製品の保管・流通に至るまで，食品製造のあらゆる側面に及んでいる。例えば，その者の疾病や感染症により，食品や食品との接触面，食品包装材が汚染される可能性のある場合，当該職員は食品製造業務から除外されなければならず（21CFR§110.10(a)），FDA は査察において本規則違反をたびたび指摘している[8]。なお，食品 cGMP は，医薬品の cGMP と異なり，規則上は記録管理に関する定めは乏しいが，FDA は実務上，食品衛生に関する人材育成の記録等を作成し，保管することを求めており，また通常業務で求められる記録

7　https://www.fda.gov/food/current-good-manufacturing-practices-cgmps-food-and-dietary-supplements/food-defect-levels-handbook

8　Food and Drug Law, at 715.

を作成・保管しておくことは，査察の際に有用である。

　サルモネラ菌などの病原性微生物との関係では，FDCAの緊急許可管理（Emergency Permit Control）の定め（21USC§344）も重要である。この条文は，ある種の食品が，微生物汚染等によって健康を害する可能性がある場合は，FDAは，公衆衛生を保護するのに必要な一定期間，当該種類の食品について，その製造・加工・包装を管理する条件を遵守している旨の許可を与える規制を発行できる（そしてその規制が有効な間は，当該種類の食品については，許可なしに州際通商に供することができなくなる）旨定める。

　この条文は，一見，あくまで一時的な事態に対応するための規則制定を認めているように読める。しかしFDAは，1974年に本条に基づく規則（21CFR Part 108）を定めており，これらは現在でも有効である。この規則では，Subpart Aにおいて許可に関する定めを置きつつ，Subpart Bで定めた要件を満たす食品の製造・加工・包装業者は，許可に関する定めを免除される（21CFR§108.19(b)）という構造になっている。この規則が適用されるのは，2024年6月現在，加熱処理された密閉容器詰低酸性食品および酸性食品である。

第4　食品添加物に関する規制

1　規制枠組み

(1)　定義等

　食品添加物（food additive）は，「直接または間接的に，食品の成分となり，食品の性質に影響を与えまたはそうなることを合理的に予想して使用されるすべての物質（食品の生産，製造，包装，加工，調製，処理，梱包，輸送または保持に使用することを意図した物質およびそうした使用を意図した放射線源を含む）」と定義されている（21USC§321(s)，なお規則上の定義として21CFR§170.3(e)(1)）。

　ただし，以下の例外に該当するものは食品添加物から除かれる。

---
1. 一般に安全と認められている食品（以下「GRAS」という）
2. 着色料（この定義については，後記3参照）
3. 原料農産物または加工食品の残留農薬化学物質および農薬化学物質
4. 1958年9月6日以前にFDAまたはUSDAが明示的に許可した物質
5. 新動物用医薬品
6. ダイエタリーサプリメントに含まれる，または使用される予定のダイエタリーサプリメント成分

　上記の食品添加物の定義は非常に幅広く，食品に技術的な影響（味や食感等）を与えるために食品に直接添加される化合物（これを「直接食品添加物（direct food additives）」という）のみならず，上記定義の括弧書きにあるとおり，食品の生産，製造，包装，加工，調製，処理，梱包，輸送または保持に使用することを意図した物質も含む。後者を間接食品添加物（indirect food additives）という。

(2)　食品添加物請願

　新しい食品添加物を使用する場合は，事前にFDAの承認を受ける必要がある。FDCA上の仕組みは以下のとおりである。

　まず21USC§342(a)(2)(C)(i)は，21USC§348に照らして安全でない食品添加物やそれが含まれる食品を「品質不良」であると定める。そして21USC§348(a)は，食品添加物を安全に使用できる条件を定めた規則が有効に存在し，かつ当該食品添加物やそ

の使用が当該規則に適合していなければ，当該食品添加物は，21USC§342(a)(2)(C)の適用上安全でないとみなされる。

製造業者は，21USC§348(b)に定める手続に従い，食品添加物を安全に使用できる条件を定めた規則制定を行うよう食品添加物請願を行うことができる。請願に関する詳細は，21CFR§171.1に定められているが，この請願では，当該食品添加物が安全であることの科学的証拠を示す必要がある。ここでいう「安全」とは，「ある物質が意図された条件の元で有害ではないことについて，有能な科学者が合理的に確信できることをいう」とされている（21CFR§170.3(i)）。食品添加物の安全性は，一般に当該物質の潜在的な累積的影響および食事における当該物質の消費量を考慮して決定され，この潜在的な累積的影響は，毒性試験の結果および化合物に関する理解によって決定される。この毒性試験に関しては，レッドブック[1]と呼ばれるガイダンスに詳しい。

現在，直接食品添加物を安全に使用できる条件を定めた規則は，21CFR Part 172に定められている。

また，食品添加物規制は，遺伝子変異を生じさせた食品に対しても適用される可能性がある。遺伝子変異によって生じた新しい物質が，すでに流通している食品の中に同等またはそれ以上のレベルで存在している場合や，既存の物質と比べて分子構造にわずかな違いがあるにすぎずそれが安全性にも影響しない場合は，そういった物質はGRASとみなされる可能性が高い。しかし，その構造・機能・組成が現在食品中に含まれる物質と大きく異なるような場合は，GRASでない可能性があり，食品添加物としての規制を受ける場合がある。例えば，植物の遺伝子組換えを行った結果，その植物から作られた食品に新しい甘味成分（タンパク質）が含まれる場合，当該甘味成分は，市販前に食品添加物請願の提出が求められる可能性が高い[2]。

(3) デラニー条項

食品添加物における安全性に関しては，21USC§348(c)(3)(A)が重要である。この条項は，「人や動物が摂取するとがんを誘発することが判明した場合，または食品添加物の適切な安全性評価試験を行った結果人や動物にがんを誘発することが判明した場合には，いかなる添加物も安全とみなさない」と定めている。これは，1958年に成立した食品添加物修正法（Food Additives Amendment）で追記されたものだが，

1　Guidance for Industry and Other Stakeholders: Redbook 2000, Toxicological Principles for the Safety Assessment of Food Ingredients (July 2007).
2　*See* Guidance document: Statement of Policy - Foods Derived from New Plant Varieties (May 1992).

ジェームズ・デラニー下院議員が果たした役割が大きかったため，この条項は一般に「デラニー条項（Delaney Clause）」と呼ばれている。同様の規定は，食品添加物の定義からは外れている着色料（1960年の着色料修正法（Color Additives Amendment）で追記された21USC§379e(b)(5)(B)）および動物医薬品（1968年の動物用医薬品修正法（Animal Drug Amendments）で追記された21USC§360b(d)(1)(I)）にも定められており，これらの条項を総称して「デラニー条項」ということもある。

　デラニー条項のポイントは，量に関する定めがないことである。すなわち，デラニー条項によれば，大量に摂取すれば発がん性リスクがあるが，人が通常消費する分量であれば事実上安全という物質についても「安全」とはみなされなくなる。しかし，こうした発がん性リスクに対する極端な態度（ゼロリスクの考え方）は，現代の発がん性リスクに対する評価方法に照らすと，必ずしも妥当とはいいがたい。FDA自身も，発がん性物質の評価にあたっては，定量的リスク評価（高用量で行った動物実験のデータから，実際に人が製品から摂取する，はるかに低用量の場合の発がんリスクを推定する方法）を採用している。しかし，FDAのこうした科学的アプローチは，デラニー条項の文言とは整合しない。結局，FDAが発がん性物質に対して定量的リスク評価を採用できるのは，デラニー条項が適用されない場合か，適用される条項それ自体に一定の柔軟性が見いだせる場合に限定される[3]。

　デラニー条項は，法的にも様々な課題を引き起こしてきた。そのうち，「デラニー・パラドックス」と呼ばれていた食品の残留農薬に関する問題は立法（1996年に制定されたFood Quality Protection Act）によって解決されたが，食品添加物や着色料分野では未だにデラニー条項は有効である。現にFDAは，2018年に，合成香料のベンゾフェノン等が動物実験において発がん性を示したことを理由として食品添加物としての使用を禁止するよう求める請願に応じて，これらを食品添加物規則から削除（合成香料のベンゾフェノンは，21CFR§172.515から削除）し，これらの食品添加物としての使用を禁止した。この時FDAは，これらの合成香料を人が消費することは安全だが，これらが動物実験において発がん性を有することが証明された以上，デラニー条項に基づき，これらを食品添加物規則に残しておくことはできない旨述べている[4]。

(4) 間接食品添加物・食品接触物質

　前記(1)のとおり，食品添加物には，食品の包装や加工に用いる間接食品添加物も含

3　Food and Drug Law, at 1892.
4　83 Fed. Reg. 50490（October 9, 2018）.

まれる。1997年までは，こうした間接食品添加物も直接食品添加物と同様，事前に規則制定の請願を提出し，FDAの承認を得なければ使用できなかった（そうして制定された規則は21CFRのPart 174〜178およびPart 186に定められており，今なお有効である）。

しかし1997年のFDAMAによって，間接食品添加物に関する新たなカテゴリーが定められた。具体的には，「食品の製造，包装，梱包，輸送または保持に使用される材料の成分として使用されることを意図した物質であって，その使用が当該食品に技術的な影響を及ぼすことを意図していないもの」を食品接触物質（food contact substance：FCS）と定義した（21USC§348(h)(6)）。

製造業者は，食品接触物質が州際通商に供される少なくとも120日前に，FDAに対し，当該食品接触物質の情報およびその使用目的，ならびにそれが21USC§348(c)(3)(A)に定める基準（食品添加物に関する安全性基準）に照らして安全である旨の製造業者の判断を通知する必要がある（21USC§348(h)(1)）。この届出は，食品接触届（food contact notification：FCN）と呼ばれており，FCNに関する詳細は，21CFR Part 170に定められているほか，ガイダンス[5]も発行されている。FCNはFDAが受領してから120日後に発効し，その間FDAが製造業者に対し，提出されたデータに基づけば食品添加物に関する安全性基準を満たさない旨通知した場合を除き，製造業者は当該食品接触物質を州際通商に供することができる（21USC§348(h)(2)(A)）。ただしFDAは，安全性を十分に保証するためには，FCNではなく，直接食品添加物と同様の市販前審査および承認（規則制定の請願とそれに対する承認）が必要と判断した場合は，製造業者に対して規則制定の請願を行うよう求めることができる（21USC§348(h)(3)(A)・(B)）。

なお，FCNの一覧は，FDAのウェブサイト[6]上で閲覧できる。

2 食品添加物の例外（GRAS）

(1) 定義等

前記1のとおり，ある物質が食品添加物に該当する場合，市販前承認または市販前通知が求められるため，製造業者にとっては，自社が使用する物質がGRAS（やその他の例外）に該当するか否かは非常に重要である。

GRASは，「科学的訓練および経験によって，物質の安全性を評価する資格を有する専門家の間で，科学的手順に基づき（ただし，1958年1月1日より前に食品に使用

---

[5] Guidance for Industry: Preparation of Premarket Submissions for Food Contact Substances (Chemistry Recommendations) (December 2007).
[6] https://www.cfsanappsexternal.fda.gov/scripts/fdcc/?set=FCN

された物質の場合，科学的手順または一般的な食品使用の経験のいずれかに基づき），意図された使用条件の下で安全であることが十分に示されていると一般的に認識されている」物質を指す（21USC§321(s)）。括弧書きは，食品添加物の定義が定められた食品添加物修正法が1958年に成立したことを反映したものである。

(2) GRASステータスの確立方法
ア GRASの基準

GRASの定義における安全性は，当該物質が意図された条件の元で有害ではないことが合理的に確実であることをいう（21CFR§170.30(b)）。この定義は，食品添加物における安全性（「ある物質が意図された条件の元で有害ではないことについて，有能な科学者が合理的に確信できること」を指す。前記1(2)参照）と類似している。しかし，ある物質がGRASとなるためには，上記の意味での安全性が，あくまでも「一般的に認識されている」ことが必要である点で，食品添加物における安全性とは意味が異なる。安全性の一般的な認識には，食品に直接的・間接的に添加される物質の安全性について精通している科学界全体の共通の知識が必要である（21CFR§170.30(a)(2)）。これは全会一致の認識である必要はないが，専門家同士で意見の鋭い対決がある場合，「一般的な認識」があるとはいえない[7]。

こうした専門家の見解を基にした安全性に関する一般的な認識は，「科学的手順（scientific procedures）」または「1958年1月1日以前における一般的な食品使用の経験」が根拠となる。

後者の「1958年1月1日以前における一般的な食品使用の経験」は，通常，一般に入手可能なデータおよび情報によって裏づけられる（21CFR§170.30(c)(1)）。FDAはかつて，この「食品使用の経験」は米国内の食経験に限るという解釈を採用していたが[8]，Fmali Herb, Inc v. Heckler 715 F.2d 1385（9th Cir. 1983）でこの解釈が否定された後，米国外での食経験を考慮することも明示的に認めている（21CFR§170.30(c)(2)）。

他方前者の「科学的手順」は，通常公表されている，一般に入手可能で，受け入れられた科学的データ，情報または方法の適用や科学的原理の適用に基づくものであるが，未公表の科学的データ，情報または方法の適用によっても裏づけられることがある（21CFR§170.30(b)）。

---

[7] See Premo Pharmaceutical Laboratories v. U.S.. 629 F.2d 795. 803-04 (1980).
[8] Food and Drug Law, at 773.

イ　FDAによる規則制定

　1958年に食品添加物修正法が成立すると，FDAはGRASと判断する物質を自らリストに整理し始めた[9]。このリストは21CFR Part 182にまとめられており，多くの香辛料等がGRASと定められた。

　しかし1969年に，それまでGRASとされていた人工甘味料のサイクラミン酸（チクロ）に発がん性の懸念があるとされ使用が禁止されたことを契機に，従来GRASとされていた物質の包括的な調査が開始された（このチクロの禁止は，日本でも大きな話題となった）。この調査では，FDAが外部の調査機関と連携して様々な物質の安全性調査を進め，FDAが改めてGRASとすることに同意した物質については，21CFR§Part 184およびPart 186に定められていった（この調査の手続については，21CFR§170.35参照）。

　このような物質のGRASステータスは，多くの場合，特定の使用目的（意図された使用条件）の下で認められる。例えば，カフェイン（21CFR§182.1180）の定めは以下のとおりである。

(a)　製品：カフェイン
(b)　許容範囲：0.02パーセント
(c)　限界，制限，説明：この物質は，適正製造基準に従ってコーラタイプの飲料に使用される場合，一般に安全と認められている。

ウ　製造業者等による自主的な手続

　これに対して，製造業者が自主的に，ある物質にGRASステータスを獲得させる手続もある（21CFR§170.203-§170.285）。

　この手続では，まず製造業者がFDAに対し，ある物質が意図された用途の下でGRASであるとする「GRAS通知（GRAS notification）」を送付する。FDAがそれに反対しない場合，FDAは製造業者に対し，その判断に疑義がない（No questions）旨通知する書面を送付する。これに対しFDAがその判断に反対する場合は，製造業者に対して，根拠が不十分である旨を通知する書面を送付する[10]。

　さらにFDAは，製造業者が，上記のようなGRAS通知を行うことすらなく，ある物質がGRASに該当すると自ら判断することをも認めている。これは，「independent

---

9　以下の記述は，Food and Drug Law, at 757-58による。
10　Food and Drug Law, at 759.

conclusion of GRAS status」と呼ばれている。もっとも実務上は，製造業者は，ある物質のGRASステータスを証明する承認や通知書を提供できないサプライヤーから，当該物質を購入することは少ない。また，製造業者が行ったindependent conclusion of GRAS statusにFDAが同意せず，執行措置を受ける可能性もある[11]。

3　食品添加物の例外（GRAS以外）

　以下では，GRAS以外の食品添加物の例外の5つを，ごく簡単に概説する。
　第1に，着色料（color additive）である。着色料の定義は，21USC§321(t)に以下のように定められている。

A. 合成もしくは同様の方法により製造された，または植物，動物，鉱物その他の原料から抽出，分離その他の方法で生成された（中間的・最終的に同一性が変化するか否かにかかわらない）染料，顔料その他の物質であり，かつ
B. 食品，医薬品，化粧品，人体またはこれらの一部に添加または適用された場合に，（それ自体でまたは他の物質との反応により）色を与えることができる物質

　ただしFDAが，着色以外の目的のためにのみ使用される（または使用を意図される）と規則で定める物質は，着色料に含まれない。この「ただし書」は，21CFR§70.3(g)でより具体化されている。
　1960年の着色料修正法（Color Additives Amendment）で追記された21USC§379e（FDCA§721）は，着色料について，食品添加物の市販前承認手続に類似した事前承認手続を採用している（ただし，着色料の規制は，食品添加物の規制とは異なり，GRAS等の例外はない）。FDAは，ある着色料が，意図された効果を発揮し，安全（合理的な確信をもって，その使用によって害が生じないことを立証できる説得力のある証拠があること。21CFR§70.3(i)）であり（21USC§379e(b)(1)），消費者を欺くようなものでない場合は（21USC§379e(b)(6)），規則を発行して当該着色料の使用を承認（「リスト（list）」ともいう）する。
　第2に，農薬化学物質（pesticide chemical）および原料農産物または加工食品の残留農薬化学物質（pesticide chemical residue）は，いずれも食品添加物から除外される。これらの用語は，21USC§321(q)で定義がされている。

11　*Id.* at 760.

食品の残留農薬に対する規制では、FDCA に加えて連邦殺虫剤殺菌剤殺鼠剤法 (Federal Insecticide, Fungicide, and Rodenticide Act：FIFRA) が重要である。まず農薬は、FIFRA に基づき登録されていない限り、農作物や加工食品に使用するために販売することはできない。また、原料農作物に使用される農薬は、21USC§346a が定める許容基準 (tolerance) の適用を受け、21USC§346a の意味において安全でない残留農薬を含む食品は、「品質不良」とみなされる (21USC§342(a)(2)(B))。なお、風や土壌の影響によって農薬が本来対象としない作物にも残留することがあるが、こうした残留農薬について、FDA はアクション・レベルまたは21USC§346a に基づく許容基準を定めなければならない。

残留農薬に対する規制権限は、EPA と FDA が分担している。具体的には、EPA が FIFRA に基づく農薬の登録と21USC§346a が定める許容基準を確立し、農薬汚染に対するアクション・レベルを FDA に推奨する。他方 FDA は、EPA の定めた許容基準を執行し、またアクション・レベルまたは21USC§346に基づく許容基準 (前記1(3)参照) を定める[12]。

第3に、事前認可物質 (prior sanctioned substance) である。事前認可物質とは、1958年9月6日以前に、FDCA、連邦食肉検査法 (FMIA) または鶏肉製品検査法 (PPIA) に基づき、FDA または USDA が承認した物質を指す (21USC§321(5)(4))。GRAS とされている物質は、前記2(2)のサイクラミン酸 (チクロ) のように GRAS ステータスを失う可能性があるが、事前認可物質はそのようなことがない分、食品添加物のより強い例外であるといえる。事前認可物質は、21CFR Part 181に列挙されている。

第4に、新動物用医薬品 (new animal drug。定義につき21USC§321(v)) である。牛などの家畜に動物用医薬品が使用された場合に、当該家畜から製造された食品に当該医薬品やその代謝物が残留することがある。動物用医薬品の規制は本書の対象外であるが、こうした動物用医薬品の食品への影響は、動物用医薬品の安全性を判断する際に考慮される (21USC§360b(d)(2))。

第5に、ダイエタリーサプリメント (dietary supplement) に含まれるダイエタリーサプリメント成分 (dietary ingredient) は、1994年に定められた DSHEA によって、別途事前通知プロセスが定められているため、食品添加物からは自動的に除外される。この点は、後記**第6章第2・2**を参照されたい。

---

[12] *Id*. at 825.

第5　食品安全システムの強化

1　食品安全近代化法（FSMA）の概要

　前述の様々な規制は，食品安全を確保するための伝統的な規制である。しかし食品流通が大規模化・複雑化・グローバル化する中で，こうした伝統的な規制だけでは食品安全を十分に確保できなくなり，食品安全システムを強化する必要が生じてきた。

　米国で2001年9月11日に発生した同時多発テロ事件は，米国の食品供給システムの全体的な安全性を見直す契機となり，2002年に Public Health Security and Bioterrorism Preparedness and Response Act（通称バイオテロ法）が成立した。このバイオテロ法に基づき，食品施設の登録（21USC§350d）や輸入食品の出荷に関する事前通知（21USC§381）等が定められた。

　2011年には，食品安全近代化法（FSMA）が成立した。この FSMA は，米国では毎年約4,800万人が食中毒にかかるという状況も踏まえ，食品安全システムの強化を図ったものである。FSMA の概要は，以下のとおりである[1]。

---

1. 食品安全予防策
    a. 食品施設に対する予防管理措置（preventive control）策定義務
    b. FDA に対する農作物の安全な生産・収穫のための基準策定義務
    c. 食品の意図的な汚染を防止するための FDA による規則発行権限
2. モニタリングの強化
    a. FDA による査察頻度の増加
    b. 企業の有する記録に対する FDA のアクセス権限の確立
    c. 食品検査が高い品質基準を満たすようにするためのラボ認定プログラムの設立
3. 執行権限の拡大
    a. リコール命令権限の確立
    b. 柔軟な行政留置を可能とする権限の確立
    c. 施設登録の停止権限の確立
    d. FDA の食品に対する追跡能力の強化

---

[1] https://www.fda.gov/food/food-safety-modernization-act-fsma/background-fda-food-safety-modernization-act-fsma

e. 高リスク食品に関する追加の記録保持義務
　4. 食品輸入に対する規制強化
　　　a. 食品輸入業者に対し，輸入食品の安全性を確認させる責任の確立
　　　b. 外国の食品施設が米国の食品安全基準に準拠しているか否かを第三者が認証するプログラムの確立
　　　c. 高リスク食品に対する第三者認証の要求
　　　d. 一定の輸入業者からは迅速な食品審査と輸入を可能にする任意プログラムの確立
　　　e. FDA による輸入拒否権限の確立

　以下では上記1および4に関して，簡単に概説する。上記2および3は，執行関係で扱う（後記**第6・2および3**参照）。
　なお，FSMA に関して下記で扱うもの以外では，要申告食品登録（Reportable Food Registry）の強化もある。要申告食品登録は，2007年の FDA 改正法（FDAAA）に基づき創設された（21USC§350f(b)）。これは，米国内で人や動物が消費する食品の製造・加工等を行う食品施設に対して，要申告食品，すなわち当該食品の使用または曝露が人や動物に深刻な健康被害・死亡を引き起こす合理的な可能性がある食品の報告を義務づけるものである（21USC§350f）。
　FSMA は，この要申告食品登録制度を強化した。具体的には，責任当事者に対して，要申告食品に関する消費者向け情報を提出するよう求める権限を FDA に与えた（21USC§350f(f)）。FDA は情報の受領後，当該食品に関する1頁の要約を作成し，FDA のウェブサイト上で公開しなければならない（21USC§350f(g)(1)）。

2　食品安全予防策

(1) 予防管理
ア　食品施設の登録
　米国内で消費される食品の製造，加工，包装または保管に従事する施設は，FDA に登録しなければならない。外国の施設の場合は，施設の所有者・運営者・代理人に加えて，米国代理人を登録しなければならない（21USC§350d(a)(1)(B)）。日本の施設は，2024年6月現在，1万弱の施設が登録をしている。
　この施設登録に関する規則は，21CFR Part 1 の Subpart H に定められている。この規則では，誰が，いかなる情報を，どのようにして登録する必要があるのか等を詳細に規定している。なお，2020年10月1日からは，施設ごとの固有識別子（UFI）の

登録が必要になっている（21CFR§1.232(a)(2)）。このUFIに関するガイダンス情報も含め，食品施設に関する情報はFDAのウェブサイト[2]に詳しい。

食品施設の登録は，2年ごとの更新が義務づけられている（21USC§350d(a)(3)）。またFDAは，登録施設が製造，加工，包装，受取または保管する食品が，人や動物に深刻な健康上の悪影響・死亡を引き起こす合理的な可能性があると判断した時は，施設登録を停止できる（21USC§350d(b)(1)）。

イ HACCP

こうした食品施設で求められるのが，予防管理措置（preventive control）であるが，これはHACCP（Hazard Analysis and Critical Control Point。危害要因分析重要管理点と訳されることもある）をもとにしている。HACCPは，科学的根拠に基づく体系的な衛生管理方法であり，食品安全上の問題がどのように発生し得るかを予測し，その発生を防ぐための効果的な対策を講じることによって，食品安全上の問題を未然に防ぐことを目的とする。HACCPには，以下の7つの原則がある。

原則	概要
ハザードの特定	食品の製造工程において，その食品を安全でなくする生物的・化学的・物理的な要因（ハザード）を特定する。
Critical Control Point（CCP）の特定	ハザードを予防・低減・除去するために，管理措置が行われる工程（CCP）を特定する。
Critical Limitの設定	特定したCCPごとに，食品安全のために満たすべき管理基準（critical limit）を設定する。
モニタリング手法の設定	CCPが適切に管理され，検証用の記録が適切に作成されているかをモニタリングする手法の設定する。
改善措置の設定	逸脱が生じた場合に，CCPを再度適切に管理された状態に戻すための改善措置（correcttive action）の設定する。
記録管理方法の確立	特定されたハザードやCCPs，管理基準，モニタリング手法や改善措置等を列挙した書面であるHACCPプランを策定するとともに，業務の記録管理を行う。
検証方法の確立	管理基準が適切か否か，HACCPプランが適切に機能しているか否かを検証する方法の確立する。

HACCPの導入について，当初食品業界は，一般に，自主的なHACCPの導入には

---

[2] https://www.fda.gov/food/guidance-regulation-food-and-dietary-supplements/registration-food-facilities-and-other-submissions

賛成していたものの、その強制適用には反対していた。しかし、2008年から2009年にかけて、Peanut Corporation of America 社が起こした食品事故（同社が製造したピーナッツバターがサルモネラ菌に汚染されており、多くの死傷者が出た事故）等をきっかけとして、食品業界は大半の施設に対して HACCP を義務づける FSMA を支持するに至った[3]。

ウ　FSMA の予防管理措置

FSMA は、すでに HACCP の対象となっていた海産物やジュースの製造施設等を除き（21USC§350g(b)(j)）、食品施設に対しては以下の義務を課している。

食品施設は、合理的に予見可能なまたは既知のハザードを分析・評価し（21USC§350g(b)）、そのハザードを低減し、食品を「品質不良」にしないために、予防管理措置（preventive control）を講じる（同(c)）。予防管理措置には、従業員の訓練やリコール計画、cGMP（21CFR Part 110）、サプライヤーの検証等が含まれる（21USC§350g(o)）。また、食品施設は、こうした予防管理が機能していることを確認するためのモニタリング（同(d)）、問題が発生した場合には是正措置（同(e)）や検証（同(f)）、記録管理（同(g)・(h)）も求められる。ハザードは、施設に重大な変更があった場合または3年間に一度は、再度分析し、必要に応じて予防管理措置を追加しなければならない（同(i)）。

こうした義務は、21CFR Part 117において、cGMP の一部とともに規定されている。こうした義務は、PCHF（Preventive Controls for Human Food）と称される。PCHF は、ゼロリスクを目指すものではなく、あくまでも「リスクベース」であり、合理的に予見可能または既存の食品安全ハザードが製品に存在する場合に、そのリスクを最小限に抑えることを目指すものである。本書では PCHF の詳細には立ち入らないが、必要に応じてガイダンス案[4]も参照されたい。

(2) フード・ディフェンス

フード・ディフェンス（Food Defense）とは、意図的な品質不良や異物混入行為から食品を守る試みである[5]。このフード・ディフェンスに関して、FDA は2013年に、「Mitigation Strategies to Protect Food Against Intentional Adulteration」の規則案を公表し、その後最終化した（21CFR Part 121）。

この規則は前記(1)の予防管理措置と類似したアプローチを採用している。具体的に

3　*See* Food and Drug Law, at 729.
4　Draft Guidance for Industry: Hazard Analysis and Risk-Based Preventive Controls for Human Food（January 2024）.
5　https://www.fda.gov/food/food-defense

は，食品施設は，中小事業者等一定の免除対象となる施設（21CFR§121.5参照）を除き，脆弱性評価を行い（21CFR§121.130），当該脆弱性を防止・低減するための緩和戦略を設定する（21CFR§121.135）。食品施設は，フード・ディフェンスのモニタリング（21CFR§121.140），是正措置（21CFR§121.145(a)），検証（21CFR§121.150(b)）も行う。これらを定めたフード・ディフェンス計画は書面化せねばならず（21CFR§121.126），施設での活動に重大な変更が生じた場合等または3年に一度は計画を再分析しなければならない（21CFR§121.157）。

FDAはこうしたフード・ディフェンス関連規制の遵守について，詳細なガイダンス[6]も発行している。

3　食品輸入に対する規制強化

以下では，FSMAによって強化された食品輸入規制を5つに分けて概説する[7]。

(1) 輸入業者による安全性確認

食品輸入業者は，外国のサプライヤーが食品の安全を確保するために必要な措置を実施していることを確認する義務を負う（21USC§384a(a)）。この輸入業者の確認は，外国サプライヤー検証プログラム（Foreign Supplier Verification Program：FSVP）と呼ばれる。具体的には，食品輸入業者は以下の点を確認しなければならない。

1. 輸入食品がHACCP要件（21USC§350g。前記2(1)イ参照）または農産物に適用される安全基準（21USC§350h）を遵守して生産されていること
2. 輸入食品が「品質不良」（21USC§342）ではなく，21USC§343(w)に従って主要な食品アレルゲンの表示（前記**第2・2(1)ア**参照）がされていること

食品輸入業者は，FSVPに関連する記録を2年間保持し，FDAの要求に応じて迅速に提供する必要がある（21USC§384a(d)）。FSVPに関するFDAの規則は，21CFR Part 1のSubpart Lに定められている。FDAは，査察を通じてこの規則の遵守を確認しており，査察で確認されたFSVP規則違反を理由に多数の警告状を発行している。

---

[6] Draft Guidance for Industry: Mitigation Strategies to Protect Food Against Intentional Adulteration (March 2019), Supplemental Draft Guidance for Industry: Mitigation Strategies to Protect Food Against Intentional Adulteration (February 2020).
[7] 以下の記述は，Food and Drug Law, at 394-96による。

なお FDA は，この FSVP の対象となる輸入業者のリストをウェブサイト[8]で公表している（21USC§384a(g)参照）。

(2) 第三者認証プログラムの確立

FDA は，21USC§384d(b)に基づき，外国の食品施設の第三者監査人を認定するシステムを確立した。FDA の規則は，21CFR Part 1の Subpart M に定められている。

第三者監査人（third-party auditor）は，外国政府，外国政府の機関，外国協同組合その他の第三者である（21USC§384d(a)(3)）。第三者監査人が「認定第三者監査人（accredited third-party auditor）」となるには，FDA が定めたモデル認定基準を満たす必要があるが（21USC§384d(b)(2)），外国政府や外国協同組合その他の第三者が認定を得るためには，追加要件がある（21USC§384d(c)(1)）。

認定第三者監査人は，コンサルティング監査（consultative audit）およびレギュラトリー監査（regulatory audit）を実施できる（21USC§384d(c)(4)(B)）。コンサルティング監査とは，内部監査目的で外国施設のコンプライアンス調査を行うものであり（21USC§384d(a)(5)），レギュラトリー監査は，21USC§384b(a)に基づく「施設認証」（後記(4)参照）または21USC§381(q)に基づく「食品認証」（後記(3)参照）を発行する目的で行われるコンプライアンス調査である（21USC§384d(a)(7)）。認定第三者監査人が，監査の際，公衆衛生に対する重大なリスクを引き起こしたり，それにつながる可能性のある状態を発見した場合，ただちに FDA に通知しなければならない（21USC§384d(c)(4)(A)）。

(3) 高リスク食品に対する第三者認証の要求

FDA は，特定の高リスク食品の輸入に対し，認証（certification）を要求できる（21USC§381(q)）。この食品認証は，出荷ごと，施設ごとまたは FDA が特定した他の形式で行われることがある（21USC§381(q)(1)）。食品認証は，FDA が指定した原産国の当局や，認定第三者監査人（前記(2)参照）によって提供され得る。FDA は，以下を含む輸入食品のリスクに基づき，食品認証が必要であるか否かを判断する（21USC§381(q)(2)）。

---

[8] https://www.fda.gov/food/importing-food-products-united-states/foreign-suppliers-verification-programs-fsvp-list-participants

1. 当該食品に関連する既知の安全リスク
2. 当該食品の原産国，地域，領域に関連する既知の食品安全リスク
3. 科学的なリスクベースの証拠に基づく，FDA の以下の見解
    a. 原産国の食品安全システムが，米国で製造，加工，包装または保管される類似の食品と同様に安全であることを確保するために不十分であること
    b. FDA が最終的に輸入食品を受け入れるか拒否するかを判断するにあたり，食品認証が判断の助けとなること
4. 以前その国や地域の食品安全システムが不十分と判断された場合には，21USC§381(q)(7)に基づき，その国や地域からFDAに提出された改善点に関する情報

(4) 迅速な食品審査を可能とする任意プログラム

FDA は，21USC§384b(a)に基づき，輸入業者が「施設認証（facility certification）」を持つ外国施設から輸入した輸入食品の迅速な審査と輸入を認める「自主的認定輸入業者プログラム」（Voluntary Qualified Importer Program：VQIP）を確立した。輸入業者がこのプログラムに参加するためには，FDAに対し，通知および申請書を提出する必要があり（21USC§384b(c)），FDAは以下の点を考慮して申請書を審査する（21USC§384b(d)）。

1. 輸入食品に関する既知の安全リスク
2. 当該輸入業者が使用する外国サプライヤーのコンプライアンスに関する履歴
3. 輸出国の規制システムが，米国の食品安全基準を満たすことができる可能性
4. 輸入業者による FSVP の遵守
5. 施設における記録保持，試験，検査，監査，食品のトレーサビリティ，温度管理，輸入業者による調達慣行
6. 食品の意図的な品質不良の潜在的リスク
7. FDA が適切と判断するその他の要因

認定を得た輸入業者であっても，後に認定基準を遵守していないことが判明した場合，認定輸入業者の地位は取り消される（21USC§384b(e)）。また FDA は，少なくとも 3 年ごとに，認定輸入業者の地位を再評価しなければならない（21USC§384b(e)）。

FDAは，VQIPに関するガイダンス[9]も発表している。

(5) 輸入拒否

FDAは，米国の査察官またはFDAから正式に指名された査察官が外国施設への立ち入りを拒否された場合，当該施設からの食品輸入を拒否する（21USC§384c(b)）。

またFDAは，食品輸入の事前通知（prior notice of imported food）要件を満たさない食品の輸入を拒否することもできる。前記1のとおり，バイオテロ法に基づき，米国へ輸入される食品には事前通知が求められる（21USC§381(m)，21CFR Part 1, Subpart I）。この要件は，米国内での使用，保管，流通を目的として米国に輸入または輸入の申出があったすべての食品（動物用を含む）について，FDAへの事前通知を義務づけている。ただし，個人が米国に到着する際に携行する個人用の食品や，非商用目的で米国内の個人に送付される食品等はこの事前通知義務を免除される（21CFR§1.277(b)）。この事前通知は，必要な情報を知っている者なら誰でも提出でき（21CFR§1.278），提出者に代わって顧客などの第三者がFDAに送信することも可能である。21CFR Part 1のSubpart Iでは他にも，事前通知の提出方法，事前通知に含めるべき内容，事前通知を提出すべき時期等の詳細が記載されている。

こうした事前通知が不適切な場合（事前通知がない，事前通知が不正確または事前通知が適時でない），食品は米国への輸入を拒否されることがある。なお，食品の輸入が拒否された場合，FDAに対し，輸入拒否された食品が実際に事前通知の要件に該当するかどうか，事前通知で提出された情報が正確かどうかを検討するよう，要請できる（21CFR§1.283(d)）。FDAが，当該食品は事前通知要件の対象外である，または事前通知の提出内容が正確であると判断した場合，当該食品が輸入拒否の対象から外れることを要請者に通知する。

輸入食品の事前通知要件に関しては，FDAのガイダンスが頻繁に更新されており，2024年6月現在の最新のガイダンス案[10]は2023年10月に発行されている。

---

9 Guidance for Industry: FDA's Voluntary Qualified Importer Program (July 2023).
10 Guidance for Industry: Prior Notice of Imported Food Questions and Answers (Edition 4) (October 2023).

コーデックス規格と紛争解決

　食品に関する国際的な規格としては，国連食糧農業機関（FAO）とWHOが1963年に合同で設立したコーデックス委員会（Codex Alimentarius Commission：CAC）が定めるコーデックス規格がある。コーデックス規格には，食品規格（Codex Standards）のみならず，勧告（recommendation），ガイドライン（前記2(1)イで挙げたHACCPの実施方法が含まれる）がある。食品規格（Codex Standards）には，個別食品に関する規格のみならず，残留農薬・動物用医薬品の残留基準や食品添加物に関する一般規格などが含まれる。

　コーデックス規格には，法的拘束力はない。しかし，以下のとおり，世界貿易機関（World Trade Organization：WTO）等による紛争解決システムを背景に，事実上一定の拘束力を有する。

　1995年，WTO体制が成立した際，貿易に関する国際紛争を解決するWTO紛争解決システムが成立した。これは，二国間協議で解決に至らなかった紛争を，WTOの紛争解決機関（Dispute Settlement Body：DSB）が設置するパネル（小委員会）や上級委員会で解決する仕組みである。

　一方，WTO協定の附属書の1つとして，衛生植物検疫措置（Sanitary and Phytosanitary Measures）の適用に関する協定（SPS協定）が締結された。衛生植物検疫措置とは，人，動物または植物の生命・健康が害されることを防ぐために取られる措置（検疫のみならず，国内規格の策定や食品安全に関する表示要件等も含む）であるが，これが恣意的に行われると，不当な非関税障壁となりかねない。SPS協定では，コーデックス規格が食品安全分野の国際基準として採用されており，加盟国は自国の衛生植物検疫措置をコーデックス規格に基づき行うこととされている。SPS協定は，科学に基づき加盟国が独自の衛生植物検疫措置基準を定めること自体は認めているが，コーデックス規格に適合した衛生植物検疫措置であれば，人，動物または植物の生命・健康を保護するために必要なものとみなされる。すなわち，コーデックス規格に適合した衛生植物検疫措置を採用していれば，WTOに提訴される可能性が低くなるといえる。したがって，WTO紛争解決システムを背景として，コーデックス規格には一定の拘束力があるといえる。

　ただし，WTO紛争解決システムは近時困難に直面している。具体的には，米国が上級委員会の委員選任を拒否しているため，パネルでの判断に不服のある当事国

が上級委員会に不服申立てを行うと，紛争解決手続が事実上停止してしまう事態に陥っている。この事態に対しては，一部のWTO加盟国が，上級委員会が機能停止する中での暫定的な対応として，多国間暫定アレンジメント（Multi-party Interim Appeal Arrangement：MPIA）を設立している。これは，パネル判断を不服とする場合には，機能停止中の上級委員会に上訴（いわゆる「空上訴」）するのではなく，仲裁により解決することを定める枠組みであるが，参加国が限られていることなどから，WTOの上訴手続の完全な代替策とはなっていない。上記のとおり，WTO紛争解決システムはコーデックス規格が拘束力を有する裏づけとなっていたこともあり，食品規制の観点からも，今後のWTO紛争解決システムの行方が注目される。

第6　執行関係

1　食品に対する執行の仕組み

　食品規制の執行に関する枠組みは，医薬品や医療機器と概ね同様である。

　品質不良または不当表示の食品を州際通商に供することは禁止行為に該当し（21USC§331），押収（21USC§334(b)）・差止め（21USC§332）・刑事訴追（21USC§333）の対象となり，査察・警告状等の行政執行の対象にもなる（前記**第1章第6**参照）。また，食品では医療機器と同様，FDAはリコールを命じる権限を持つ（後記2(2)参照）。

　以下では，FSMAで追記された条文に関係する範囲でのみ，簡単に概説する。

2　執行権限の拡大

(1)　行政留置（Administrative Detention）

　FDAが押収（seizure。前記**第1章第6・2**(1)参照）を完了する前に，違法な製品が移動されたり消費されたりことを防ぐために，FDAは当該製品を行政的に留置（administrative detention）することがある。食品の行政留置は，21USC§334(h)(1)(A)に規定されており，FDAの職員等が当該食品が品質不良または不当表示であると「信じる理由（reason to believe）」がある場合に行うことができる。留置期間は，合理的でなければならず，延長される場合も30暦日を超えてはならない（21USC§334(h)(2)）。関連規則は，21CFR Part 1のSubpart Kに規定されている。

　なお，FDAは，USDAとともに，食肉，鶏肉および卵製品に対する留置権限も有している（21USC§679(b)，21USC§467f(b)，21USC§1052(d)）。USDAの関連規則は，9CFR Part 329に定められている[1]。

(2)　リコール命令

　FDAは，食品が品質不良である場合，またはアレルゲン表示を求める21USC§343(w)に照らして不当表示があり，当該食品の使用または当該食品への曝露が人または動物に重大な健康被害または死亡を引き起こす合理的可能性があると判断した場合，責任当事者（食品施設登録を行う者をいう。定義は21USC§350f 参照）に対して，

---

[1]　Food and Drug Law, at 310-11.

当該食品の流通を停止し，回収する機会を提供しなければならない（21USC§350l(a)）。責任当事者が自主的な流通停止や回収を行わない場合，FDA は必要に応じて食品の流通停止等を命じることができる（21USC§350l(b)(1)）。また，非公式な聴聞の機会を提供した後に，FDA が当該食品を通商から除去する必要があると判断した場合は，リコールを命じることができる（21USC§350l(d)(1)）。

人や動物に深刻な健康被害や死亡をもたらす食品のリコールの場合，FDA ではリコール開始後24時間以内に，事故対応司令部（incident command operation）が設置される（21USC§350l(j)(1)）。

こうした強制リコール（mandatory recall）については，ガイダンス[2]も参照されたい。

3 モニタリングの強化

(1) 査察の強化

FSMA は，FDA に対し，高リスクの食品施設を特定し，施設の既知の安全性リスクに応じて査察（Inspection。前記**第1章第6・3(1)参照**）のリソースを配分するよう要求している。このリスクは，食品に関する既知のリスク，食品施設のコンプライアンス履歴，食品施設のハザード分析およびリスクベースの予防管理の厳格さと有効性を含む多くの要素に基づいて決定される（21USC§350j(1)）。

FSMA は，FDA に対し，国内および海外の食品施設に対する査察の頻度を増やすよう要求している。具体的には，FDA は，2011年1月4日から5年以内にすべての高リスク国内食品施設を査察し，その後3年に1回以上の頻度で査察を行う義務を負う（21USC§350j(2)(B)）。また高リスクでないすべての国内食品施設については，2011年1月4日から7年以内に，その後は5年に1回以上査察を行う義務を負う（21USC§350j(2)(C)）。海外の食品施設に関しては，2011年1月4日から1年以内に少なくとも600の外国施設を査察し，その後5年間は毎年その査察件数を倍増する義務を負う（21USC§350j(2)(D)）。

(2) 記録に対するアクセス権限

食品等が品質不良であり，人または動物に深刻な健康被害または死亡の脅威をもたらすと合理的に考えられる場合，米国内で食品の製造，加工，輸入等を行う者は，原則として，FDA に対して当該食品等に関するすべての記録へのアクセスおよび複写

---

[2] Guidance for Industry and FDA Staff: Questions and Answers Regarding Mandatory Food Recalls (November 2018).

を許可する必要がある（21USC§350c(a)(1)）。また，食品等が品質不良でなくとも，人や動物に深刻な健康被害や死亡を引き起こす合理的な可能性があると考えられる場合も同様である（21USC§350c(a)(2)）。

　こうしたアクセス義務の前提として，米国内で食品を製造，加工，輸入等を行う者は，記録を作成・保持する義務を負っている（21USC§350c(b)）。具体的な規則は，21CFR Part 1のSubpart Jに定められている。

第6章
ダイエタリーサプリメント（Dietary Supplement）

第1 定義等

1 ダイエタリーサプリメント健康・教育法（DSHEA）の成立

　1994年に成立したダイエタリーサプリメント健康・教育法（DSHEA）はFDCAを改正し，初めて「ダイエタリーサプリメント（dietary supplement）」の法的定義を採用し，従来食品（conventional food）と区別した。DSHEAには，ダイエタリーサプリメントに対してのみ適用される様々な規定が盛り込まれている。例えば，ダイエタリーサプリメントには，従来食品とは異なる機能・構造強調クレームの要件が定められた（前記第5章2・2(2)ウ参照）。同じ機能・構造強調クレームを行う場合であっても，ダイエタリーサプリメントに該当する製品であれば，所定のディスクレーマーの記載やFDAに対する通知が義務付けられる（従来食品であればそのような義務はない）。他にも，DSHEAにより，ダイエタリーサプリメントに含まれるダイエタリーサプリメントに成分（dietary ingredient）は，GRASに該当しなくとも，食品添加物に該当しなくなった（前記第5章第4・3参照）。さらに，ダイエタリーサプリメントには独自の適正製造規範（cGMP）が定められている（後記第2・3参照）。

　他方，ダイエタリーサプリメントは，多くの条文では依然として「食品（food）」とみなされ，食品に適用される法令の多くが，同様にダイエタリーサプリメントにも適用される。食品に関する規制は，前記第5章を参照されたい。

2 定義

　DSHEAで追加された条文では，成分（ingredient），表示（label）および他の製品カテゴリーとの関係など様々な要件に適合した製品のみが「ダイエタリーサプリメント」となる。以下順に検討する。

(1) 成分に関する要件

　ダイエタリーサプリメントの成分要件は以下のとおりである（21USC§321(ff)(1)）。

> 食事補助を目的とした製品（タバコを除く）で，次の(A)から(F)のダイエタリーサプリメント成分（dietary ingredient）を1つ以上含むもの。
> (A)ビタミン，(B)ミネラル，(C)ハーブその他の植物，(D)アミノ酸，(E)食事からの総栄養摂取量を増加させることにより食事を補うために人間が使用するための食用成分物質，(F)(A)〜(E)項に記載される成分の濃縮物，代謝物，構成成分，抽出物，混合物

(2) 表示に関する要件

ダイエタリーサプリメントの表示[1]要件は以下のとおりである（21USC§321(ff)(2)）。

> 1. (i)錠剤，カプセル，粉末，ソフトジェル，ジェルキャップもしくは液体という形態での摂取を目的とするもの，または(ii)こうした形態での摂取を意図していない場合は，従来食品または食事の唯一の項目として使用するために表記されていないもの
> 2. 従来食品または食事の唯一の品目として使用される旨表記（represented）されていないこと
> 3. ダイエタリーサプリメントとして表示されている（labeled）こと

上記1は，ダイエタリーサプリメントは，カプセルや錠剤といった形態で製品化することもできるし，従来食品に近い摂取形態（飲料や栄養バーなど）で製品化することもできることを示している。ここでいう「摂取（ingestion）」とは，経腸投与によって胃および消化管に取り込むことを意味すると解されており[2]，FDAも，鼻に塗布することを目的とした製品や皮膚に用いるような製品は，「摂取」を目的としていないとして，ダイエタリーサプリメントとは認めていない。

上記2には，留意が必要である。すなわち，仮に製品の表示（label）において，製品がダイエタリーサプリメントであって従来食品ではない旨明記していたとしても，製品の名称，製品の包装，サービングサイズ，1日当たりの推奨摂取量，その他推奨される摂取条件，取引慣行，食品の組成，表示以外での広告等によって，それが従来

---

[1] 表示（label）は，ラベリング（labeling）や広告（advertisement）とは区別される概念である。これらの概念の定義や関係性は，前記第1章第5・1(2)を参照されたい。
[2] United States v. Ten Cartons Ener-B Nasal Gel, 888 F. Supp. 381, 393-94 (E.D.N.Y. 1995), aff'd, 72 F.3d 285 (2d Cir. 1995).

食品として「表記（represented）」されていると判断される可能性はある。この点に関してFDAは，その多くがダイエタリーサプリメントとして販売されているエナジードリンクに関連して発行したガイダンス[3]において，どのような場合に従来食品として「表記」されていると判断されるか，従来食品たる飲料（beverages）と液体であるダイエタリーサプリメント（liquid dietary supplements）とを区別する要素は何かといった点を詳述しており，参考になる。

(3) 医薬品等との関係に関する要件

ダイエタリーサプリメントの要件には，以下のとおり，医薬品等との関係に関する要件が含まれる（21USC§321(ff)(3)参照）。

---

1. 新薬または生物製剤として承認された製品であって，当該承認等の前に，ダイエタリーサプリメントまたは食品として販売されていたものは，ダイエタリーサプリメントに含まれる（ただしFDAが別段の規則を発行している場合を除く）。
2. (i)新薬，抗生物質もしくは生物製剤として承認された製品または(ii)新薬，抗生物質もしくは生物製剤として臨床試験が許可された製品であって，実質的な臨床試験が実施され，その調査の存在が公表されているものはダイエタリーサプリメントに含まない（ただしFDAが別段の規則を発行している場合を除く）。

上記2について，「物品（article）」は最終製品のみを示すのではなく，それに含まれる成分も含まれる。連邦裁判所は，紅麹から作られ，処方箋医薬品メバコールに含まれる有効成分ロバスタチン（lovastatin）と化学的に同一の天然物質メビノリン（mevinolin）を含む「コレスチン」という製品がダイエタリーサプリメントか医薬品かが争われた事例において，「物品（article）」には成分も含まれる（したがってすでに処方箋医薬品に含まれる有効成分を含むコレスチンは，ダイエタリーサプリメントではない）とするFDAの主張を支持している[4]。

他方，上記2の定義の括弧書から明らかなとおり，FDAは，すでに医薬品（の成

---

[3] Guidance for Industry: Distinguishing Liquid Dietary Supplements from Beverages (January 2014).
[4] Pharmanex Inc. v. Shalala, 35 F. Supp. 2d 1341（D. Utah 1999), rev.d and remanded, 221 F.3d 1151（10th Cir. 2000).

分）であるものをダイエタリーサプリメントに含める旨の規則を発行できる。これとの関係で近年活発に議論されているのは，大麻草に含まれるカンナビジオール（CBD）である（CBDを含む規制物質に対する規制は，第1章第2・3(5)(イ)参照）。CBDをダイエタリーサプリメントとして使用したいという要望は以前からあったが，CBDはてんかんの治療薬として承認されている医薬品（Epidiolex®）の有効成分となっているため，FDAが規則を発行しなければ，ダイエタリーサプリメントとしては使用できない。そのため，一部の市民団体がFDAに対してCBDをダイエタリーサプリメントとして販売することを許可する規則の発行を求めていた。しかしFDAは2023年1月，この市民請願を拒否するとともに[5]，CBDへの需要の高まりを踏まえ，CBD製品に対する新たな規制を検討している[6]。

---

[5] https://www.fda.gov/food/cfsan-constituent-updates/fda-issues-response-three-citizen-petitions-related-cbd-and-dietary-supplements
[6] https://www.fda.gov/news-events/press-announcements/fda-concludes-existing-regulatory-frameworks-foods-and-supplements-are-not-appropriate-cannabidiol

第2　安全性規制

1　安全性基準

　ダイエタリーサプリメントは，ラベリングで推奨・示唆されている使用条件（ラベリングにそれが記載されていない場合は，通常の使用条件）下において，ダイエタリーサプリメントまたはダイエタリーサプリメント成分に，疾病または傷害の重大または不合理なリスクがある場合，「品質不良」とみなされる（21USC§342(f)(1)(A)）。

　食品添加物やGRASステータスの安全性については，「ある物質が意図された条件の元で有害ではないことについて，有能な科学者が合理的に確信できること」が要件となっている（前記**第5章第4・1**(2)および同2(2)参照）。しかし，ダイエタリーサプリメントとの関係では，上記の「疾病または傷害の重大または不合理なリスク」について，具体的にどのような場合を指すのかは規則上も明らかにされていない。したがって，ダイエタリーサプリメントの安全性を裏づけるために必要なデータの正確な範囲は，法令上，従来食品ほど明確ではないといえる。

　また，ダイエタリーサプリメントの製造業者としては，明確な使用条件と警告を記載したラベリングを作成することも重要となる。上記のとおり，ラベリングで使用条件が限定されていない場合，「通常の（ordinary）」使用条件の下での「疾病または傷害の重大または不合理なリスク」が考慮されることになるため，ダイエタリーサプリメントが「品質不良」とみなされる可能性が高まるおそれがあるからである。

　ダイエタリーサプリメントが「品質不良」であるか否かが訴訟で争われる場合，政府がダイエタリーサプリメントが品質不良であることを示す各要素について立証責任を負う（21USC§342(f)(1)）。また，製造業者は，FDAがダイエタリーサプリメントの品質不良について法執行に向けて米国連邦検事（United States Attorney）に報告する前に，FDAに対して意見を述べる機会が与えられている（21USC§342(f)(2)）。

2　新規ダイエタリーサプリメント成分（NDI）

　新規ダイエタリーサプリメント成分（new dietary ingredient：NDI）とは，1994年10月15日以前に米国で販売されていなかったダイエタリーサプリメント成分を指す（21USC§350b(d)）。ダイエタリーサプリメントにNDIが含まれる場合，大きく2点留意すべき点がある。

　第1に，NDIを含むダイエタリーサプリメントは，当該NDIが疾病または傷害の重大または不合理なリスクをもたらさないことを合理的に保証する情報が不十分であ

る場合，品質不良とみなされる（21USC§342(f)(1)(B)）。

　第2に，NDIを含むダイエタリーサプリメントは，FDAに対して市販前通知（Pre-market Notification）を行う必要がある。具体的には，NDIおよびダイエタリーサプリメントに含まれるその他のダイエタリーサプリメント成分が「化学的に変化していない形態で，食品に使用される物品として食品供給源に存在していた」場合を除き（21USC§350b(a)(1)），NDIまたは当該NDIを含むダイエタリーサプリメントの製造業者または販売業者は，当該ダイエタリーサプリメントを州際通商に供する少なくとも75日前に，FDAに対して市販前通知を提出する必要がある（21USC§350b(a)(2)）。この通知には，通知人が，NDIを含むダイエタリーサプリメントの安全性が合理的に予想されると結論づけた根拠となる情報（公表論文の引用を含む）を含まなければならない（21USC§350b(a)(2)）。なお，FDAは市販前通知を受領した後90日間は，これを機密扱いとし，それ以降は企業秘密や商業上の機密情報の部分を除いて公開する（21USC§350b(a)）。必要な市販前通知がFDAに提出されない場合，NDIを含むダイエタリーサプリメントは品質不良とみなされる（21USC§350b(a)）。NDIに含めるべき内容に関しては，頻繁に改正されているガイダンス案[1]に詳しい。

3　cGMP規制

　DSHEAは，FDAに対してダイエタリーサプリメントのGMPを定める規則の発行権限を与えた（21USC§342(g)(2)）。このGMPに適合しない条件下で製造，包装，保管されたダイエタリーサプリメントは品質不良となる（21USC§342(g)(1)）。

　FDAは2007年，ダイエタリーサプリメントに関するcGMP規則を公布した。21CFR Part 111に定められており，概要は次表のとおりである。なお，21USC§342(g)(2)には「必要に応じて賞味期限のラベリングを求める規則を含む」とあるが，実際に定められたcGMP規則には賞味期限のラベリングに関する明確な定めはない。

---

[1] Draft Guidance for Industry: Dietary Supplement: New Dietary Ingredient Notifications and Related Issues（April 2024）.

Subpart	タイトル	Subpart	タイトル
A	一般条項	I	製造および工程管理システム：バッチ製造記録に求められる要件
B	職員	J	製造および工程管理システム：試験室内の業務に求められる要件
C	施設および敷地	K	製造および工程管理システム：製造操作に求められる要件
D	設備および器具	L	製造および工程管理システム：包装またはラベル貼付業務に求められる要件
E	製造および工程管理システムを設計するための要件	M	保管および出荷
F	製造および工程管理システム：品質管理に求められる要件	N	返品されたダイエタリーサプリメント
G	製造および品質管理システム：原料，包装および表示に求められる要件ならびにダイエタリーサプリメントとしての包装または表示用に受領する製品に求められる要件	O	製品に関する苦情
H	製造および工程管理システム：マスター製造記録原本に求められる要件	P	記録および記録保管

　前記**第1・1**のとおり，ダイエタリーサプリメントは多くの面で従来食品と同様に扱われるが，ダイエタリーサプリメントのcGMPに関しては，若干の例外がある。

　例えば，前記**第5章第5・2**(1)のとおり，食品施設には予防管理措置に関する義務（PCHF）が課されているが，cGMP要件および有害事象報告要件（後記4参照）を遵守してダイエタリーサプリメントを製造，加工，包装または保管する施設には，PCHFは適用されない（21CFR§117.5(e)）。

　また，食品の輸入業者には，外国サプライヤー検証プログラム（FSVP）に関する定めがあるが（前記**第5章第5・3**(1)参照），ダイエタリーサプリメントのcGMPの適用を受ける輸入業者には，これとは別に定めがある（21CFR§1.511）。

4 有害事象報告義務

　FDAは，1993年からダイエタリーサプリメントの有害事象モニタリングを開始したが，2006年12月に，ダイエタリーサプリメント及び非処方箋薬に対する消費者保護法（Dietary Supplement and Nonprescription Drug Consumer Protection Act）が成立した。この法律は，ダイエタリーサプリメントとOTC医薬品の有害事象報告および記録保存を義務づけるものである。

　具体的には，責任者（米国で販売されるダイエタリーサプリメントの表示に名称が記載されているダイエタリーサプリメントの製造業者，包装業者または販売業者）は，ダイエタリーサプリメントに関する重篤な有害事象（21USC§379aa-1(a)(2)）について，報告を受けてから遅くとも15営業日以内に，FDAに報告する義務を負う（21USC§379aa-1(c)(1)）。また，消費者による責任者に対する有害事象の報告を容易にするため，ダイエタリーサプリメントの表示（label）には，責任者が有害事象の報告を受けることができる米国国内電話番号または国内住所を記載しなければならない（21USC§343(y)）。ここでいう「国内住所」の意味や表示に含めるべき具体的内容等については，ガイダンス[2]に詳しい。

　また，責任者は受領したすべての有害事象報告（重篤な有害事象に該当しないものを含む）を6年間保存し，要請に応じてFDAの査察官に提供しなければならない（21USC§379aa-1(e)）。

　FDAに報告された有害事象データは，食品安全・応用栄養センター（CFSAN）が管理するデータベースである「CFSAN有害事象報告システム（CAERS）[3]」で公開されている。このデータベースには，法律に基づき義務的に報告されたもののみならず，消費者や医療従事者から報告されたデータや業界から自発的に報告されたデータが含まれている。

---

[2] Guidance for Industry: Questions and Answers Regarding the Labeling of Dietary Supplements as Required by the Dietary Supplement and Nonprescription Drug Consumer Protection Act（September 2009）.

[3] https://www.fda.gov/food/compliance-enforcement-food/cfsan-adverse-event-reporting-system-caers

索　引

＜英数＞

076レジメン ······································ 45
100-day meetings ···························· 256
1938年除外条項 ································ 24
1962年除外条項 ································ 24
30-day notice ··································· 259
351(k)申請 ······································· 205
361HCT/P ······································· 229
403(r)(6)クレーム ···························· 355
505(b)(2)申請 ·································· 127
510(k) Third Party Review Program ··· 247
518(a) Notification Order ···················· 298
522 order ·· 306
Abbreviated 510(k) ··························· 250
abbreviated inspection ······················ 170
Abigail Alliance ································ 75
absolute claims ································ 351
accelerated approval ·························· 67
Accredited Persons Program ············· 247
action date ······································· 57
adequate and well-controlled
　investigations ······························· 53
adequate directions for use ··············· 142
adequate information for its use ········ 142
adequate provision ··························· 145
administrative detention ···················· 385
advanced notice of proposed rulemaking
　（ANPRM）································· 13
advertising（advertisement）········ 23, 138
advisory committee ··························· 57
Advisory Committee on Immunization
　Practices（ACIP）······················· 221
Agreement Meeting ·························· 253
alert reports ······································ 88
alert reports-followup ························ 88
ANDA 訴訟（ハッチ・ワックスマン訴訟）
　··· 131

Animal Rule ····································· 71
Animal Welfare Act（AWA）············· 31
annual report ···································· 88
antibiotic exclusivity ························ 109
antibody-drug conjugates（ADC）······ 315
antimicrobiral resistance（AMR）······ 109
application-based inspection ············· 170
approvable letter ····························· 258
AquAdvantage Salmon ····················· 330
Association of Food and Drug Officials
　（AFDO）····································· 2
authorized health claims ··················· 352
Bad Ad ·· 157
banned device ································· 297
Best Pharmaceuticals for Children Act
　（BPCA）··································· 106
bioequivalence ································ 125
Biologics License Applications（BLA）
　··· 202
biosimilar ······································· 206
Breakthrough Devices Program ········ 262
breakthrough therapy ························ 69
brief summary ································ 140
CARES 法 ······································ 113
CBE-0 ··· 90
CBE-30 ··· 90
Chemistry, Manufacturing, and Controls
　（CMC）······································ 48
Chevron doctrine ······························ 18
Citizen petition ·························· 17, 116
clinical decision support（CDS）········ 283
clinical hold ····································· 34
Clinical Laboratory Improvement
　Amendments（CLIA）··················· 265
ClinicalTrial.gov ······························· 40
closed out meeting ·························· 173
co-packaged combination products ····· 313
Code of Federal Regulations（CFR）······ 7

Codex Standards	383
color additive	373
Combination Product Agreement Meetings (CPAM)	321
combination product applicant	322
Common Technical Document (CTD)	49
companion diagnostics	272
comparative claims	292
complementary diagnostics	277
Complete Response Letter (CRL)	58
consensus standard	305
consent decree	164
constituent part applicant	322
consultative audit	380
Contract Research Organization (CRO)	39
Controlled Substances Act (CSA)	60
conventional food	354
correction	302
counterfeit drug	183
courtesy letter	356
Covered Injury Compensation Program (CICP)	74
CRISPR-Cas9	224
cross-labeled combination products	314
current Good Many Pacturing Practice (cGMP)	54, 94, 323
custom device	263
Daily Value	346
Dalkon Shield	236
Data Monitoring Committee (DMC)	38
Day 74 Letter	57
debarment	41
Decentralized Clinical Trial (DCT)	38
declaration of conformity	305
declaratory judgement	132
defect action levels	364
Delaney Clause	369
Determination Meeting	253
dietary supplement	389
dificiency letter	256

Digital Health Policy Navigator	280
direct food additives	367
Discipline Review (DR) Letter	57
disease claims	356
Drug Efficacy Study Implementation (DESI)	4, 25, 111
Drug Quality and Security Act	50
Drug Supply Chain Security Act (DSCSA)	183
DTC 広告	143
Durham-Humphrey Amendments	4, 111
early collaboration meetings	253
economic adulteration	342
elements to assure safe use (ETASU)	63
Elixir Sulfanilamide	3
Emergency Use Authorization (EUA)	72
Emergency Use IND	77
End of Phase 会議	39
enforcement discretion	17
ES 細胞	227
Establishment Inspection Report (EIR)	171
eSTAR	243
exclusion	169
Expanded Acceess (Compassionate Use) プログラム	75
Exploratory IND Studies	34
FAERS	87
fair balance	140
False Claims Act (FCA)	157
fast track	68
FDA Data Dashboard	175
FDA 近代化法2.0	31
FDA-approved labeling	138
Federal Meat Inspection Act (FMIA)	332
Federal Tort Claims Act	58
field alert report	88
FIH 試験	30
final rule	13

索　引　399

five-day report ……………………………… 300
food contact notification（FCN）……… 370
food contact substance（FCS）………… 370
Food Defect Levels Handbook ………… 365
Food Defense ……………………………… 378
Food Safety Inspection Service（FSIS）
　　………………………………………… 332
for cause inspections …………………… 170
Foreign Corrupt Practices Act（FCPA）
　　………………………………………… 160
Foreign Supplier Verification Program
　（FSVP）………………………………… 379
Form 2253 ………………………………… 157
Form 3926 …………………………………… 77
Form 483 …………………………………… 172
formal rulemaking ………………………… 12
Freedom of Information Act（FOIA）… 14
full inspection …………………………… 170
GAIN 法 …………………………………… 109
gene therapy ……………………………… 222
general claim ……………………………… 293
general control …………………………… 238
general wellness products ……………… 281
Generally Recognized As Safe/Effective
　（GRAS/GRAE）………………………… 24
Good Clinical Practice（GCP）…………… 39
Good Guidance Practices（GGP）……… 14
Good Laboratory Practice（GLP）……… 30
GRAS ……………………………………… 370
GRAS notification ………………………… 372
Hatch-Waxman Amendments ………… 120
Hazard Analysis and Critical Control
　Point（HACCP）……………………… 377
HCT/P（s）………………………………… 228
health care economic information
　（HCEI）………………………………… 291
health claims ……………………………… 352
Health Insurance Portability and
　Accountability Act（HIPPA）………… 93
Humanitarian Device Exemption（HDE）
　　………………………………………… 259
Humanitarian Use Device（HUD）…… 259

ICH ………………………………………… 189
in vitro diagnostics（IVD）……………… 264
in vitro 試験 ………………………………… 30
in vivo 試験 ………………………………… 30
IND 申請前（Pre IND）会議 …………… 39
independent conclusion of GRAS status
　　………………………………………… 372
indirect food additives ………………… 367
Individual Patient IND …………………… 76
infant formula …………………………… 328
Inflation Reduction Act（IRA）………… 161
informal rulemaking ……………………… 13
information panel（IP）………………… 344
Information Request（IR）Letter ……… 57
injunction ………………………………… 165
Institutional Review Board（IRB）……… 42
intended uses ……………………………… 22
interchangeability ……………………… 206
intermediate clinical endpoints ………… 67
Intermediate-size Patient Population
　IND ……………………………………… 79
International Medical Device Regulators
　Forum（IMDRF）……………………… 278
International Nonproprietary Name
　（INN）…………………………………… 59
investigational device exemption（IDE）
　　………………………………………… 250
Investigational New Drug Application
　（IND 申請）…………………………… 31
Investigator ……………………………… 40
iPS 細胞 …………………………………… 227
Just Mayo ………………………………… 338
Kefauver-Harris Amendments …………… 4
label ………………………………… 23, 137
labeling ……………………………… 23, 137
laboratory developed tests（LDTs）… 266
late-cycle meeting ………………………… 57
learned intermediary doctrine ………… 185
least burdensome ……………………… 243
Letter of Authorization ………………… 77
letter of designation …………………… 319
LPAD 経路 ………………………………… 66

MAUDE ······································· 301
Me-too Drug ······························· 118
Medicade ···································· 161
medical countermeasure ············· 71
Medical Device Amendments（MDA）
 ··· 5, 236
Medical Device Report（MDR） ········· 300
Medical Device User Fee Amendments
 （MDUFA） ······························· 242
Medical Dictionary for Regulatory
 Activities（MedDRA） ··············· 190
medical food ······························· 328
Medicare ···································· 160
MedSun ····································· 301
MedWatch ·························· 87, 301
mid-cycle review meeting ············· 57
molecularly targeted pediatric cancer
 investigation ···························· 36
mRNA ワクチン ···························· 219
National Childhood Vaccine Injury Act
 （NCVIA） ································ 221
National Enviromental Policy Act ······· 226
National Formulary（NF） ············· 21
National Vaccine Injury Compensation
 Program（VICP） ···················· 222
new chemical entity（NCE） ········ 129
new dietary ingredient ··············· 393
new drug ····································· 23
New Drug Application（NDA） ········· 47
No Action Indicated（NAI） ········· 173
nonclinical study ·························· 30
nonproprietary name（generic name,
 established name） ·················· 59
Notice of Proposed Rulemaking
 （NPRM） ································· 13
nutrient content claims ·············· 350
Official Action Indicated（OAI） ········ 173
Orang Book ······························· 121
orphan exclusivity ······················ 102
OTC Drug Review ······················ 112
OTC Monograph User Fee Act
 （OMUFA） ······························ 114

OTC モノグラフ（OTC monograph）
 ·· 112
out of specification（OOS） ········· 98
outsourcing facilities ····················· 51
paragraph Ⅳ certification ·········· 127
Park doctorine ··························· 168
Peanut Corporation of America ········ 378
pediatric assessments ·················· 36
pediatric exclusivity ··················· 106
performance standard ··············· 305
permanent injunction ················· 166
Pharmaceutical Inspection Co-operation
 Scheme（PIC/S） ······················ 99
PhRMA Code ····························· 158
PMA supplement ······················· 258
postmarketing clinical trials ········· 86
postmarketing studies ·················· 87
pre-amendment class Ⅲ devices ········ 254
Pre-Request for Designation（Pre-RFD）
 プロセス ·································· 319
predetermined change control plan
 （PCCP） ································· 287
predicate device ························· 244
preemption ································ 185
preliminary injunction ················ 166
PREP 法 ······································ 73
prequalification ·························· 193
Prescription Drug User Fee Act
 （PDUFA） ···························· 5, 55
preventive control ····················· 378
Preventive Controls for Human Food
 （PCHF） ································· 378
primary agency center ··············· 317
primary mode of action（PMOA） ······· 317
principal display panel（PDP） ········· 344
prior approval supplement（PAS） ······· 89
prior notice of imported food ···· 382
prior sanctioned substance ········ 374
priority review ···························· 70
Product Development Protcol（PDP）
 ·· 254
promotional labeling ·················· 138

proprietary name（brand name）……… 59
Pure Food and Drug Act …………… 3
Purple Book ……………………………… 209
qualified health claims ………………… 352
qualified infections disease product
  (QIDP) …………………………… 71, 109
Quality System Regulation（QSR）…… 304
qui tam action …………………………… 158
real world evidence（RWE）…………… 91
real-world data（RWD）………………… 91
reference listed drug（RLD）………… 121
refuse to file（RTF）…………………… 56
regenerative medicine and advanced
  therapy（RMAT）…………………… 70
registration and listing ………………… 85
regulatory audit ………………………… 380
relative claims …………………………… 351
removal …………………………………… 302
Reportable Food Registry ……………… 376
Request for Designation（RFD）……… 318
restricted device ………………………… 304
Right to Try（RTT）…………………… 81
risk evaluation and mitigation strategies
  (REMS) ……………………………… 63
Rx-OTC スイッチ ……………………… 114
scientific exchange ……………………… 151
seizure …………………………………… 164
serving size ……………………………… 346
significant scientific agreement（SSA）
  ……………………………………… 352
single-entity combination products …… 313
skinny labeling ………………………… 126
sNDA ……………………………………… 89
Software as a Medical Device（SaMD）
  ……………………………………… 278
Software Precertification（Pre-Cert）Pilot
  Program …………………………… 287
source date verification（SDV）……… 40
Special 510(k) …………………………… 250
special control …………………………… 238
Special Protocol Assessment …………… 39
specific claim …………………………… 293

sponsor ……………………………… 31, 33
SPS 協定 ………………………………… 383
squeeze play …………………………… 150
standard of identity …………………… 335
streamlined approach ………………… 324
structure/function claims …………… 354
substantial evidence ……………… 35, 52
suitability petition …………………… 124
superiority claims ……………………… 292
surveillance inspections ……………… 170
Switch Regulation ……………………… 115
TE Code ………………………………… 121
temporary restraining order（TRO）… 166
Therac-25 ………………………………… 279
Theranos ………………………………… 270
third-party auditor …………………… 380
third-party literature exemption ……… 360
tolerance level ………………………… 363
transitional devices …………………… 236
Treatment IND …………………………… 78
Uniform State Food, Drug, and Cosmetic
  Act …………………………………… 2
Unique Device Identifier（UDI）……… 303
Unique Facility Identifier（UFI）……… 85
United States Code（USC）……………… 6
United States Pharmacopoeia（USP）… 21
unmet medical needs …………………… 69
unsolicited request …………………… 151
untitled letter ………………………… 179
Verifying Accurate Leading-edge IVCT
  Develoment Act（VALID Act）…… 268
Voluntary Action Indicated（VAI）…… 173
Voluntary Qualified Importer Program
  (VQIP) ……………………………… 381
warning letter ………………………… 177
White Oak Campus ……………………… 9
wire fraud ……………………………… 169
Written Request（WR）………………… 106

＜あ＞

アレルゲン製品 ………………………… 217
育種技術 ………………………………… 349

遺伝子治療 ················· 222
遺伝子の発現 ················ 223
インフォームド・コンセント ······· 42
ウイルスベクターワクチン ········ 219
オピオイド危機 ················ 84
オフターゲット効果 ············ 225
オフラベルユース ·············· 148

<か>

介入群 ······················· 45
カンナビジオール（CBD） ······ 62, 392
カンナビノイド ················ 62
緊急避妊薬 ·················· 116
組換え DNA 技術 ·············· 349
クラス I 医療機器 ·············· 237
クラス 1 再提出 ·············· 56, 58
クラス II 医療機器 ············· 237
クラス 2 再提出 ·············· 56, 58
クラス III 医療機器 ············ 237
血漿分画製剤 ················ 231
抗体医薬品 ·················· 200
後期第 2 相試験 ················ 35
コモン・ルール ················ 43

<さ>

さい帯血 ···················· 230
サロゲートエンドポイント ········ 36
サンシャイン法 ··············· 159
試験的使用の抗弁 ············· 119
食薬区分 ····················· 25
食品 cGMP ·················· 365
処方箋医薬品（Rx） ············ 60
新臨床試験データに関する独占権 ··· 130
成分製剤 ···················· 231
前期第 2 相試験 ················ 35
相互承認協定（MRA） ········· 174

<た>

第 1 相試験 ··················· 34
第 3 相試験 ··················· 35
対照群 ······················· 45
タスキーギ梅毒実験 ············· 41

中国伝統医学 ·················· 51
テトラヒドロカンナビノール ······ 62
転写 ························ 223
同一の外科処置の例外 ·········· 230

<な>

生ワクチン ·················· 218
偽ヘパリン事件 ··············· 174
ニューイングランド調剤センター事件 ·· 50
ニュルンベルク綱領 ············· 41

<は>

バイオエンジニアリング食品 ······ 349
バイオテロ法 ················· 375
バイオマーカー ··············· 273
培養肉 ······················ 332
パテント・リンケージ ·········· 134
パテントダンス ··············· 211
非劣性試験 ··················· 53
ファーマコビジランス ··········· 87
フェーズ 4 試験 ················ 86
不活化ワクチン ··············· 217
プラセボ ····················· 44
ヘルシンキ宣言 ················ 41
ヘルプ・シーキング広告 ········ 147
ベルモント・レポート ··········· 42
法定 ANDA（Statutory ANDA） ···· 121
ボーラー条項 ················· 128
ホメオパシー医療 ·············· 51
翻訳 ························ 223

<ま>

ミフェプリストン ··············· 64
免疫原性 ···················· 203
モノクローナル抗体 ············ 200

<ら>

リードセンター ··············· 317
リコール戦略 ················· 180
リマインダー広告 ············· 146
臨床エンドポイント ············· 36
臨床判断支援 ················· 283

ローリング NDA ……………………… 69

＜わ＞

枠囲み警告 ………………………………… 146

【著者紹介】

中野　進一郎（なかの　しんいちろう）

森・濱田松本法律事務所
弁護士・ニューヨーク州弁護士
2013年　東京大学法学部卒業
2022年　O'Neill Institute for National and Global Health Law（Research Assistant）
2023年　Georgetown University Law Center National and Global Health Law LL.M. 修了（with Food and Drug Law certificate）
2023年　東京大学大学院薬学系研究科医薬品評価科学レギュラーコース修了
2023年〜2024年　Gleiss Lutz 法律事務所（シュトゥットガルトオフィス）にて勤務

詳説Food and Drug Law——米国FDAの規制と実務

2024年12月10日　第1版第1刷発行

著　者	中　野　進一郎
発行者	山　本　　　継
発行所	㈱中央経済社
発売元	㈱中央経済グループ パブリッシング

〒101-0051　東京都千代田区神田神保町1-35
電　話　03(3293)3371(編集代表)
　　　　03(3293)3381(営業代表)
https://www.chuokeizai.co.jp

印刷／東光整版印刷㈱
製本／誠　製　本　㈱

ⓒ 2024
Printed in Japan

＊頁の「欠落」や「順序違い」などがありましたらお取り替えいたしますので発売元までご送付ください。（送料小社負担）

ISBN 978-4-502-51971-0　C3032

JCOPY〈出版者著作権管理機構委託出版物〉本書を無断で複写複製（コピー）することは，著作権法上の例外を除き，禁じられています。本書をコピーされる場合は事前に出版者著作権管理機構（JCOPY）の許諾を受けてください。
JCOPY〈https://www.jcopy.or.jp　eメール：info@jcopy.or.jp〉

会社法施行規則・会社計算規則を完全収録！

「会社法」法令集 第十四版

中央経済社 編　A5判・744頁　定価3,740円（税込）

- ●重要条文ミニ解説
- ●会社法－省令対応表　付き
- ●改正箇所表示

令和4年9月1日までの法令改正を反映した最新版。令和元年改正会社法の改正箇所を施行日ごとに色分け表記し、条文理解を助ける「ミニ解説」を加筆。実務必携の一冊！

本書の特徴

◆会社法関連法規を完全収録
☞ 本書は、平成17年7月に公布された「会社法」から同18年2月に公布された3本の法務省令等、会社法に関連するすべての重要な法令を完全収録したものです。

◆改正箇所が一目瞭然！
☞ 令和元年改正会社法の2つの施行日（令和3年3月1日、同4年9月1日）ごとに改正箇所を明示。どの条文がどう変わったか、追加や削除された条文は何かなどが一目でわかります！

◆好評の「ミニ解説」さらに充実！
☞ 令和4年9月1日施行の改正箇所を中心に、重要条文のポイントを簡潔にまとめた「ミニ解説」の加筆・見直しを行いました。改正が実務にどう反映されるかがわかります！

◆引用条文の見出しを表示
☞ 会社法条文中、引用されている条文番号の下に、その条文の見出し（ない場合は適宜工夫）を色刷りで明記しました。条文の相互関係がすぐわかり、理解を助けます。

◆政省令探しは簡単！条文中に番号を明記
☞ 法律条文の該当箇所に、政省令（略称＝目次参照）の条文番号を色刷りで表示しました。意外に手間取る政省令探しもこれでラクラク。

中央経済社